Kohlhammer | Deutscher Gemeindeverlag

SCHRIFTENREIHE
DES FREIHERR-VOM-STEIN-INSTITUTES
WISSENSCHAFTLICHE FORSCHUNGSSTELLE
DES LANDKREISTAGES NORDRHEIN-WESTFALEN
AN DER UNIVERSITÄT MÜNSTER

BAND 70

Martin Schröder

Personalvertretung in den Sparkassen

Verlag W. Kohlhammer
Deutscher Gemeindeverlag

Die Rechtswissenschaftliche Fakultät der Westfälischen Wilhelms-Universität Münster hat diese Arbeit als Dissertation angenommen.

D 6

2014
Deutscher Gemeindeverlag GmbH
Verlagsort: 70565 Stuttgart
Gesamtherstellung Deutscher Gemeindeverlag GmbH/Verlag W. Kohlhammer GmbH, Stuttgart

ISBN 978-3-555-01711-2

Vorwort

Öffentlich-rechtliche Sparkassen stehen im Wettbewerb zu privaten und genossenschaftlichen Banken. Was die Interessenvertretung ihrer Beschäftigten angeht, unterliegen sie jedoch anderen Regeln. In Sparkassen gilt das Personalvertretungsgesetz des jeweiligen Landes. Private und genossenschaftliche Banken unterfallen dem Betriebsverfassungsgesetz. Das wirft die Frage auf, ob durch diese unterschiedliche rechtliche Behandlung ungerechtfertigte Wettbewerbsverzerrungen entstehen.

Ausgehend davon gilt besonderes Augenmerk dem Vergleich der für die Sparkassen relevanten Vorschriften des Landespersonalvertretungsgesetzes Nordrhein-Westfalen und dem Betriebsverfassungsgesetz. Nach einer Darstellung der grundlegenden Unterschiede zwischen den Personalvertretungsgesetzen und dem Betriebsverfassungsgesetz wird insbesondere auf die Unterschiede zwischen Personal- und Betriebsrat sowie Dienst- und Betriebsvereinbarung eingegangen. Den Schwerpunkt der Untersuchung bildet die Gegenüberstellung der einzelnen Beteiligungsrechte und der hierzu bestehenden Beteiligungsverfahren. Zu guter Letzt werden die Rechtsfolgen von Verstößen gegen Rechte der Beschäftigtenvertretung, die unterschiedlichen Sanktionsregelungen und die zur Verfügung stehenden Rechtsschutzmöglichkeiten verglichen. Abschließend wird, soweit eine unterschiedliche Behandlung von Sparkassen einerseits und privaten und genossenschaftlichen Banken andererseits festgestellt wurde, der Frage nachgegangen, ob für diese Ungleichbehandlung Rechtfertigungsgründe existieren.

Die Arbeit versteht sich in erster Linie als Beitrag zu der regelmäßig wiederkehrenden Diskussion darüber, ob Beschäftigtenvertretung in Sparkassen nach den Regeln der Personalvertretungsgesetze gerechtfertigt ist. Außerdem richtet sie sich an Praktiker, die sich mit Personalvertretungsrecht in Sparkassen auseinandersetzen.

Münster, im Juni 2014

Professor Dr. Janbernd Oebbecke

Geschäftsführender Direktor
des Freiherr-vom-Stein-Instituts

Vorwort des Verfassers

Die vorliegende Arbeit entstand während meiner Tätigkeit als wissenschaftlicher Mitarbeiter am Freiherr-vom-Stein Institut. Besonders bedanken möchte ich mich beim Geschäftsführenden Direktor des Freiherr-vom-Stein-Instituts, Herrn Professor Dr. Janbernd Oebbecke, für die exzellente Betreuung dieser Arbeit. Herrn Professor Dr. Peter Schüren danke ich für die zügige Erstellung des Zweitgutachtens.

Für die optimalen Forschungsbedingungen am Freiherr-vom-Stein Institut bedanke ich mich stellvertretend für den Landkreistag Nordrhein-Westfalen bei dessen Hauptgeschäftsführer, Herrn Dr. Martin Klein, sowie stellvertretend für den Sparkassenverband Westfalen-Lippe bei dessen Präsidenten, Herrn Dr. Rolf Gerlach.

Für die gute Zusammenarbeit am Freiherr-vom-Stein-Institut möchte ich mich bei den Leiterinnen des Instituts, Frau Dr. Sabrina Desens und Frau Dr. Maria Pottmeyer, LL.M, und meinen Kolleginnen und Kollegen, Frau Dr. Jessica Isenburg, Frau Dr. Cornelia Jäger, Frau Jasmin Hölscher, LL.M, Frau Juliane Wessels sowie Herrn Dr. Simon Frye, bedanken. Der gleiche Dank gebührt den Kolleginnen und Kollegen des Kommunalwissenschaftlichen Instituts, Frau Dr. Esther Rabeling, Frau Dr. Christine Elmers, Frau Sonja Gerards, Herrn Dr. Jan Huylmanns, Herrn Nils Kröger, Herrn Christian Hörstrup, Herrn Christian Kessen, Herrn André Weßling und Herrn Holger Stellhorn. Auch den studentischen Hilfskräften des Kommunalwissenschaftlichen Instituts gilt mein Dank für ihre Unterstützung bei der Literaturbeschaffung. Bei Frau Hiltrud Martellock bedanke ich mich darüber hinaus für die freundliche Unterstützung in organisatorischen und sonstigen Angelegenheiten.

Besonderer Dank gebührt meinen Eltern und Geschwistern. Sie haben mich stets bei allen Entscheidungen in jeglicher erdenklichen Weise unterstützt und gefördert. Ihnen widme ich diese Arbeit.

Münster, im Juni 2014

Martin Schröder

Inhaltsübersicht

Inhaltsverzeichnis

Abkürzungen

Die in der Arbeit verwendeten Abkürzungen richten sich, sofern sie nicht allgemeingebräuchlich oder im Text definiert sind, nach *Kirchner*, Hildebert / *Pannier*, Dietrich, Abkürzungsverzeichnis der Rechtssprache, 6. Auflage, Berlin 2008.

A. Einleitung

Die Interessenvertretung des Personals deutscher Kreditinstitute ist zweigeteilt. Die Interessen der Bediensteten in öffentlich-rechtlichen Sparkassen werden nach anderen Regeln vertreten als die Interessen von Arbeitnehmern, die in privaten oder genossenschaftlichen Banken beschäftigt sind. Öffentlich-rechtliche Sparkassen unterfallen dem Personalvertretungsrecht, während für private und genossenschaftliche Kreditinstitute das Betriebsverfassungsrecht gilt.

Die Entscheidung für diese Trennung findet ihren Ausdruck in § 130 Betriebsverfassungsgesetz (BetrVG)[1]. Nach § 130 BetrVG findet das Betriebsverfassungsgesetz keine Anwendung auf Verwaltungen und Betriebe des Bundes, der Länder, der Gemeinden und sonstiger Körperschaften, Anstalten und Stiftungen des öffentlichen Rechts. Die Abgrenzung zwischen dem Geltungsbereich des Betriebsverfassungsgesetzes und den Personalvertretungsgesetzen richtet sich damit nach der Rechtsform des Rechtsträgers. Ein öffentlich-rechtlicher Träger unterfällt den Personalvertretungsgesetzen, ein privater dem Betriebsverfassungsgesetz. Dabei ist der Geltungsbereich der Personalvertretungsgesetze gegenüber dem Betriebsverfassungsgesetz abgegrenzt. Dem Betriebsverfassungsgesetz kommt keine Auffangfunktion zu. Wer wirtschaftlich gesehen Inhaber des Betriebs ist oder zu wem die Arbeitsverhältnisse der im Betrieb beschäftigten Arbeitnehmer bestehen, ist nach der Rechtsprechung des Bundesarbeitsgerichts nicht entscheidend.[2]

In der Regelung des § 130 BetrVG kommt zum Ausdruck, dass sich der Gesetzgeber für eine Trennung des Beschäftigtenvertretungsrechts in einen privatrechtlichen Teil – das Betriebsverfassungsrecht – und einen öffentlich-rechtlichen Teil – das Personalvertretungsrecht – entschieden hat. Dieses Regelungsmodell ist jedoch keinesfalls zwingend. In den Anfangsjahren der Bundesrepublik musste sich der Gesetzgeber unter mehreren Alternativen

---

1 Betriebsverfassungsgesetz v. 25.9.2001 (BGBl. I S. 2518), zuletzt geändert durch Art. 3 Abs. 4 des Gesetzes v. 20.4.2013 (BGBl. I S. 868).

2 *BAG*, Beschl. v. 30.7.1987 – 6 ABR 78/85 –, juris Rn. 13, in: BAGE 56, 1 = NJW 1988, 933; *BAG*, Beschl. v. 7.11.1995 – 1 AZR 74/74 –, juris Rn. 10, in: BAGE 27, 316 = AP BetrVG 1972 zu § 130 Nr. 1; *BAG*, Beschl. v. 24.1.1996 – 7 ABR 10/95 –, juris Rn. 49, in: BAGE 82, 112 = NZA 1996, 1110.

für eine Lösung entscheiden. Denkbar wäre etwa die Schaffung eines einheitlichen Betriebsverfassungsgesetzes gewesen. Man hätte aber genauso gut ein einheitliches Gesetz für die Arbeitnehmer der Privatwirtschaft und der öffentlichen Hand vorsehen können, verbunden mit Sondervorschriften für Beamte. Damals hielt es der Gesetzgeber aber für zweckmäßig, im Beschäftigtenvertretungsrecht einerseits Regelungen für Private zu treffen und andererseits für den öffentlichen Dienst gesonderte Vorschriften zu erlassen. An diesem Zustand hat sich bis heute nichts verändert.

Innerhalb des Personalvertretungsrechts im öffentlichen Dienst ist zwischen dem Personalvertretungsrecht auf Bundesebene und dem Personalvertretungsrecht in den Ländern zu unterscheiden. Aus § 1 Bundespersonalvertretungsgesetz (BPersVG)[3] ergibt sich, dass in den Verwaltungen des Bundes und der bundesunmittelbaren Körperschaften, Anstalten und Stiftungen des öffentlichen Rechts sowie in den Gerichten des Bundes Personalvertretungen gebildet werden. Gemäß § 1 Landespersonalvertretungsgesetz Nordrhein-Westfalen (LPVG NRW)[4] werden bei den Dienststellen des Landes, der Gemeinden, der Gemeindeverbände und der sonstigen der Aufsicht des Landes unterstehenden Körperschaften, Anstalten und Stiftungen des öffentlichen Rechts Personalvertretungen gebildet. Nahezu alle Sparkassen im gesamten Bundesgebiet sind als Anstalten des öffentlichen Rechts organisiert. Für die Sparkassen in Nordrhein-Westfalen findet daher das Landespersonalvertretungsgesetz Nordrhein-Westfalen Anwendung. In Hamburg, Bremen und Schleswig-Holstein existieren daneben sechs freie Sparkassen. Freie Sparkassen sind im Gegensatz zu ihren öffentlich-rechtlichen Namensvettern privatrechtlich, nämlich als Aktiengesellschaften organisiert[5]. In ihnen werden daher Betriebsräte gebildet, da § 130 BetrVG einschlägig ist und die Voraussetzungen von § 1 BetrVG erfüllt sind.

---

3 Bundespersonalvertretungsgesetz (BPersVG) v. 15.3.1974 (BGBl. I S. 693), zuletzt geändert durch Art. 3 Abs. 2 des Gesetzes v. 3.7.2013 (BGBl. I S. 1978).

4 Personalvertretungsgesetz für das Land Nordrhein-Westfalen – Landespersonalvertretungsgesetz – LPVG – v. 3.12.1974 (GV. NRW S. 1514), zuletzt geändert durch Art. 4 des Gesetzes v. 31.1.2012 (GV. NRW. S. 90).

5 Zu den freien Sparkassen zählen die Bordesholmer Sparkasse AG, die Spar- und Leihkasse zu Bredstedt AG, die Sparkasse zu Lübeck AG, die Hamburger Sparkasse AG, die Sparkasse Bremen AG und die Sparkasse Mittelholstein AG.

Für öffentlich-rechtliche Sparkassen gelten im Beschäftigtenvertretungsrecht somit andere Regeln als für private und genossenschaftliche Banken. Das verwundert, wenn man bedenkt, dass Sparkassen und Privatbanken denselben Markt bedienen.

In der jüngeren Vergangenheit wurde vorgeschlagen, die Sparkassen aus dem Geltungsbereich der Landespersonalvertretungsgesetze herauszunehmen und sie stattdessen unter das Betriebsverfassungsgesetz fallen zu lassen.[6] Dies hätte zur Folge, dass die Sparkassen in diesem Punkt ihren privaten Konkurrenten gleichgestellt werden.

Hintergrund der Forderung war, dass sich die Sparkassen nach der Abschaffung der Gewährträgerhaftung und der Ersetzung der Anstaltslast den privaten Kreditinstituten noch ein wenig mehr angenähert haben.[7] Es war daher nur eine Frage der Zeit, bis auch eine Gleichstellung auf Ebene der Personalvertretung angeregt wurde. Dass dafür als gemeinsamer Nenner das Betriebsverfassungsgesetz in Erwägung gezogen wurde, liegt daran, dass Letzteres Instrumente zur Verfügung stellt, die als flexibler und effektiver als die in den Personalvertretungsgesetzen vorgesehenen Verfahren gelten.[8]

Der nordrhein-westfälische Gesetzgeber hat im Juli 2011 ein neues Landespersonalvertretungsgesetz verabschiedet. Bei der Novellierung des Landespersonalvertretungsgesetzes Nordrhein-Westfalen hat sich der Gesetzgeber viele Regelungen aus dem Betriebsverfassungsgesetz zum Vorbild genommen. In der Gesetzesbegründung kommt klar zum Ausdruck, dass durch die Gesetzesänderung eine wiederholt geforderte[9] Angleichung des Landesper-

---

6 *Tietz*, Arbeitsrecht in den Sparkassen, 5. Aufl., S. 839.

7 Vgl. hierzu Bericht der Bundesregierung über die Untersuchung der Wettbewerbsverschiebungen im Kreditgewerbe und über die Einlagensicherung (Wettbewerbsenquete) v. 18.11.1968, BT-Drs. 5/3500; *BVerfG*, Urt. v. 15.6.1983 – 1 BvR 1025/79 –, juris Rn. 40, in: NJW 1983, 2811 (2812).

8 *Benecke*, Beteiligungsrechte und Mitbestimmung, S. 81 m. w. N. Ein Beispiel hierfür ist der Einsatz der Einigungsstelle als freiwillige Schiedsstelle. Gemäß § 76 Abs. 6 BetrVG können sich Arbeitgeber und Betriebsrat auf Antrag oder mit beiderseitigem Einverständnis dem Spruch der Einigungsstelle im Voraus unterwerfen oder ihn nachträglich annehmen. Dieser Spruch ersetzt dann die Einigung. Er kann aber auch als bloße Empfehlung behandelt werden. Diese Möglichkeit sieht das Landespersonalvertretungsgesetz Nordrhein-Westfalen nicht vor.

9 *Bosch*, PersR 1994, 455; *ders.* PersR 1995, 273; *Edenfeld*, PersV 2001, 298 (301); *Welkoborsky*, PersR 2002, 51; *Schär/Bieler*, PersV 2002, 338.

sonalvertretungsgesetzes Nordrhein-Westfalen an das zuletzt im Jahr 2001 umfassend geänderte Betriebsverfassungsgesetz bezweckt war. Beispiele hierfür sind die Schaffung des im Betriebsverfassungsgesetz seit langem bestehenden Wirtschaftsausschusses sowie eine Angleichung der Freistellungsregelungen.[10] Im Rahmen der Beratungen zur Novelle von 2011 waren nach den Gesetzesmaterialien Ausnahmevorschriften für Sparkassen kein Thema. Bei der Änderung des Landespersonalvertretungsgesetzes Nordrhein-Westfalen im Jahr 2007 wurde über die Frage im Rahmen der öffentlichen Anhörung zum Landespersonalvertretungsgesetz im Innenausschuss und Haushalts- und Finanzausschuss noch diskutiert. Der Vorschlag, die Sparkassen «völlig aus dem Geltungsbereich des Landespersonalvertretungsgesetzes Nordrhein-Westfalen herauszunehmen»,[11] stieß jedoch auf Ablehnung.[12] Im weiteren Gesetzgebungsverfahren wurde der Vorschlag nicht weiter verfolgt.

An dieser Stelle knüpft die vorliegende Arbeit an. Sie soll der Frage auf den Grund gehen, ob dadurch, dass Sparkassen im Beschäftigtenvertretungsrecht anderen Regeln unterliegen als private Kreditinstitute, Wettbewerbsverzerrungen entstehen.

Die Auffassungen darüber, ob ein Mehr an betrieblicher Mitbestimmung einen Wettbewerbsvorteil oder einen Wettbewerbsnachteil darstellt, sind vielfältig.[13] Für die vorliegende Arbeit soll es als Wettbewerbsvorteil gelten, wenn die Arbeitgeberseite größere Entscheidungsfreiheit genießt und ihre Entscheidungen nicht davon abhängen, ob die Beschäftigtenvertretung zustimmt. Denn so ist eine effektivere und schnellere Entscheidungsfindung

---

10 Begründung zum Entwurf des Gesetzes zur Änderung des Landespersonalvertretungsgesetzes Nordrhein-Westfalen und des WDR-Gesetzes der Landesregierung Nordrhein-Westfalen v. 4.4.2011; LT-Drs. 15/1644, S. 3, 78, 81.

11 LT-APr 14/448, S. 63.

12 LT-APr 14/448, S. 64.

13 Eine arbeitnehmerfreundliche Beschäftigtenvertretung steigert beispielsweise die Attraktivität eines Arbeitsplatzes. Außerdem trägt es zur Akzeptanz einer Maßnahme des Arbeitgebers bei den Beschäftigten bei, wenn die Beschäftigtenvertretung die Maßnahme mitträgt. Dass mehr Mitbestimmung in der Regel kein Wettbewerbsvorteil ist, zeigt sich schon daran, dass der Gesetzgeber die Arbeitgeber dazu verpflichtet. Wenn Mitbestimmung einen Wettbewerbsvorteil darstellen würde, würden die Arbeitgeber die Beschäftigten freiwillig in größerem Umfang an ihren Entscheidungen beteiligen.

möglich. Als Wettbewerbsnachteil soll gelten, wenn eine Entscheidungsfindung mit einer längeren Verfahrensdauer verbunden ist und der Arbeitgeber bei fehlendem Einverständnis der Beschäftigtenvertretung auf Kompromisse angewiesen ist.

Das Ziel der Untersuchung ist es daher, durch einen Vergleich der personalvertretungsrechtlichen Vorschriften mit den betriebsverfassungsrechtlichen Regelungen herauszufinden, ob die Sparkassen stärkeren Restriktionen unterworfen sind als ihre Konkurrenten. Im Kern läuft das auf einen Vergleich des Landespersonalvertretungsgesetzes Nordrhein-Westfalen mit dem Betriebsverfassungsgesetz hinaus. Sofern es dabei auf Regelungen zum Beschäftigtenvertretungsrecht außerhalb dieser beiden Gesetze[14] ankommt, wird darauf eingegangen. Andere Rechtsgebiete, z. B. das Kreditwesen, die Sparkassen und private Kreditinstitute in unterschiedlichem Ausmaß betreffen, bleiben außer Betracht.

Der Hauptteil der Arbeit befasst sich mit dem Vergleich zwischen dem Landespersonalvertretungsgesetz Nordrhein-Westfalen und dem Betriebsverfassungsgesetz. Zur Einführung in das Thema der Arbeit soll die Geschichte des Personalvertretungsrechts in den Sparkassen dargestellt werden. Anschließend wird auf die verfassungsrechtlichen Grundlagen und die Grenzen der Mitbestimmung eingegangen. Die Einführung endet mit einem Überblick über die Gesetzgebungskompetenzen im Beschäftigtenvertretungsrecht und über die Arten der Mitbestimmung.

---

14 Zu personalvertretungsrechtlichen Vorschriften außerhalb der Personalvertretungsgesetze *Lorenzen*, PersV 1997, 241.

B. Einführung in das Thema

I. Geschichte des Personalvertretungsrechts in den Sparkassen

Die erste Sparkasse wurde 1778 in Hamburg gegründet.[15] Mit ihrem Geschäftsmodell, der Versorgung der Bevölkerungsteile mit niedrigen Einkommen mit Finanzprodukten, wurde eine Marktlücke geschlossen. Aufgrund der hohen Nachfrage wurden in der Folgezeit viele weitere Sparkassen gegründet. Im Jahre 1836 gab es in Deutschland schon 280 Sparkassen.[16] Bis 1875 existierten allein auf preußischem Gebiet fast 1000 Sparkassen.[17] 40 Jahre später gab es schon über 3000. Erst nach dem Ersten Weltkrieg nahm die Zahl der Sparkassen langsam ab. Einen starken Einschnitt bei der Zahl der Sparkassen hatte der Zweite Weltkrieg zur Folge. Waren es vor Ausbruch des Krieges noch 2.467 Sparkassen, so gab es nach Ende des Krieges nur noch 887 Sparkassen.[18] Seitdem hat im Sparkassenwesen eine Entwicklung stattgefunden, wonach sich kleinere Sparkassen zu größeren Sparkassen zusammengeschlossen haben. Im Wege dieser Entwicklung hat die Zahl der Sparkassen auf 423 im Jahr 2012 immer weiter abgenommen. Die Zahl der Zweigstellen stieg hingegen lange Zeit kontinuierlich an.[19]

Sparkassen unter der Trägerschaft von Körperschaften des öffentlichen Rechts entstanden erst einige Jahre nachdem die ersten privaten Sparkassen gegründet wurden.[20] Die erste kommunale Sparkasse gab es Anfang des 19. Jahrhunderts.[21] Die ersten öffentlich-rechtlichen Sparkassen darf man

---

15 *Trende*, Geschichte der deutschen Sparkassen, S. 3; *Hoffmann*, ZgesStw 1969 (125), 561 (562); *Mura*, Entwicklungslinien der deutschen Sparkassengeschichte, Band 1, S. 26.

16 *Mura*, Entwicklungslinien der deutschen Sparkassengeschichte, Band 1, S. 26.

17 *Hoffmann*, ZgesStw 1969 (125), 561 (565); *Ashauer*, Von der Ersparungscasse zur Sparkassen-Finanzgruppe, S. 111.

18 *Hoffmann*, ZgesStw 1969 (125), 561 (565); *Ashauer*, Von der Ersparungscasse zur Sparkassen-Finanzgruppe, S. 281; *Mura*, Entwicklungslinien der deutschen Sparkassengeschichte, Band 1, S. 26 f.

19 *Ashauer*, Von der Ersparungscasse zur Sparkassen-Finanzgruppe, S. 301.

20 *Hoffmann*, ZgesStw 1969 (125), 561 (563).

21 *Hoffmann*, ZgesStw 1969 (125), 561 (563); nach *Mura*, Entwicklungslinien der deutschen Sparkassengeschichte, Band 1, S. 26, wurde die erste kommunale Sparkasse 1801 in Göttigen gegründet.

sich nicht so vorstellen, wie man sie heute kennt. Während des 19. Jahrhunderts waren Sparkassen häufig nebenamtlich geführte Einmannbetriebe. Die Leitung der Sparkasse übernahm ein ehrenamtliches Kollegialorgan, das meist von den Vertretungskörperschaften der Gemeinden oder Kreise gewählt wurde. In der Regel war Standort der Sparkasse die Privatwohnung des Rendanten, also einer Person, die man heutzutage als Buchprüfer bezeichnen würde. Nur ausnahmsweise gab es einen Raum im Rathaus oder einen Schalter in der Gemeindeverwaltung, an dem die Geschäfte der Sparkasse abgewickelt wurden.[22] In den Anfangsjahren vieler Sparkassen konnten die Geschäfte von zwei Beamten in Nebentätigkeit geführt werden, die einen Kassendiener angestellt hatten. Entsprechend überschaubar waren die Öffnungszeiten. Die Sparkasse Nürnberg war im Jahr 1821 beispielsweise samstags von 16.00 Uhr bis 19.00 Uhr und außerdem an jedem ersten Sonntag im Monat von 10.00 Uhr bis 12.00 Uhr geöffnet.[23] Erst nach 1870 wurden vermehrt sogenannte Gegenbuchführer eingestellt, die zur Kontrolle des zwischenzeitlich hauptamtlich tätigen Rendanten eingesetzt wurden. Am Ende des 19. Jahrhunderts gab es nur wenige Sparkassen, in denen mehr als drei Personen beschäftigt waren.[24] Eine Interessenvertretung durch ein gewähltes Gremium gab es nicht, was angesichts dieser Dimensionen auch nicht erforderlich war, denn die Beschäftigten konnten Probleme unmittelbar mit ihrem Dienstherrn regeln.

Zu einer Zunahme an Personal kam es erst mit der Ausweitung der bankmäßigen Geschäfte der Sparkassen. Während sich Sparkassen bisher nur auf die Kreditvergabe an Teile der ärmeren Bevölkerung, die verzinste Geldanlage kleinerer Beträge und Kommunalkredite beschränkten, ging es Anfang des 20. Jahrhunderts vermehrt darum, Geschäfte aufzunehmen, die bis dahin nur von privaten Banken betrieben wurden. Hierzu zählten der bargeldlose Zahlungsverkehr, das Depositen- und Kontokorrentkreditgeschäft, das Wechselkreditgeschäft, das Wertpapierkommissionsgeschäft und das Depotgeschäft. Die Sparkassenarbeit wurde damit komplexer und schwieriger. Das Geschäft der Sparkassen unterschied sich von dem Geschäft privater

---

22 *Reininghaus u. a.*, Handbuch zur Geschichte der westfälisch-lippischen Sparkassen, Band 1, S. 16; *Trende*, Geschichte der deutschen Sparkassen, S. 259; *Ashauer*, Von der Ersparungscasse zur Sparkassen-Finanzgruppe, S. 80, 149.

23 *Trende*, Geschichte der deutschen Sparkassen, S. 138 f.

24 *Ashauer*, Von der Ersparungscasse zur Sparkassen-Finanzgruppe, S. 153.

Banken zunehmend nur noch im Hinblick auf den Kundenstamm. Die Geschäfte wurden jetzt nicht mehr in den Privatwohnungen abgewickelt, sondern in Geschäftsgebäuden. Außerdem errichteten die Sparkassen Zweigstellen, um besser erreichbar zu sein. Mit zunehmender Zahl an Sparkassen stieg auch die Zahl der Beschäftigten in Sparkassen. In den 1930er Jahren waren in den Sparkassen des Deutschen Reichs um die 50.000 Menschen beschäftigt.[25] Nach der Teilung Deutschlands waren in der Bundesrepublik über 30.000 Personen in Sparkassen tätig.[26] Die Zahl der Mitarbeiter stieg in der Folgezeit von etwa 76.000 im Jahr 1960 auf fast 140.000 im Jahr 1970 stark an. Vor der Wiedervereinigung arbeiteten fast 234.000 Personen in Sparkassen.[27] In der DDR waren zum gleichen Zeitpunkt rund 20.000 Menschen in Sparkassen beschäftigt.[28] Heute beläuft sich der Personalbestand in Sparkassen auf rund 250.000 Mitarbeiter.

II. Verfassungsrechtliche Grundlagen und Grenzen der Mitbestimmung

1. Demokratie- und Rechtsstaatsprinzip

Das Personalvertretungsrecht wird von dem Gedanken getragen, dass der Arbeitgeber bei bestimmten personellen, sozialen und wirtschaftlichen Maßnahmen nicht alleine entscheiden soll. Er soll aber auch nicht vor jeder Entscheidung jeden einzelnen Arbeitnehmer um Erlaubnis fragen müssen. Sozusagen als Mittelweg sieht das Personalvertretungsrecht vor, dass die Beschäftigten eine Vertretung wählen, die als Ansprechpartner des öffentlichen Arbeitgebers fungiert.

Das Grundgesetz enthält keine ausdrückliche Regelung über die Mitbestimmung der Beschäftigten.[29] Das Bundesverfassungsgericht zieht daraus den Schluss, dass das Grundgesetz jedenfalls Raum für eine Personalratsbe-

---

25 *Ashauer*, Von der Ersparungscasse zur Sparkassen-Finanzgruppe, S. 258.

26 *Ashauer*, Von der Ersparungscasse zur Sparkassen-Finanzgruppe, S. 282.

27 *Ashauer*, Von der Ersparungscasse zur Sparkassen-Finanzgruppe, S. 301.

28 *Ashauer*, Von der Ersparungscasse zur Sparkassen-Finanzgruppe, S. 277.

29 *BVerfG*, Urt. v. 1.3.1979 – 1 BvR 532, 533/77, 419/78 und 1 BvL 21/78 –, in: BVerfGE 50, 290 (294); *BVerfG*, Beschl. v. 27.3.1979 – 2 BvL 2/77 –, juris Rn. 37, in: BVerfGE 51, 43; *BVerfG*, Beschl. v. 24.5.1995 – 2 BvF 1/92 –, juris Rn. 142, in: BVerfGE 93, 37 = NVwZ 1996, 574.

teiligung lässt.[30] Eine verfassungsrechtliche Verpflichtung des Gesetzgebers zur Regelung von Beteiligungsrechten der Personalvertretungen besteht also nicht. Damit ist jedoch noch nichts darüber gesagt, wie der Gesetzgeber die Beteiligung der Personalvertretung in personellen, sozialen und organisatorischen Angelegenheiten zu gestalten hat.

Viele Landesgesetzgeber nehmen Gerichtsurteile, die die Beteiligungsrechte der Personalvertretungen restriktiv interpretieren, zum Anlass, das vorhandene Personalvertretungsgesetz zu reformieren.[31] Die neue gesetzliche Regelung gewährt den Personalvertretungen häufig das zuvor versagte Beteiligungsrecht.[32] Der gesetzgeberische Spielraum ist jedoch nicht grenzenlos.

Dem Recht der Personalvertretung, an Entscheidungen der Dienststelle beteiligt zu werden, sind durch das Demokratieprinzip des Art. 20 Abs. 1 und 2 GG verfassungsrechtliche Grenzen gesetzt. Mit Beschluss vom 24.5.1995 hat das Bundesverfassungsgericht entschieden, dass bei Maßnahmen, mit denen Staatsgewalt ausgeübt wird, eine hinreichende demokratische Legitimation sichergestellt sein muss.[33] Die Letztentscheidung in Angelegenheiten, die die Ausübung von Staatsgewalt betreffen, muss danach immer von einer demokratisch legitimierten Stelle getroffen werden. Das Recht zu entscheiden darf nicht auf eine außerhalb parlamentarischer Verantwortung stehende Stelle übertragen werden.[34] Dies hat der Gesetzgeber durch entsprechende Verfahrensregelungen zu gewährleisten.

Ob und inwieweit mit einer bestimmten personalvertretungsrechtlichen Maßnahme Staatsgewalt ausgeübt wird, bemisst sich danach, welcher der drei hierzu eigens vom Bundesverfassungsgericht entwickelten Fallgruppen die Angelegenheit unterfällt.

---

30 *BVerfG*, Beschl. v. 24.5.1995 – 2 BvF 1/92 –, juris Rn. 142, in: BVerfGE 93, 37 = NVwZ 1996, 574.

31 Prominentes Beispiel für eine solche Gesetzesänderung ist die Klarstellung in § 79 Abs. 3 LPVG NRW, dass das Beschlussverfahren auch auf die Unterlassung oder Durchführung einer Maßnahme gerichtet sein kann. Die verwaltungsgerichtliche Rechtsprechung hat einen Anspruch des Personalrats auf Rückgängigmachung einer personalvertretungswidrigen Maßnahme bisher abgelehnt. LT-Drs. 15/2218, S. 55.

32 Kritisch zu dieser Entwicklung *Lecheler*, NJW 1986, 1079 (1080).

33 *BVerfG*, Beschl. v. 24.5.1995 – 2 BvF 1/92 –, juris Rn. 143, in: BVerfGE 93, 37 = NVwZ 1996, 574.

34 *BVerfG*, Beschl. v. 27.4.1959 – 2 BvF 2/58 –, in: BVerfGE 9, 268 (280).

Angelegenheiten, die in ihrem Schwerpunkt die Beschäftigten in ihrem Beschäftigungsverhältnis betreffen, typischerweise aber nicht oder nur unerheblich die Wahrnehmung von Amtsaufgaben gegenüber dem Bürger berühren, bilden die Fallgruppe (a).

Zur Fallgruppe (b) gehören alle Maßnahmen, die den Binnenbereich des Beschäftigungsverhältnisses betreffen, die Wahrnehmung des Amtsauftrags jedoch typischerweise nicht nur unerheblich berühren.

Unter die Fallgruppe (c) fallen Maßnahmen, die schwerpunktmäßig die Erledigung von Amtsaufgaben betreffen, unvermeidlich aber auch die Interessen der Beschäftigten berühren.

Jede personalvertretungsrechtliche Maßnahme kann einer dieser Fallgruppen zugeordnet werden.[35] Wie umfangreich die Beteiligung der Personalvertretung ausfällt, hängt davon ab, ob durch die Maßnahme nicht oder nur unerheblich, typischerweise nicht nur unerheblich oder schwerpunktmäßig Staatsgewalt ausgeübt wird.

Dabei hat sich das Bundesverfassungsgericht von folgender Grundidee leiten lassen: «Je weniger die zu treffende Entscheidung typischerweise die verantwortliche Wahrnehmung des Amtsauftrags und je nachhaltiger sie die Interessen der Beschäftigten berührt, desto weiter kann die Beteiligung der Personalvertretung reichen.»

In Maßnahmen der Fallgruppe (a) gestattet das Demokratieprinzip eine weitreichende Beteiligung der Personalvertretung. Maßnahmen der Fallgruppe (b) bedürfen einer höheren demokratischen Legitimation. Bei Maßnahmen der Fallgruppe (c) darf die parlamentarische Verantwortlichkeit keine substantielle Einschränkung erfahren.

Mithilfe dieser Fallgruppen hat das Bundesverfassungsgericht die Grenzen der Mitbestimmung im öffentlichen Dienst konkretisiert. Die Entscheidung des Bundesverfassungsgerichts darf aber keinesfalls in dem Sinne missverstanden werden, dass es in Beteiligungsangelegenheiten nur eine einzige verfassungskonforme Lösung gibt. Die Entscheidung zeigt vielmehr auf, in welchem Umfang Mitbestimmung in den verschiedenen Fallgruppen, unter

35 Welche Maßnahmen welcher Fallgruppe zuzuordnen ist, wird im Kapitel zur personalvertretungsrechtlichen Einigungsstelle erörtert.

Beachtung des Demokratieprinzips, stattfinden darf. Damit hat das Bundesverfassungsgericht, ohne es ausdrücklich zu erwähnen, nur die äußere Grenze für ein «Mehr» an Beteiligung gezogen. Weniger Beteiligung der Personalvertretung und damit mehr Entscheidungsgewalt der Dienststelle ist im Hinblick auf das Demokratieprinzip jederzeit möglich. Wie die Beteiligungsrechte ausgestaltet werden, unterliegt damit letztlich gesetzgeberischer Gestaltungsfreiheit. Der Gesetzgeber ist dazu berufen, innerhalb der vom Bundesverfassungsgericht aufgezeigten Grenzen per Gesetz ein eigenes Mitbestimmungskonzept umzusetzen. Auch wenn der Beschluss des Bundesverfassungsgerichts das Mitbestimmungsgesetz Schleswig-Holsteins betraf, gelten die Aussagen auch für Nordrhein-Westfalen.[36]

An diesen Maßstäben müssen sich auch personalvertretungsrechtliche Entscheidungen in den Sparkassen messen lassen.[37] In seiner Entscheidung vom 24.5.1995 hat das Bundesverfassungsgericht bereits im Leitsatz klargestellt, dass für die Ausübung von Staatsgewalt demokratische Legitimation erforderlich ist.

Das in Art. 20 Abs. 1 GG niedergeschriebene Gebot demokratischer Legitimation von Staatsgewalt gilt nicht nur auf Bundesebene, sondern über Art. 28 Abs. 1 S. 1 GG auch in den Ländern. Der Beschluss des Bundesverfassungsgerichts kann daher nicht nur für das Personalvertretungsrecht des Bundes, sondern auch auf Landesebene Geltung beanspruchen.

Wenn Sparkassen Staatsgewalt ausüben, muss ihr Handeln demokratisch legitimiert sein. Die verfassungsrechtliche Grundlage des Sparkassenwesens ist in Art. 28 Abs. 2 GG und Art. 78 Abs. 1 Landesverfassung Nordrhein-Westfalen zu finden.[38] Nach Art. 28 Abs. 2 S. 1 GG muss den Gemeinden das Recht gewährleistet sein, alle Angelegenheiten der örtlichen Gemeinschaft im Rahmen der Gesetze in eigener Verantwortung zu regeln. Gemäß Art. 78 Abs. 1 LV NRW sind Gemeinden Gebietskörperschaften mit dem

---

36 *Cecior*, PersV 1998, 49.

37 A. A. *Tietz*, Sparkassenrecht in den Sparkassen, 5. Aufl., S. 862, nach dem das Verbot der Übertragung von Entscheidungsbefugnissen einer demokratisch legitimierten Stelle auf eine nicht demokratisch legitimierte Stelle auf Sparkassen nicht zutrifft, die Sparkasse aber aus unternehmerischer Sicht letztlich von dieser Einschränkung profitiert.

38 *Nierhaus*, DÖV 1984, 662 (665).

Recht zur Selbstverwaltung. Nach der Rechtsprechung des Bundesverfassungsgerichts sind Sparkassen Teil der öffentlichen Verwaltung und gehören nach ihrer geschichtlichen Entwicklung zu den Einrichtungen der öffentlichen Daseinsvorsorge.[39] Auch der Verfassungsgerichtshof Nordrhein-Westfalen sieht den Betrieb von Sparkassen als durch die kommunale Selbstverwaltungsgarantie verfassungsrechtlich abgesichert an.[40] Sparkassen haben zwar im Gegensatz zu ihren Gewährträgern, die beispielsweise Steuern auf ihrem Gebiet erheben oder Polizeigewalt gegenüber den Bürgern ausüben, keine Hoheitsgewalt über ein bestimmtes Gebiet oder bestimmte Personen. Sparkassen können daher gegenüber ihren Kunden keine einseitigen Regelungen treffen, sondern sind, wie jedes andere Kreditinstitut, darauf angewiesen, vertragliches Einvernehmen zu erzielen.[41] Dennoch sind Sparkassen kommunale, im öffentlichen Recht verwurzelte Unternehmen der Leistungsverwaltung, denen der Gesetzgeber öffentliche Aufgaben zugewiesen hat. Diese Bindung an den Gewährträger unterscheidet sie wesentlich von anderen Kreditinstituten. Die Bindung an den Träger wird insbesondere dadurch hergestellt, dass der Träger über den Verwaltungsrat Einfluss auf die Tätigkeit der Sparkassen nehmen kann.[42] Durch Sparkassen betätigen sich Gemeinden wirtschaftlich. Diese wirtschaftliche Betätigung gehört zum verfassungsrechtlich geschützten Kernbereich der kommunalen Selbstverwaltungsgarantie.[43] Trotz der zunehmenden Annäherung der Sparkassentätigkeit an private Kreditinstitute üben Sparkassen somit im Bereich der Daseinsvorsorge Staatsgewalt aus und sind daher dem Demokratieprinzip unterworfen.[44]

---

39 *BVerfG*, Beschl. v. 14.4.1987 – 1 BvR 775/84 –, juris Rn. 23, in: BVerfGE 75, 192 = NVwZ 1987, 879; *BVerwG*, Beschl. v. 28.12.1978 – I CB 16/66 –, in: DVBl. 1972, 780 (781); *BVerwG*, Urt. v. 29.11.1972 – VI C 19/69 –, juris Rn. 12, in: BVerwGE 41,195 = DÖV 1973, 492; *BVerwG*, Urt. v. 14.2.1984 – 1 C 81/78 –, in: BVerwGE 69, 11 = NVwZ 1987, 211; *BGH*, Urt. v. 10.3.1983 – 4 Str 375/82 –, in: BGH St 31, 264 = NJW 1983, 2509; *OVG Münster*, Urt. v. 20.9.1979 – XV A 1206/78 –, in: DVBl. 1980, 70 (71).

40 *NRW VerfGH*, Urt. v. 11.7.1980 – 8/79 –, in: DÖV 1980, 691 (692).

41 *Kirchhof*, DVBl. 1983, 921 (922).

42 *Oebbecke*, Niedersächsischer Städtetag – Nachrichten 2002, 127 (130).

43 *Stern/Burmeister*, Die kommunalen Sparkassen, S. 58; *Löwer*, JA 1981, 123 (125).

44 *NRW VerfGH*, Urt. v. 15.9.1986 – 17/86 –, in: NVwZ 1987, 211 (212); *Stern/Burmeister*, Die kommunalen Sparkassen, S. 66; *Winters*, NJW 1980, 2685 (2686); *Löwer*, JA 1981, 123 (125); *Oebbecke*, LKV 2006, 145 (146).

Die Tätigkeit der Sparkassen ist keine erwerbswirtschaftlich-fiskalische Betätigung, sondern Verwaltungstätigkeit.[45] Sparkassenbetätigung ist eine Selbstverwaltungsaufgabe der Kommunen.[46] Sie ist somit Teil der öffentlichen Verwaltung und unterliegt daher dem Schutz von Art. 28 Abs. 2 GG. Die Sparkassen sind allerdings nicht selbst Adressat dieser Garantie, sondern genießen den Schutz über ihren Träger, der sich unmittelbar auf die kommunale Selbstverwaltungsgarantie berufen kann.[47]

2. Grundrechte

a. Grundrechtsfähigkeit der Sparkassen?

In einem ähnlichen Zusammenhang wie die verfassungsrechtliche Einordnung der Sparkassen steht die Frage, ob sich Sparkassen auf Grundrechte berufen können. Wenn Sparkassen dies könnten, hieße das, dass sie – wie jeder andere Bürger – die Verletzung von Grundrechten geltend machen könnten.

Die Grundrechte gelten gem. Art. 19 Abs. 3 GG für inländische juristische Personen, soweit sie ihrem Wesen nach auf diese anwendbar sind. Die nordrhein-westfälischen Sparkassen sind rechtsfähige Anstalten des öffentlichen Rechts und damit jedenfalls inländische juristische Personen. Es kommt also darauf an, inwieweit die Grundrechte «ihrem Wesen nach» auf Sparkassen anwendbar sind. Für juristische Personen des öffentlichen Rechts gelten die Grundrechte grundsätzlich nicht, soweit sie öffentliche Aufgaben wahrnehmen.[48] Entscheidend ist dabei nicht, ob die Aufgabe der Sparkassen in (verwaltungs-)privatrechtlichen oder öffentlich-rechtlichen Formen durchgeführt wird, sondern, ob die daseinsfürsorgende Leistung ihrer Rechtsnatur nach in Erfüllung einer öffentlichen Aufgabe erbracht wird.[49]

---

45 *Stern/Burmeister*, Die kommunalen Sparkassen, S. 94, 238.

46 *Oebbecke*, Zeitschrift für das gesamte Kreditwesen 2002, 734; *ders.*, LKV 2006, 145.

47 *Stern/Burmeister*, Die kommunalen Sparkassen, S. 231, 246.

48 *BVerfG*, Urt. v. 27.7.1971 – 2 BvF 1/68 und 2 BvR 702/68 –, in: BVerfGE 31, 314 (322).

49 *BVerfG*, Beschl. v. 7.6.1977 – 1 BvR 108/73, 1 BvR 424/73 und 1 BvR 226/74 –, juris Rn 47, in: BVerfGE 45, 63.

Zentrale Aufgabe der Sparkassen ist es, wie beispielsweise in § 2 SpkG NRW zum Ausdruck gebracht wird, der geld- und kreditwirtschaftlichen Versorgung der Bevölkerung und der Wirtschaft, insbesondere des Geschäftsgebiets und ihres Trägers, zu dienen. Sparkassen fördern kraft öffentlichen Auftrags[50] die finanzielle Eigenvorsorge und Selbstversorgung der Bevölkerung und versorgen im Kreditgeschäft vorwiegend den Mittelstand sowie die wirtschaftlich schwächeren Bevölkerungskreise.[51] Gewinnerzielung ist nicht Hauptzweck des Geschäftsbetriebs. Dadurch unterscheiden sich Sparkassen grundlegend von privaten und genossenschaftlichen Banken. In der höchstrichterlichen Rechtsprechung besteht daher Einigkeit darüber, dass selbst wenn sich Sparkassen weitgehend an das private Bankgewerbe angleichen[52] und ihre öffentliche Aufgabe in den Hintergrund tritt, dies nicht zu einem Grundrechtsschutz führen kann. Denn hinter der öffentlich-rechtlichen Sparkasse stehe immer eine Gebietskörperschaft, die auch dann nicht ohne weiteres grundrechtsfähig ist, wenn sie sich privatwirtschaftlich betätigt.[53]

Sparkassen können sich deshalb grundsätzlich nicht auf die Verletzung von Grundrechten berufen. Vielmehr ist es so, dass Sparkassen im Rahmen ihrer Geschäftstätigkeit an die Grundrechte gebunden sind, soweit sie als Träger öffentlicher Gewalt auftreten. Deshalb müssen Sparkassen beim Abschluss von Geschäften mit ihren Kunden den Gleichheitsgrundsatz des Art. 3 GG beachten.[54] Sparkassen können etwa dazu verpflichtet werden, ein Girokonto zu eröffnen, weil sie Träger öffentlicher Gewalt sind.[55]

Damit unterscheiden sich Sparkassen bereits im Hinblick auf ihre Grundrechtsfähigkeit von anderen Kreditinstituten. Bei privaten Kreditinstituten ist es, wie bei anderen Wirtschaftsunternehmen, zumindest nicht von vornherein ausgeschlossen, dass sie durch staatliche Maßnahmen im Bereich des

---

50 Amtl. Begr. des Entwurfs eines Gesetzes über das Kreditwesen, BT-Drs. 3/1114, S. 41 zu § 39.

51 *Oebbecke*, der gemeindehaushalt 2001, 169; *ders.*, Der Landkreis 2010, 187.

52 *BVerfG*, Beschl. v. 15.6.1983 – 1 BvR 1025/79 –, in: BVerfGE 64, 229 (240) = NJW 1983, 2811; *Weides*, DÖV 1984, 41.

53 *BVerfG*, Beschl. v. 14.4.1987 – 1 BvR 775/84 –, in: BVerfGE 75, 192 = NVwZ 1987, 879; *BVerwG*, Beschl. v. 28.12.1971 – 1 CB 16/66 –, in: DVBl. 1972, 780 (781).

54 A. A. *Weides*, DÖV 1984, 41 (42).

55 *BVerwG*, Beschl. v. 30.4.2008 – 6 B 16/08 –, juris Rn. 7.

Betriebsverfassungsrechts in ihren Grundrechten verletzt werden. Neben einer Verletzung des Art. 9 Abs. 3 GG, des Grundrechts der Berufsfreiheit aus Art. 12 GG und der Eigentumsgarantie des Art. 14 GG sind auch Verstöße gegen den allgemeinen Gleichheitsgrundsatz, Art. 3 Abs. 1 GG, möglich.[56]

b. Grundrechtsfähigkeit der Personalvertretungen in Sparkassen

Im nächsten Schritt ist zu untersuchen, ob sich Personalvertretungen auf die Verletzung von Grundrechten berufen können. Die Grundrechtsfähigkeit der Personalvertretungen in den Sparkassen ist nicht bereits deshalb ausgeschlossen, weil sie zu den Sparkassen gehören, die selbst nicht grundrechtsfähig sind.

Die Regelungen in den Personalvertretungsgesetzen sind nach der Rechtsprechung des Bundesverfassungsgerichts Mittel zur Wahrung der Menschenwürde und der Persönlichkeitsentfaltung der einzelnen Beschäftigten in der Dienststelle. Sie wurzeln im Sozialstaatsgedanken und gehen auf Vorstellungen zurück, die auch den Grundrechtsverbürgungen der Art. 1, 2 und 5 Abs. 1 GG zugrunde liegen.[57]

Ob die Personalvertretung grundrechtsfähig ist, hat das Bundesverfassungsgericht bisher offen lassen können, weil in den zu entscheidenden Fällen jedenfalls die einzelnen Personalratsmitglieder die Verletzung von Grundrechten geltend machen konnten.[58]

Personalvertretungen sind nach überwiegender Auffassung dem öffentlichen Recht zuzuordnen, da die maßgeblichen Regelungen zu Personalvertretungen aus den Personalvertretungsgesetzen stammen, die als Teil des Rechts des öffentlichen Dienstes zum Öffentlichen Recht gehören.[59] Sie sind aber

---

56 *BVerfG*, Beschl. v. 18.12.1985 – 1 BvR 143/83, in: NJW 1986, 1601.

57 *BVerfG*, Beschl. v. 26.5.1970 – 2 BvR 311/67 –, juris Rn. 31, in: BVerfGE 28, 314 (323) = AP GG zu Art. 9 Nr. 18.

58 *BVerfG*, Beschl. v. 27.3.1979 – 2 BvR 1011/78 –, juris Rn. 27, in: BVerfGE 51, 77 = AP GG zu Art. 9 Nr. 31.

59 *Cecior/Vallendar/Lechtermann/Klein*, Das Personalvertretungsrecht in Nordrhein-Westfalen, 53. Aktualisierung, § 1 Rn. 4.

nicht ein Organ der Dienststelle, sondern Organ der insoweit teilrechtsfähigen Belegschaft.[60]

Allgemein bejaht das Bundesverfassungsgericht die Grundrechtsfähigkeit einer juristischen Person des öffentlichen Rechts, wenn ein beherrschender Einfluss des Staates unmöglich ist.[61] Die Zuerkennung bestimmter Grundrechte hänge vor allem davon ab, ob sich diese Rechtsgebilde grundsätzlich von den allgemeinen Körperschaften des öffentlichen Rechts unterscheiden, weil sie nicht vom Staat geschaffen sind, sondern im außerstaatlichen Bereich wurzeln und in ihrem Eigenbereich weder staatliche Aufgaben wahrnehmen noch staatliche Gewalt ausüben.[62]

Wenn man diese Grundsätze auf die Frage der Grundrechtsfähigkeit der Personalvertretungen anwenden möchte, ist zu klären, ob die Personalvertretungen in Erfüllung einer staatlichen Aufgabe tätig werden. Nach § 2 Abs. 1 Hs. 1 LPVG NRW arbeiten Dienststelle und Personalvertretung zur Erfüllung der dienstlichen Aufgaben vertrauensvoll zusammen. Dienstliche Aufgaben mit personalvertretungsrechtlichem Bezug werden also nicht allein von der Dienststelle, sondern unter Beteiligung der Personalvertretung erfüllt. Dienstliche Aufgaben i. S. d. § 2 Abs. 1 Hs. 1 LPVG NRW sind diejenigen Aufgaben, die in die Zuständigkeit der Dienststelle fallen, bei der die Personalvertretung besteht.[63] Damit sind Aufgaben in personellen, sozialen, wirtschaftlichen und sonstigen Angelegenheiten gemeint. Die Personalvertretung arbeitet bei diesen dienstlichen Aufgaben mit der Dienststelle zusammen. Es wäre jedoch verfehlt, aus diesem Umstand zu schlussfolgern, dass die Personalvertretung Staatsgewalt ausübt.[64] Das Bundesverfassungsgericht hat vielmehr durch seinen Beschluss vom 24.5.1995 die Einflussnahmemöglichkeiten der Personalvertretung auf die Entscheidungen der Dienststelle begrenzt. Der Umfang der Beteiligung der Personalvertretung richtet sich danach, ob durch die Maßnahme nicht oder nur unerheblich, typischerweise nicht nur unerheblich oder schwerpunktmäßig Staatsgewalt

60 *Hecker*, PersV 1981, 190 (195).

61 *BVerfG*, Urt. v. 27.7.1971 – 2 BvF 1/68 und 2 BvR 702/68 –, in: BVerfGE 31, 314 (322).

62 *BVerfG*, Beschl. v. 2.5.1967 – 1 BvR 578/63 –, in: BVerfGE 21, 362 (374).

63 *Cecior/Vallendar/Lechtermann/Klein*, Das Personalvertretungsrecht in Nordrhein-Westfalen, 53. Aktualisierung, § 2 Rn. 10.

64 A. A. *Hecker*, PersV 1980, 217 (223).

ausgeübt wird.[65] Aufgrund der fehlenden demokratischen Legitimation der Personalvertretungen gilt: Je mehr Staatsgewalt durch die Maßnahme ausgeübt wird, desto geringer muss der Einfluss der Personalvertretungen sein. Der Beteiligung des Personalrats ist nach der Rechtsprechung des Bundesverfassungsgerichts alles amtliche Handeln mit Entscheidungscharakter entzogen. Die Personalvertretungen haben somit im Ergebnis keinen rechtlich durchsetzbaren Einfluss auf Entscheidungen, durch die Staatsgewalt ausgeübt wird, und üben damit auch selbst keine Staatsgewalt aus.

Es ist vielmehr so, dass die Personalvertretungen die individuellen Rechte der hinter ihnen stehenden Beschäftigten verfolgen. Die Personalvertretung befindet sich daher regelmäßig in einer grundrechtstypischen Gefährdungslage, also in einer der Situation des Bürgers vergleichbaren Grundrechtssituation.[66] Sie ist daher insoweit grundrechtsfähig.[67] Zwar gilt, dass weder der Staat noch seine Einrichtungen gleichzeitig Träger und Adressat von Grundrechten sein können.[68] Die Personalvertretung ist jedoch eine vom Staat unabhängige Einrichtung zur Wahrnehmung von Grundrechten, die keine Staatsgewalt ausübt.[69]

Die Personalvertretung ist daher grundrechtsfähig, allerdings nur begrenzt.[70] Die Begrenzung ergibt sich zum einen daraus, dass sie nur die Verletzung der Grundrechte der hinter ihr stehenden Beschäftigten geltend machen kann, und zum anderen daraus, dass sie nicht befugt ist, die von den Beschäftigten ausgeübten Grundrechte wahrzunehmen, soweit sie über die Personalvertretungsgesetze hinausgehen.[71]

Insofern unterscheiden sich Personalvertretungen grundlegend von Betriebsräten, die nicht den mit der Verbindung zum öffentlichen Recht einhergehenden Beschränkungen unterliegen.

---

65 *BVerfG*, Beschl. v. 24.5.1995 – 2 BvF 1/92 –, juris Rn. 145, in: BVerfGE 93, 37 = NVwZ 1996, 574.

66 *BVerfG*, Beschl. v. 7.6.1977 – 1 BvR 108/73, 1 BvR 424/73 und 1 BvR 226/74 –, juris Rn. 49, in: BVerfGE 49, 63.

67 *Dütz*, Der Grundrechtsschutz von Betriebsräten und Personalvertretungen, S. 53.

68 *BVerfG*, Beschl. v. 16.1.1963 – 1 BvR 316/60 –, in: BVerfGE 15, 256 (262).

69 *Dütz*, Der Grundrechtsschutz von Betriebsräten und Personalvertretungen, S. 54.

70 *Thiele*, PersV 1980, 41 (46); *Wolber*, RiA 1981, 210.

71 *BVerfG*, Beschl. v. 26.5.1970 – 2 BvR 311/67 –, juris Rn. 29, in: BVerfGE 28, 314 (322) = AP GG zu Art. 9 Nr. 18.

c. Grundrechtsfähigkeit der Beschäftigten

Während die Grundrechtsfähigkeit der Sparkassen generell und die der Personalvertretungen in den Sparkassen teilweise verneint werden, können sich die Beschäftigten uneingeschränkt auf die Verletzung von Grundrechten berufen. Das gilt auch für die Mitglieder der Personalvertretungen oder deren Vorsitzende.

Aus beschäftigtenvertretungsrechtlicher Sicht sind die Grundrechte der Vereinigungsfreiheit gem. Art. 9 Abs. 1 GG und der Koalitionsfreiheit gem. Art. 9 Abs. 3 GG relevant. Zwar ist die einzelne Beschäftigtenvertretung keine Vereinigung i. S. v. Art. 9 GG, weil die Beschäftigtenvertretung kein freiwilliger Zusammenschluss ist. Die Personalvertretungen und die Betriebsräte sind vielmehr gesetzlich angeordnete Zwangszusammenschlüsse und werden vom Schutzbereich des Art. 9 GG nicht erfasst.[72] Aber das Beschäftigtenvertretungsrecht steht unter dem Einfluss gewerkschaftlicher Betätigung, die von Art. 9 GG geschützt wird.

Art. 9 Abs. 1 GG garantiert den freien Zusammenschluss gleichberechtigter Mitglieder zu einem gemeinsam zu verfolgenden Zweck, der über seine Aktivitäten ohne fremde Einflüsse entscheidet.[73] Das bedeutet jedoch nicht, dass staatliche Regelungen über die Organisation und die Willensbildung durch Art. 9 Abs. 1 GG ausgeschlossen sind.[74] Das Bundesverfassungsgericht geht in ständiger Rechtsprechung davon aus, dass Art. 9 Abs. 3 GG die Koalitionsfreiheit nur in ihrem Kernbereich schützt.[75] Wird dieser Kernbe-

72 *Jarass*, in: Jarass/Pieroth, Grundgesetz Kommentar, Art. 9 Rn. 4; *Scholz*, in: Maunz/Dürig, Grundgesetz-Kommentar, Lfg. 35, Art. 9 Rn. 305.

73 *BVerfG*, Urt. v. 1.3.1979 – 1 BvR 532, 533/77, 419/78 und BvL 21/78 –, in: BVerfGE 50, 290 (358).

74 *BVerfG*, Urt. v. 1.3.1979 – 1 BvR 532, 533/77, 419/78 und BvL 21/78 –, in: BVerfGE 50, 290 (354).

75 *BVerfG*, Urt. v. 18.11.1954 – 1 BvR 629/52 –, in: BVerfGE 4, 96 (106, 108); *BVerfG*, Beschl. v. 14.4.1964 – 2 BvR 69/92 –, in: BVerfGE 17, 319 (333); *BVerfG*, Urt. v. 1.3.1979 – 1 BvR 532, 533/77, 419/78 und BvL 21/78 –, in: BVerfGE 50, 290 (368); das Bundesverfassungsgericht hat später klargestellt, dass der Schutzbereich des Art. 9 Abs. 3 GG nicht auf einen Kernbereich reduziert sei. Vielmehr müssten die Intensität der Grundrechtsbeeinträchtigung und das Gewicht der entgegenstehenden Rechtsgüter abgewogen werden, *BVerfG*, Beschl. v. 14.11.1995 – 1 BvR 601/92 –, juris Rn. 21, in: BVerfGE 93, 352 = NJW 1996, 1201 (1202); *BVerfG*, Beschl. v. 24.2.1999 – 1 BvR 123/93 –, in: AP BetrVG 1972 zu § 20 Nr. 18.

reich angetastet, ist Art. 9 Abs. 3 GG verletzt. Das Beschäftigtenvertretungswesen und die Koalitionsfreiheit bestehen also nebeneinander. Einerseits ist ein generelles Verbot gewerkschaftlicher Betätigung in der Dienststelle nicht gerechtfertigt.[76] Andererseits sind gesetzliche Regelungen, wie über die Mitbestimmung nach dem Betriebsverfassungsgesetz, die den Schutzbereich der Vereinigungsfreiheit nicht im Kern, sondern nur an der Peripherie berühren, daher verfassungsrechtlich zulässig.[77]

Möchte der einzelne Arbeitnehmer gegen die Repräsentation seiner Interessen durch die Beschäftigtenvertretung vorgehen, kann er sich nicht auf eine Verletzung seiner negativen Vereinigungs-/Koalitionsfreiheit berufen. Insofern ist der sachliche Schutzbereich des Art. 9 GG nicht eröffnet, denn es handelt sich bei der Personalvertretung nicht um eine Vereinigung i. S. v. Art. 9 GG. Sollte der Arbeitnehmer mit der Arbeit der Beschäftigtenvertretung nicht zufrieden sein, kann er sich also nicht generell gegen die Vertretung seiner Interessen durch die Beschäftigtenvertretung zur Wehr setzen. Es bleibt ihm nur die Möglichkeit, Einfluss auf die Arbeit des Personalrats über die Stimmabgabe bei der Personalratswahl auszuüben.

Es geht bei Art. 9 Abs. 3 GG um die Mitgliedschaft der Arbeitnehmer in der Gewerkschaft und der Arbeitgeber in den Arbeitgeberverbänden. Dieses Koalitionsrecht wird beispielsweise durch Regelungen über den Tarifvorbehalt in Dienstvereinbarungen gem. § 70 Abs. 1 LPVG NRW und den Tarifvorrang für die Mitbestimmung in Rationalisierungs-, Technologie- und Organisationsangelegenheiten gem. § 72 Abs. 3 Eingangssatz LPVG NRW, in sonstigen Angelegenheiten gem. § 72 Abs. 4 Eingangssatz LPVG NRW und in Mitwirkungsangelegenheiten gem. § 73 Eingangssatz LPVG NRW garantiert. In diesen Angelegenheiten ist eine Mitbestimmung nur möglich, soweit nicht bereits eine tarifliche Regelung besteht. Der Gesetzgeber trägt mit diesen Regelungen der in Art. 9 Abs. 3 GG garantierten Koalitionsfreiheit Rechnung und bringt zum Ausdruck, dass in diesen Angelegenheiten tarifliche Regelungen gegenüber der Beteiligung der Beschäftigtenvertretung Vorrang genießen. Dort, wo tarifliche Regelungen bestehen, ist kein Platz für betriebliche Mitbestimmung.

---

76 *BVerfG*, Beschl. v. 30.11.1965 – 2 BvR 54/62 –, in: BVerfGE 19, 303 (322).

77 *BVerfG*, Urt. v. 1.3.1979 – 1 BvR 532, 533/77, 419/78 und BvL 21/78 –, in: BVerfGE 50, 290 (359).

III. Gesetzgebungskompetenzen

1. Gesetzgebungskompetenz im Personalvertretungsrecht

Vor der Föderalismusreform[78] hatte der Bund gem. Art. 75 Abs. 1 Nr. 1 GG a. F. das Recht, Rahmenvorschriften für die Gesetzgebung der Länder über die Rechtsverhältnisse der im öffentlichen Dienste der Länder, Gemeinden und anderen Körperschaften des öffentlichen Rechtes stehenden Personen zu erlassen. Ausgenommen waren die Besoldung und Versorgung der Angehörigen des öffentlichen Dienstes, wofür gem. Art. 74a GG a. F. eine konkurrierende Gesetzgebungskompetenz bestand. Von diesem Recht hat der Bund durch den Erlass von Rahmenvorschriften für die Landesgesetzgebung in §§ 94 bis 106 BPersVG Gebrauch gemacht. Daneben enthält das Bundespersonalvertretungsgesetz in §§ 107 bis 109 unmittelbar für die Länder geltende Vorschriften. Insofern stützte der Bund seine Gesetzgebungskompetenz, soweit die Regelungen das Arbeitsrecht betrafen, auf Art. 74 Abs. 1 Nr. 12 GG. Danach erstreckt sich die konkurrierende Gesetzgebung auf das Arbeitsrecht, wovon nicht nur zivilrechtliche, sondern auch öffentlich-rechtliche Vorschriften erfasst werden.[79] Im Übrigen ergab sich die Kompetenz des Bundes für den Erlass von §§ 107 bis 109 BPersVG aus Art. 75 Abs. 1 Nr. 1 GG a. F.

Mit dem Wegfall der Rahmengesetzgebungskompetenz im Wege der Föderalismusreform änderte sich die Verteilung der Gesetzgebungskompetenz für das Personalvertretungsrecht der Beschäftigten in den Ländern. Für das Personalvertretungsrecht der Beschäftigten im öffentlichen Dienst auf Bundesebene hat der Bund unverändert die ausschließliche Gesetzgebungskompetenz nach Art. 73 Abs. 1 Nr. 8 GG. Darauf gestützt, hat der Bund das Bundespersonalvertretungsgesetz erlassen. Dementsprechend werden gem. § 1 S. 1 BPersVG in den Verwaltungen des Bundes und der bundesunmittelbaren Körperschaften, Anstalten und Stiftungen des öffentlichen Rechts sowie in den Gerichten des Bundes Personalvertretungen gebildet.

Für die Gesetzgebungskompetenz im Hinblick auf die Personalvertretung der Beschäftigten in den Dienststellen des Landes, der Gemeinden, der Ge-

78 Gesetz zur Änderung des Grundgesetzes v. 28.8.2006 (BGBl. I S. 2034).

79 *Maunz*, in: Maunz/Dürig, Grundgesetz-Kommentar, Lfg. 23, Art. 74 Rn. 161.

meindeverbände und der sonstigen der Aufsicht des Landes unterstehenden Körperschaften, Anstalten und Stiftungen des öffentlichen Rechts gilt die Grundregel des Art. 70 Abs. 1 GG. Danach haben die Länder das Recht der Gesetzgebung, soweit das Grundgesetz nicht dem Bund Gesetzgebungsbefugnisse verleiht. Der Bund hat weder die ausschließliche noch die konkurrierende Gesetzgebungskompetenz für das Personalvertretungsrecht auf Landesebene. Das Personalvertretungsrecht gehört nicht zum Arbeitsrecht i. S. v. Art. 74 Abs. 1 Nr. 12 GG.[80] Auch Art. 74 Abs. 1 Nr. 27 GG, wonach die Statusrechte und -pflichten der Beamten der Länder, Gemeinden und anderen Körperschaften des öffentlichen Rechts Gegenstand der konkurrierenden Gesetzgebungskompetenz sind, ermächtigt den Bundesgesetzgeber nicht, das Personalvertretungsrecht inhaltlich durch ein Gesetz auszugestalten. Die Norm berechtigt den Bundesgesetzgeber lediglich dazu, die Länder zu verpflichten, überhaupt eine Beamtenvertretung vorzusehen. Von dieser Kompetenz hat der Bund mit dem Erlass von § 52 BeamtStG Gebrauch gemacht.[81]

Inzwischen hat der nordrhein-westfälische Gesetzgeber mit dem Gesetz zur Änderung des Landespersonalvertretungsgesetzes[82] eine von den rahmenrechtlichen Vorschriften des Bundespersonalvertretungsgesetzes abweichende Regelung geschaffen, sodass gem. Art. 125a Abs. 1 S. 2 GG die nach Art. 125a Abs. 1 S. 1 GG fortgeltenden §§ 94 bis 106 BPersVG in Nordrhein-Westfalen nicht mehr umgesetzt werden müssen.

Der Wegfall der Rahmengesetzgebungskompetenz hat bewirkt, dass die Länder einen größeren Gestaltungsspielraum im Personalvertretungsrecht genießen.[83] Jedes einzelne Land hat die Möglichkeit, ein eigenes Mitbestimmungskonzept[84] zu entwickeln.

---

80 *BVerfG*, Beschl. v. 3.10.1957 – 2 BvL 7/56 –, in: BVerfGE 7, 120 (127); *Thiele*, ZTR 1995, 542 (543).

81 *Kersten*, in: Richardi/Dörner/Weber (Hrsg.), Personalvertretungsrecht, § 95 Rn. 4; a. A. *Battis/Nebel*, PersR 2007, 47 (51).

82 Gesetz zur Änderung des Landespersonalvertretungsgesetzes v. 5.7.2011 (GV. NRW S. 348).

83 *Rothländer*, PersR 2007, 57 (61); *Biermann/Kammradt*, PersR 2006, 444 (446); *Battis*, PersV 2007, 207 (208).

84 *Feldmann*, Personalvertretungsrecht, S. 1.

2. Gesetzgebungskompetenz im Betriebsverfassungsrecht

Die Gesetzgebungskompetenz des Bundes für das Betriebsverfassungsrecht ergibt sich aus Art. 74 Abs. 1 Nr. 12 GG. Danach erstreckt sich die konkurrierende Gesetzgebung auf das Arbeitsrecht einschließlich der Betriebsverfassung. Der Bund hat durch das Betriebsverfassungsgesetz von seiner Gesetzgebungszuständigkeit Gebrauch gemacht, sodass die Länder insoweit keine Befugnis zur Gesetzgebung haben.

IV. Arten der Mitbestimmung

Das Personalvertretungsrecht und das Betriebsverfassungsrecht gehören zum Mitbestimmungsrecht. Die personelle oder betriebliche Mitbestimmung ist von der unternehmerischen oder direktiven Mitbestimmung zu unterscheiden.[85]

1. Direktive/unternehmerische Mitbestimmung

Die direktive Mitbestimmung zeichnet sich dadurch aus, dass die Beschäftigten an einer unternehmerischen Entscheidung des Arbeitgebers teilhaben. Regelungen hierzu finden sich im Aktiengesetz und im Mitbestimmungsgesetz. Für Sparkassen gibt es in den Sparkassengesetzen der Länder Sondervorschriften. Dieser Teil des Mitbestimmungsrechts in Sparkassen wurde ausführlich von *Lüttmann*[86] behandelt und ist nicht Gegenstand dieser Arbeit.

2. Personelle/betriebliche Mitbestimmung

Personelle oder betriebliche Mitbestimmung zeichnet sich im Gegensatz zu unternehmerischer Mitbestimmung durch eine Interessenvertretung der Beschäftigten gegenüber dem Arbeitgeber im Hinblick auf das einzelne Beschäftigungsverhältnis aus. Die Interessen der Beschäftigten werden in personellen, sozialen und organisatorischen Angelegenheiten vertreten.

---

85 *RLP VerfGH*, Urt. v. 18.4.1994 – VGH N 1 und 2/93 –, in: NVwZ-RR 1994, 665 (666) = DVBl. 1994, 1059.

86 *Lüttmann*, Aufgaben und Zusammensetzung der Verwaltungsräte der kommunalen Sparkassen.

Regelungen hierzu sind für den öffentlich-rechtlichen Bereich in den Personalvertretungsgesetzen der Länder und im Bundespersonalvertretungsgesetz zu finden. Die betriebliche Mitbestimmung in privatrechtlich organisierten Betrieben hat der Gesetzgeber im Betriebsverfassungsgesetz geregelt.

V. Gang der Untersuchung

Die zentrale Frage der Arbeit ist, ob Sparkassen in Angelegenheiten der betrieblichen Mitbestimmung anderen Regelungen unterworfen sind als ihre privaten Konkurrenten und – sofern Unterschiede bestehen – ob deren Existenz gerechtfertigt ist.

Zunächst werden die Begrifflichkeiten des Beschäftigtenvertretungsrechts erläutert. Anschließend wird geklärt, wie die Begriffe des Landespersonalvertretungsgesetzes Nordrhein-Westfalen, bei dessen Abfassung der Gesetzgeber die klassische Behörde aus der Landes- oder Gemeindeverwaltung im Blick hatte, auf Sparkassen, deren Organisation eher an eine Aktiengesellschaft erinnert,[87] anzuwenden sind.

Anschließend werden die für die Sparkassen relevanten Vorschriften des Landespersonalvertretungsgesetzes Nordrhein-Westfalen denen des Betriebsverfassungsgesetzes gegenübergestellt und Unterschiede in der Rechtslage herausgearbeitet. Sofern es auf Vorschriften außerhalb dieser beiden Gesetz ankommt,[88] wird auch darauf eingegangen. Es wird nicht darum gehen, jede einzelne Vorschrift der beiden Gesetze miteinander zu vergleichen. Vielmehr sollen die strukturellen Unterschiede untersucht werden. Nach einer Gegenüberstellung der beteiligten Akteure und ihren Instrumenten wird schwerpunktmäßig auf die Beteiligungstatbestände und Beteiligungsverfahren eingegangen. Daran schließt sich ein Vergleich der Rechtsfolgen bei Verstößen gegen Beteiligungsrechte, der Sanktionsregelungen und des Rechtsschutzes an. Zuletzt wird der Einfluss der Gewerkschaften erörtert.

Abschließend wird bewertet, ob die Unterschiede zu ungerechtfertigten Wettbewerbsverzerrungen führen.

---

87 *Weides*, DÖV 1984, 41 (42).

88 Einen Überblick zu den personalvertretungsrechtlichen Vorschriften außerhalb der Personalvertretungsgesetze liefert *Lorenzen*, PersR 1997, 241.

C. Vergleich zwischen dem Landespersonalvertretungsgesetz Nordrhein-Westfalen und dem Betriebsverfassungsgesetz

I. Begriffsbestimmungen

Zunächst sollen die wesentlichen Begriffe des Personalvertretungsrechts und des Betriebsverfassungsrechts kurz erläutert werden.

1. Die Begriffe des Beschäftigtenvertretungsrechts

Hierzu werden zunächst grundlegende Gemeinsamkeiten und Unterschiede von Dienststelle und Betrieb dargestellt. Anschließend soll beleuchtet werden, wer Beschäftigter ist und in welchen Gremien die Vertretung der Interessen der Beschäftigten stattfindet. Es wird erläutert, wer Dienststellenleiter und wer Betriebsinhaber ist. Außerdem soll der Grundsatz der vertrauensvollen Zusammenarbeit dargestellt werden. Bevor geklärt wird, in welchen Fällen von einer Maßnahme i. S. d. Beschäftigtenvertretungsrechts die Rede sein kann, sollen die Beteiligungsrechte und die Beteiligungsverfahren in den Grundzügen behandelt werden. Zuletzt werden das Gruppenprinzip und der Begriff der Allzuständigkeit kurz dargestellt.

a. Dienststelle und Betrieb

Der Begriff der Dienststelle ist ein zentraler Begriff des Personalvertretungsrechts. Handelt es sich um eine Dienststelle i. S. d. Landespersonalvertretungsgesetzes Nordrhein-Westfalen, ist neben diversen anderen Rechtsfolgen die wichtigste Konsequenz, dass gem. § 1 Abs. 1 LPVG NRW Personalvertretungen gebildet werden. Die Personalverfassung folgt der Dienststellenverfassung.[89]

Dienststellen i. S. d. Landespersonalvertretungsgesetzes Nordrhein-Westfalen sind die Behörden, Einrichtungen und Betriebe des Landes sowie Kunsthochschulen des Landes, die Schulen und die Gerichte, § 1 Abs. 2 Hs. 1 LPVG NRW. Bei den Gemeinden, den Gemeindeverbänden und den

89 *BVerwG*, Beschl. v. 13.8.1986 – 6 P 7/85 –, in: NVwZ 1987, 807 (808).

sonstigen der Aufsicht des Landes unterstehenden Körperschaften, Anstalten und Stiftungen des öffentlichen Rechts bilden gemäß § 1 Abs. 2 Hs. 2 LPVG NRW die Verwaltungen gemeinsam eine Dienststelle. Damit hat der Gesetzgeber den Begriff der Dienststelle nicht abstrakt definiert, sondern bestimmte Unterkategorien festgelegt. Dienststelle i. S. d. Landespersonalvertretungsgesetzes Nordrhein-Westfalen ist also der Oberbegriff für Behörde, Einrichtung und Betrieb.

Das Bundesverwaltungsgericht versteht unter Dienststelle die organisatorische Einheit, welche einen selbstständigen Aufgabenbereich hat und innerhalb der Verwaltungsorganisation verselbstständigt ist. Dabei komme es nicht auf die räumliche Trennung von anderen Verwaltungseinrichtungen oder auf eine unterschiedliche Aufgabenstellung, sondern darauf an, dass die Einrichtung organisatorisch selbstständig ist. Das sei der Fall, wenn der Leiter der Einrichtung einen eigenen Entscheidungs- und Handlungsspielraum hat, er also seine Maßnahmen in personellen, sozialen oder organisatorischen Angelegenheiten eigenständig vorbereitet oder ergreift und damit letztendlich die personalvertretungsrechtliche Verantwortung trägt. Erst dann könne der Leiter dem Personalrat als verantwortlicher Partner gegenübertreten.[90] Nur wenn eine Einrichtung über einen solchen Leiter verfügt, ist sie eine Dienststelle im personalvertretungsrechtlichen Sinne.

Ein Betrieb ist Voraussetzung dafür, dass ein Betriebsrat gewählt wird. Das Betriebsverfassungsgesetz unterscheidet zwischen dem einheitlichen Betrieb, § 1 Abs. 1 S. 1 BetrVG, und dem gemeinsamen Betrieb, § 1 Abs. 1 S. 2 BetrVG. Ein einheitlicher Betrieb liegt nach der Rechtsprechung des Bundesarbeitsgerichts vor, wenn die in einer Betriebsstätte vorhandenen materiellen und immateriellen Betriebsmittel für den oder die verfolgten arbeitstechnischen Zwecke zusammengefasst, geordnet und gezielt eingesetzt werden und der Einsatz der menschlichen Arbeitskraft von einem einheitlichen Leitungsapparat gesteuert wird. Mehrere rechtlich selbstständige Betriebe können einen gemeinsamen Betrieb führen, wenn sie zur Führung des gemeinsamen Betriebs insbesondere einen einheitlichen Leitungsapparat geschaffen haben.[91] Unabhängig davon, ob es sich um einen einheitlichen

90 *BVerwG*, Beschl. v. 13.8.1986 – 6 P 7/85 –, in: NVwZ 1987, 807 (808).

91 *BAG*, Beschl. v. 14.12.1994 – 7 ABR 26/94 –, in: AP BetrVG 1972 zu § 5 Rotes Kreuz Nr. 3; *BAG*, Beschl. v. 22.10.2003 – 7 ABR 18/03 –, in: AP BetrVG 1972 zu

oder gemeinsamen Betrieb handelt, kommt es also maßgeblich darauf an, ob ein einheitlicher Leitungsapparat besteht. Das ist der Fall, wenn die Entscheidungen des Arbeitgebers in personellen und sozialen Angelegenheiten von derselben institutionellen Leitung ausgeübt werden.[92]

Ob es sich um eine Dienststelle i. S. d. Personalvertretungsrechts handelt, hängt davon ab, ob eine einheitliche Leitung vorhanden ist. Das ist auch das maßgebliche Kriterium für einen Betrieb. Insofern weisen die beiden Begriffe deutliche Parallelen auf.

b. Die Beschäftigten

Der Beschäftigtenbegriff spielt eine zentrale Rolle im Personalvertretungsgesetz. Wer Beschäftigter i. S. d. Landespersonalvertretungsgesetzes Nordrhein-Westfalen ist, ergibt sich aus § 5 LPVG NRW. Danach fallen unter den Beschäftigtenbegriff nicht nur die Beamten und Arbeitnehmer, sondern andere Beschäftigungsformen, wie beispielsweise Leiharbeitnehmer und Personen, die sich in der Berufsausbildung befinden. Von der Anzahl der Beschäftigten in der Dienststelle hängen beispielsweise die Mitgliederzahl des Personalrats und die Anzahl der freizustellenden Personalratsmitglieder ab. Außerdem haben nur Beschäftigte ein Wahlrecht bei der Personalratswahl und sind befugt, bestimmte Anträge zu stellen.

Das Betriebsverfassungsgesetz stellt hierzu darauf ab, ob es sich um einen Arbeitnehmer handelt. Der Arbeitnehmerbegriff ist in § 5 BetrVG legal definiert. § 5 BetrVG unterscheidet zwischen Arbeitern und Angestellten, ohne dass es auf diese Differenzierung heute noch ankäme, erfasst aber auch nicht unter diese Kategorien fallende Beschäftigungsformen.

---

§ 1 Gemeinsamer Betrieb Nr. 21; *BAG*, Beschl. v. 11.2.2004 – 7 ABR 27/03, in: AP BetrVG 1972 zu § 1 Gemeinsamer Betrieb Nr. 22; *BAG*, Beschl. v. 22.6.2005 – 7 ABR 57/04 –, in: AP BetrVG 1972 zu § 1 Gemeinsamer Betrieb Nr. 23.

92 *BAG*, Beschl. v. 14.12.1994 – 7 ABR 26/94 –, in: AP BetrVG 1972 zu § 5 Rotes Kreuz Nr. 3.

Auf die Vielzahl von Fragestellungen im Zusammenhang mit dem Beschäftigtenbegriff soll hier nicht eingegangen werden.[93] Sofern aber im Rahmen dieser Arbeit die Rede von Beschäftigten ist, sind damit sowohl die Beschäftigten i. S. d. Landespersonalvertretungsgesetzes als auch die Arbeitnehmer i. S. d. Betriebsverfassungsgesetzes gemeint.

c. Die Beschäftigtenvertretung/betriebliche Interessenvertretung

Die Aufgabe der Beschäftigtenvertretung nimmt im Geltungsbereich der Personalvertretungsgesetze die Personalvertretung wahr. Zur Personalvertretung zählen der örtliche Personalrat, Bezirks- und Hauptpersonalrat sowie der Gesamtpersonalrat. Die größte Nähe zu den Beschäftigten hat der örtliche Personalrat, der häufig auch als Hauspersonalrat bezeichnet wird. Spricht das Gesetz von Personalrat, ist damit der örtliche Personalrat gemeint. Die Organisation der Stufenvertretungen im Personalvertretungsrecht orientiert sich an der dreistufigen Verwaltungshierarchie. In mehrstufigen Verwaltungen werden bei den Mittelbehörden neben den dort bestehenden Personalräten Bezirkspersonalräte und bei den obersten Landesbehörden Hauptpersonalräte gebildet, § 50 Abs. 1 LPVG NRW. Daneben sieht das Gesetz die Bildung von Gesamtpersonalräten vor, etwa wenn eine selbstständige Dienststelle besteht. Bezirks- und Hauptpersonalrat setzen sich nicht aus entsandten Mitgliedern zusammen, sondern werden selbstständig gebildet. Die Mitglieder werden gem. § 50 Abs. 2 LPVG NRW von dem zum jeweiligen Geschäftsbereich gehörenden Beschäftigten gewählt.

Das betriebsverfassungsrechtliche Pendant zu den Personalvertretungen ist der Betriebsrat. In größeren Unternehmen, in denen mehrere Betriebsräte bestehen, ist nach § 47 BetrVG ein Gesamtbetriebsrat zu errichten. Der Gesamtbetriebsrat setzt sich aus Mitgliedern der Betriebsräte zusammen, die diese in den Gesamtbetriebsrat entsenden, § 47 Abs. 2 BetrVG. In einem Konzern können gem. § 54 BetrVG Konzernbetriebsräte gebildet werden. In den Konzernbetriebsrat entsendet jeder Gesamtbetriebsrat zwei seiner Mitglieder. Gesamt- und Konzernbetriebsrat setzen sich also aus Mitgliedern der Betriebsräte zusammen.

---

93 Einige Fragen zum Beschäftigtenbegriff werden im RdErl des Ministeriums für Inneres und Kommunales zur Durchführung des LPVG NRW behandelt, der sich allerdings noch im Entwurf befindet.

Der Oberbegriff für Personalvertretungen und Betriebsräte ist die Beschäftigtenvertretung. Sofern im Folgenden von der Beschäftigtenvertretung die Rede ist, sind damit sowohl die Personalvertretungen als auch die Betriebsräte gemeint.

Neben den Beschäftigtenvertretungen existieren weitere Gremien, die die Interessen der Beschäftigten vertreten. In großen Dienststellen bzw. Unternehmen sind die Beschäftigten bei wirtschaftlichen Angelegenheiten im Wirtschaftsausschuss zu beteiligen. Für Jugendliche und Auszubildende bestehen besondere Interessenvertretungen.

Der Wirtschaftsausschuss nach § 106 BetrVG ist in Unternehmen mit in der Regel mehr als einhundert ständig beschäftigten Arbeitnehmern zu bilden. Der Wirtschaftsausschuss hat die Aufgabe, an den wirtschaftlichen Entscheidungen des Arbeitgebers beratend mitzuwirken und den Betriebsrat hierüber zu informieren. Im Zuge der Novelle des Landespersonalvertretungsgesetzes Nordrhein-Westfalen von 2011 hat der Gesetzgeber Regelungen über einen Wirtschaftsausschuss nach betriebsverfassungsrechtlichem Vorbild geschaffen.[94] Gemäß § 65a LPVG NRW soll in Dienststellen mit mehr als einhundert ständig Beschäftigten ein Wirtschaftsausschuss gebildet werden. Die Bildung des personalvertretungsrechtlichen Wirtschaftsausschusses ist im Gegensatz zu der des betriebsverfassungsrechtlichen Wirtschaftsausschusses nicht verpflichtend. Von der Bildung des Wirtschaftsausschusses kann im Ausnahmefall abgesehen werden. Außerdem ist die Bildung des Wirtschaftsausschusses von einem Antrag des Personalrats abhängig.

Die Belange jugendlicher Beschäftigter und der Beschäftigten, die sich in der Ausbildung befinden, werden durch eine Jugend- und Auszubildendenvertretung wahrgenommen, §§ 54-61 LPVG NRW bzw. §§ 60 ff. BetrVG. Die praktische Relevanz dieser Gremien ist jedoch gering, weil sie die ihr zustehenden Rechte nur gegenüber der Beschäftigtenvertretung ausüben kann, nicht aber gegenüber dem Arbeitgeber.[95] Dass die Beschäftigtenvertretung gemäß § 64 Nr. 9 LPVG NRW bzw. § 80 Abs. 1 Nr. 5 BetrVG die

94 LT-Drs. 15/1644, S. 81.

95 *BVerwG*, Beschl. v. 8.7.1977 – 7 P 22/75 –, juris Rn. 19; *BAG*, Urt. v. 20.11.1973 – 1 AZR 331/73 –, in: BAGE 25, 394 = AP BetrVG 1972 zu § 65 Nr. 1.

Aufgabe hat, mit der Jugend- und Auszubildendenversammlung eng zusammenzuarbeiten, ändert wenig an dem geringen Einfluss der Jugend- und Ausbildungsvertretungen.

Beide Gesetze sehen vor, dass die Beschäftigten und ihre Vertretungen regelmäßig zusammenkommen, um alle Angelegenheiten zu behandeln, die die Dienststelle bzw. den Betrieb und seine Beschäftigten betreffen. Die gesetzlichen Vorgaben hierzu sind im Wesentlichen vergleichbar. Ein Unterschied ist jedoch auffällig. Im Gegensatz zur jährlichen Personalversammlung nach §§ 45 ff. LPVG NRW findet die Betriebsversammlung nach §§ 42 ff. BetrVG deutlich häufiger statt, nämlich einmal in jedem Kalendervierteljahr.

d. Leiter der Dienststelle und Betriebsinhaber

Für die Dienststelle handelt ihr Leiter, § 8 Abs. 1 S. 1 LPVG NRW. Durch die Novelle des Landepersonalvertretungsgesetzes Nordrhein-Westfalen von 2011 wurde der Begriff des Leiters der Dienststelle durch die neutrale Form Dienststelle ersetzt. Damit ist zwar eine Anpassung an die geschlechtergerechte Sprache erfolgt. Wenn das Gesetz von Dienststelle spricht, kann damit nicht nur die Dienststelle selbst, sondern auch ihr Leiter gemeint sein. In manchen Vorschriften des Gesetzes findet sich auch der Begriff Arbeitgeber (§§ 7, 74 LPVG NRW). Arbeitgeber i. S. d. Vorschriften ist nicht zwangsläufig gleichzusetzen mit Leiter der Dienststelle. Nach Auffassung des Bundesverwaltungsgerichts ist Arbeitgeber derjenige, der die Anstellungskörperschaft im gerichtlichen Verfahren zu vertreten hat. Ob der Arbeitgeber identisch ist mit dem Leiter der Dienststelle richtet sich nach den internen Vertretungsregelungen.[96] Der Dienststellenleiter ist der Repräsentant des Dienstherrn, übt also die Funktion des Dienstherrn in der Dienststelle aus. Er muss nicht identisch mit dem Behördenleiter oder dem Dienstvorgesetzten sein.[97] Wer im konkreten Fall der Dienststellenleiter ist, ergibt

---

96 *BVerwG*, Beschl. v. 2.11.1994 – 6 P 48/93 –, juris Rn. 19, in: NVwZ-RR 1995, 330 (331).

97 *Faber/Härtl*, PersR 1994, 49 (51).

sich nicht aus den Personalvertretungsgesetzen, sondern aus den Vorschriften über die Organisation der Verwaltung, der die Dienststelle angehört.[98]

Das Betriebsverfassungsgesetz verwendet durchgehend den Begriff des Arbeitgebers, wenn es den Betriebsinhaber meint. Der Arbeitgeberbegriff im kollektivrechtlichen Sinne ist zu unterscheiden vom Arbeitgeber im Individualarbeitsrecht. Während Letzterer sich dadurch auszeichnet, dass er der Vertragspartner des Arbeitnehmers ist, ist der Arbeitgeber im Kollektivrecht oft schwieriger zu bestimmen. Insbesondere in gemeinsamen Betrieben und bei der Arbeitnehmerüberlassung stehen dem Arbeitnehmer mehrere Arbeitgeber gegenüber. Arbeitgeber ist in diesen Fällen derjenige, der das betriebliche Geschehen durch Weisungen organisiert.[99] Ist anhand dieses Kriteriums geklärt, welcher Arbeitgeber eine bestimmte Maßnahme vornehmen darf, ergibt sich daraus, welcher Betriebsrat zu beteiligen ist, sofern mehrere Betriebsräte zur Auswahl stehen.

Sowohl der Dienststellenleiter als auch der Betriebsinhaber führen zwar personelle und soziale Angelegenheiten durch. Der Unterschied zwischen beiden besteht darin, dass der Dienststellenleiter selbst in die Verwaltungshierarchie eingegliedert ist, während der Betriebsinhaber im Normalfall nicht weisungsabhängig ist.[100]

Auch wenn der Leiter der Dienststelle Beschäftigter ist, findet auf ihn das Landespersonalvertretungsgesetz nur eingeschränkt Anwendung. Er ist weder wahlberechtigt (§ 10 Abs. 3 d) LPVG NRW) noch wählbar (§ 11 Abs. 2 b) LPVG NRW). Außerdem ist er nicht berechtigt, Wahlvorschläge für den Personalrat zu machen, § 16 Abs. 4 S. 2 LPVG NRW.

e. Der Grundsatz der vertrauensvollen Zusammenarbeit

Der Grundsatz der vertrauensvollen Zusammenarbeit besagt, dass Arbeitgeber und Beschäftigtenvertretung partnerschaftlich zum Wohle des Beschäftigten zusammenarbeiten. Der Grundsatz der vertrauensvollen Zusammen-

98 *BVerwG*, Beschl. v. 26.8.1986 – 6 P 11/86 –, juris Rn. 17, in: BVerwGE 78, 72 = NVwZ-RR 1989, 259.

99 *Wißmann*, NZA 2001, 409.

100 *Kossens*, RiA 1996, 66 (68).

arbeit ist das Leitmotiv des Beschäftigtenvertretungsrechts.[101] Er ist in § 2 Abs. 1 LPVG NRW/BetrVG geregelt und hat eine dem Grundsatz von Treu und Glauben gem. § 242 BGB vergleichbare Funktion. Er dient überwiegend als Auslegungsregel.[102] Die Formulierung und der Inhalt der Vorschriften sind in beiden Gesetzen identisch. Leicht abweichende Formulierungen in den anderen Landespersonalvertretungsgesetzen haben keine Auswirkung auf den Inhalt.[103]

Der Grundsatz der vertrauensvollen Zusammenarbeit bringt klar zum Ausdruck, dass sich der Gesetzgeber im Beschäftigtenvertretungsrecht von einer grundlegend anderen Vorstellung hat leiten lassen als im Tarifrecht. Während im Tarifrecht die Tarifvertragsparteien als Gegner gegenüberstehen und ihre Interessen notfalls mit den Mitteln des Arbeitskampfes durchsetzen können, hat der Gesetzgeber die Beschäftigtenvertretung nicht mit diesen Rechten ausgestattet. Stattdessen schreibt das Gesetz grundsätzlich eine Beteiligung im Vorfeld einer Entscheidung des Arbeitgebers vor. Der Ansatz der Konfliktlösung erfolgt also an anderer Stelle.

f. Die Beteiligungsrechte

Die Personalvertretungsgesetze und das Betriebsverfassungsgesetz verleihen der Beschäftigtenvertretung Beteiligungsrechte unterschiedlicher Intensität.

Die Überschrift des vierten Teils des Betriebsverfassungsgesetzes weist darauf hin, dass zwischen Mitbestimmungsrechten und Mitwirkungsrechten zu unterscheiden ist. Die Mitbestimmung ist die stärkste Art der Beteiligung. Unterliegt eine Maßnahme der Mitbestimmung, kann sie grundsätzlich nur mit Zustimmung der Beschäftigtenvertretung durchgeführt werden, vgl. §§ 87 Abs. 1, 99 Abs. 1 S. 1 BetrVG. Mitwirkungsrechte zeichnen sich dadurch aus, dass der Betriebsrat zwar im Verfahren beteiligt wird, die Maßnahme aber auch ohne die Zustimmung des Betriebsrats durchgeführt werden kann. Die Mitbestimmungsrechte sind unterschiedlich stark ausgeprägt. Am stärksten sind sie ausgeprägt in Angelegenheiten, denen das sog.

---

101 *Dobler*, PersR, 2012, 243.

102 *Edenfeld*, PersV 2012, 204 (205).

103 *Edenfeld*, Arbeitnehmerbeteiligung, S. 196, 203.

positive Konsensprinzip[104] zugrunde gelegt ist. Kommt eine Einigung in solchen Angelegenheiten nicht zustande, so entscheidet auf Antrag einer der Betriebsparteien die Einigungsstelle, vgl. § 87 Abs. 2 BetrVG. Der Spruch der Einigungsstelle ist dann für Arbeitgeber und Betriebsrat bindend. In Angelegenheiten, bei denen das sog. negative Konsensprinzip[105] zum Ausdruck kommt, ist das Mitbestimmungsrecht eingeschränkt. Die Einschränkung besteht darin, dass nicht die Einigungsstelle entscheidet, wenn sich Betriebsrat und Arbeitgeber nicht einigen können. Der Betriebsrat kann seine Zustimmung zu einer Maßnahme nur aus bestimmten Gründen verweigern, § 99 Abs. 2 BetrVG, und muss darüber hinaus formelle Anforderungen einhalten, § 99 Abs. 3 S. 1. Die Zustimmung gilt als erteilt, wenn der Betriebsrat sich nicht an diese Vorgaben hält, § 99 Abs. 3 S. 2 BetrVG. Die Zustimmung des Betriebsrats kann auf Antrag des Arbeitgebers vom Arbeitsgericht ersetzt werden, § 99 Abs. 4 BetrVG. Zu den Mitwirkungsrechten zählen neben der bloßen Information bzw. Unterrichtung auch Beratungs- und Anhörungsrechte. Steht dem Betriebsrat ein Informations- oder Unterrichtungsrecht zu, reicht es aus, wenn der Arbeitgeber den Betriebsrat von der Maßnahme in Kenntnis setzt.[106] Ist der Betriebsrat anzuhören, muss der Arbeitgeber die Meinung des Betriebsrats zur Kenntnis nehmen und sich damit auseinandersetzen.[107] Räumt das Gesetz dem Betriebsrat ein Beratungsrecht ein, geht die Mitwirkung noch weiter. Der Arbeitgeber muss den Betriebsrat in die Entscheidungsfindung einbeziehen, indem er die Angelegenheit mit ihm gemeinsam erörtert.[108]

Die Beteiligungsrechte im Personalvertretungsrecht sind in der Grundstruktur vergleichbar ausgestaltet. Allerdings verwendet das Personalvertretungsrecht andere Begrifflichkeiten. Im Landespersonalvertretungsgesetz Nordrhein-Westfalen ist das intensivste Beteiligungsrecht das Mitbestimmungsrecht, vgl. § 66 LPVG NRW. Innerhalb der Mitbestimmungsrechte gibt es verschiedene Abstufungen. Das stärkste Mitbestimmungsrecht besteht in

---

104 *Edenfeld*, Betriebsverfassungsrecht, S. 188.
105 *Edenfeld*, Betriebsverfassungsrecht, S. 133, 188.
106 *v. Hoyningen-Huene*, Betriebsverfassungsrecht, § 11 Rn. 3.
107 *v. Hoyningen-Huene*, Betriebsverfassungsrecht, § 11 Rn. 4.
108 *v. Hoyningen-Huene*, Betriebsverfassungsrecht, § 11 Rn. 5.

Fällen der grundsätzlich uneingeschränkten Mitbestimmung[109], vgl. § 66 Abs. 7 S. 1 LPVG NRW. Hier kann die Personalvertretung eine Maßnahme gegen den Willen der Dienststelle durchsetzen, es sei denn, das Gesetz sieht ausnahmsweise etwas anderes vor. Weniger weit geht das Mitbestimmungsrecht, wenn nur eingeschränkte Mitbestimmung[110] vorgesehen ist, vgl. § 66 Abs. 7 S. 3 LPVG 'NRW. In diesen Fällen entscheidet im Nichteinigungsfall in letzter Konsequenz die Dienststelle. Neben dem Mitbestimmungsrecht kennt das Personalvertretungsrecht Mitwirkungsrechte, vgl. § 69 LPVG NRW, Anhörungsrechte, vgl. § 74 Abs. 2 LPVG NRW, und sonstige Beteiligungsrechte, wie Teilnahmerechte an Sitzungen und Gesprächen, vgl. § 76 LPVG NRW, und Unterrichtungsansprüche, vgl. § 65 Abs. 1 S. 1 LPVG NRW. Diese Rechte unterscheiden sich dadurch, dass die Personalvertretung in unterschiedlicher Intensität bei der Entscheidungsfindung einbezogen wird. In einem Punkt unterscheiden sie sich jedoch nicht. Die Personalvertretung ist auf eine Einigung mit der Dienststelle angewiesen. Sie kann ihren Standpunkt nicht gegen den Willen der Dienststelle durchsetzen. Neben den Beteiligungsrechten hat der Personalrat auch allgemeine Aufgaben gemäß § 64 LPVG NRW, die jedoch verglichen mit den Beteiligungsrechten eher schwach ausgestaltet sind und nicht an ein bestimmtes Verfahren oder eine bestimmte Form gebunden sind.

g. Die Beteiligungsverfahren

In welchem Umfang die Beschäftigtenvertretung anlässlich einer Maßnahme zu beteiligen ist, hängt vom Grad der Beteiligung ab. Jedem Beteiligungsrecht kann so ein bestimmtes Beteiligungsverfahren zugeordnet werden. Unterliegt die Maßnahme dem Mitbestimmungsrecht der Beschäftigtenvertretung, ist das Mitbestimmungsverfahren durchzuführen. Handelt es sich um eine Maßnahme der Mitwirkung, ist die Maßnahme im Mitwirkungsverfahren zu erörtern.

Im Personalvertretungsgesetz Nordrhein-Westfalen ist das Mitbestimmungsverfahren in mehrere Verfahrensabschnitte unterteilt: das Einigungs-

109 *Cecior/Vallendar/Lechtermann/Klein*, Das Personalvertretungsrecht in Nordrhein-Westfalen, 56. Aktualisierung, § 66 Rn. 424.

110 *Cecior/Vallendar/Lechtermann/Klein*, Das Personalvertretungsrecht in Nordrhein-Westfalen, 56. Aktualisierung, § 66 Rn. 424.

verfahren, das Stufenverfahren und das Einigungsstellenverfahren. Neben Mitbestimmungs- und Mitwirkungsrechten enthält das Landespersonalvertretungsgesetz Nordrhein-Westfalen eine Reihe von weiteren Beteiligungsrechten, wie Anhörungs-, Teilnahme-, und Unterrichtungsrechte. Wie diese Rechte verfahrensmäßig ausgeübt werden können, ist nicht in einer zentralen Vorschrift geregelt, sondern ergibt sich aus der jeweiligen Norm, aus der sich das Recht ergibt.

Das Betriebsverfassungsgesetz sieht für jedes Beteiligungsrecht ein gesondertes Verfahren vor.

Das Beteiligungsverfahren endet, sobald sich beide Seiten unter Beachtung der Beteiligungsrechte über das weitere Vorgehen verständigt haben. Das Betriebsverfassungsgesetz spricht insofern von Einigung, Einverständnis oder Einvernehmen. Eine entsprechende Vereinbarung zwischen Betriebsrat und Arbeitgeber wird Regelungsabrede genannt. Die Regelungsabrede bedarf keiner bestimmten Form und ist zulässig, soweit das Gesetz nicht ausdrücklich den Abschluss einer Dienst- oder Betriebsvereinbarung vorschreibt.[111] In der personalvertretungsrechtlichen Literatur wird der Begriff der Regelungsabrede selten verwendet. Unabhängig davon ist das Beteiligungsverfahren abgeschlossen, sobald der Personalrat seine Beteiligungsrechte ausgeübt hat.

h. Die Maßnahme

Ob ein Arbeitgeber die Beschäftigtenvertretung bei einer Entscheidung beteiligen muss und dann unter Umständen auf ihre Zustimmung angewiesen ist, hängt davon ab, ob das Vorhaben des Arbeitgebers eine Maßnahme i. S. d. Beschäftigtenvertretungsrechts ist.

Für das Personalvertretungsrecht gilt, dass der Dienststellenleiter den Personalrat von einer Maßnahme in Kenntnis setzen muss, sobald er eine Maßnahme beabsichtigt. Das Landespersonalvertretungsgesetz Nordrhein-Westfalen enthält keine genaue Aussage darüber, wann davon ausgegangen werden kann, dass eine Maßnahme beabsichtigt ist.[112] In der Rechtspre-

---

111 *Fitting*, Betriebsverfassungsgesetz, 26. Aufl., § 77 Rn. 216.

112 *Cecior/Vallendar/Lechtermann/Klein*, Das Personalvertretungsrecht in Nordrhein-Westfalen, 56. Aktualisierung, § 66 Rn. 30.

chung wurden daher Grundsätze entwickelt, die eine Maßnahme charakterisieren. Als Maßnahme wird jede Handlung und Entscheidung des Dienststellenleiters angesehen, mit der er in eigener Verantwortung und eigener Zuständigkeit eine Angelegenheit der Dienststelle regelt, die den Rechtsstand eines oder mehrerer Beschäftigten berührt, auch wenn es sich bei dieser Tätigkeit lediglich um den konkretisierenden Gesetzesvollzug handelt.[113] Nicht jede Aktivität des Dienststellenleiters löst die Pflicht zur Durchführung eines Mitbestimmungsverfahrens aus. Ist die Maßnahme unerheblich oder noch in der Vorbereitung, entfällt grundsätzlich die Beteiligungspflicht. Auch ein Unterlassen, das etwa in der Ablehnung eines Antrags auf Vornahme einer bestimmten Handlung bestehen kann, ist im Regelfall keine Maßnahme i. S. v. § 66 LPVG NRW. Hebt die Dienststelle eine offensichtlich rechtswidrige, dienstliche Anordnung auf, handelt es sich dabei nicht um eine Maßnahme. Anders verhält es sich, wenn die Dienststelle zur Vornahme einer beteiligungspflichtigen Maßnahme verurteilt wurde. Dann ist der Personalrat zu beteiligen, weil durch die Verurteilung feststeht, dass es sich um eine mitbestimmungspflichtige Maßnahme handelt.[114]

i. Allzuständigkeit

Zur Regelung von Beteiligungstatbeständen stehen dem Gesetzgeber im Wesentlichen zwei Gestaltungsmodelle zur Verfügung. Ein Modell sieht eine Allzuständigkeit der Personalvertretung vor, während ein anderes dem Enumerationsprinzip folgt.

Personalvertretungsgesetze mit Allzuständigkeitsregelung geben der Personalvertretung über eine Generalklausel das Recht, bei allen Entscheidungen, die die Beschäftigten in personellen, sozialen und organisatorischen Angelegenheiten berühren, beteiligt zu werden. Die Personalvertretung ist zu beteiligen, wenn nicht das Gesetz etwas anderes bestimmt.[115]

---

113 *BVerwG*, Beschl. v. 10.1.1983 – 6 P 11/80 –, in: PersV 1983, 507; *Widmaier*, PersV 2010, 324 (325).

114 *Widmaier*, PersV 2010, 324 (325).

115 Eine Allzuständigkeitsregelung enthalten die Personalvertretungsgesetze für die Länder Bremen (§§ 63 ff. Bremisches Personalvertretungsgesetz), Schleswig-Holstein (§ 51 Abs. 1 S. 1 MBG Schl.-H.) und Niedersachsen (§§ 64 ff. NdsPersVG).

Personalvertretungsgesetze, denen das Enumerationsprinzip zugrunde liegt, zeichnen sich dadurch aus, dass sie Kataloge von einzeln aufgezählten, abschließenden Beteiligungstatbeständen enthalten. Die Personalvertretung ist zu beteiligen, wenn das Gesetz es bestimmt.

In seinem Beschluss vom 24.5.1995 hat das Bundesverfassungsgericht eine Regelung, wonach die Personalvertretung eine Allzuständigkeit hat, zwar nicht generell für verfassungswidrig erklärt. Das Gericht hat aber erhebliche Zweifel an einer Allzuständigkeitsregelung erkennen lassen.[116]

Für das Landespersonalvertretungsgesetz haben die verfassungsrechtlichen Bedenken des Bundesverfassungsgerichts keine Auswirkungen, weil sich der nordrhein-westfälische Gesetzgeber bei der Abfassung seiner Landespersonalvertretungsgesetze von Anfang an für das Enumerationsprinzip entschieden hat.[117]

j. Das Gruppenprinzip

Die Interessenvertretung in der Privatwirtschaft wie im öffentlichen Dienst war von Beginn an vom sog. Gruppenprinzip geprägt. Dem Gruppenprinzip lag das Verständnis zugrunde, dass in einem Betrieb bzw. einer Dienststelle verschiedene Gruppen von Beschäftigten vertreten waren. Im privaten Bereich waren das die Gruppe der Arbeiter und die der Angestellten. Im öffentlichen Dienst bildeten die Beamten eine dritte Gruppe. Das Betriebsverfassungsgesetz enthielt Regelungen, wonach bestimmte Entscheidungen, die eine Gruppe betrafen, nicht gegen den Willen der Mehrheit der Vertreter dieser Gruppe im Betriebsrat getroffen werden konnten. Damit sollte zum einen verhindert werden, dass die Interessen einer zahlenmäßig unterlegenen Gruppe übergangen werden konnten (Minderheitenschutz). Zum anderen wollte der Gesetzgeber den spezifischen Bedürfnissen einer jeden Gruppe Rechnung tragen.

Inzwischen wird nicht mehr zwischen der Gruppe der Arbeiter und der der Angestellten unterschieden. Im Wege der Reform des Betriebsverfassungs-

116 *BVerfG*, Beschl. v. 24.5.1995 – 2 BvF 1/92 –, juris Rn. 154, in: BVerfGE 93, 37 = NVwZ 1996, 574.

117 Personalvertretungsgesetz für das Land Nordrhein-Westfalen v. 28.5.1958 (GV. NRW S. 209, 216).

gesetzes 2001[118] ist das Gruppenprinzip im Betriebsverfassungsgesetz vollständig abgeschafft worden. In den Personalvertretungsgesetzen gilt das Gruppenprinzip nur noch eingeschränkt. In Nordrhein-Westfalen bilden seit der Änderung des Personalvertretungsgesetzes 2007[119] gem. § 6 LPVG NRW die Beamten sowie die Arbeitnehmer je eine Gruppe. Über Angelegenheiten, die lediglich die Angehörigen einer dieser Gruppen betreffen, beschließen nur die Mitglieder der Gruppe, sofern die Mehrheit der Mitglieder dieser Gruppe einer gemeinsamen Beratung widersprochen hat, § 34 Abs. 2 LPVG NRW.

Beschäftigte, die weder Beamte noch Arbeitnehmer sind, werden laut Punkt 2 des RdErl. des Ministeriums für Inneres und Kommunales für die Durchführung des LPVG NRW der Gruppe der Arbeitnehmer zugerechnet.

2. Die Begriffe des Personalvertretungsrechts in Sparkassen

Das Landespersonalvertretungsgesetz Nordrhein-Westfalen wurde – wie sich aus § 1 LPVG NRW ergibt – in erster Linie für Dienststellen des Landes, der Gemeinden und Gemeindeverbände geschaffen. Diese behördenmäßig organisierten Dienststellen haben daher in geringerem Umfang Probleme mit Begriffsbestimmungen des Landespersonalvertretungsgesetzes Nordrhein-Westfalen als Sparkassen.

Auf Sparkassen sind die Regelungen des Landespersonalvertretungsgesetzes Nordrhein-Westfalen nicht zugeschnitten. Daher sind Sparkassenvorstände, Personalverantwortliche in Sparkassen und Personalräte in Sparkassen regelmäßig mit der Frage konfrontiert, wie sie die im Landespersonalvertretungsgesetz Nordrhein-Westfalen verwendeten Begrifflichkeiten auf ihren konkreten Fall anwenden sollen.

Sparkassen in Nordrhein-Westfalen sind ausnahmslos Anstalten des öffentlichen Rechts. Die einzelne Sparkasse ist Dienststelle i. S. d. § 1 Abs. 1 LPVG NRW.[120] Hat die Sparkasse Haupt- und Zweigstellen errichtet, erfüllen die Sparkassenzweigstellen in der Regel nicht die Voraussetzungen, die das Bundesverwaltungsgericht an das Vorliegen einer Dienst-

118 BT-Drs. 14/5741, S. 1 f., 23 f., 26 f.

119 LT-Drs. 14/4239, S. 88.

120 So auch *Tietz*, Arbeitsrecht in Sparkassen, 5. Aufl., S. 841.

stelle knüpft. Dennoch können die Zweigstellen gem. § 1 Abs. 3 LPVG NRW zu eigenständigen Dienststellen erklärt werden, wenn der Zweigstelle eine selbstständige Regelungskompetenz im personellen und sachlichen Bereich zusteht. Ist die Zweigstelle zur eigenständigen Dienststelle erklärt worden, ist gem. § 52 S. 1 LPVG NRW ein Gesamtpersonalrat zu bilden.

Da die Sparkassen nicht mehrstufig organisiert sind, kommen die Vorschriften des Landespersonalvertretungsgesetzes Nordrhein-Westfalen über das Stufenverfahren nicht zur Anwendung. Die nordrhein-westfälischen Sparkassen sind gemäß § 4 SpkG NRW Teil des Sparkassenverbunds, der unter der synonymen Bezeichnung «Sparkassen-Finanzgruppe» bekannt ist. Der Sparkassenverbund setzt sich – abgesehen von den zahlreichen Tochterunternehmen der Sparkassen und den weiteren Verbundpartnern – auf lokaler Ebene aus den Sparkassen zusammen, die sich auf regionaler Ebene in Sparkassen- und Giroverbänden zusammengeschlossen haben, die wiederum Mitglieder im Deutschen Sparkassen- und Giroverband sind.[121] Die regionalen Sparkassen- und Giroverbände sind aber ebenso wenig wie der Deutsche Sparkassen- und Giroverband eine den Sparkassen übergeordnete Behörde. Daher finden die Vorschriften des Landespersonalvertretungsgesetzes Nordrhein-Westfalen über die Stufenvertretungen im Sparkassenbereich keine Anwendung.

Die Sparkassen werden von einem Vorstand geleitet, der in personellen, sozialen und organisatorischen Angelegenheiten Entscheidungen trifft. In der Regel delegiert der Vorstand die Aufgaben an verschiedene Abteilungen, wie die Personal- oder Rechtsabteilung. Letztlich trägt aber der Vorstand die Verantwortung für die in den Abteilungen getroffenen Entscheidungen. Der Sparkassenvorstand ist daher Dienststellenleiter i. S. v. § 8 Abs. 1 S. 1 LPVG NRW.[122]

In Fällen der eingeschränkten Mitbestimmung und bei Initiativanträgen des Personalrats, die personelle Einzelmaßnahmen zum Gegenstand haben, entscheidet bei Beschäftigten der Anstalten des öffentlichen Rechts gem. § 68

121 *Stern/Burmeister*, Die kommunalen Sparkassen, S. 65; *Wittmann*, Der Sparkassenverbund, S. 7 ff.

122 *Schlierbach*, Das Sparkassenrecht in der Bundesrepublik Deutschland, 5. Aufl., S. 237.

S. 1 Nr. 2 LPVG NRW deren verfassungsmäßig zuständiges oberstes Organ endgültig. Unklar war, wer verfassungsmäßig zuständiges oberstes Organ in den Sparkassen ist. Neben der Finanzaufsicht beim Finanzministerium kamen der Verwaltungsrat und der Vorstand der Sparkasse in Betracht. Mit Erlass vom 11.8.1975 hat das Ministerium für Wirtschaft, Mittelstand und Verkehr des Landes Nordrhein-Westfalen im Einvernehmen mit dem Innenminister gegenüber dem Rheinischen Sparkassen- und Giroverband und dem Westfälisch-Lippischen Sparkassen- und Giroverband erklärt, dass der Vorstand oberste Dienstbehörde in den Sparkassen ist. Das Ministerium begründete seine Auffassung damit, dass der Sparkassenvorstand gem. § 22 SpkG NRW (jetzt § 23 SpkG NRW) für die dienst- und arbeitsrechtlichen Entscheidungen und für die persönlichen Angelegenheiten allein zuständig ist. Der Vorstand sei daher auch das verfassungsmäßig zuständige oberste Organ, weil er nach § 18 SpkG NRW (jetzt § 20 SpkG NRW) die Sparkasse in eigener Verantwortung leitet und sie gerichtlich und außergerichtlich vertritt. Dieser Auffassung hat sich das Finanzministerium des Landes Nordrhein-Westfalen in einem an die nordrhein-westfälischen Sparkassen- und Giroverbände gerichteten Schreiben angeschlossen. Die Auffassung der Ministerien ist zutreffend, weil sich das verfassungsmäßig zuständige oberste Organ dadurch auszeichnet, dass es befugt ist, die Letztentscheidung zu treffen. Der Verwaltungsrat und die Finanzaufsicht sind nicht das verfassungsmäßig zuständige oberste Organ. Sie treffen keine eigenständigen Entscheidungen, sondern sind darauf beschränkt, die Entscheidungen des Sparkassenvorstands zu kontrollieren. Der Vorstand einer Sparkasse trägt hingegen letzten Endes die Verantwortung für die von ihm getroffenen Entscheidungen. Er ist daher das verfassungsmäßig zuständige Organ i. S. v. § 68 S. 1 Nr. 2 LPVG NRW.

Auch Vorschriften, die auf der Grundlage des Gruppenprinzips Sondervorschriften für Beamte vorsehen, kommen im Sparkassenbereich nicht zu Anwendung. Das liegt daran, dass die Sparkassen seit Anfang der 70er Jahre nicht mehr das Recht haben, Beamte zu ernennen.[123] Das hatte zur Folge, dass in Sparkassen keine Beamtenstellen mehr geschaffen wurden und die bestehenden Beamtenstellen nach und nach durch privatrechtliche Dienst-

123 *Ashauer*, Sparkassen und Banken im Wettbewerb, S. 111.

verträge ersetzt wurden.[124] Heute gibt es in den Sparkassen Nordrhein-Westfalens keine Beamten mehr, sodass nur noch die Gruppe der Angestellten vertreten ist.

Die Bediensteten der Sparkassen sind Beschäftigte i. S. d. Landespersonalvertretungsgesetzes Nordrhein-Westfalen. Das gilt nach der Rechtsprechung des Bundesverwaltungsgerichts auch für nebenberuflich Bedienstete der Sparkasse, wenn sie regelmäßige und dauernde, nicht bloß vorübergehende und auch nicht geringfügige Arbeit in der Dienststelle verrichten.[125]

II. Grundlegende Unterschiede zwischen den Personalvertretungsgesetzen und dem Betriebsverfassungsgesetz

Zwischen den Personalvertretungsgesetzen und dem Betriebsverfassungsgesetz bestehen trotz mancher Gemeinsamkeit wesentliche Unterschiede, die auf der Verschiedenheit von privater Wirtschaft und öffentlichem Dienst beruhen. Die Privatwirtschaft wird dadurch geprägt, dass sich Kapital und Arbeit gegenüberstehen. Das äußert sich auf der einen Seite etwa im Recht des Unternehmers, grundsätzlich frei über sein Eigentum zu verfügen. Auf der anderen Seite tragen Beschäftigte durch ihre Arbeitsleistung zum Erfolg des Unternehmens bei. Die Mitbestimmung soll die Gefahr des Verlusts von Arbeitsplätzen infolge von Fehlentscheidungen des Unternehmers minimieren. Diese Gefahr sah der Gesetzgeber im Jahr 1955 in der öffentlichen Verwaltung als nicht gegeben an.[126]

Diese grundlegenden Unterschiede, die den Gesetzgeber dazu veranlasst haben, die betriebliche Mitbestimmung in der privaten Wirtschaft getrennt von derjenigen des öffentlichen Dienstes zu regeln, lassen mit Blick auf die Sparkassen erste Zweifel daran aufkommen, ob die unterschiedliche Behandlung sachgerecht ist. Sparkassen sind zwar bei der Führung ihrer Geschäfte nicht so frei wie ein Privater, sondern werden vom Verwaltungsrat überwacht. Der Verwaltungsrat setzt sich aus Mitgliedern zusammen, die von der Vertretung des kommunalen Trägers gewählt werden. So wird der

124 *Stern/Burmeister*, Die kommunalen Sparkassen, S. 68.

125 *BVerwG*, Beschl. v. 8.12.1967 – 7 P 17/66 –, juris Rn. 24, in: BVerwGE 28, 282.

126 Amtl. Begr. zum Entwurf des Personalvertretungsgesetzes des Bundes, BT-Drs. 1/3552, S. 15.

Einfluss des kommunalen Trägers sichergestellt. Dennoch können wirtschaftliche Fehlentscheidungen in Sparkassen, ebenso wie in anderen Kreditinstituten, dazu führen, dass Beschäftigte entlassen werden müssen.

1. Zur Auslegung der Personalvertretungsgesetze und des Betriebsverfassungsgesetzes

Die Personalvertretungsgesetze enthalten teilweise Regelungen, die im Wortlaut identisch sind mit Vorschriften aus dem Betriebsverfassungsgesetz. Das liegt daran, dass das Betriebsverfassungsgesetz regelmäßig Vorbild im Gesetzgebungsverfahren der Personalvertretungsgesetze war.[127] Es wäre aber falsch, von dem identischen Gesetzeswortlaut auf eine identische Rechtslage zu schließen.[128] Ebenso verfehlt wäre es aber auch, wenn man die beiden Gesetze vollkommen isoliert betrachten würde, ohne zu überprüfen, ob nicht bereits gewonnene Erkenntnisse im Betriebsverfassungsrecht auf das Personalvertretungsrecht und umgekehrt übertragen werden können.

Das Bundesverwaltungsgericht betont daher regelmäßig, dass zwischen Personalvertretungsrecht und Betriebsverfassungsrecht wesentliche Strukturunterschiede bestehen. Diese können es rechtfertigen, Parallelnormen in beiden Rechtsgebieten jeweils unterschiedlich auszulegen. Wegen der nicht zu leugnenden Affinitäten beider Rechtsgebiete könne andererseits eine klare oder geklärte Rechtslage im Betriebsverfassungsrecht Vorbildfunktion für das Personalvertretungsrecht entfalten, sofern für eine Abweichung sachliche Gründe nicht ersichtlich sind.[129]

Das birgt die Gefahr unterschiedlicher Auslegung gleichlautender Vorschriften.[130] Diese Gefahr kann nicht vollkommen ausgeschlossen werden. Jeder Senat der obersten Gerichte hat zwar die Möglichkeit, gem. §§ 2, 11 RsprEinhG (Gesetz zur Wahrung der Einheitlichkeit der Rechtsprechung

---

127 *Richardi*, PersR 1993, 49; *Richter*, PersR 1993, 54 (55); *Edenfeld*, PersV 2005, 290 (297).

128 So aber *Wank/Maties*, NZA 2005, 1033 (1036).

129 *BVerwG*, Beschl. v. 17.12.2003 – 6 P 7/03 –, juris Rn. 46, in: BVerwGE 113, 363 = NVwZ 2004, 747.

130 *Kossens*, RiA 1996, 66 (78).

der obersten Gerichtshöfe des Bundes)[131] ein Vorlegungsverfahren vor dem Gemeinsamen Senat der obersten Gerichtshöfe einzuleiten, wenn er in einer Rechtsfrage von der Entscheidung eines anderen obersten Gerichtshofs abweichen will. Hat ein Senat des Bundesverwaltungsgerichts oder des Bundesarbeitsgerichts ein Vorlegungsverfahren eingeleitet, weil er in einer beschäftigungsvertretungsrechtlichen Rechtsfrage von der Entscheidung des jeweils anderen Senats abweichen möchte, trifft der Gemeinsame Senat aber nur dann eine Entscheidung, wenn Entscheidungen der obersten Gerichtshöfe voneinander abweichen, obwohl sie die gleiche Rechtsfrage betreffen. Das Vorlegungsverfahren dient gem. § 1 RsprEinhG der Einheitlichkeit der Rechtsprechung der in Art. 95 Abs. 1 GG genannten obersten Gerichtshöfe des Bundes. Es ist daher nicht statthaft, wenn ein Oberverwaltungsgericht bzw. ein Verwaltungsgerichtshof von der Rechtsprechung des Bundesarbeitsgerichts abweichen möchte.

Der Rechtsfrage müssen zwar nicht wörtlich identische Gesetze zugrunde liegen. Eine Vorlage nach §§ 2, 11 RSprEinhG kommt nach der Rechtsprechung des Gemeinsamen Senats der obersten Gerichte auch dann in Betracht, wenn die Rechtsfrage auf der Grundlage von Vorschriften aufgeworfen wird, die zwar in verschiedenen Gesetzen stehen, in ihrem Wortlaut aber im Wesentlichen und in ihrem Regelungsinhalt gänzlich übereinstimmen und deshalb nach denselben Prinzipien auszulegen sind.[132]

Im Beschäftigungsvertretungsrecht reicht es aber für eine Abweichung, die eine Entscheidung des Gemeinsamen Senats zur Folge hätte, nicht aus, wenn Bundesarbeitsgericht und Bundesverwaltungsgericht zu wörtlich identischen gesetzlichen Grundlagen unterschiedliche Rechtsauffassungen vertreten. Insofern vertritt der Gemeinsame Senat die Auffassung, dass zwischen dem Betriebsverfassungsrecht und dem Personalvertretungsrecht trotz mancher Gemeinsamkeiten wesentliche Unterschiede bestehen. Diese ergeben sich nach Ansicht des Senats daraus, dass das Betriebsverfassungsrecht allein an die persönliche Eingliederung des Arbeitnehmers in einen Betrieb

---

131 Gesetz zur Wahrung der Einheitlichkeit der Rechtsprechung der obersten Gerichtshofe des Bundes vom 19.6.1968 (BGBl. I, S. 661).

132 *Gemeinsamer Senat der obersten Gerichte des Bundes*, Beschl. v. 6.2.1973 – GmS-OBG 1/72 –, juris Rn. 6, in: BVerwGE 41, 363 = NJW 1973, 1273; *Gemeinsamer Senat der obersten Gerichte des Bundes*, Beschl. v. 12.3.1987 – GmS-OBG 6/86 –, juris Rn. 20, in: BVerwGE 77, 370 = AP BetrVG 1972 zu § 5 Nr. 35.

auf der Grundlage eines Arbeitsverhältnisses anknüpft, während das Personalvertretungsrecht als Teil des Rechts des öffentlichen Dienstes den kollektivrechtlichen Schutz derjenigen regelt, die in den öffentlichen Dienst eingegliedert sind.[133]

Für den Vergleich zwischen dem Landespersonalvertretungsgesetz Nordrhein-Westfalen und dem Betriebsverfassungsgesetz bedeutet das, dass die Rechtslage nicht allein anhand des Gesetzestextes beurteilt werden kann, sondern vor allem die hierzu ergangene Rechtsprechung ausgewertet werden muss. Für den Bereich des Betriebsverfassungsgesetzes ist die Rechtsprechung des Bundesarbeitsgerichts maßgebend. Teilweise kann auch auf Entscheidungen der Landesarbeitsgerichte zurückgegriffen werden. Im Personalvertretungsrecht kommt es neben der Rechtsprechung des Oberverwaltungsgerichts Münster auf Entscheidungen des Bundesverwaltungsgerichts an. Das gilt auch für Streitigkeiten über das Landespersonalvertretungsgesetz Nordrhein-Westfalen. Abweichend von § 137 Abs. 1 VwGO sind diese landesrechtlichen Vorschriften voll revisibel. Der nordrhein-westfälische Landesgesetzgeber hat von der ihm durch Art. 99 GG eingeräumten Befugnis Gebrauch gemacht.[134] Nach Art. 99 Alt. 2 GG kann dem Bundesverwaltungsgericht für den letzten Rechtszug die Entscheidung in solchen Sachen durch Landesgesetz zugewiesen werden, bei denen es sich um die Anwendung von Landesrecht handelt.[135] Gemäß § 79 Abs. 1 LPVG NRW ent-

---

133 *Gemeinsamer Senat der obersten Gerichte des Bundes*, Beschl. v. 12.3.1987 – GmS-OBG 6/86 –, juris Rn. 24, in: BVerwGE 77, 370 = AP BetrVG 1972 zu § 5 Nr. 35.

134 Zunächst wurde die Einführung eines dritten Rechtszuges für Streitigkeiten des Personalvertretungsrechts ausweislich der Begründung zum Landespersonalvertretungsgesetz von 1958 für nicht erforderlich gehalten, LT-Drs. 3/589 S. 52. Um «zusätzlich Möglichkeiten, Konflikte durch gerichtliche Entscheidungen zu bereinigen», wurde später eine Revisionsinstanz eingeführt, LT-Drs. 7/3543 S. 61.

135 *BVerfG*, Beschl. v. 2.2.1960 – 2 BvF 5/58 –, in: BVerfGE 10, 285 (292); *BVerwG*, Urt. v. 21.6.1956 – 1 C 10/55 –, in: DVBl. 1956, 832; *BVerwG*, Beschl. v. 16.12.1977 – 7 P 27/77 – , juris Rn. 21; *BVerwG*, Beschl. v. 12.12.1979 – 6 P 7/79 – , juris Rn. 14, in: BVerwGE 59, 184; *BVerwG*, Beschl. v. 28.9.1993 – 7 B 149/93 –, juris Rn. 3. Es handelt sich dabei um eine Organleihe, die nur durch förmliches Landesgesetz erfolgen kann. *Maunz*, in: Maunz/Dürig, Grundgesetz-Kommentar, Stand: 1976, Art. 99 Rn. 20; *Kirchhof*, in FS Menger, S. 818 f., 829; *Meyer*, in: v. Münch/Kunig (Hrsg.), Grundgesetz-Kommentar, Art. 99 Rn 1, 8; *Ehlers*, in: Schoch/Schneider/Bier (Hrsg.), Verwaltungsgerichtsordnung Kommentar, § 40

scheidet im dritten Rechtszug das Bundesverwaltungsgericht. Aufgrund dieser Vorschrift ist das Bundesverwaltungsgericht auch bei Streitigkeiten über Vorschriften des Landespersonalvertretungsgesetzes Nordrhein-Westfalen letztinstanzlich zuständig. Auch wenn die Vorschriften des Landespersonalvertretungsgesetzes Nordrhein-Westfalen denen des Betriebsverfassungsgesetzes teilweise ähneln, ist es nicht ausgeschlossen, dass das Bundesverwaltungsgericht und das Bundesarbeitsgericht zu identischen Vorschriften unterschiedliche Rechtsauffassungen haben. Ebenso ist es möglich, dass die beiden Gerichte einen Sachverhalt trotz unterschiedlicher gesetzlicher Grundlagen rechtlich gleich bewerten.

2. Zur gegensätzlichen Struktur der Gesetze

Im Betriebsverfassungsgesetz dominiert der sachliche Inhalt der Beteiligungsrechte. Die Materie wird in soziale, personelle und wirtschaftliche Belange unterteilt. Die Beteiligungsrechte in sozialen Angelegenheiten sind in §§ 87-89 BetrVG, in personellen Angelegenheiten in §§ 99-105 BetrVG und in wirtschaftlichen Angelegenheiten in §§ 106-110 BetrVG geregelt. Die Personalvertretungsgesetze stellen dagegen die Mitbestimmung und die Mitwirkung an die Spitze. Darunter werden Sachfragen unter- oder eingeordnet. § 72 LPVG NRW enthält Mitbestimmungstatbestände und ist untergliedert in Personalangelegenheiten (Abs. 1), in soziale Angelegenheiten (Abs. 2), in Rationalisierungs-, Technologie- und Organisationsangelegenheiten (Abs. 3) und in sonstige Mitbestimmungsangelegenheiten (Abs. 4). Mitwirkungstatbestände sind in § 73 LPVG NRW geregelt

Die Personalvertretungsgesetze unterscheiden also nach der Intensität der Beteiligung. Das Betriebsverfassungsgesetz ordnet zunächst nach Sachgebieten und sieht innerhalb der einzelnen Sachgebiete Beteiligungsrechte verschiedener Intensitäten vor.[136]

Rn. 77; *Schulze-Fielitz*, in: Dreier (Hrsg.), Grundgesetz-Kommentar, Art. 99 Rn. 13; *Bertrams*, DÖV 1992, 97 (101).

136 *Benecke*, Beteiligungsrechte und Mitbestimmung, S. 84.

Die Personalvertretungsgesetze arbeiten häufiger mit Generalklauseln (z. B. vorläufige Maßnahmen § 66 Abs. 8 LPVG NRW, Initiativrechte § 66 Abs. 4 und 6 LPVG NRW, gerichtliche Entscheidung § 79 Abs. 1 Nr. 1 LPVG NRW), während das Betriebsverfassungsgesetz überwiegend Regelungen für den Einzelfall trifft.

III. Die Beschäftigtenvertretung

1. Grundsätzliches zur Organisation der Beschäftigtenvertretung

Die Beschäftigtenvertretung hat grundsätzlich keine eigene Rechtspersönlichkeit. Dass die Beschäftigtenvertretung rechtlich unselbstständig ist, kommt in § 1 Abs. 1 BetrVG und § 1 Abs. 1 LPVG NRW zum Ausdruck. Ihr Bestand ist von der Dienststelle bzw. vom Betrieb abhängig. Ohne Betrieb kein Betriebsrat – ohne Dienststelle keine Personalvertretung.

Die Personalvertretung ist nach Auffassung des Bundesverfassungsgerichts Repräsentantin der Gesamtheit der Beschäftigten. Sie hat die Aufgabe, die Beteiligung der Beschäftigten an der Regelung des Dienstes und der Dienst- und Arbeitsverhältnisse zu verwirklichen und die Interessen der Beschäftigten zu vertreten, soweit sie von der Tätigkeit in der Dienststelle berührt werden.[137] Sie hat damit zwar auch die Stellung einer in den organisatorischen Aufbau der öffentlichen Verwaltung eingebetteten Institution, die an der internen Willensbildung mitwirkt. Sie ist jedoch keine Behörde oder sonstige unselbstständige Stelle der Exekutive, die ausschließlich öffentliche Aufgaben erfüllt. Nach Maßgabe der ihr durch Gesetz übertragenen Befugnisse ist sie als gewähltes Repräsentationsorgan zur Mitbestimmung und Mitwirkung in innerdienstlichen, persönlichen und sozialen Angelegenheiten der Beschäftigten berufen.[138] Die Personalvertretung repräsentiert die Beschäftigten und setzt die Interessen der Beschäftigten gegenüber dem Ar-

---

137 *BVerfG*, Beschl. v. 26.5.1970 – 2 BvR 311/67 –, juris Rn. 29, in: BVerfGE 28, 314 (323) = AP GG zu Art. 9 Nr. 18.

138 *BVerfG*, Beschl. v. 27.3.1979 – 2 BvR 1011/78 –, juris Rn. 27, in: BVerfGE 51, 77 (86) = AP GG zu Art. 9 Nr. 31.

beitgeber durch. Die Personalvertretung ist aber nicht der Vertreter der einzelnen Beschäftigten.[139]

Der Personalrat hat nach der Rechtsprechung des Bundesverwaltungsgerichts nicht die Rechtsstellung eines Organs der Dienststelle.[140] Das Gericht folgert daraus, dass der Personalrat grundsätzlich nicht Träger vermögensrechtlicher Ansprüche oder Verpflichtungen sein kann.[141] Bei den durch die Personalratstätigkeit entstandenen Kosten handele es sich um Auslagen der einzelnen Personalratsmitglieder. Das einzelne Personalratsmitglied habe einen Anspruch auf Freistellung oder Erstattung gegen die Dienststelle. Der Personalrat als Gremium sei nicht Inhaber des Anspruchs.

In bestimmten Fällen gesteht das Bundesverwaltungsgericht dem Personalrat dennoch eine Teilrechtsfähigkeit zu. Dies leitet das Gericht von der Beteiligtenfähigkeit im personalvertretungsrechtlichen Beschlussverfahren ab, die dem Personalrat durch das Gesetz verliehen wird. Beteiligtenfähig kann nur sein, wer auch prozessfähig ist, wofür wiederum Rechtsfähigkeit Voraussetzung ist. Wenn das Gesetz also davon ausgehe, dass der Personalrat beteiligtenfähig ist, so müsse er auch insoweit prozess- und rechtsfähig sein. Es würde keinen Sinn machen, wenn einerseits das Gesetz dem Personalrat die Befugnis einräumt, gewisse Rechte geltend zu machen, aber andererseits der Personalrat als nicht fähig angesehen wird, Träger dieser Rechte zu sein. In den Fällen, in denen das Gesetz den Personalrat als beteiligtenfähig ansieht, könne daher nicht von vornherein die Rechtsfähigkeit des Personalrats ausgeschlossen sein.

Dabei geht das Bundesverwaltungsgericht davon aus, dass der Personalrat in allen Fällen beteiligtenfähig ist, in denen es um die Durchsetzung, Klärung oder Wahrung der ihm durch das Gesetz zustehenden Rechte geht.[142]

---

139 *Richardi,* in: Richardi/Dörner/Weber (Hrsg.), Personalvertretungsrecht, Einleitung Rn. 73.

140 *BVerwG*, Beschl. v. 9.10.1991 – 6 P 1/90, juris Rn. 33, in: BVerwGE 89, 93 = NVwZ-RR 1992, 312 (313).

141 *BVerwG*, Beschl. v. 9.3.1992 – 6 P 11/90 –, juris Rn. 22, in: BVerwGE 90, 76 = NVwZ-RR 1992, 572; *BVerwG*, Beschl. v. 15.12.1978 – 6 P 13/78 –, juris Rn. 38, in: PersV 1980, 145; *BVerwG*, Beschl. v. 27.4.1979 – 6 P 30/78 –, juris Rn. 16.

142 *BVerwG*, Beschl. v. 9.3.1992 – 6 P 11/90 –, juris Rn. 25, in: BVerwGE 90, 76 = NVwZ-RR 1992, 572; *BVerwG*, Beschl. v. 15.12.1978 – 6 P 13/78 –, juris Rn. 38,

Exemplarisch nennt das Bundesverwaltungsgericht das Antragsrecht des Personalrats zum Ausschluss eines Personalratsmitglieds wegen grober Vernachlässigung seiner gesetzlichen Befugnisse oder wegen grober Verletzung seiner Pflichten, das er gerichtlich durchsetzen kann. In diesen Fällen ist der Personalrat rechtsfähig, weil das Gesetz ihm die Beteiligtenfähigkeit zuspricht. Er ist also selbst befugt, nach außen hin zu handeln.

Der Betriebsrat ist nach der Rechtsprechung des Bundesverfassungsgerichts das demokratisch gewählte Organ, in dem sich der Wille der Belegschaft widerspiegelt und über das die betriebliche Mitwirkung und Mitbestimmung gegenüber dem Arbeitgeber ausgeübt wird.[143] Seine Aufgabe bestehe in der Wahrnehmung der Interessen aller Arbeitnehmer in sozialen, personellen und – eingeschränkt – in wirtschaftlichen Angelegenheiten.[144]

Auch das Bundesarbeitsgericht geht in ständiger Rechtsprechung davon aus, dass der Betriebsrat als Organ der Betriebsverfassung keine generelle Rechts- und Vermögensfähigkeit besitzt.[145] Der Betriebsrat sei partiell – nämlich in den im Betriebsverfassungsgesetz vorgesehenen Fällen – vermögensfähig.[146] In diesem Zusammenhang nennt das Bundesarbeitsgericht konkret die Regelung über die Beauftragung von Sachverständigen, § 80 Abs. 3 BetrVG, und die Kosten des Betriebsrats, § 40 BetrVG. Außerhalb dieses gesetzlichen Wirkungskreises könne der Betriebsrat nicht als Rechts-

---

in: PersV 1980, 145; *BVerwG*, Beschl. v. 27.4.1979 – 6 P 30/78 –, juris Rn. 16; *BVerwG*, Beschl. v. 27.4.1979 – 6 P 45/78 –, in: BVerwGE 58, 54.

143 *BVerfG*, Beschl. v. 19.2.1975 – 1 BvR 418/71 –, juris Rn. 31, in: AP GG zu Art. 9 Arbeitskampf Nr. 50.

144 *BVerfG*, Beschl. v. 6.11.1979 – 1 BvR 81/76 –, juris Rn. 43, in: BVerfG 52, 283 = AP BetrVG 1972 zu § 118 Nr. 14.

145 *BAG*, Urt. v. 24.4.1986 – 6 AZR 607/83 –, juris Rn. 36, in: BAGE 52, 1 = NZA 1987, 100 (101); *BAG*, Beschl. v. 24.10.2001 – 2 ABR 20/00 –, juris Rn. 14, in: BAGE 99, 208 = AP BetrVG 1972 zu § 40 Nr. 71; *BAG*, Beschl. v. 29.9.2004 – 1 ABR 30/03 –, juris Rn. 19, in: BAGE 112, 96 = AP BetrVG 1972 zu § 40 Nr. 81.

146 *BAG*, Beschl. v. 13.5.1998 – 7 ABR 65/98 –, juris Rn. 13, in: AP BetrVG 1972 zu § 80 Nr. 55; *BAG*, Beschl. v. 24.10.2001 – 2 ABR 20/00 –, juris Rn. 14, in: BAGE 99, 208 = AP BetrVG 1972 zu § 40 Nr. 71; zum Konzernbetriebsrat *BAG*, Beschl. v. 23.8.2006 – 2 ABR 51/05 –, juris Rn. 50, in: AP BetrVG 1972 zu § 54 Nr. 12.

subjekt Geschäfte tätigen und selbst Gläubiger oder Schuldner privatrechtlicher Forderungen werden.[147]

Die Zahl der Mitglieder der Beschäftigtenvertretungen ist in § 9 BetrVG für private Unternehmen und in § 13 Abs. 3 LPVG NRW für den öffentlichen Dienst geregelt. Die Größe der Beschäftigtenvertretung hängt von der Zahl der Arbeitnehmer bzw. Beschäftigten ab, aus denen der Betrieb bzw. die Dienststelle in der Regel besteht. In kleineren Betrieben bzw. Dienststellen kommt es nur auf die Arbeitnehmer bzw. Beschäftigten an, die wahlberechtigt sind. Die beiden Gesetze enthalten unterschiedliche Grenzwerte. Bei Betrieben zählen nur die wahlberechtigten Arbeitnehmer, wenn der Betrieb aus in der Regel weniger als 101 Arbeitnehmern besteht. Bei Dienststellen liegt die entsprechende Schwelle bei 51 Beschäftigten. Oberhalb dieser Grenzwerte zählen alle Beschäftigten bzw. Arbeitnehmer unabhängig davon, ob sie wahlberechtigt sind. Das kann insbesondere bei einem hohen Anteil an nicht wahlberechtigten Arbeitnehmern bzw. Beschäftigten dazu führen, dass in kleineren Betrieben und Dienststellen trotz der gleichen Anzahl an Arbeitnehmern bzw. Beschäftigten der Personalrat mehr Mitglieder hat als der Betriebsrat. Andererseits zeigt ein Vergleich der Grenzwerte oberhalb von 100 Arbeitnehmern bzw. Beschäftigten, dass ein Betriebsrat mehr Mitglieder haben kann, als ein Personalrat in einer entsprechend großen Dienststelle.

Ein weiterer Unterschied besteht darin, dass gem. § 13 Abs. 4 LPVG NRW die Höchstzahl der Mitglieder des Personalrats auf 25 begrenzt ist. Die Zahl der Mitglieder des Betriebsrats wächst ab einer Betriebsgröße von 9000 Arbeitnehmern gem. § 9 S. 2 BetrVG proportional zur Zahl der Arbeitnehmer und ist nicht begrenzt.

2. Wahl der Beschäftigtenvertretung

Die Beschäftigtenvertretung wird von allen wahlberechtigten Beschäftigten gewählt. Wahlberechtigt sind gem. § 10 Abs. 1 LPVG NRW bzw. § 7 BetrVG alle Beschäftigten, die das 18. Lebensjahr vollendet haben. Das

147 *BAG*, Urt. v. 24.4.1986 – 6 AZR 607/83 –, juris Rn. 36, in: BAGE 52, 1 = NZA 1987, 100 (101); *BAG*, Beschl. v. 29.9.2004 – 1 ABR 30/03 –, juris Rn. 19, in: BAGE 112, 96 = AP BetrVG 1972 zu § 40 Nr. 81.

Wahlrecht von Beschäftigten aus anderen Dienststellen oder Betrieben, die in der Dienststelle oder dem Betrieb eingesetzt werden, in der bzw. dem gewählt wird, ist in beiden Gesetzen in unterschiedlichem Ausmaß beschränkt. § 10 Abs. 2 LPVG NRW schränkt das Wahlrecht solcher Beschäftigter ein, die zu einer Dienststelle abgeordnet sind oder im Wege der Zuweisung oder Personalgestellung Leistung erbringen. Sie erlangen die Wahlberechtigung erst, sobald Abordnung, Zuweisung oder Personalgestellung länger als sechs Monate gedauert haben. Für Leiharbeitnehmer gelten diese Beschränkungen des Wahlrechts entsprechend. § 7 S. 2 BetrVG gilt für Arbeitnehmer, die einem anderen Arbeitgeber zur Arbeitsleistung überlassen werden. Der Hauptanwendungsfall des § 7 S. 2 BetrVG ist die Leiharbeit. Ein Leiharbeitnehmer ist im aufnehmenden Betrieb wahlberechtigt, wenn er länger als drei Monate im Betrieb eingesetzt wird. Die Frist des § 10 Abs. 2 LPVG NRW ist also mit sechs Monaten doppelt so lang. Außerdem entsteht das Wahlrecht erst, sobald der Beschäftigte tatsächlich länger als sechs Monate der aufnehmenden Dienststelle zugehört hat. Bei § 7 S. 2 BetrVG kommt es darauf an, wie lange der Einsatz geplant ist.[148]

3. Rechtliche Stellung der Mitglieder der Beschäftigtenvertretung

Das Mandat eines Mitglieds der Beschäftigtenvertretung ist frei. Das bedeutet, dass der einzelne Beschäftigte keinen Einfluss auf die Amtsführung hat.[149] Der einzelne Beschäftigte kann zwar Anregungen und Beschwerden an die Beschäftigtenvertretung richten. Falls sie berechtigt erscheinen, muss die Beschäftigtenvertretung durch Verhandlung mit dem Arbeitgeber auf eine Erledigung hinwirken, vgl. § 64 Nr. 5 LPVG NRW bzw. § 80 Abs. 1 Nr. 3 BetrVG. Letzten Endes kann der einzelne Beschäftigte sein Begehren jedoch nicht zwangsweise durchsetzen. Ist das Mitglied der Beschäftigtenvertretung einmal unanfechtbar gewählt, kann es nur auf Antrag eines Viertels des Beschäftigten aus der Beschäftigtenvertretung ausgeschlossen werden, vgl. § 25 Abs. 1 LPVG NRW bzw. § 23 Abs. 1 BetrVG. Nur die Beschäftigtenversammlung kann bis dahin der Beschäftigtenvertretung Anträge unterbreiten, vgl. § 48 LPVG NRW bzw. § 45 S. 2 BetrVG.

---

148 *Boemke*, PersV 2004, 404 (408).

149 *Wiebauer*, BB 2010, 3091 (3092).

a. Die rechtliche Stellung der Personalratsmitglieder

Die Mitglieder des Personalrats dürfen gem. § 7 LPVG NRW in der Wahrnehmung ihrer Aufgaben und Befugnisse nach dem Landespersonalvertretungsgesetz Nordrhein-Westfalen nicht behindert werden. Sie dürfen wegen ihrer Tätigkeit weder benachteiligt noch begünstigt werden. Eine besondere Ausformung dieses Grundsatzes ist in § 42 Abs. 2 LPVG NRW geregelt, wonach die Bezüge oder das Arbeitsentgelt nicht gemindert werden dürfen, wenn das Personalratsmitglied Arbeitszeit versäumt, die zur ordnungsgemäßen Durchführung der Aufgaben des Personalrats erforderlich ist. Opfert das Personalratsmitglied seine Freizeit für die Erledigung von Personalratsaufgaben, ist ihm in entsprechendem Umfang Dienstbefreiung zu gewähren.

Insbesondere bei über mehrere Jahre freigestellten Personalratsmitgliedern ergibt sich regelmäßig das Problem, dass die für eine Beförderung erforderliche Beurteilung der Leistung im Rahmen der dienstlichen Tätigkeit nicht vorgenommen werden kann. Die Freistellung darf jedoch gem. § 42 Abs. 3 S. 4 LPVG NRW nicht zu einer Minderung der Besoldung oder des Arbeitsentgelts oder einer Beeinträchtigung des beruflichen Werdegangs führen. In der Praxis behilft man sich, indem die Laufbahn eines vergleichbaren, nicht freigestellten Beschäftigten als Maßstab herangezogen wird. Das freigestellte Personalratsmitglied wird dann befördert, sobald dem vergleichbaren Beschäftigten ein entsprechender Anspruch zusteht.[150] Personalratsmitglieder haben nach Beendigung ihrer Freistellung keinen Anspruch auf eine bestimmte Verwendung, wie etwa die Zuweisung auf den alten Arbeitsplatz. Nach dem Ende der Freistellung hat der Dienststellenleiter über die weitere Verwendung des Personalratsmitglieds neu zu entscheiden.[151]

Das Personalratsmitglied genießt Kündigungsschutz nach § 15 Abs. 2 KSchG.

b. Die rechtliche Stellung der Betriebsratsmitglieder

Die Tätigkeit des Betriebsratsmitglieds ist eine ehrenamtliche Tätigkeit, § 37 Abs. 1 BetrVG. Sofern das Betriebsratsmitglied nicht vollständig von

150 *Jordan*, PersR 2012, 257 (259).

151 *BVerwG*, Beschl. v. 2.5.2012 – 6 PB 26/11 –, in: PersR, 2012, 422.

seiner beruflichen Tätigkeit freigestellt ist, ist es gem. § 37 Abs. 2 BetrVG freizustellen, wenn das zur Durchführung seiner Aufgaben erforderlich ist. Dabei hat das Betriebsratsmitglied weiterhin Anspruch auf Arbeitsentgelt, wenn es infolge seiner Betriebsratstätigkeit Arbeitszeit versäumt. Gemäß § 78 BetrVG dürfen die Betriebsratsmitglieder in der Ausübung ihrer Tätigkeit nicht gestört werden. Sie dürfen weder benachteiligt noch begünstigt werden.

In § 37 Abs. 4 und 5 BetrVG hat der Gesetzgeber die Rechtsfigur des «vergleichbaren Arbeitnehmers mit betriebsüblicher Entwicklung» geregelt. Weil das Betriebsratsmitglied in der Regel seine Karriere im Betrieb nicht genauso fortsetzen kann, wie vergleichbare Arbeitnehmer, die sich nicht im Betriebsrat engagieren, kann das Betriebsratsmitglied das gleiche Arbeitsentgelt, wie ein vergleichbarer Arbeitnehmer und die Beschäftigung mit gleichwertigen Tätigkeiten verlangen.[152] Bietet der Arbeitgeber pflichtwidrig einem Betriebsratsmitglied einen Arbeitsplatz nicht an und wird dieser Arbeitsplatz zwischenzeitlich besetzt, kann das Betriebsratsmitglied die Versetzung auf diesen bestimmten Arbeitsplatz geltend machen, wenn das Betriebsratsmitglied im Prozess ausdrücklich verlangt, dass dieser Arbeitsplatz freigemacht wird.[153]

Für Betriebsratsmitglieder besteht Kündigungsschutz gem. § 15 Abs. 1 KSchG.

4. Verschwiegenheitspflichten

Wer als Mitglied der Beschäftigtenvertretung aktiv ist, dem werden früher oder später sensible Daten anvertraut, deren Offenbarung schwerwiegende Konsequenzen für die Betroffenen haben kann. Um einen verantwortungsvollen Umgang mit solchen Daten zu gewährleisten, sind sowohl die Mitglieder der Personalvertretung als auch die Mitglieder des Betriebsrats zur Verschwiegenheit verpflichtet. Die Gesetze unterscheiden sich jedoch im Hinblick darauf, welche Gegenstände der Verschwiegenheitspflicht unterliegen, welche Ausnahmen von der Verschwiegenheitspflicht bestehen und

---

152 *BAG*, Urt. v. 21.4.1983 – 6 AZR 407/80 –, juris Rn. 11, in: AP BetrVG 1972 zu § 37 Nr. 43; *BAG*, Urt. v. 17.5.1977 – 1 AZR 458/74 –, juris Rn. 6, in: AP BetrVG 1972 zu § 37 Nr. 28; *Schweibert/Buse*, NZA 2007, 1080.

153 *LAG Frankfurt*, Urt. v. 14.8.1986 – 12 Sa 1225/85 –, in: DB 1987, 442.

in welchem Umfang Verstöße gegen die Verschwiegenheitspflicht sanktioniert werden.

Die Verschwiegenheitspflicht und Geheimhaltung gem. § 9 LPVG NRW geht weiter als die des § 79 BetrVG, da sie alle Tätigkeiten und Angelegenheiten umfasst, von denen der Personalrat im Rahmen seiner Tätigkeit erfährt.[154] Sofern nicht eine Sondervorschrift, wie § 99 Abs. 1 S. 3 BetrVG, etwas anderes besagt, entsteht eine Geheimhaltungspflicht der Betriebsratsmitglieder erst, nachdem der Arbeitgeber das Betriebs- oder Geschäftsgeheimnis ausdrücklich als geheimhaltungsbedürftig bezeichnet hat. Erst wenn gem. § 9 Abs. 2 S. 1 LPVG NRW eine Angelegenheit oder eine Tatsache offenkundig oder bedeutungslos ist, besteht keine Schweigepflicht. Die Schweigepflicht entfällt auch gegenüber Beschäftigten, die von Personalangelegenheiten gem. § 72 Abs. 1 LPVG NRW unmittelbar erfasst werden.

Bei Verstößen gegen die Verschwiegenheitspflicht muss das Personalratsmitglied mit strafrechtlichen Sanktionen gem. § 353b Abs. 1 Nr. 3 StGB rechnen. Damit der Tatbestand des § 353b Abs. 1 Nr. 3 StGB erfüllt ist, müssen durch den Verstoß wichtige öffentliche Interessen gefährdet worden sein. Die Tat kann mit einer Freiheitsstrafe bis zu fünf Jahren oder mit Geldstrafe bestraft werden. Ein Verstoß des Betriebsrats gegen die Geheimhaltungspflicht erfüllt nicht den Tatbestand der Verletzung einer besonderen Geheimhaltungspflicht gem. § 353b Abs. 1 Nr. 3 StGB, da die Norm nur für Personen gilt, die Aufgaben oder Befugnisse nach dem Personalvertretungsrecht wahrnehmen. Verstöße gegen die Geheimhaltungspflicht nach § 79 BetrVG können gem. § 120 BetrVG sanktioniert werden. Dieser Straftatbestand setzt sinnvollerweise nicht die Gefährdung wichtiger öffentlicher Interessen voraus, sieht dafür aber auch ein vergleichsweise geringes Strafmaß vor. Selbst wenn der Täter gegen Entgelt oder mit Bereicherungs- oder Schädigungsabsicht handelt, ist die Strafe Freiheitsstrafe bis zu zwei Jahren oder Geldstrafe. Im einfachen Fall des § 120 Abs. 1 BetrVG muss der Täter mit Freiheitsstrafe bis zu einem Jahr oder mit Geldstrafe rechnen.

---

154 *Benecke*, Beteiligungsrechte und Mitbestimmung, S. 38.

5. Beschäftigte in leitenden Positionen

Beschäftigte in leitenden Positionen haben unter den Beschäftigten eine herausragende Position, die der des Arbeitgebers angenähert ist. Beschäftigte in leitenden Positionen vertreten den Arbeitgeber beispielsweise regelmäßig in Verhandlungen mit dem Personalrat. Eine Vertretung ihrer Interessen durch den Personalrat unterliegt daher gewissen Einschränkungen.

a. Beschäftigte mit selbstständigen Entscheidungsbefugnissen in Personalangelegenheiten

Um von vornherein Interessenkollisionen zu vermeiden, findet das Landespersonalvertretungsgesetz Nordrhein-Westfalen auf Beschäftigte, die zu selbstständigen Entscheidungen in Personalangelegenheiten der Dienststelle befugt sind, nur eingeschränkt Anwendung. Das ist Folge des Umstands, dass es im öffentlichen Dienst für Beschäftigte in leitenden Positionen keine personalvertretungsrechtlichen Sondervorschriften gibt.

Beschäftigte mit selbstständigen Entscheidungsbefugnissen in Personalangelegenheiten sind zwar wahlberechtigt und daher bei der Ermittlung der Zahl der Betriebsratsmitglieder zu berücksichtigen. Sie dürfen sich aber nicht zum Personalratsmitglied wählen lassen, § 11 Abs. 2 b) LPVG NRW, und auch keine Wahlvorschläge machen oder unterzeichnen, § 16 Abs. 4 S. 2 LPVG NRW.

b. Leitende Angestellte

Auf leitende Angestellte findet das Betriebsverfassungsgesetz gem. § 5 Abs. 3 S. 1 BetrVG keine Anwendung. Leitende Angestellte sind daher weder berechtigt, den Betriebsrat zu wählen, noch sind sie wählbar. Die Zahl der leitenden Angestellten hat keinen Einfluss auf die Zahl der Betriebsratsmitglieder oder den Umfang der Freistellungen. Ihre Interessen werden daher nicht durch den Betriebsrat vertreten. Stattdessen findet das Gesetz über Sprecherausschüsse der leitenden Angestellten (Sprecherausschussgesetz – SprAuG)[155] Anwendung. Dort ist im Einzelnen geregelt, unter wel-

155 Gesetz über Sprecherausschüsse der leitenden Angestellten (Sprecherausschussgesetz – SprauG) vom 20.12.1988 (BGBl. I, S. 2312).

chen Voraussetzungen ein Sprecherausschuss zu bilden ist und in welchem Umfang der Sprecherausschuss die Interessen der leitenden Angestellten gegenüber dem Arbeitgeber vertreten kann. Der Sprecherausschuss ist aber, verglichen mit dem Betriebsrat, mit deutlich schwächeren Beteiligungsrechten ausgestattet. Daher ist die praktische Relevanz des Sprecherausschussgesetzes gering.

6. Geschäftsführung

Sowohl der Personalrat als auch der Betriebsrat können gem. § 38 LPVG NRW bzw. § 36 BetrVG Bestimmungen über die Geschäftsführung treffen, die über die §§ 29 ff. LPVG NRW bzw. §§ 26 ff. BetrVG hinausgehen. Typische Inhalte einer Geschäftsordnung sind die Abgrenzung der Aufgabenbereiche des Vorstands und des Vorsitzenden, Regeln für Abstimmungen und zur Beschlussfähigkeit sowie zur Bekanntmachung der Beschlüsse.[156]

7. Ausschüsse

Das Landespersonalvertretungsgesetz Nordrhein-Westfalen stellt die Möglichkeit, Ausschüsse zu bilden, nicht zur Verfügung. Stattdessen übernimmt diese Aufgaben der Vorstand, § 29 LPVG NRW. Der Vorstand kann zwar einzelne Aufgaben auf Personalratsmitglieder übertragen, diese dürfen aber keine abschließende Entscheidung treffen.[157]

§ 28 BetrVG eröffnet dem Betriebsrat die Möglichkeit, Ausschüsse zu bilden. Die Ausschüsse sind befugt, die übertragenen Aufgaben selbstständig zu erledigen. Damit kann der Betriebsrat flexibler reagieren und effektiver arbeiten. Mit der Betriebsratsarbeit verbundener Zeit-, Geld- und Personalaufwand kann so reduziert werden.

---

156 *Kunze*, PersV 2000, 59.
157 *Kossens*, RiA 1996, 66 (73).

8. Gesamtpersonalrat

Gesamtpersonalräte haben trotz der ähnlichen Bezeichnung eine andere Funktion und Stellung als Gesamtbetriebsräte.[158]

Gesamtpersonalräte sind gem. § 52 S. 1 LPVG NRW in den Fällen des § 1 Abs. 2 Hs. 2 und Abs. 3 LPVG NRW zu errichten, wenn also Nebenstellen oder Teile einer Dienststelle zur selbstständigen Dienststelle erklärt wurden und dort ein eigener Personalrat gebildet wurde oder bei Verselbstständigungen in den Verwaltungen, Eigenbetrieben oder Schulen. Nebenstelle(n) und Hauptdienststelle bilden dann eine Gesamtdienststelle. Die Gesamtdienststelle verfügt in diesen Fällen nicht nur über einen örtlichen Personalrat in der Hauptdienststelle, sondern auch über einen Personalrat in der verselbstständigten Dienststelle. Für die verselbstständigte Dienststelle und die Hauptdienststelle ist dann ein Gesamtpersonalrat zu bilden.

Für die Verteilung der Zuständigkeit zwischen Gesamtpersonalrat und örtlichem Personalrat gelten gem. § 78 Abs. 4 LPVG NRW die Regelungen über die Zuständigkeitsverteilung zwischen örtlichem Personalrat und Stufenvertretung in § 78 Abs. 1 S. 1, Abs. 2 und 3 LPVG NRW entsprechend. Der nordrhein-westfälische Gesetzgeber hat sich damit für eine Zuständigkeitsregelung entschieden, der das Partnerschaftsprinzip zugrunde liegt. Ob der Gesamtpersonalrat oder der örtliche Personalrat zu beteiligen ist, hängt danach davon ab, welcher Dienststellenleiter entscheidungsbefugt ist und in welcher Dienststelle sich eine Maßnahme auswirkt.[159]

Im Einzelnen gilt bei Anwendung des Partnerschaftsprinzips: Der Gesamtpersonalrat bestimmt nicht mit, wenn es sich um eine Entscheidung handelt, für die der Leiter der selbstständigen Dienststelle zuständig ist, oder wenn der Leiter der Hauptdienststelle Entscheidungen trifft, die nur die Beschäftigten der Hauptdienststelle betreffen. Im ersten Fall bestimmt der Personalrat der selbstständigen Dienststelle mit.[160] Im zweiten Fall ist der Personalrat der Hauptdienststelle zu beteiligen.

---

158 *Kossens*, RiA 1996, 66 (73).

159 *Lautenbach*, PersV 2004, 164; *Vogelgesang*, ZfPR 2005, 107 (108, 111).

160 *BVerwG*, Beschl. v. 27.2.1986 – 6 P 32/82 –, in: PersV 1986, 329 (330).

Der Gesamtpersonalrat ist nur zu beteiligen, wenn der Leiter der Hauptdienststelle Entscheidungen trifft, die die Beschäftigten der selbstständigen Dienststelle oder die Beschäftigten von zumindest mehreren Teilen der Gesamtdienststelle betreffen.[161] Die Zuständigkeit des Gesamtpersonalrats ist nach der Rechtsprechung des Bundesverwaltungsgerichts somit keine Erstzuständigkeit, sondern eine Ersatzzuständigkeit für die Zuständigkeit des Personalrats der Nebenstelle, deren Leiter nicht befugt ist, die Entscheidung zu treffen.[162]

Ein dem Gesamtpersonalrat vergleichbarer Repräsentant existiert im Betriebsverfassungsrecht nicht.[163] Ein Betriebsteil gilt unter den Voraussetzungen des § 4 Abs. 1 S. 1 BetrVG als selbstständiger Betrieb. In diesem Betrieb ist dann ein Betriebsrat zu errichten. Betriebe, die zwar verselbstständigt sind, in denen aber kein Betriebsrat gewählt wird, sind gem. § 4 Abs. 2 BetrVG dem Hauptbetrieb zuzuordnen. Existiert ein Betriebsrat in dem selbstständigen Betrieb, muss ein privater Arbeitgeber, der von der Zentrale seines Unternehmens aus Entscheidungen fällt, bei Entscheidungen, die ausschließlich die Beschäftigten dieser selbstständigen Zweigstelle betreffen, nur den Betriebsrat im Betrieb der Zweigstelle beteiligen.[164]

Der Gesamtbetriebsrat (§ 47 ff. BetrVG) ist trotz seiner Namensverwandtschaft mit dem Gesamtpersonalrat eher mit dem Bezirkspersonalrat zu vergleichen. Beide nehmen Aufgaben auf der Ebene oberhalb der örtlichen Beschäftigtenvertretungen wahr. Sie unterscheiden sich jedoch deutlich in der Zusammensetzung. Während der Gesamtbetriebsrat sich aus Mitgliedern zusammensetzt, die die örtlichen Betriebsräte entsenden, werden die Bezirkspersonalräte von den zu ihrem Geschäftsbereich gehörenden Beschäftigten gewählt.[165]

---

161 *Lautenbach*, PersV 2004, 164 (165); *Vogelgesang*, ZfPR 2005, 107 (109); a. A. *Wurm*, ZfPR 2003, 342 (345).

162 *BVerwG*, Beschl. v. 16.9.1994 – 6 P 33/93 –, juris Rn. 22, in: AP BPersVG zu § 76 Nr. 7; *BVerwG*, Beschl. v. 16.9.1994 – 6 P 32/92 –, juris Rn. 25, in: BVerwGE 96, 355 = NVwZ 1996, 188 (190); *BVerwG*, Beschl. v. 15.7.2004 – 6 P 1/04 –, juris Rn. 19, in: ZfPR 2004, 261.

163 *Schwarze,* in: Richardi/Dörner/Weber (Hrsg.), Personalvertretungsrecht, § 55 Rn. 5.

164 *Wurm*, ZfPR 2003, 342.

165 *Kossens*, RiA 1996, 66 (72).

9. Sprechstunden

Gemäß § 39 Abs. 1 S. 1 LPVG NRW kann der Personalrat Sprechstunden während der Arbeitszeit einrichten. Für Sprechstunden während der Arbeitszeit bedarf er nicht des Einvernehmens mit der Dienststelle. Insofern ist es ausreichend, wenn der Personalrat im Benehmen mit der Dienststelle Zeit und Ort der Sprechstunde bestimmt. Umstritten ist, ob der Personalrat auf die Zustimmung der Dienststelle angewiesen ist, wenn er Sprechstunden außerhalb der Arbeitszeit abhalten möchte.

Nach einer Auffassung hat der Personalrat das Recht, außerhalb der Arbeitszeit ohne Zustimmung der Dienststelle Sprechstunden abzuhalten. Der Personalrat könne nämlich nicht nur darüber allein bestimmen, ob überhaupt eine Sprechstunde eingerichtet wird, sondern auch darüber, ob während der Arbeitszeit eine Sprechstunde stattfinden soll.[166] Die Gegenansicht zieht einen Umkehrschluss aus der Fassung des § 39 Abs. 1 S. 1 LPVG NRW. Aus dem Wortlaut der Vorschrift ergebe sich, dass der Personalrat nur Sprechstunden während der Arbeitszeit einrichten kann. Die Einrichtung von Sprechstunden außerhalb der Arbeitszeit werde vom Anwendungsbereich der Vorschrift nicht erfasst. Nach dieser Ansicht ist der Personalrat auf die Zustimmung der Dienststelle angewiesen, wenn er Sprechstunden außerhalb der Arbeitszeit einrichten will.[167] Können sich Personalrat und Dienststelle nicht über Zeit und Ort der Sprechstunden einigen, steht es beiden Seiten offen das Verwaltungsgericht anrufen. Das Verwaltungsgericht entscheidet gem. § 79 Abs. 1 Nr. 3 LPVG NRW über den Streit im Beschlussverfahren.[168]

Im Hinblick auf die Regelung in § 39 Abs. 1 S. 1 BetrVG besteht Einigkeit darüber, dass der Betriebsrat allein bestimmt, ob überhaupt Sprechstunden

---

166 *Jacobs,* in: Richardi/Dörner/Weber (Hrsg.), Personalvertretungsrecht, § 43 Rn. 7, 14.

167 *Cecior/Vallendar/Lechtermann/Klein*, Das Personalvertretungsrecht in Nordrhein-Westfalen, 53. Aktualisierung, § 39 Rn. 8.

168 *Cecior/Vallendar/Lechtermann/Klein*, Das Personalvertretungsrecht in Nordrhein-Westfalen, 53. Aktualisierung, § 39 Rn. 17.

abgehalten werden und ob diese während der Arbeitszeit stattfinden.[169] Bei Meinungsverschiedenheiten über Zeit und Ort der Sprechstunden, ist zunächst die Einigungsstelle anzurufen, bevor das Arbeitsgericht entscheidet.[170]

Besondere Brisanz hat die Frage, ob der Personalrat in der Sprechstunde rechtsberatend tätig werden darf. Nach der Rechtsprechung des Bundesverwaltungsgerichts darf der Personalrat die Beschäftigten anlässlich rechtlicher Fragestellungen nur beraten, wenn es sich um sogenannte «akzessorische Rechtsberatung» handelt. Darunter versteht man eine rechtliche Beratung der Beschäftigten durch Personalratsmitglieder, die sich ausschließlich auf personalvertretungsrechtliches Handeln des Personalrats in konkreten mitbestimmungspflichtigen Angelegenheiten bezieht. Der Personalrat handelt bei der Durchsetzung der Rechte einzelner Beschäftigter mit den ihm zustehenden Mitteln. Er kann beispielsweise Informationsrechte wahrnehmen, die Zustimmung zu einer bestimmten Maßnahme verweigern oder sein Initiativrecht ausüben. All das ist ihm aber nur im Rahmen der ihm zugewiesenen Zuständigkeiten erlaubt. Der Einsatz des Personalrats darf nicht so weit gehen, dass er Beschäftigte in der Durchsetzung subjektiver Rechte gegenüber der Dienststelle «unmittelbar» unterstützt.[171] Infolgedessen ist eine rechtliche Beratung der Beschäftigten nur innerhalb des Aufgabenkreises des Personalrats zulässig.[172] Diese Auffassung hat auch in das Rechtsdienstleistungsgesetz (RDG)[173] Eingang gefunden. Gemäß § 3 Abs. 3 Nr. 3 RDG ist die Erörterung der die Beschäftigten berührenden Rechtsfragen mit ihren gewählten Interessenvertretungen, soweit ein Zusammenhang zu den Aufgaben dieser Vertretungen besteht, keine Rechtsdienstleistung i. S. d. Rechtsdienstleistungsgesetzes. Die Vorschrift gilt nicht nur für Betriebsräte, sondern auch für Personalvertretungen.[174] Aus

169 *Thüsing,* in: Richardi/Thüsing/Annuß (Hrsg.), Betriebsverfassungsgesetz, § 39 Rn. 4; *Fitting*, Betriebsverfassungsgesetz, 26. Aufl., § 39 Rn. 5, 11; *Koch*, Erfurter Kommentar für Arbeitsrecht § 39 BetrVG Rn. 1.

170 *Fitting*, Betriebsverfassungsgesetz, 26. Aufl., § 39 Rn. 14, 35.

171 *BVerwG*, Beschl. v. 18.8.2003 – 6 P 6/03 –, in: AP LPVG Hamburg zu § 78 Nr. 1.

172 *Jacobs*, in: Richardi/Dörner/Weber (Hrsg.), Personalvertretungsrecht, § 43 Rn. 18.

173 Gesetz über außergerichtliche Dienstleistungen (Rechtsdienstleistungsgesetz – RDG) v. 12.12.2007 (BGBl. I S. 2840).

174 *Römermann*, in: Grunewald/Römermann (Hrsg.), Rechtsdienstleistungsgesetz, § 2 Rn. 126.

dem Charakter des Rechtsdienstleistungsgesetzes als Verbotsgesetz mit Erlaubnisvorbehalt[175] ergibt sich, dass der Personalrat in allen anderen Fällen nur dann zur Rechtsberatung befugt ist, wenn die Rechtsdienstleistung durch das Rechtsdienstleistungsgesetz oder durch oder aufgrund anderer Gesetze erlaubt wird. Beratung in Rechtsfragen, die nicht im Zusammenhang mit den Aufgaben des Personalrats steht, ist Rechtsdienstleistung i. S. d. Rechtsdienstleistungsgesetzes. Diese Beratung ist verboten, es sei denn, sie ist ausdrücklich erlaubt. Da der Personalrat ein aufgrund gesetzlicher Vorschriften gebildetes Repräsentationsorgan, also nicht auf privatrechtlicher Grundlage freiwillig errichtet und damit keine Vereinigung i. S. d. § 7 RDG ist, scheidet eine Erlaubnis nach § 7 RDG aus.[176] Die Vorschrift kann auch nicht analog angewendet werden, weil keine planwidrige Regelungslücke besteht und der Personalrat nicht mit den in § 7 RDG genannten Vereinigungen, Verbänden oder Stellen vergleichbar ist.[177] Letztere sind im Gegensatz zum Personalrat mitgliedschaftlich organisiert und auf freiwillig-gesellschaftlicher Basis gegründet und verfolgen selbst gesetzte Ziele. In Betracht kommt daher nur noch eine Erlaubnis nach § 10 RDG. Hierfür ist eine Registrierung im Rechtsdienstleistungsregister erforderlich. Nach der Registrierung darf eine Rechtsberatung nur in den in § 10 Abs. 1 RDG genannten Bereichen Inkassodienstleistungen, Rentenberatung und ausländisches Recht erbracht werden. Angesichts dieser Bereiche kommt eine Erlaubnis nach § 10 RDG für Personalräte kaum in Betracht.

Auch Rechtsberatung der Arbeitnehmer durch den Betriebsrat kann ausnahmsweise zulässig sein. Kein zulässiger Gegenstand der Beratung sind aber rein persönliche Angelegenheiten der Arbeitnehmer, die in keinem Zusammenhang mit dem Arbeitsverhältnis oder dem betrieblichen Geschehen stehen.[178] Die Beratung in sozialversicherungsrechtlichen Fragen[179] gehört

175 Rechtsdienstleistungen sind grundsätzlich verboten, es sei denn, sie sind ausdrücklich erlaubt. Vgl. hierzu BT-Drs. 16/3655, S. 31; *Offermann-Burckart*, in: Krenzler (Hrsg.), Rechtsdienstleistungsgesetz, § 3 Rn. 1; *Römermann*, in: Grunewald/Römermann (Hrsg.), Rechtsdienstleistungsgesetz, § 3 Rn. 1.

176 *Müller*, in: Grunewald/Römermann (Hrsg.), Rechtsdienstleistungsgesetz, § 7 Rn. 4.

177 Zur Vorgängernorm des § 7 RDG: *BVerwG*, Beschl. v. 18.8.2003 – 6 P 6.03 –, in: AP LPVG Hamburg, § 78 Nr. 1; *Cecior/Vallendar/Lechtermann/Klein*, Das Personalvertretungsrecht in Nordrhein-Westfalen, § 39 Rn. 12; *Jacobs,* in: Richardi/Dörner/Weber (Hrsg.), Personalvertretungsrecht, § 43 Rn. 18.

178 *Fitting*, Betriebsverfassungsgesetz, 26. Aufl., § 39 Rn. 24.

daher genauso wenig zum zulässigen Beratungsgegenstand wie die Beratung der Arbeitnehmer in steuerrechtlichen Fragen[180]. Sinn und Zweck der gesetzlichen Betriebsratsaufgaben ist es, die Arbeitnehmer an der Leitung und Gestaltung der sie betreffenden betrieblichen Ordnung zu beteiligen, um auf diese Weise das zwischen Arbeitgeber und Arbeitnehmer bestehende Spannungsverhältnis zu verringern.[181] Das Sozialversicherungsrecht betrifft nicht das Verhältnis der Arbeitnehmer zum Arbeitgeber, sondern ihr Verhältnis zum Staat in Gestalt der Sozialversicherungsträger. Sozialversicherungsrechtliche Beratung kann nur bei solchen Themen ausnahmsweise zulässig sein, die «unmittelbar auf das Arbeitsverhältnis einwirken». Ein bloß mittelbarer Bezug zum Arbeitsverhältnis reicht nicht aus, weil anderenfalls dem Betriebsrat die Funktion einer umfassenden Rechtsauskunftsstelle zukäme, was weder gesetzlich vorgesehen ist noch im Interesse der Arbeitnehmer wünschenswert wäre.[182] Auch diese in Rechtsprechung und Lehre entwickelten Maßstäbe finden im Rechtsdienstleistungsgesetz ihre gesetzliche Grundlage. Jede Erörterung der die Arbeitnehmer berührenden Rechtsfragen mit dem Betriebsrat ist keine Rechtsdienstleistung i. S. d. Rechtsdienstleistungsgesetz, soweit ein Zusammenhang zu den Aufgaben dieser Vertretungen besteht. Eine Erlaubnis für darüber hinausgehende Rechtsdienstleistungen nach § 7 RDG scheitert auch beim Betriebsrat daran, dass dieser keine Vereinigung i. S. v. § 7 Abs. 1 Nr. 1 RDG ist. Es kommt daher allenfalls – wie beim Personalrat – eine Erlaubnis nach § 10 RDG in Betracht.

Zusammenfassend kann festgehalten werden, dass Rechtsprechung und Lehre einen rechtlichen Rahmen für die Rechtsberatung von Personal- und Betriebsräten entwickelt haben, dem der Gesetzgeber mit der Vorschrift in § 3 Abs. 3 Nr. 3 RDG eine gesetzliche Grundlage gegeben hat.

Um die Sprechstunde besuchen zu können, muss sich der Beschäftigte von seinem Arbeitsplatz entfernen. Hinsichtlich der Frage, ob der Beschäftigte

---

179 *LAG Köln*, Beschl. v. 30.6.2000 – 11 (12) TaBV 18/00 –, in: NZA-RR 2001, 255.
180 *BAG*, Beschl. v. 11.12.1973 – 1 ABR 37/73 –, in: AP BetrVG 1972 zu § 80 Nr. 5.
181 *BAG*, Beschl. v. 11.12.1973 – 1 ABR 37/73 –, in: AP BetrVG 1972 zu § 80 Nr. 5.
182 *LAG Köln*, Beschl. v. 30.6.2000 – 11 (12) TaBV 18/00 –, in: NZA-RR 2001, 255.

eigenmächtig den Arbeitsplatz verlassen darf, um zur Sprechstunde des Personal- bzw. Betriebsrats zu gehen, herrscht Einigkeit darüber, dass der Beschäftigte die Sprechstunde zwar während der Arbeitszeit besuchen darf. Er muss sich jedoch vorher bei seinem Vorgesetzten abmelden, damit die Ordnung in der Dienststelle bzw. im Betrieb und der Fortgang der Arbeit sichergestellt sind.[183]

Oft ist es nicht ausreichend, wenn Beschäftigte den Personalrat im Sprechstundenzimmer aufsuchen, weil sich das Personalratsmitglied ein Bild von den Gegebenheiten am Arbeitsplatz der Beschäftigten machen muss, um seine Aufgaben wahrnehmen zu können. Das Landespersonalvertretungsgesetz Nordrhein-Westfalen enthält keine Vorschrift, die ein entsprechendes Recht des Personalrats formuliert. § 3 Abs. 4 LPVG NRW gewährt lediglich den Beauftragten der Gewerkschaften ein Zugangsrecht zur Dienststelle. Daraus könnte der Rückschluss gezogen werden, dass dann erst recht Personalratsmitglieder Beschäftigte am Arbeitsplatz aufsuchen dürfen. Es ist aber bereits umstritten, ob Gewerkschaftsbeauftragte aus dem Zugangsrecht zur Dienststelle das Recht ableiten können, einzelne Beschäftigte am Arbeitsplatz aufzusuchen. Jedenfalls sehen selbst die Vertreter der Auffassung, dass Gewerkschaftsbeauftragte Beschäftigte am Arbeitsplatz aufsuchen dürfen, das Recht nur dann als gegeben an, wenn es zur Erfüllung der Aufgaben der Gewerkschaften erforderlich ist. Selbst wenn man also den besagten Rückschluss ziehen wollte, folgt daraus kein generelles Zutrittsrecht der Personalratsmitglieder zu den Arbeitsplätzen der Beschäftigten.[184] Mangels gesetzlicher Grundlage hat die Rechtsprechung Regeln für das Aufsuchen am Arbeitsplatz entwickelt. Der Personalrat hat danach das Recht auf Zugang zu Beschäftigten am Arbeitsplatz, allerdings nur im Einvernehmen mit dem Dienststellenleiter.[185] Darüber hinaus muss das Aufsuchen des Arbeitsplatzes zur Wahrnehmung der Aufgaben erforderlich sein, d. h. die Inaugenscheinnahme des Arbeitsplatzes muss notwendige Voraussetzung für die

---

183 *Cecior/Vallendar/Lechtermann/Klein*, Das Personalvertretungsrecht in Nordrhein-Westfalen, § 39 Rn. 13; *Thüsing*, in: Richardi/Thüsing/Annuß (Hrsg.), Betriebsverfassungsgesetz, § 39 Rn. 23.

184 *Schlochauer*, in: FS G. Müller, S. 459 (463).

185 *BVerwG*, Beschl. v. 9.3.1990 – 6 P 15/88 –, in: BVerwGE 85, 36 = NJW 1990, 2483; *OVG Saarlouis*, Beschl. v. 30.7.1975 – VI W 15/75 –, in: PersV 1977, 146 = NJW 1975, 2222; *VGH Kassel*, Beschl. v. 24.10.1984 – HPV L 29/83 –, in: NJW 1985, 2779.

Möglichkeit der Wahrnehmung der Aufgabe sein.[186] Wenn diese Voraussetzungen gegeben sind, kann der Dienststellenleiter dem Begehren des Personalrats aufgrund seines Direktionsrechts widersprechen. Dafür muss er allerdings triftige Gründe geltend machen. Das Bundesverwaltungsgericht sieht einen solchen Grund als gegeben an, wenn andernfalls eine nicht unerhebliche Störung der Ordnung und des Arbeitsablaufs zu besorgen oder der Besuch offensichtlich rechtsmissbräuchlich ist.[187] Liegt ein solcher Grund nicht vor, ist es unbeachtlich, wenn der Dienststellenleiter sich weigert, sein Einvernehmen zu erteilen.

Auch im Betriebsverfassungsgesetz fehlt eine Regelung, die Betriebsräten das Recht gibt, Arbeitnehmer am Arbeitsplatz aufzusuchen. Ausdrücklich geregelt ist wieder nur das Recht der Gewerkschaftsbeauftragten auf Zugang zum Betrieb. In der betriebsverfassungsrechtlichen Rechtsprechung[188] und Literatur[189] herrscht Einigkeit darüber, dass Betriebsratsmitglieder berechtigt sind, Arbeitnehmer am Arbeitsplatz aufzusuchen, wenn das zur Wahrnehmung der Aufgaben des Betriebsrats erforderlich ist. Die Meinungen gehen jedoch bei der Frage, ob ein Betriebsratsmitglied auch gegen oder ohne den Willen des Arbeitgebers hierzu berechtigt ist, auseinander.

Nach Auffassung des Bundesarbeitsgerichts muss das Betriebsratsmitglied den Arbeitgeber grundsätzlich nicht um Erlaubnis bitten, wenn es Arbeitnehmer am Arbeitsplatz aufsuchen möchte. Im Gegensatz zur personalvertretungsrechtlichen Rechtsprechung unterliege ein solcher Besuch nur ausnahmsweise der Anmeldepflicht, also wenn besondere Umstände dies erfordern.[190] Es bestehe kein Anlass, wegen eines möglichen oder denkbaren Rechtsmissbrauchs prinzipiell anerkannte Rechte der Personalräte an Voraussetzungen zu binden, die geeignet sind, deren Ausübung wesentlich zu erschweren.

---

186 *Schlochauer*, in: FS G. Müller, S. 459 (467).

187 *BVerwG*, Beschl. v. 9.3.1990 – 6 P 15/88 –, in: BVerwGE 85, 36 = NJW 1990, 2483; *Cecior/Vallendar/Lechtermann/Klein*, Das Personalvertretungsrecht in Nordrhein-Westfalen, § 39 Rn. 6; *Jacobs,* in: Richardi/Dörner/Weber (Hrsg.), Personalvertretungsrecht, § 43 Rn. 26.

188 *BAG*, Urt. v. 17.1.1989 – 1 AZR 805/87 –, in: AP LPVG NRW zu § 2 Nr. 1.

189 *Thüsing,* in: Richardi/Thüsing/Annuß (Hrsg.), Betriebsverfassungsgesetz, § 39 Rn. 30; *Fitting*, Betriebsverfassungsgesetz, 26. Aufl., § 39 Rn. 31 und § 80 Rn. 80.

190 *BAG*, Urt. v. 17.1.1989 – 1 AZR 805/87 –, in: AP LPVG NRW zu § 2 Nr. 1.

Nach anderer Ansicht muss das Betriebsratsmitglied grundsätzlich den Arbeitgeber vorher fragen. Eine Anmeldepflicht sei nicht die Ausnahme, sondern die Regel. Es wäre mit der Regelung des § 39 Abs. 1 S. 2 BetrVG, wonach Zeit und Ort der Sprechstunde mit dem Arbeitgeber zu vereinbaren sind, nicht vereinbar, wenn der Betriebsrat berechtigt wäre, jederzeit ohne Zustimmung des Arbeitgebers alle Arbeitnehmer an ihrem Arbeitsplatz aufzusuchen.[191] Das Zugangsrecht des Betriebsrats gelte nicht grenzenlos. Wenn Beauftragte von Gewerkschaften die Dienststelle nur betreten dürften, soweit dem nicht unumgängliche Notwendigkeiten des Betriebsablaufs, zwingende Sicherheitsvorschriften oder der Schutz von Betriebsgeheimnissen entgegenstehen, so müsse das erst recht für Betriebsratsmitglieder gelten.[192]

10. Kosten

Betriebliche Mitbestimmung ist nicht kostenlos. Die jährlichen Aufwendungen pro Mitarbeiter, die einem Unternehmen aus der Umsetzung der Vorschriften des Betriebsverfassungsgesetzes entstehen, summieren sich laut einer Studie des Instituts der deutschen Wirtschaft Köln im Durchschnitt auf 650 €.[193] Der Großteil dieser Kosten entsteht durch die Freistellung der Beschäftigten. Die durch die Tätigkeit des Personalrats entstandenen Kosten trägt die Dienststelle gem. § 40 Abs. 1 S. 1 LPVG NRW. Die Kostentragungspflicht bezieht sich nur auf die notwendigen Kosten, auch wenn das Tatbestandsmerkmal der Notwendigkeit nicht ausdrücklich erwähnt ist.[194] Die Vergütung von Reisekosten ist in § 40 Abs. 1 S. 2-4 LPVG NRW gesondert geregelt. Die Dienststelle muss dem Personalrat zur Deckung der ihm als Aufwand entstehenden Kosten Haushaltsmittel zur Verfügung stellen, § 40 Abs. 2 LPVG NRW. Räume, Geschäftsbedarf und Büropersonal muss die Dienststelle gem. § 40 Abs. 3 LPVG NRW zur Verfügung stellen. Insofern ist die Dienststelle also nicht nur verpflichtet, die Kosten vorzuschießen oder zu erstatten, sondern sie muss die erforderlichen Handlungen

191 *Thüsing,* in: Richardi/Thüsing/Annuß (Hrsg.), Betriebsverfassungsgesetz, § 39 Rn. 30.

192 *Schlochauer*, in: FS G. Müller, S. 459 (471).

193 http://www.iwkoeln.de/de/studien/iw-analysen/beitrag/62562.

194 *Cecior/Vallendar/Lechtermann/Klein*, Das Personalvertretungsrecht in Nordrhein-Westfalen, 53. Aktualisierung, § 40 Rn. 13.

selbst vornehmen. Zugleich wird dadurch festgelegt, dass der Personalrat nicht berechtigt ist, sich eigenmächtig Räume, Geschäftsbedarf oder Büropersonal zu beschaffen. Das Gleiche gilt gem. § 40 Abs. 4 LPVG NRW im Hinblick auf die Bereitstellung von geeigneten Plätzen für Bekanntmachungen und auf die Möglichkeiten einer elektronischen Bekanntmachung. Welche Hilfsmittel dem Personalrat im Einzelnen bereitzustellen sind, ist oft Gegenstand von Streitigkeiten zwischen Personalrat und Dienststelle. Der Runderlass des Ministeriums für Inneres und Kommunales zur Durchführung des Landespersonalvertretungsgesetzes Nordrhein-Westfalen enthält unter Punkt 7 konkretere Angaben darüber, ob ein Hilfsmittel notwendig ist.

Die Parallelnorm im Betriebsverfassungsgesetz fällt knapper aus. Gemäß § 40 Abs. 1 BetrVG trägt die durch die Tätigkeit des Betriebsrats entstehenden Kosten der Arbeitgeber. Aus dem Zusammenhang mit § 37 Abs. 2 BetrVG ergibt sich, dass nur die erforderlichen Kosten zu tragen sind.[195] Eine dem § 40 Abs. 1 S. 2-4 LPVG NRW vergleichbare Regelung über Reisekosten fehlt. Eine Erstattung der Reisekosten kann aufgrund von § 78 S. 2 BetrVG, wonach Betriebsratsmitglieder wegen ihrer Tätigkeit weder begünstigt noch benachteiligt werden dürfen, grundsätzlich nur in dem Umfang erfolgen, der sonst auch bei Außentätigkeit gewährt wird.[196]

Räume, sachliche Mittel, Informations- und Kommunikationstechnik sowie Büropersonal hat der Arbeitgeber zur Verfügung zu stellen, § 40 Abs. 2 BetrVG. Obwohl die Vorschrift keine dem § 40 Abs. 4 S. 2 LPVG NRW vergleichbare Regelung enthält, geht die Rechtsprechung davon aus, dass der Arbeitgeber verpflichtet ist, dem Betriebsrat im Betrieb geeignete Plätze für Bekanntmachungen und Anschläge zur Verfügung zu stellen.[197] Bezüglich des Einsatzes elektronischer Kommunikationssysteme gilt, dass die Nutzung eines betriebsinternen Intranets

---

195 *Thüsing,* in: Richardi/Thüsing/Annuß (Hrsg.), Betriebsverfassungsgesetz, § 40 Rn. 6.

196 *BAG*, Beschl. v. 17.9.1974 – 1 ABR 98/73 –, in: AP BetrVG 1972 zu § 40 Nr. 6; *BAG*, Beschl. v. 23.5.1975 – 1 ABR 104/73 –, in: AP BetrVG 1972 zu § 40 Nr. 10; *Thüsing,* in: Richardi/Thüsing/Annuß (Hrsg.), Betriebsverfassungsgesetz, § 40 Rn. 49.

197 *BAG*, Urt. v. 22.11.1978 – 6 ABR 85/76 –, in: AP BetrVG 1972 zu § 40 Nr. 15; *Thüsing,* in: Richardi/Thüsing/Annuß (Hrsg.), Betriebsverfassungsgesetz, § 40 Rn. 77.

regelmäßig nicht erforderlich ist, wenn der Betriebsrat die Beschäftigten durch das Versenden von E-Mails erreichen kann.[198]

Den beiden gesetzlichen Regelungen zur Kostentragungspflicht liegt der Gedanke zugrunde, dass der Arbeitgeber als derjenige, der letztlich von der gebündelten Interessenvertretung profitiert, auch die damit verbundenen Lasten tragen soll.[199]

Zu den Kosten des Personalrats zählen auch Kosten, die durch die Beauftragung eines Rechtsanwalts zu Beratungszwecken entstehen. Das Bundesverwaltungsgericht sieht den Personalrat insofern als teilrechtsfähig an. Der Personalrat kann also mit einem Rechtsanwalt einen Vertrag über eine Rechtsberatung in einem personalvertretungsrechtlichen Beschlussverfahren schließen. Das gilt nach der Rechtsprechung des Bundesverwaltungsgerichts selbst dann, wenn dort noch kein Anwaltszwang besteht.[200] Im personalvertretungsrechtlichen Beschlussverfahren fallen nur außergerichtliche Kosten an, weil in diesem Verfahren gem. § 2 Abs. 2 GKG keine Gerichtskosten erhoben werden. Soweit es sich dabei um notwendige Kosten i. S. v. § 40 Abs. 1 S. 1 LPVG NRW handelt, trägt diese Kosten die Dienststelle im Regelfall auch dann, wenn der Personalrat im personalvertretungsrechtlichen Beschlussverfahren unterliegt. Nach der Rechtsprechung des Bundesverwaltungsgerichts muss die Dienststelle aber einem im Ausschlussverfahren unterlegenen Personalratsmitglied die entstandenen Anwaltskosten nicht erstatten. Hierbei handele es sich um Kosten, die infolge des für den Ausschluss aus dem Personalrat erforderlichen groben Verstoßes gegen die gesetzlichen Pflichten entstanden sind. Diese könnten nicht als durch die Tätigkeit des Personalrats entstandene Kosten angesehen werden.[201] Rechtsberatung außerhalb des personalvertretungsrechtlichen Beschlussverfahrens, also außergerichtliche anwaltliche Beratung und anwaltliche Vertretung im Verfahren vor einer Einigungsstelle, ist nur unter besonderen Umständen zulässig.[202] In diesen Fällen darf ein Rechtsanwalt nur dann beauftragt wer-

198 *LAG Hamm*, Beschl. v. 13.11.2001 – 8 BV 633/00 –, in: NZA-RR 2002, 252; *Thüsing*, in: Richardi/Thüsing/Annuß (Hrsg.), Betriebsverfassungsgesetz, § 40 Rn. 82.

199 *Wiebauer*, BB 2010, 3091 (3092).

200 *BVerwG*, Beschl. v. 9.3.1992 – 6 P 11/90 –, juris Rn. 27, in: BVerwGE 90, 76 = NVwZ-RR 1992, 572.

201 *BVerwG*, Beschl. v. 26.10.1962 – 7 P 1/62 –, in: PersV 1963, 158 (159).

202 *Schulz/Faber*, PersV 2007, 245 (249).

den, wenn dadurch insgesamt weniger Kosten entstehen. Denn der Personalrat ist als Teil der öffentlichen Verwaltung zur sparsamen Verwendung öffentlicher Haushaltsmittel verpflichtet. Sofern ein entsprechender Anspruch besteht, kann der Rechtsanwalt nur von der Dienststelle die Bezahlung seiner Leistungen verlangen, da der Personalrat ja vermögenslos ist.[203] Hierzu kann er vom Personalrat verlangen, dass dieser ihm seinen Freistellungsanspruch gegen die Dienststelle abtritt, wodurch sich dieser in einen Zahlungsanspruch umwandelt. Der Zahlungsanspruch des Rechtsanwalts gegen die Dienststelle besteht nur in der Höhe, in der auch der Freistellungsanspruch besteht. Der Freistellungsanspruch besteht allerdings der Höhe nach nur, soweit die dem Personalrat entstandenen Kosten notwendig waren, vgl. § 40 LPVG NRW. Waren die Kosten nicht notwendig, ist die Dienststelle nicht zur Zahlung verpflichtet. Darüber hinaus kann der Rechtsanwalt seinen Anspruch nicht geltend machen. Der Rechtsanwalt kann sich bezüglich einer eventuellen Restforderung nach Auffassung des Bundesverwaltungsgerichts auch nicht an die Mitglieder des Personalrats halten, weil diese keinen Vertrag mit dem Rechtsanwalt geschlossen haben und selbst vom Dienstherrn nicht in Regress genommen werden können.[204]

Im personalvertretungsrechtlichen Beschlussverfahren sind Kosten, die infolge einer Vertretung durch einen Rechtsanwalt entstanden sind, darüber hinaus nur dann von der Dienststelle zu tragen, wenn das Verfahren nicht mutwillig oder aus haltlosen Gründen eingeleitet wurde. Da sich die Erfolgsaussichten eines Gerichtsverfahrens allgemein schwer voraussagen lassen, ist hierfür allerdings ein großzügiger Maßstab anzulegen.

Unabhängig davon, ob die Rechtsberatung anlässlich eines Gerichtsverfahrens oder im Rahmen eines Einigungsstellenverfahrens oder im außergerichtlichen Bereich erfolgt, entsteht eine Verpflichtung der Dienststelle zur Kostentragung erst, nachdem gewisse formelle Voraussetzungen erfüllt sind. Die Dienststelle muss erst dann die Kosten tragen, wenn der Beauftragung des Rechtsanwalts dienststellenintern ein ernsthafter Einigungsversuch vorausgegangen ist. Gemäß § 2 Abs. 3 LPVG NRW dürfen außenstehende Stellen – hierzu zählt auch ein Rechtsanwalt – erst angerufen werden, wenn

---

203 *Simianer*, PersV 1994, 300 (301).

204 *BVerwG*, Beschl. v. 9.3.1992 – 6 P 11/90 –, juris Rn. 39, in: BVerwGE 90, 76 = NVwZ-RR 1992, 572.

eine Einigung in der Dienststelle nicht erzielt worden ist. Außerdem muss die Entscheidung zur Beauftragung eines Rechtsanwalts in einem ordnungsgemäßen Beschluss des Personalrats getroffen worden sein.[205]

Diese in Rechtsprechung und Literatur entwickelten Regeln zur Übernahmepflicht von Rechtsanwaltskosten haben auch Eingang in Punkt 8 des Runderlasses des Ministeriums für Inneres und Kommunales zur Durchführung des Landespersonalvertretungsgesetzes Nordrhein-Westfalen gefunden.

Auch der Betriebsrat kann einen Rechtsanwalt mit der Vertretung seiner rechtlichen Interessen beauftragen. Der Arbeitgeber ist verpflichtet, die dabei anfallenden Kosten zu tragen, es sei denn, die Rechtsverfolgung ist mutwillig oder offensichtlich aussichtslos.[206] Vertritt ein Rechtsanwalt die Interessen des Betriebsrats vor einer Einigungsstelle, ist der Betriebsrat von den Kosten freizustellen, die mit der Beauftragung des Rechtsanwalts verbunden sind. Voraussetzung dafür ist, dass der Regelungsgegenstand schwierige Rechtsfragen aufwirft und kein Betriebsratsmitglied über den notwendigen juristischen Sachverstand verfügt.[207] Ein Dritter, der mit dem Betriebsrat eine Vereinbarung trifft, kann vom Betriebsrat nur die Abtretung des Freistellungsanspruchs verlangen, den der Betriebsrat gegenüber dem Arbeitgeber hat. Tritt der Betriebsrat den Freistellungsanspruch an den Dritten ab, wandelt sich der Freistellungsanspruch in einen Zahlungsanspruch des Dritten gegen den Arbeitgeber um.[208]

Der Arbeitgeber ist nach der Abtretung jedoch nur in Höhe der erforderlichen Kosten zur Zahlung verpflichtet. Oberhalb dieser Grenze haftet nach der Rechtsprechung des Bundesgerichtshofs das Betriebsratsmitglied, das den Beratungsvertrag mit dem Rechtsanwalt geschlossen hat, persönlich als Vertreter ohne Vertretungsmacht in entsprechender Anwendung des § 179 BGB. Das Betriebsratsmitglied hafte dementsprechend nicht, wenn es

---

205 *Schulz/Faber*, PersV 2007, 245 (248).

206 *BAG*, Beschl. v. 29.7.2009 – 7 ABR 95/07 –, in: NZA 2009, 1223; *Hinrichs/Plitt*, NZA 2011, 1006.

207 *BAG*, Beschl. v. 21.6.1989 – 7 ABR 78/87 –, in: NJW 1990, 404; *BAG*, Beschl. v. 14.2.1996 – 7 ABR 25/95 –, in: NZA 1996, 892.

208 *BAG*, Beschl. v. 29.7.2009 – 7 ABR 95/07 –, juris Rn. 20, in: NZA 2009, 1223 (1225).

nachweisen kann, dass der Rechtsanwalt den Mangel der Vertretungsmacht kannte oder kennen musste, vgl. § 179 Abs. 3 BGB. Für die persönliche Haftungsprivilegierung bestehe kein Bedürfnis, weil das Betriebsratsmitglied der persönlichen Haftung entgehen könne, indem es vor Beauftragung des Rechtsanwalts Rechtsrat über die Erforderlichkeit der Beauftragung einholt. Stellt sich dieser Rechtsrat im Nachhinein als falsch heraus, habe das Betriebsratsmitglied einen Regressanspruch. Außerdem könne das Betriebsratsmitglied seine persönliche Haftung im Rahmen des Beratervertrages einschränken oder ausschließen.[209]

Die Rechtslage ist also in den Grundzügen die Gleiche. Im Detail weichen die Regelungen jedoch voneinander ab. Reisekosten der Personalräte werden gem. § 40 Abs. 1 S. 3 LPVG NRW nach dem Landesreisekostengesetz vergütet. Der Gesetzgeber hat dort für die einzelnen Positionen, wie Fahrtkosten oder Wegstreckenentschädigung, Tagegeld, Übernachtungskosten, Nebenkosten und Trennungsentschädigung, einen Maßstab festgelegt, anhand dessen festgestellt werden kann, welche Kosten erforderlich und damit erstattungsfähig sind. Betriebsräten müssen Reisekosten wegen des Benachteiligungsverbots gem. § 78 S. 2 BetrVG nach den gleichen Regeln erstattet werden wie anderen Arbeitnehmern im Betrieb.[210] Soweit im Betrieb eine zumutbare allgemeine Reisekostenordnung existiert, ist diese auch auf Reisen der Betriebsratsmitglieder anzuwenden, es sei denn, der Betriebsrat und das Betriebsratsmitglied haben auf die entstehenden Kosten keinen Einfluss.[211] Der Arbeitgeber hat es somit in der Hand, durch eine Reisekostenordnung festzulegen, in welchem Umfang er den Betriebsräten Reisekosten erstattet. Nach unten hin wird sein Gestaltungsspielraum dadurch begrenzt, dass eine unzumutbare Reisekostenordnung nicht verbindlich ist. Nach oben hin ist der Arbeitgeber nur insofern eingeschränkt, als er beachten muss, dass er Betriebsratsmitglieder nicht besser oder schlechter stellt als andere Arbeitnehmer.

---

209 *BGH*, Urt. v. 25. 10.2012 – 3 ZR 266/11 –, juris Rn. 45, in: NJW 2013, 464 = BB 2013, 380; *Dzida*, NJW 2013, 433.

210 *Schweibert/Buse*, NZA 2007, 1080 (1083).

211 *BAG*, Beschl. v. 28.3.2007 – 7 ABR 33/06 –, in: AP BetrVG 1972 zu § 40 Nr. 89; *Kreitner*, in: Küttner/Röller (Hrsg,), Personalbuch 2013, Betriebsratskosten, Rn. 11.

11. Freistellung

Die Mitglieder der Beschäftigtenvertretung können sowohl nach dem Landespersonalvertretungsgesetz Nordrhein-Westfalen als auch nach dem Betriebsverfassungsgesetz von ihrer beruflichen Tätigkeit freigestellt werden, wenn das zur ordnungsgemäßen Erfüllung ihrer Aufgabe erforderlich ist. Die Freistellung kann aus einem konkreten Anlass oder ständig erfolgen. Die Anzahl der freizustellenden Mitglieder hängt von der Anzahl der Beschäftigten ab, aus denen der Betrieb bzw. die Dienststelle in der Regel besteht. Die sich daraus ergebendem Freistellungsstaffeln enthalten in beiden Gesetzen die gleichen Werte.

Das Landespersonalvertretungsgesetz Nordrhein-Westfalen enthält in § 42 Abs. 3 LPVG NRW Vorgaben darüber, welches Personalratsmitglied bei der Freistellung zuerst zu berücksichtigen ist. Welches Betriebsratsmitglied freizustellen ist, wird gem. § 38 Abs. 2 BetrVG durch Wahl entschieden.

Nach § 42 Abs. 4 S. 5 LPVG NRW können Personalrat und Dienststelle im Einvernehmen von der Freistellungsstaffel abweichen. Auch das Betriebsverfassungsgesetz sieht diese Möglichkeit vor. Allerdings können nach § 38 Abs. 1 S. 5 BetrVG nicht nur die Schwellenwerte und die Anzahl der freizustellenden Betriebsratsmitglieder anderweitig geregelt werden, sondern auch die weiteren Modalitäten der Freistellung. Eine solche anderweitige Regelung kann z. B. beinhalten, dass zur Ermittlung der Zahl der freizustellenden Betriebsratsmitglieder nicht an die Zahl der Arbeitnehmer angeknüpft wird, sondern an die Zahl der Betriebsratsmitglieder.[212] Im Gegensatz zu § 42 Abs. 4 S. 5 LPVG NRW schreibt das Betriebsverfassungsgesetz vor, dass die anderweitige Regelung in Form einer Betriebsvereinbarung vereinbart werden muss. Darüber hinaus sieht § 38 Abs. 1 S. 5 BetrVG aber auch die Möglichkeit vor, die Freistellung durch Tarifvertrag abweichend zu regeln.

IV. Die Einigungsstelle

Gelingt es der Beschäftigtenvertretung und dem Arbeitgeber nicht, sich in einer bestimmten Angelegenheit zu einigen, stellen sowohl das Landespersonalvertretungsgesetz Nordrhein-Westfalen als auch das Betriebsverfas-

212 *Fitting*, Betriebsverfassungsgesetz, 26. Aufl., § 38 Rn. 28.

sungsgesetz mit der Einigungsstelle ein Gremium zur Verfügung, in dem Vertreter beider Seiten zusammenkommen, um eine einvernehmliche Lösung zu finden. Nach Auffassung des Bundesverfassungsgerichts ist die Einigungsstelle kein Gericht i. S. d. Art. 92 GG. Von einem Gericht unterscheidet sich die Einigungsstelle im Wesentlichen dadurch, dass sie Regelungs- und nicht Rechtsstreitigkeiten löst. Die Einigungsstelle ist nach dem Bundesverfassungsgericht dazu bestimmt, Pattsituationen im Bereich der paritätischen Mitbestimmung aufzulösen.[213]

1. Die personalvertretungsrechtliche Einigungsstelle

Nach § 66 Abs. 7 S. 1 LPVG NRW entscheidet die Einigungsstelle, wenn sich bei Maßnahmen, die von der Dienststelle beabsichtigt sind, und bei vom Personalrat beantragten Maßnahmen, die nach § 72 Abs. 2 bis 4 LPVG NRW seiner Mitbestimmung unterliegen, keine Einigung im Einigungsverfahren ergibt.

Die Kompetenzen der Einigungsstelle im Landespersonalvertretungsgesetz Nordrhein-Westfalen müssen den Vorgaben der Rechtsprechung des Bundesverfassungsgerichts entsprechen. Das Gericht hat in seinem Beschluss vom 24.5.1995 der Entscheidungsbefugnis der Einigungsstelle Grenzen gesetzt und Anforderungen an die demokratische Legitimation ihrer Mitglieder gestellt. Dabei knüpft das Bundesverfassungsgericht an die bereits erwähnten Fallgruppen an.

Bei Maßnahmen der Fallgruppe (a) muss die Mehrheit der Mitglieder der Einigungsstelle «in gewissem Maße personell demokratisch legitimiert» sein. Außerdem muss die Entscheidung, die im Einzelfall wegen ihrer Auswirkungen auf das Gemeinwohl wesentlicher Bestandteil der Regierungsgewalt ist, einem parlamentarisch verantwortlichen Amtsträger vorbehalten bleiben.[214] Nach dem Prinzip der doppelten Mehrheit müssen zudem Entscheidungen der Einigungsstelle, die der Fallgruppe (b) zuzuordnen sind, nicht nur von der Mehrheit der Mitglieder der Einigungsstelle, sondern auch von der Mehrheit derjenigen Mitglieder der Einigungsstelle, die demokra-

---

213 *BVerfG*, Beschl. v. 18.10.1986 – 1 BvR 1426/83 –, in: NZA 1988, 25 (26).

214 *BVerfG*, Beschl. v. 24.5.1995 – 2 BvF 1/92 –, juris Rn. 146, in: BVerfGE 93, 37 = NVwZ 1996, 574.

tisch legitimiert sind, getragen werden.[215] Bei allen der Fallgruppe (c) zugehörenden Maßnahmen muss ausgeschlossen sein, dass der Einigungsstelle die Alleinentscheidung übertragen wird. Hier darf die Entscheidung der Einigungsstelle nur den Charakter einer Empfehlung haben.[216]

Die Anforderungen des Bundesverfassungsgerichts wurden im Landespersonalvertretungsgesetz Nordrhein-Westfalen durch Regelungen zu den Kompetenzen und zur Zusammensetzung der Einigungsstelle folgendermaßen umgesetzt.

Gemäß § 67 Abs. 1 S. 2 LPVG NRW setzt sich die Einigungsstelle personell aus einer unparteiischen vorsitzenden Person, ihrem Stellvertreter und Beisitzern zusammen. Die Beisitzer, von denen es sechs an der Zahl gibt, werden gem. § 67 Abs. 3 LPVG NRW zur einen Hälfte von der Dienststelle und zur anderen Hälfte von der Personalvertretung benannt.

Die drei Beisitzer, die durch die Personalvertretung benannt werden, können von der Personalvertretung keine demokratische Legitimation ableiten, weil die Personalvertretung selbst nicht demokratisch legitimiert ist. Die drei Beisitzer, die von der Dienststelle benannt werden, sind hingegen demokratisch legitimiert, weil sie diese Legitimation von der Dienststelle ableiten können. Auch die unparteiische vorsitzende Person ist demokratisch legitimiert, weil sich Dienststelle und Personalvertretung auf eine Person einigen müssen. Gelingt das nicht, trifft der Präsident des Oberverwaltungsgerichts eine Entscheidung. Damit ist sichergestellt, dass selbst im Nichteinigungsfall eine demokratisch legitimierte Stelle eine Auswahl trifft.[217] Die vorsitzende Person der Einigungsstelle kann somit ihre demokratische Legitimation entweder von der Dienststelle oder vom Präsidenten des Oberverwaltungsgerichts ableiten. Dadurch ist gewährleistet, dass die verfassungsrecht-

---

215 *BVerfG*, Beschl. v. 24.5.1995 – 2 BvF 1/92 –, juris Rn. 147, in: BVerfGE 93, 37 = NVwZ 1996, 574.

216 *BVerfG*, Beschl. v. 24.5.1995 – 2 BvF 1/92 –, juris Rn. 148, in: BVerfGE 93, 37 = NVwZ 1996, 574.

217 Zur vergleichbaren Regelung in § 71 Abs. 1 S. 4 BPersVG, wonach der Präsident des Bundesverwaltungsgerichts im Nichteinigungsfall die Entscheidung über den Vorsitzenden trifft, schreibt *Albers*, PersR 1995, 501 (502): «Demokratischer kann eine Legitimation nicht sein.» Albers selbst war zu der Zeit Richter am Bundesverwaltungsgericht.

lich erforderliche demokratische Legitimationskette nicht unterbrochen wird.

Die Mehrheit der Mitglieder der Einigungsstelle nach dem Landespersonalvertretungsgesetz Nordrhein-Westfalen ist daher «in gewissem Maße demokratisch» legitimiert. Im Hinblick auf die Zusammensetzung der Einigungsstelle widerspricht es daher nicht den Vorgaben des Bundesverfassungsgerichts, wenn der Einigungsstelle Entscheidungen zu Maßnahmen der Fallgruppe (a) überlassen werden.

Zu Maßnahmen der Fallgruppe (a) zählen soziale und innerdienstliche Angelegenheiten. Der nordrhein-westfälische Gesetzgeber versteht darunter alle Fälle von Mitbestimmungsrechten, die nicht in § 66 Abs. 7 S. 3 LPVG NRW genannt sind. Im Einzelnen sind das die Fälle des § 72 Abs. 2 und 4 Nr. 1, 3-5, 7-10, 13, 18 LPVG NRW. In diesen Fällen bindet der Beschluss der Einigungsstelle die Dienststelle, d. h. die Dienststelle kann in diesen Fällen grundsätzlich keine von dem Beschluss der Einigungsstelle abweichende Entscheidung treffen. Hiervon kann nur dann eine Ausnahme gemacht werden, wenn die Maßnahme wegen ihrer Auswirkungen auf das Gemeinwohl wesentlicher Bestandteil der Regierungsgewalt sein kann. Diese Beteiligungsrechte werden daher auch als grundsätzlich uneingeschränkte Mitbestimmungsrechte bezeichnet. Die Beschränkung der Entscheidungsbefugnis der Einigungsstelle auf soziale und innerdienstliche Angelegenheiten, mit der Möglichkeit, davon im Einzelfall abzuweichen, entspricht der Rechtsprechung des Bundesverfassungsgerichts.

Ob die erhöhten Anforderungen eingehalten werden, die das Bundesverfassungsgericht an die Zulässigkeit einer abschließenden Entscheidung der Einigungsstelle bei Maßnahmen der Fallgruppe (b) stellt, hängt davon ab, wie Beschlüsse der Einigungsstelle zustande kommen. Die Einigungsstelle fasst ihre Beschlüsse mit Stimmenmehrheit, § 67 Abs. 5 S. 4 LPVG NRW. Sind alle sieben Mitglieder der Einigungsstelle anwesend, ist gewährleistet, dass die Entscheidung von der Mehrheit der vier demokratisch legitimierten Mitglieder getragen wird, wenn mindestens vier der sieben Mitglieder zustimmen und sich darunter mindestens drei der vier demokratisch legitimierten Mitglieder befinden. Bleiben aber demokratisch legitimierte Mitglieder einer Sitzung trotz ordnungsgemäßer Ladung fern, kommt es darauf an, ob die Einigungsstelle beschlussfähig ist. Früher war in § 67 Abs. 5 S. 3 LPVG NRW ausdrücklich festgelegt, dass die Einigungsstelle beschlussfähig ist, wenn der Vorsitzender und je drei Beisitzer anwesend sind. Die Rechtsprechung des Oberverwaltungsgerichts Münster zu dieser Vorschrift war eindeutig: Die Einigungsstelle war danach beschlussunfähig, wenn eine Entscheidung nur mit den Stimmen des Vorsitzenden und den Beisitzern einer Seite getroffen wurde. Das Gericht wies darauf hin, dass die Konsequenz, dass eine Seite der Mitglieder der Einigungsstelle es in der Hand hat, einen Beschluss zu verhindern, als Entscheidung des Gesetzgebers hinzunehmen ist.[218] «Um die Beschlussfähigkeit der Einigungsstelle sicherzustellen» und die Rechtslage an das Bundesrecht anzupassen, hat der Gesetzgeber die Vorschrift über die Beschlussfähigkeit gestrichen.[219] Da das Bundespersonalvertretungsgesetz keine entsprechende Vorschrift über die Beschlussfähigkeit der Einigungsstelle kennt, ist anerkannt, dass die Einigungsstelle auch dann Entscheidungen treffen kann, wenn nicht alle Mitglieder anwesend sind. Die Einigungsstelle ist auch dann beschlussfähig, wenn nur der Vorsitzende und die nicht demokratisch legitimierten Beisitzer, die von der Personalvertretung benannt wurden, an der Entscheidung mitwirken.[220] Daher ist nicht gewährleistet, dass nach dem Prinzip der doppelten Mehrheit die Entscheidung von der Mehrheit der demokratisch legitimierten Mitglieder getragen wird.[221] Die Regelung zu Maßnahmen der Fallgruppe (b) widerspricht dennoch nicht den Vorgaben des Bundesverfassungsgerichts, weil der nordrhein-westfälische Gesetzgeber für diese Angelegenheiten ein eingeschränktes Mitbestimmungsrecht oder lediglich ein Mitwirkungsrecht vorsieht. Die Entscheidungsbefugnis der Einigungsstelle ist weiter eingeschränkt, als es das Demokratieprinzip erfordert. So ist sichergestellt, dass Entscheidungen in den Angelegenheiten der Fallgruppe (b) demokratisch legitimiert sind.

Maßnahmen der Fallgruppe (c) sind in § 66 Abs. 7 S. 3 LPVG NRW aufgezählt. Die Beteiligungsrechte anlässlich dieser Maßnahmen werden als eingeschränkte Mitbestimmung bezeichnet, weil sich die Entscheidungsbefugnis der Einigungsstelle in einer bloßen Empfehlung erschöpft. Die Letztent-

218 *OVG Münster*, Beschl. v. 2.9.1994 – 1 A 1889/91.PVL –, juris Rn. 4, in: PersR 1995, 133 (134).

219 LT-Drs. 14/4239, S. 36, 96.

220 *Weber*, in: Richardi/Dörner/Weber (Hrsg.), Personalvertretungsrecht, § 71 Rn. 29, der § 76 Abs. 5 S. 2 BetrVG analog anwendet.

221 So i. E. auch *Richter*, PersR 1996, 216 (221).

scheidung bei solchen Maßnahmen ist der nach § 68 LPVG NRW zuständigen Stelle und damit einem demokratisch legitimierten Entscheidungsträger vorbehalten. Damit hat der Gesetzgeber die Vorgaben des Bundesverfassungsgerichts umgesetzt.[222]

Die Einigungsstelle kann von der Personalvertretung oder der Dienststelle angerufen werden, wenn Streit darüber besteht, welche Mitbestimmungsrechte im Zusammenhang mit einer bestimmten Maßnahme bestehen.[223] Diese Entscheidungskompetenz der Einigungsstelle ist jedoch nicht ausschließlich in dem Sinne, dass der Beschluss der Einigungsstelle gerichtlich nicht überprüft werden kann. Anderenfalls könnte die Einigungsstelle abschließend darüber entscheiden, ob Mitbestimmungsrechte bestehen oder nicht. Die Klärung solcher Rechtsfragen ist jedoch den Gerichten vorbehalten.[224] In anderen als den in § 66 Abs. 7 S. 1 LPVG NRW genannten Beteiligungsangelegenheiten kann die Einigungsstelle nicht angerufen werden.

Außerdem ist die Einigungsstelle an das Haushaltsrecht gebunden,[225] d. h. die Einigungsstelle hat die jeweils kostengünstigste Möglichkeit zur Lösung des Problems zu suchen.

Die Einigungsstelle wird gem. § 67 Abs. 1 S. 1 LPVG NRW bei jeder obersten Dienstbehörde für die Dauer der Wahlperiode der Personalvertretung gebildet. Das Gesetz schreibt also vor, dass eine ständige Einigungsstelle gebildet wird. Allerdings geht das Gesetz auch von einer mehrstufig organisierten Verwaltungsbehörde aus. Insbesondere in kleineren Dienststellen – wozu auch die meisten Sparkassen zählen – besteht aufgrund der Tatsache, dass Streitigkeiten eher selten bis vor die Einigungsstelle getragen werden, kein Bedarf für eine ständige Einigungsstelle. Daher wird dort regelmäßig eine Einigungsstelle nur von Fall zu Fall gebildet.

Sparkassenvorstände rufen selten die Einigungsstelle an. Das liegt daran, dass sie es in den meisten Fällen vorziehen, von geplanten Maßnahmen

---

222 LT-Drs. 15/1644, S. 82.

223 *BVerwG*, Beschl. v. 12.3.1986 – 6 P 5/85 –, juris Rn. 22, in: BVerwGE 74, 100 = PersV 1986, 417.

224 *Söllner*, ZfA 1982, 1 (14); *Dannhäuser*, PersV 1990, 145 (146); *BVerwG*, Beschl. v. 27.7.1990 – 6 PB 12/89 –, juris Rn. 3, in: AP ArbGG 1979 zu § 72a Divergenz Nr. 25; *Albers*, ZBR 1990, 356.

225 *Richter*, PersR 1996, 216 (221).

ganz abzusehen, bevor sie einen Kompromiss auf Vorschlag der Einigungsstelle eingehen.

2. Die betriebsverfassungsrechtliche Einigungsstelle

Die betriebsverfassungsrechtliche Einigungsstelle ist nach § 76 Abs. 1 S. 1 BetrVG bei Bedarf zu bilden. Das Gesetz sieht auch die Errichtung einer ständigen Einigungsstelle durch Betriebsvereinbarung vor.

Die Einigungsstelle besteht aus einer gleichen Anzahl von Beisitzern, die vom Arbeitgeber bzw. vom Betriebsrat bestellt werden, und einem Vorsitzenden. Die genaue Anzahl der Beisitzer ist nicht vorgegeben. In der Regel sind es zwei, in komplexeren Angelegenheiten drei Beisitzer pro Seite.[226] Um eine möglichst hohe Unabhängigkeit der Beisitzer[227] zu gewährleisten, haben Arbeitgeber und Betriebsrat nur im Ausnahmefall das Recht, die Beisitzer auszutauschen.[228] Können sich Arbeitgeber und Betriebsrat nicht auf eine Person als Vorsitzenden oder die Zahl der Beisitzer einigen, trifft das Arbeitsgericht hierüber eine Entscheidung. Das Verfahren ist in § 98 ArbGG geregelt.

Die Einigungsstelle entscheidet durch Beschluss, den sog. Spruch der Einigungsstelle, § 76 Abs. 5 S. 3 BetrVG. Der Spruch der Einigungsstelle ersetzt die Einigung zwischen Arbeitgeber und Betriebsrat in den gesetzlich vorgesehenen Fällen. Hier ist an erster Stelle § 87 BetrVG zu nennen. Kommt eine Einigung über eine soziale Angelegenheit nach § 87 Abs. 1 BetrVG nicht zustande, entscheidet die Einigungsstelle. Daneben bestimmt das Gesetz in einer Reihe von unterschiedlichsten Angelegenheiten, dass der Spruch der Einigungsstelle die Einigung der Betriebsparteien ersetzt. Das sind beispielsweise Streitigkeiten über den Umfang der Freistellungen (§ 38 Abs. 2 S. 4 BetrVG), über den Zeit und den Ort der Sprechstunden (§ 39 Abs. 1 S. 2 BetrVG), über den Inhalt von Personalfragebogen

---

226 *Tschöpe*, NZA 2004, 945 (948).

227 Dazu: *BAG*, Beschl. v. 18.1.1994 – 1 ABR 43/93 –, in: BAGE 75, 261 = NZA 1994, 571 (572).

228 *Tschöpe*, NZA 2004, 945 (948).

(§ 94 Abs. 1 S. 2 BetrVG) und über Kündigungen (§ 102 Abs. 6 BetrVG).[229] Daneben besteht nach § 76 Abs. 6 S. 1 BetrVG die Möglichkeit, dass sich die Betriebsparteien freiwillig dem Spruch der Einigungsstelle unterwerfen.

Abgesehen von den gesetzlich vorgesehenen Fällen sind die Kompetenzen der betriebsverfassungsrechtlichen Einigungsstelle begrenzt, da bei Meinungsverschiedenheiten in personellen Einzelmaßnahmen und wirtschaftlichen Angelegenheiten zwischen Arbeitgeber und Betriebsrat das Arbeitsgericht entscheidet.[230]

V. Kollektivvereinbarungen

Neben der Beteiligung im Einzelfall gestattet das Gesetz auch eine Beteiligung durch den Abschluss einer Dienst- oder Betriebsvereinbarung. Dienst- oder Betriebsvereinbarungen sind neben der Regelungsabrede, also der Ausübung des Beteiligungsrechts im Einzelfall, eine andere Form der Beteiligung.

Eine Dienstvereinbarung ist ebenso wie eine Betriebsvereinbarung ein schriftlicher Vertrag zwischen der Beschäftigtenvertretung auf der einen Seite und dem Arbeitgeber auf der anderen Seite.

Dienst- oder Betriebsvereinbarungen sind vorweggenommene Mitbestimmung.[231] Das bedeutet, es handelt sich um ein Instrument, mit dem für eine Vielzahl von Mitbestimmungsfällen vorab eine Übereinkunft getroffen werden kann. Betriebs- und Dienstvereinbarung dienen daher hauptsächlich dazu, eine Vielzahl von gleichgelagerten Beteiligungsangelegenheiten nach den gleichen Regeln zu behandeln. Außerdem soll durch sie der Verfahrensaufwand möglichst gering gehalten werden.

Dienst- und Betriebsvereinbarungen haben normativ gestaltende Wirkung. Von ihrer Wirkung her sind sie vergleichbar mit Gesetzen im materiellen Sinne, was etwa dadurch zum Ausdruck kommt, dass die Betriebsparteien aus ihnen Ansprüche herleiten können.

---

229 Weitere Kompetenzen hat die Einigungsstelle in folgenden Fällen: §§ 37 Abs. 6 S. 5, 47 Abs. 6 S. 1, 72 Abs. 6 S. 1, 85 Abs. 2, 91 S. 2, 95 Abs. 1 S. 2, 95 Abs. 2 S. 2, 97 Abs. 2 S. 2, 98 Abs. 4 S. 1, 109 S. 1, 112 Abs. 2 S. 2, Abs. 4 S. 1 BetrVG.

230 *Edenfeld*, Arbeitnehmerbeteiligung, S. 164.

231 *BVerwG*, Beschl. v. 30.3.2009 – 6 PB 29/08 –, juris Rn. 14, in: NZA-RR 2009, 509.

Typische Regelungsinhalte von Betriebs- oder Dienstvereinbarungen sind die Nutzung von Internet, Email und Intranet, Videoüberwachung, Zeiterfassung, Suchtprobleme am Arbeitsplatz und Mitarbeiter-Vorgesetzten-Gespräche.

1. Die Dienstvereinbarung

Nach § 70 Abs. 1 S. 1 LPVG NRW sind Dienstvereinbarungen zulässig, soweit nicht gesetzliche oder tarifliche Regelungen entgegenstehen. Dienstvereinbarungen sind also nicht nur in abschließend aufgezählten Themenfeldern zulässig, sondern in sämtlichen Bereichen des Personalvertretungsrechts, die noch nicht durch Gesetz oder Tarifvertrag geregelt sind.[232] Themen, über die sich die Tarifvertragsparteien bereits geeinigt haben, sollen nicht durch eine Dienstvereinbarung abweichend geregelt werden können, sondern sind der Regelung im Tarifvertrag vorbehalten (sog. Tarifvorbehalt oder Tarifvorrang). § 70 Abs. 1 S. 1 LPVG NRW schreibt einen umfassenden Tarifvorbehalt vor, d. h. der Tarifvorbehalt ist nicht nur auf Arbeitsentgelte und sonstige Arbeitsbedingungen beschränkt. Allerdings gilt dieser Tarifvorbehalt nur, wenn tatsächlich eine tarifliche Regelung besteht. Insofern unterscheidet sich der Tarifvorbehalt des § 70 Abs. 1 S. 1 LPVG NRW nicht vom Tarifvorrang in § 72 Abs. 3 und 4 LPVG NRW. Die Regelung des § 70 Abs. 1 LPVG NRW hat also nur für solche Dienstvereinbarungen Auswirkungen, die ein Beteiligungsrecht betreffen, für das kein Tarifvorrang besteht (z. B. § 72 Abs. 1 und 2 LPVG NRW).

Der Hauptanwendungsfall für eine gesetzliche Regelung, die einer Dienstvereinbarung entgegensteht, ist § 4 LPVG NRW. Danach kann durch Dienstvereinbarung das Personalvertretungsrecht nicht abweichend vom Landespersonalvertretungsgesetz Nordrhein-Westfalen geregelt werden. Das bedeutet, dass abweichende Regelungen über Beteiligungsrechte und Beteiligungsverfahren in einer Dienstvereinbarung unzulässig sind. Außerdem sind gem. § 70 Abs. 1 S. 2 LPVG NRW Dienstvereinbarungen unzu-

232 *BVerwG*, Beschl. v. 6.10.2010 – 6 PB 11/10 –, juris Rn. 8, in: NZA-RR 2011, 111, zur identischen Regelung im Personalvertretungsgesetz Berlin: Dienstvereinbarungen sind auch in innerdienstlichen Angelegenheiten zulässig, die nicht durch Mitbestimmungsrechte erfasst werden.

lässig, soweit sie Arbeitsentgelte oder sonstige Arbeitsbedingungen betreffen, die durch Tarifvertrag geregelt sind und üblicherweise geregelt werden (sog. Tarifsperre). Bei Arbeitsentgelten und sonstigen Arbeitsbedingungen muss also nicht tatsächlich eine Regelung bestehen. Es reicht vielmehr aus, wenn üblicherweise eine Regelung getroffen wird. Die Tarifsperre entfällt allerdings, wenn eine Öffnungsklausel im Tarifvertrag den Abschluss einer Dienstvereinbarung gestattet.[233] Hintergrund dieser Vorschriften ist, dass der Gesetzgeber von vornherein eine Konkurrenzsituation zwischen Personalrat und Gewerkschaft, die mit der Arbeitgeberseite Tarifverträge schließen kann, vermeiden will. In Bereichen, in denen (üblicherweise) Tarifverträge geschlossen werden, sollen Personalräte nicht durch den Abschluss von Dienstvereinbarungen aktiv werden. Außerdem will der Gesetzgeber verhindern, dass sämtliche Regelungen, die im Gesetz oder in Tarifverträgen getroffen wurden, durch eine abweichende Vereinbarung in einer Dienstvereinbarung ausgehebelt werden können.

Damit kommt in § 70 Abs. 1 LPVG NRW zum Ausdruck, dass der Gesetzgeber die Zuständigkeit für die rechtlichen Rahmenbedingungen im öffentlichen Dienst wie folgt verteilt hat. Haben der Gesetzgeber oder die Tarifvertragsparteien bereits eine Regelung im Gesetz oder im Tarifvertrag getroffen, bleibt kein Raum mehr für eine Regelung durch Dienstvereinbarung. Personalrat und Dienststelle dürfen also weder Bereiche regeln, die der Gesetzgeber bereits geregelt hat, noch Bereiche, die die Tarifvertragsparteien bereits geregelt haben.

Ziel dieser Regelung ist es, möglichst einheitliche Arbeitsbedingungen für die Beschäftigten im öffentlichen Dienst zu schaffen. Die Dienstvereinbarung soll nur in solchen Bereichen zum Einsatz kommen, in denen weder eine gesetzliche noch eine tarifvertragliche Regelung besteht und somit ein Gestaltungsspielraum verbleibt.

Bei Arbeitsentgelten und sonstigen Arbeitsbedingungen gelten noch strengere Regeln. In diesen Bereichen sind Dienstvereinbarungen nahezu vollkommen ausgeschlossen. Personalrat und Sparkassenvorstand müssen also vor Abschluss einer solchen Dienstvereinbarung nicht nur prüfen, ob die

---

233 *Cecior/Vallendar/Lechtermann/Klein*, Das Personalvertretungsrecht in Nordrhein-Westfalen, 56. Aktualisierung, § 70 Rn. 34.

Angelegenheit bereits in einem Tarifvertrag geregelt ist, sondern auch, ob die Angelegenheit üblicherweise geregelt wird.

Das Verfahren, in dem eine Dienstvereinbarung zustande kommt, läuft im Wesentlichen genauso ab wie das normale Beteiligungsverfahren, an dessen Ende eine Regelungsabrede steht. Allerdings gilt die Zustimmung des Personalrats nicht als erteilt, wenn dieser sich nicht innerhalb der Erklärungsfrist äußert, weil dies mit dem Charakter der Dienstvereinbarung als Vertrag unvereinbar wäre.[234] Außerdem würde eine fingierte Zustimmung nicht das Schriftformerfordernis des § 70 Abs. 3 LPVG NRW wahren.[235] Äußert sich der Personalrat vor Ablauf der Erklärungsfrist nicht, fehlt es an der erforderlichen Zustimmung des Personalrats. Die Dienstvereinbarung ist damit gescheitert, es sei denn, beide Seiten verlängern einvernehmlich die Erklärungsfrist.

Die Initiative zu einer Dienstvereinbarung kann sowohl vom Sparkassenvorstand als auch vom Personalrat ausgehen. Gelingt es dem Personalrat nicht, sich mit dem Sparkassenvorstand über eine Dienstvereinbarung zu einigen, können beide Seiten die Einigungsstelle anrufen. In den Fällen uneingeschränkter Mitbestimmung hat die Einigungsstelle die Befugnis, anstelle des Sparkassenvorstands und Personalrats zu entscheiden. Über die Einigungsstelle kann der Personalrat also eine Dienstvereinbarung in Angelegenheiten der uneingeschränkten Mitbestimmung gegen den Willen des Sparkassenvorstands erzwingen. Inhaltlich muss sich die Einigungsstelle jedoch innerhalb der Bandbreite bewegen, die durch die beiden Positionen des Personalrats und des Sparkassenvorstands vorgegeben ist.[236]

Die Dienstvereinbarung ist nur dann wirksam, wenn sie schriftlich abgefasst und vom Sparkassenvorstand und vom Personalrat unterzeichnet wurde. Eine dem § 77 Abs. 2 S. 2 Hs. 2 BetrVG entsprechende Vorschrift, wonach eine beiderseitige Unterzeichnung entbehrlich ist, wenn die Betriebsvereinbarung auf dem Spruch der Einigungsstelle beruht, fehlt im Landespersonalvertretungsgesetz Nordrhein-Westfalen. Daraus folgt jedoch nicht, dass der Personalrat daran gehindert ist, eine Dienstvereinbarung über die Eini-

234 *Klaesberg*, PersR 2008, 255.

235 *Gotthardt*, PersV 2002, 50 (54).

236 *BVerwG*, Beschl. v. 17.12.2003 – 6 P 7/03 –, juris Rn. 49, in: BVerwGE 113, 363 = NVwZ 2004, 747.

gungsstelle zu erzwingen.[237] Der Beschluss der Einigungsstelle ersetzt zwar nicht die Unterzeichnung des Sparkassenvorstands, aber er bindet gem. § 67 Abs. 6 LPVG NRW die Beteiligten. Der Spruch der Einigungsstelle hat somit die gleichen Wirkungen wie eine Dienstvereinbarung.[238] Eine dem § 77 Abs. 2 S. 2 Hs. 2 BetrVG entsprechende Vorschrift war daher entbehrlich.[239]

Obwohl das Landespersonalvertretungsgesetz Nordrhein-Westfalen keine ausdrückliche Regelung über die Wirkung von Dienstvereinbarungen enthält, ist anerkannt, dass Dienstvereinbarungen unmittelbar und zwingend gelten.[240] Die Regelungen in der Dienstvereinbarung gelten also ohne einen weiteren Umsetzungsakt für das Beschäftigungsverhältnis. Die Vereinbarung gilt für die Beschäftigten, ohne dass es einer Änderung des Arbeitsvertrags bedarf. Die zwingende Wirkung der Dienstvereinbarung besteht darin, dass von der getroffenen Regelung nach dem Günstigkeitsprinzip nur vom Vorteil des Beschäftigten abgewichen werden darf. Die Dienstvereinbarung ist vom Rang her höher einzustufen als der einzelne Arbeitsvertrag. Treffen Arbeitsvertrag und Dienstvereinbarung für die gleiche Angelegenheit eine Regelung, gilt die Dienstvereinbarung vorrangig, es sei denn, der Arbeitsvertrag enthält eine für den Beschäftigten günstigere Regelung. Die unmittelbare und zwingende Wirkung ist der Grund dafür, warum die Dienstvereinbarung ein in der Praxis beliebtes Regelungsinstrument ist, weil ohne großen Verwaltungsaufwand eine Vereinbarung zwischen Personalvertretung und Sparkassenvorstand umgesetzt werden kann.

Die Dienstvereinbarung endet – sofern sie befristet wurde – mit Ablauf der Zeit, mit dem Wegfall der Dienststelle, durch schriftlichen Aufhebungsvertrag, durch Vereinbarung einer neuen Dienstvereinbarung, eines Gesetzes oder eines Tarifvertrags zum selben Regelungsgegenstand oder durch Kündigung.

Die Kündigung der Dienstvereinbarung kann außerordentlich oder ordentlich erfolgen. Bei der ordentlichen Kündigung ist die Frist des § 70

---

237 *Gotthardt*, PersV 2002, 50 (55).

238 *BVerwG*, Beschl. v. 17.12.2003 – 6 P 7/03 –, juris Rn. 29, in: BVerwGE 113, 363 = NVwZ 2004, 747.

239 *v. Roetteken*, PersR 1995, 151 (154).

240 v. *Roetteken*, PersR 1995, 151 (157).

Abs. 4 S. 1 LPVG NRW einzuhalten. Um zu vermeiden, dass sich eine der Betriebsparteien durch Kündigung von einer unliebsamen Dienstvereinbarung ohne Weiteres lösen kann, sieht § 70 Abs. 4 S. 2 LPVG NRW vor, dass eine Dienstvereinbarung, die eine Angelegenheit der uneingeschränkten Mitbestimmung regelt, nach der Kündigung oder ihrem Ablauf nachwirkt. In diesen Angelegenheiten gilt der Inhalt der Dienstvereinbarung auch nach der Kündigung oder nach Ablauf fort, bis sich beide Seiten auf eine neue Dienstvereinbarung geeinigt haben, es sei denn, die Nachwirkung wurde ausdrücklich ausgeschlossen.

2. Die Betriebsvereinbarung

Eine Betriebsvereinbarung kann in allen Fällen geschlossen werden, in denen das Gesetz eine Einigung zwischen Arbeitgeber und Betriebsrat verlangt. In den Fällen des § 87 Abs. 1 BetrVG kann der Betriebsrat auch eine Betriebsvereinbarung über die Entscheidung der Einigungsstelle erzwingen, § 87 Abs. 2 S. 2 BetrVG. Der Spruch der Einigungsstelle hat dann die gleiche Wirkung wie eine Betriebsvereinbarung. Freiwillige Betriebsvereinbarungen gem. § 88 BetrVG kann der Betriebsrat nicht über die Einigungsstelle erzwingen. Hier müssen sich gem. § 76 Abs. 6 BetrVG beide Seiten mit einem entsprechenden Antrag an die Einigungsstelle wenden und darin zum Ausdruck bringen, dass sie sich dem Spruch der Einigungsstelle unterwerfen. Das Gleiche gilt, wenn sich beide Seiten nachträglich mit dem Tätigwerden und dem Spruch der Einigungsstelle einverstanden erklären.

Die Betriebsvereinbarung unterscheidet sich von der Regelungsabrede dadurch, dass die Regelungsabrede noch der Umsetzung bedarf, damit sie für die Arbeitsverhältnisse des Betriebs gilt.[241] Die Betriebsvereinbarung gilt hingegen unmittelbar und zwingend, § 77 Abs. 4 BetrVG.

Betriebsvereinbarungen sind von beiden Seiten zu unterzeichnen, § 77 Abs. 2 S. 2 BetrVG. Eine Unterzeichnung ist entbehrlich, wenn die Betriebsvereinbarung auf einem Spruch der Einigungsstelle beruht, denn dann wurde der Beschluss der Einigungsstelle gem. § 76 Abs. 3 S. 4 BetrVG bereits von deren Vorsitzendem unterschrieben.

---

241 *BAG Großer Senat*, Beschl. v. 3.12.1991 – GS 1/90 –, juris Rn. 46, in: BAGE 69, 134 = AP BetrVG 1972 zu § 87 Lohngestaltung Nr. 52.

Betriebsvereinbarungen sind im Hinblick auf ihren Inhalt grundsätzlich uneingeschränkt zulässig.[242] Allerdings können gem. § 77 Abs. 3 BetrVG Arbeitsentgelte und sonstige Arbeitsbedingungen, die durch Tarifvertrag geregelt oder üblicherweise geregelt werden, nicht Gegenstand einer Betriebsvereinbarung sein. § 77 Abs. 3 BetrVG soll sicherstellen, dass Regelungen zu Arbeitsentgelten und sonstigen Arbeitsbedingungen nicht zwischen Betriebsrat und Arbeitgeber, sondern zwischen den Tarifvertragsparteien geregelt werden. Die Vorschrift soll die Funktionsfähigkeit der Tarifautonomie gewährleisten.

Möchten Betriebsrat und Arbeitgeber eine soziale Angelegenheit, die Arbeitsentgelte oder sonstigen Arbeitsbedingungen betrifft, in einer Betriebsvereinbarung regeln, stellt sich die Frage, ob § 77 Abs. 3 BetrVG neben § 87 BetrVG anwendbar ist oder nicht. Nach dem Einleitungshalbsatz des § 87 Abs. 1 BetrVG hat der Betriebsrat in sozialen Angelegenheiten nur dann ein Mitbestimmungsrecht, wenn eine gesetzliche oder tarifliche Regelung nicht besteht. Der Normzweck dieses Gesetzes- oder Tarifvorrangs besteht darin, dass ein Mitbestimmungsrecht erst dann entfallen soll, wenn die Arbeitnehmerinteressen bereits durch einen Tarifvertrag oder ein Gesetz geschützt werden.

Im Kern geht es um die Frage, ob eine Betriebsvereinbarung bereits unzulässig ist, wenn üblicherweise eine tarifliche Regelung besteht, oder ob eine Betriebsvereinbarung erst dann unzulässig ist, wenn tatsächlich eine tarifliche Regelung existiert.

Das Bundesarbeitsgericht vertritt hierzu die Vorrangtheorie, wonach § 77 Abs. 3 BetrVG einem Mitbestimmungsrecht in einer Angelegenheit nach § 87 Abs. 1 BetrVG, das in Form einer Betriebsvereinbarung ausgeübt wird, nicht entgegensteht.[243] Das Gericht hat damit der Zweischrankentheorie, nach der der Tarifvorbehalt des § 77 Abs. 3 BetrVG auch in Angelegenheiten nach § 87 Abs. 1 BetrVG gilt, eine Absage erteilt. Folgte man der Zweischrankentheorie, würde § 77 Abs. 3 BetrVG die Effektivität der Mitbestimmung mindern, weil diese nur noch durch Regelungsabrede, nicht aber

---

242 *Cecior/Vallendar/Lechtermann/Klein*, Das Personalvertretungsrecht in Nordrhein-Westfalen, 56. Aktualisierung, § 70 Rn. 14.

243 *BAG*, Urt. v. 20.8.1991 – 1 AZR 326/90 –, juris Rn. 20, in: AP BetrVG 1972 zu § 87 Lohngestaltung Nr. 50 = NZA 1992, 225 (226).

durch Betriebsvereinbarung möglich wäre. Die Betriebsvereinbarung sei aber in solchen Fällen wegen ihrer unmittelbaren und zwingenden Wirkung und ihrer Nachwirkung das geeignete Regelungsinstrument.[244] Das Bundesarbeitsgericht kommt zu diesem Ergebnis, indem es die Zwecke der beiden Vorschriften betrachtet. Zweck des Tarifvorrangs in § 87 Abs. 1 Einleitungssatz BetrVG sei es, die Beschäftigten vor einer einseitigen Ausübung des Direktionsrechts des Arbeitgebers zu schützen. Dieser Schutz sei gewährleistet, wenn tatsächlich eine gesetzliche oder tarifliche Regelung besteht, die das Direktionsrecht des Arbeitgebers einschränkt, nicht aber, wenn eine solche Regelung nur üblicherweise besteht. Der Tarifvorrang soll nur gelten, wenn der Arbeitgeber durch den Tarifvertrag gebunden ist, er also sein einseitiges Bestimmungsrecht bereits verloren hat. Der Tarifvorbehalt in § 77 Abs. 3 BetrVG soll hingegen die Tarifautonomie der Tarifvertragsparteien bei der Regelung der Arbeitsentgelte und sonstigen Arbeitsbedingungen sicherstellen. In diesen Bereichen sollen Arbeitgeber und Betriebsrat keine Regelungen durch Betriebsvereinbarungen treffen können. Dabei verweist das Bundesarbeitsgericht auch auf die Gesetzesbegründung zu § 77 Abs. 3 BetrVG,[245] in der es heißt: «Insbesondere wird verhindert, dass der persönliche Geltungsbereich von Tarifverträgen auf einem anderen als dem hierfür vorgesehenen Weg der Allgemeinverbindlichkeitserklärung nach dem Tarifvertragsgesetz ausgedehnt wird.» Dadurch soll nach Ansicht des Bundesarbeitsgerichts verhindert werden, dass die Betriebsparteien den Inhalt des Tarifvertrags durch eine Betriebsvereinbarung übernehmen.[246] Wenn sich die Tarifvertragsparteien bewusst gegen eine ansonsten übliche Vereinbarung über Arbeitsentgelte oder sonstige Arbeitsbedingungen entschieden haben, sollen es die Betriebsparteien also nicht in der Hand haben, doch eine entsprechende Regelung in einer Betriebsvereinbarung zu treffen.

Das Bundesarbeitsgericht kommt zu dem Schluss, dass die Tarifautonomie ausnahmsweise eingeschränkt werden darf, weil § 87 Abs. 1 Einleitungs-

---

244 *BAG Großer Senat*, Beschl. v. 3.12.1991 – GS 2/90 –, juris Rn. 43 ff., in: BAGE 69, 134 = AP BetrVG 1972 zu § 87 Lohngestaltung Nr. 51.

245 BT-Drs. 6/1786, S. 47.

246 *BAG Großer Senat*, Beschl. v. 3.12.1991 – GS 2/90 –, juris Rn. 53., in: BAGE 69, 134 = AP BetrVG 1972 zu § 87 Lohngestaltung Nr. 51.

satz BetrVG wie § 112 Abs. 1 S. 4 BetrVG eine Ausnahmeregelung zu § 77 Abs. 3 BetrVG sei.[247]

Die Konsequenz dieser Rechtsprechung ist, dass Betriebsrat und Arbeitgeber eine soziale Angelegenheit, die Arbeitsentgelte oder sonstigen Arbeitsbedingungen betrifft, bereits dann im Rahmen einer Betriebsvereinbarung regeln dürfen, wenn der Arbeitgeber nicht tarifgebunden ist oder wenn die Frage nicht schon in einem Tarifvertrag geregelt ist. Es kommt nicht darauf an, ob die Angelegenheit üblicherweise im Tarifvertrag geregelt wird.

Das Bundesverwaltungsgericht ist offenbar anderer Auffassung. Die Personalvertretung soll nicht durch den Abschluss von Dienstvereinbarungen in die Tarifautonomie eingreifen können. Für das Mitbestimmungsrecht gelte diese Sperre nicht.[248] Damit verweist das Bundesverwaltungsgericht Dienststelle und Personalrat bei Fragen über Arbeitsentgelte und sonstige Arbeitsbedingungen darauf, anstelle einer Dienstvereinbarung eine Regelungsabrede zu treffen, für die ja der Tarifvorbehalt des § 70 Abs. 1 S. 2 LPVG NRW nicht gilt. Der Tarifvorbehalt des § 70 Abs. 1 S. 2 LPVG NRW geht im Ergebnis der Regelung des Tarifvorrangs in § 72 Abs. 4 LPVG NRW als lex specialis vor.[249]

Wie bei Dienstvereinbarungen über Arbeitsentgelte oder sonstige Arbeitsbedingungen müssen der Sparkassenvorstand und der Personalrat in Angelegenheiten wie die aus § 72 Abs. 3 und 4 LPVG NRW, bei denen die Mitbestimmung unter Gesetzes- und Tarifvorrang steht, vor Abschluss einer Dienstvereinbarung nicht nur prüfen, ob tatsächlich eine tarifliche Regelung besteht, sondern auch, ob üblicherweise eine tarifliche Regelung besteht.

Der Betriebsrat kann auf Beteiligungsrechte weder verzichten noch können Beteiligungsrechte durch eine Betriebsvereinbarung eingeschränkt werden. Ob durch eine Betriebsvereinbarung die Mitbestimmungsrechte des Betriebsrats erweitert werden können, ist umstritten.[250] Grundsätzlich gilt nach

---

247 *BAG Großer Senat*, Beschl. v. 3.12.1991 – GS 2/90 –, juris Rn. 45., in: BAGE 69, 134 = AP BetrVG 1972 zu § 87 Lohngestaltung Nr. 51.

248 *BVerwG*, Beschl. v. 23.12.1982 – 6 P 19/80 –, juris Rn. 20, in: PersV 1983, 506 (507); *BVerwG*, Beschl. v. 9.12.1998 – 6 P 6/97 –, juris Rn. 30, in: BVerwGE 108, 135 = NZA 1999, 1003.

249 *Kaiser,* in: Richardi/Dörner/Weber (Hrsg.), Personalvertretungsrecht, § 75 Rn. 222.

250 *Lerch/Weinbrenner*, NZA 2011, 664.

Ansicht des Bundesarbeitsgerichts, dass die Betriebsparteien eine umfassende Regelungsbefugnis hinsichtlich aller betrieblichen und betriebsverfassungsrechtlichen Fragen haben.[251] Diese Regelungsbefugnis folge aus § 88 BetrVG, dessen Aufzählung an Gegenständen freiwilliger Betriebsvereinbarungen nicht abschließend ist. Die Beteiligungstatbestände des § 87 Abs. 1 BetrVG können daher nach h. M. durch Betriebsvereinbarung erweitert werden, solange dadurch nicht in die unternehmerische Entscheidungsfreiheit des Arbeitgebers eingegriffen wird. Auch Beteiligungstatbestände in personellen und wirtschaftlichen Angelegenheiten sind nach Auffassung des Bundesarbeitsgerichts erweiterbar, weil sich die Regelungsbefugnis zum Abschluss freiwilliger Betriebsvereinbarung nicht auf soziale Angelegenheiten beschränken lasse. Die Grenzen zwischen personellen, sozialen und wirtschaftlichen Angelegenheiten seien ohnehin fließend.[252] Allerdings dürfen die Betriebsparteien nach der Rechtsprechung des Bundesarbeitsgerichts die Sondervorschriften zum arbeitsgerichtlichen Verfahren in personellen Angelegenheiten nicht abweichend regeln, weil hierzu nur der Gesetzgeber befugt ist.[253] Außerdem dürfen Änderungen in personellen Mitbestimmungsrechten nur mit der Einschränkung vorgenommen werden, dass sie sich nicht zulasten einzelner Arbeitnehmer auswirken dürfen.[254]

Die Begrenzung des Gegenstands einer Dienstvereinbarung geht also weiter als bei einer Betriebsvereinbarung. Beiden ist gemein, dass Regelungen zum Arbeitsentgelt oder sonstigen Arbeitsbedingungen, die durch Tarifvertrag geregelt sind oder üblicherweise geregelt werden, unzulässig sind. Während aber nach dem Landespersonalvertretungsgesetz Nordrhein-Westfalen Dienstvereinbarungen nur zulässig sind, soweit im Gesetz oder in einem Tarifvertrag nichts anderes geregelt ist, sind dem Betriebsverfassungsgesetz im Hinblick auf den Gegenstand einer Betriebsvereinbarung keine Beschränkungen zu entnehmen. Aus dem Fehlen einer dem § 70 Abs. 1 S. 1 LPVG NRW entsprechenden Regelung im Betriebsverfas-

---

251 *BAG Großer Senat*, Beschl. v. 7.11.1989 – GS 3/85 –, in: AP BetrVG 1972 zu § 77 Nr. 46; *BAG*, Urt. v. 12.12.2006 – 1 AZR 96/06 –, in: AP BetrVG 1972 zu § 77 Nr. 94.

252 *BAG Großer Senat*, Beschl. v. 7.11.1989 – GS 3/85 –, in: AP BetrVG 1972 zu § 77 Nr. 46.

253 *BAG*, Beschl. v. 18.8.2009 – 1 ABR 49/08 –, in: NZA 2010, 112 (114).

254 *Edenfeld*, Arbeitnehmerbeteiligung, S. 254.

sungsgesetz folgern das Bundesarbeitsgericht und die betriebsverfassungsrechtliche Literatur, dass der Betriebsrat Betriebsvereinbarungen nur über solche Fragen abschließen kann, die nach dem Gesetz auch seiner Zuständigkeit unterliegen. Nach diesem Verständnis kann jede durch Tarifvertrag gem. § 1 Abs. 1 TVG regelbare Angelegenheit Gegenstand einer Betriebsvereinbarung sein.[255]

Die Regelungsbefugnis im Betriebsverfassungsgesetz geht also weiter als die im Landespersonalvertretungsgesetz Nordrhein-Westfalen. Daher ist die praktische Bedeutung von Dienstvereinbarungen geringer als die von Betriebsvereinbarungen. Die geringe praktische Bedeutung ist jedoch nicht nur auf die strengen Voraussetzungen zurückzuführen, an die eine Dienstvereinbarung geknüpft ist, sondern auch darauf, dass im öffentlichen Dienst bereits zahlreiche Sondervorschriften existieren, die eine Dienstvereinbarung überflüssig machen.[256]

VI. Tarifverträge

Die öffentlich-rechtlichen Sparkassen sind überwiegend Mitglieder in kommunalen Arbeitgeberverbänden. Die Interessen nordrhein-westfälischer Sparkassen vertritt der kommunale Arbeitgeberverband Nordrhein-Westfalen e. V., der wiederum Mitgliedsverband in der Vereinigung der kommunalen Arbeitgeberverbände e. V. ist.[257] Der Vorstand der Vereinigung der kommunalen Arbeitgeberverbände vertritt die Sparkassen bei den Tarifvertragsverhandlungen. Auf Seiten der Beschäftigtenvertreter nimmt der Bundesvorstand der Vereinten Dienstleistungsgewerkschaft (ver.di) an den Tarifvertragsverhandlungen teil.

Neben den Grundnormen des Tarifvertrags für den öffentlichen Dienst (TVöD) existieren für den Dienstleistungsbereich Sparkassen Sonderregelungen (TVöD-S), um dem Umstand gerecht zu werden, dass Sparkassen im Wettbewerb mit privaten und genossenschaftlichen Kreditinstituten stehen. Der TVöD-S enthält beispielsweise Spezialvorschriften über die Sparkas-

255 *Richardi,* in: Richardi/Thüsing/Annuß (Hrsg.), Betriebsverfassungsgesetz, § 77 Rn. 66.

256 *Edenfeld*, Arbeitnehmerbeteiligung, S. 260.

257 http://mein-frei.verdi.de/fidi.nds-bremen/sparkassen/tarifvertraege

sensonderzahlung. Regelungen über das Personalvertretungsrecht sind nicht zu finden. Im Folgenden soll daher beleuchtet werden, warum es keine Tarifnormen zum Personalvertretungsrecht gibt und wie sich die Rechtslage im Betriebsverfassungsrecht dazu verhält.

Das Verhältnis von Tarifrecht und Beschäftigtenvertretungsrecht ist in § 1 Abs. 1 Tarifvertragsgesetz (TVG) umschrieben. Die Vorschrift besagt, dass der Tarifvertrag Rechtsnormen enthält, die betriebliche und betriebsverfassungsrechtliche Fragen ordnen können. § 1 TVG gilt nicht nur für private Betriebe, sondern auch für den öffentlichen Dienst.[258] Nach Tarifrecht ist es also zulässig, dass der Tarifvertrag das Beschäftigtenvertretungsrecht abweichend vom Betriebsverfassungsgesetz bzw. von den Personalvertretungsgesetzen regelt. Voraussetzung für eine abweichende Regelung ist jedoch immer, dass das Betriebsverfassungsgesetz bzw. das jeweilige Personalvertretungsgesetz dies zulässt.[259]

Was im Personalvertretungsrecht durch Tarifvertrag geregelt werden kann, ist umstritten. Nach § 4 LPVG NRW kann das Personalvertretungsrecht durch Tarifvertrag nicht abweichend vom Landespersonalvertretungsgesetz Nordrhein-Westfalen geregelt werden. Die h. M. fasst § 4 LPVG NRW auf als umfassendes Verbot von tarifvertraglichen Regelungen im Personalvertretungsrecht.[260] Das Verbot betrifft die Organisation der Personalvertretungen, die Beteiligungsverfahren und die Beteiligungsrechte.[261] In Regelungen wie der des § 42 Abs. 4 S. 5 LPVG NRW kommt zum Ausdruck, dass Gegenstände, die bereits Inhalt des Landespersonalvertretungsgesetzes Nordrhein-Westfalen sind, im Tarifvertrag nicht abweichend geregelt werden können. Nach § 42 Abs. 4 S. 5 LPVG NRW kann von den Vorschriften des Landespersonalvertretungsgesetzes Nordrhein-Westfalen zu den Freistellungen nur im Einvernehmen zwischen Personalrat und Dienststelle abgewichen werden. Darin unterscheidet sich § 42 Abs. 4 S. 5 LPVG NRW von der betriebsverfassungsrechtlichen Regelung in § 38 Abs. 1 S. 5 BetrVG, wonach andere Regelungen über Freistellungen nicht nur durch Betriebsvereinbarung, sondern auch durch Tarifvertrag vereinbart werden können.

258 *Löwisch/Rieble*, Tarifvertragsgesetz, § 1 Rn. 350.

259 *Franzen*, Erfurter Kommentar für Arbeitsrecht, § 1 TVG Rn. 48.

260 *Edenfeld*, Arbeitnehmerbeteiligung, S. 240.

261 *Löwisch/Rieble*, Tarifvertragsgesetz, § 1 Rn. 471.

Eine abweichende Regelung durch Tarifvertrag sieht das Landespersonalvertretungsgesetz Nordrhein-Westfalen nicht vor.

Das ist vor dem Hintergrund der Rechtsprechung des Bundesverfassungsgerichts zu den verfassungsrechtlichen Grenzen der Mitbestimmung[262] konsequent. Würden die Tarifvertragsparteien eine vom Landespersonalvertretungsgesetz Nordrhein-Westfalen abweichende Regelung treffen können, die den demokratisch zu verantwortenden Bereich betrifft, würde das gegen das Demokratieprinzip und das Rechtsstaatsprinzip verstoßen,[263] denn den Tarifvertragsparteien fehlt es an der für solche Regelungen erforderlichen demokratischen Legitimation. Es ist daher insbesondere ausgeschlossen, dass die Beteiligungsrechte der Personalvertretung durch einen Tarifvertrag erweitert oder verkürzt werden,[264] weil den Tarifvertragsparteien «keine Definitionshoheit über die Mitbestimmungstatbestände»[265] zukommt. Als Regelungsgegenstand der Tarifverträge im Personalverfassungsrecht verbleibt somit nur das, was nicht schon im Landespersonalvertretungsgesetz Nordrhein-Westfalen geregelt ist.

Im Betriebsverfassungsrecht sind abweichende Regelungen durch Tarifvertrag ausdrücklich durch § 3 Abs. 1 BetrVG zugelassen. § 3 Abs. 1 BetrVG ermöglicht es, die Betriebsvertretung abweichend vom Betriebsverfassungsgesetz zu organisieren. Daneben sieht das Betriebsverfassungsgesetz abweichende Regelungen durch Tarifvertrag über Freistellungen (§ 38 Abs. 1 S. 5 BetrVG), über die Zusammensetzung des Gesamtpersonalrats (§ 47 Abs. 4, 9 BetrVG) und des Konzernbetriebsrats (§ 55 Abs. 4 S. 1 BetrVG), über die Zuständigkeit der Einigungsstelle (§ 76 Abs. 8 BetrVG) vor.

Ob über die in § 3 Abs. 1 BetrVG genannten Belange hinaus die Beteiligungsrechte des Betriebsrats erweitert werden können, ist umstritten. Nach h. M. soll dies möglich sein, da es an einer dem § 4 LPVG NRW bzw. § 97 BPersVG vergleichbaren Regelung fehlt. Das Bundesarbeitsgericht vertritt insofern den Standpunkt, dass die Beteiligungsrechte des Betriebs-

262 *BVerfG*, Beschl. v. 24.5.1995 – 2 BvF 1/92 –, in: BVerfGE 93, 37 = NVwZ 1996, 574.

263 *Löwisch/Rieble*, Tarifvertragsgesetz, § 1 Rn. 475.

264 *Pfohl*, ZBR 1996, 82 (90).

265 *BVerwG*, Beschl. v. 7.3.2011 – 6 P 15/10 –, juris Rn. 38, in: NZA-RR 2011, 326.

rats nach dem Betriebsverfassungsgesetz durch Tarifvertrag erweitert und verstärkt werden können.[266]

Tarifvertragliche Regelungen über Arbeitsentgelte und sonstige Arbeitsbedingungen i. S. v. § 77 Abs. 3 BetrVG bzw. § 70 Abs. 1 S. 2 LPVG NRW sind allerdings in beiden Gesetzen zulässig. Durch die Vorschrift des § 77 Abs. 3 BetrVG soll nach der Rechtsprechung des Bundesarbeitsgerichts die Funktionsfähigkeit der Tarifautonomie gewährleistet werden. Den Tarifvertragsparteien werde dadurch ein Vorrang zur kollektiven Regelung materieller Arbeitsbedingungen eingeräumt. Das habe zur Folge, dass in Bereichen, in denen die Tarifvertragsparteien von ihrer Normsetzungsbefugnis Gebrauch gemacht haben, eine entsprechende Befugnis der Betriebspartner entfällt.[267] Haben die Tarifvertragsparteien also schon eine Regelung zum Arbeitsentgelt oder zu sonstigen Arbeitsbedingungen im Tarifvertrag getroffen oder besteht eine solche Regelung üblicherweise, schließt das ein Mitbestimmungsrecht des Betriebsrats aus.

Abgesehen von Regelungen zu Arbeitsentgelten und sonstigen Arbeitsbedingungen erlaubt das Betriebsverfassungsgesetz im Gegensatz zum Landespersonalvertretungsgesetz Nordrhein-Westfalen abweichende Regelungen durch Tarifvertrag. Aufgrund dessen ist es sogar möglich, im Wege einer Privatisierung eines kommunalen Unternehmens über Tarifverträge die betriebsverfassungsrechtliche Mitbestimmung an das Personalvertretungsrecht anzupassen, indem ein Betriebsrat tarifvertraglich die gleichen Rechte wie ein Personalrat zugesichert bekommt.[268]

VII. Die Beteiligungstatbestände im Einzelnen

Das Landespersonalvertretungsgesetz Nordrhein-Westfalen enthält im dritten Abschnitt des achten Kapitels mehrere Kataloge von Beteiligungstatbeständen. Mitbestimmungstatbestände sind in § 72 LPVG NRW aufgelistet, Mitwirkungstatbestände in § 73 LPVG NRW und Anhörungstatbestände in § 75 LPVG NRW. § 74 LPVG NRW enthält eine Sonderregelung für Kün-

266 *BAG*, Beschl. v. 18.8.1987 – 1 ABR 30/86 –, in: AP BetrVG 1972 zu 77 Nr. 23; *BAG*, Beschl. v. 10.2.1988 – 1 ABR 70/86 –, in: AP BetrVG 1972 zu § 99 Nr. 53.

267 *BAG*, Beschl. v. 27.1.1987 – 1 ABR 66/85 –, juris Rn. 93, in: BAGE 54, 147 = AP BetrVG 1972 zu § 99 Nr. 42.

268 *Edenfeld*, Arbeitnehmerbeteiligung, S. 240, 248.

digungen. Die Mitbestimmungsrechte sind unterteilt in Personalangelegenheiten, § 72 Abs. 1 LPVG NRW, soziale Angelegenheiten, § 72 Abs. 2 LPVG NRW, Rationalisierungs-, Technologie- und Organisationsangelegenheiten, § 72 Abs. 3 LPVG NRW, und sonstige Angelegenheiten, § 72 Abs. 4 LPVG NRW.

In diesem Abschnitt werden alle im Landespersonalvertretungsgesetz Nordrhein-Westfalen genannten Beteiligungstatbestände behandelt, die für die Sparkassen besonders relevant sind.

Vollkommen außen vor bleiben Ausführungen zu Personalangelegenheiten, die nur Beamte betreffen, da in nordrhein-westfälischen Sparkassen keine Beamten beschäftigt sind. § 72 Abs. 1 Nr. 2, 3 und 7-9 LPVG NRW haben für Sparkassen keinen praktischen Anwendungsbereich.

1. Mitbestimmungstatbestände

Zunächst werden die Tatbestände der Mitbestimmung untersucht.

Allgemein gilt, dass die Kataloge der Mitbestimmungstatbestände abschließend sind.[269] Betrifft eine Maßnahme mehrere Beteiligungsrechte der gleichen Beteiligungsform, steht der Beschäftigtenvertretung bezüglich eines jeden Beteiligungstatbestandes das Recht auf ein Beteiligungsverfahren zu. Die Beteiligung hinsichtlich eines Beteiligungsrechts wahrt die Beteiligungsrechte hinsichtlich sonstiger Beteiligungsrechte grundsätzlich nicht.

Für die Konkurrenz von Beteiligungsrechten unterschiedlicher Beteiligungsformen gilt etwas anderes. Das Bundesverwaltungsgericht vertritt den Standpunkt, dass es sich bei «Mitbestimmung und Mitwirkung um alternativ und nicht komplementär geordnete und handhabende Beteiligungsformen» handelt. [270] Wenn ein bestimmter Sachverhalt den Tatbestand mehrerer Beteiligungsrechte erfüllt, verdrängt das stärkere Mitbestimmungsrecht das schwächere. Erfüllt z. B. eine Maßnahme einen Mitbestimmungstatbestand und einen Mitwirkungstatbestand, verdrängt das Mitbestimmungsrecht das Mitwirkungsrecht. Wenn also das tatbestandliche Mitbestimmungsrecht

---

269 *Cecior/Vallendar/Lechtermann/Klein*, Das Personalvertretungsrecht in Nordrhein-Westfalen, 55. Aktualisierung, § 72 Rn. 9.

270 *BVerwG*, Beschl. v. 7.2.2012 – 6 P 26/10 –, juris Rn. 26, in: PersV 2012, 216 (219).

ausgeschlossen ist, kommt das Mitwirkungsrecht nicht mehr zum Tragen. Unabhängig davon verbleibt der Personalvertretung das Recht, Einwendungen im Rahmen ihrer allgemeinen Aufgaben zu erheben.[271]

Etwas anderes gilt nach Auffassung des Bundesverwaltungsgerichts nur dann, wenn der Gesetzgeber für eine bestimmte Angelegenheit ein spezielles Beteiligungsrecht vorgesehen hat. Dann kann sogar ein schwächeres Beteiligungsrecht ein Mitbestimmungsrecht verdrängen.[272]

a. Personalangelegenheiten

§ 72 Abs. 1 LPVG NRW enthält nähere Regelungen zu den Mitbestimmungstatbeständen in personellen Angelegenheiten. Maßnahmen in personellen Angelegenheiten zeichnen sich dadurch aus, dass sie sich primär auf einen einzelnen Beschäftigten auswirken und sekundär auf die Gesamtheit der Beschäftigten.

aa. Einstellung

Nach § 72 Abs. 1 Nr. 1 LPVG NRW hat der Personalrat bei der Einstellung mitzubestimmen. Der Betriebsrat stimmt gem. § 99 Abs. 1 S. 1 BetrVG bei der Einstellung mit. Nach beiden Gesetzen kann der Arbeitgeber die Einstellung nur dann durchführen, wenn hierzu die Zustimmung der Beschäftigtenvertretung vorliegt.

Beide Gesetze verwenden den Begriff der «Einstellung», ohne ihn näher zu erläutern. Es ist daher zu erörtern, welche Maßnahmen unter den Begriff der Einstellung fallen. Davon hängt ab, welchen Umfang und welche Grenzen die Mitbestimmung bei einer bestimmten Maßnahme hat.

Zunächst ist unklar, ab wann von einer Einstellung gesprochen werden kann. In Betracht kommen zwei Zeitpunkte. Die erste Möglichkeit ist, in der Begründung des Arbeitsverhältnisses durch Arbeitsvertrag eine Einstellung zu sehen. Die zweite Möglichkeit besteht darin, eine Einstellung erst dann anzunehmen, wenn die «einzustellende» Person in den Betrieb bzw. die Dienststelle eingegliedert wird bzw. wenn die Person tatsächlich beschäftigt

---

271 *BVerwG*, Beschl. v. 7.2.2012 – 6 P 26/10 –, in: PersV 2012, 216.
272 *BVerwG*, Beschl. v. 19.5.2003 – 6 P 16/02 –, juris Rn. 58, in: ZfPR 2003, 267.

wird. Dabei können beide Zeitpunkte auseinanderfallen. Der Abschluss des Arbeitsvertrags kann vor der Eingliederung geschehen und umgekehrt.

Nach dem Verständnis des Bundesverwaltungsgerichts ist unter Einstellung die Eingliederung eines neuen Beschäftigten in die Dienststelle zu verstehen, die regelmäßig mit der Begründung eines Rechtsverhältnisses (Beamtenverhältnis, Arbeitsverhältnis) verbunden ist.[273] Der Regelfall ist die erstmalige Eingliederung eines Beschäftigten in die Dienststelle. Das Bundesverwaltungsgericht hat aber auch in der Übernahme eines Angestellten in das Beamtenverhältnis trotz der früheren Eingliederung des Beschäftigten als Arbeitnehmer[274] ebenso eine Einstellung i. S. d. Personalvertretungsgesetze gesehen, wie in der Umwandlung eines Teilzeitbeschäftigungsverhältnisses in ein Vollzeitbeschäftigungsverhältnis[275] oder in der Verlängerung bzw. Entfristung eines befristeten Beschäftigungsverhältnisses[276]. Zur Begründung verweist das Bundesverwaltungsgericht auf den Zweck der Beteiligung des Personalrats bei der Einstellung, der darin bestehe, die allgemeinen Interessen der von ihm vertretenen Beschäftigten der Dienststelle zu wahren.

Anders sehe es aber bei der Entscheidung des Arbeitgebers darüber aus, ob ein Arbeitsvertrag bei Einstellung eines Beschäftigten befristet oder unbefristet abzuschließen ist. Der Arbeitsvertrag unterliege, soweit nicht Rechtsvorschriften oder tarifliche Regelungen seinen Inhalt unmittelbar festlegen, der Vereinbarung der Vertragsparteien, auf die der Personalrat nicht durch Mitbestimmung einwirken kann. Sind die zu beachtenden Vorschriften und die in der Rechtsprechung entwickelten Grundsätze in dem abgeschlossenen Vertrag nicht berücksichtigt, so sei es Sache des Beschäftigten, dagegen vorzugehen und das Arbeitsgericht anzurufen, das, wenn seine Klage begründet ist, die mit dem Arbeitsrecht nicht in Einklang stehende Vereinba-

---

273 *BVerwG*, Beschl. v. 18.8.1989 – 6 P 11.87 –, in: BVerwGE 82, 288 = PersR 1989, 327; *Cecior/Vallendar/Lechtermann/Klein*, Das Personalvertretungsrecht in Nordrhein-Westfalen, 55. Aktualisierung, § 72 Rn. 46.

274 *BVerwG*, Beschl. v. 5.2.1971 – 7 P 11/71 –, in: BVerwGE 37, 169-173 = AP NPersVG zu § 45 Nr. 1.

275 *BVerwG*, Beschl. v. 2.6.1993 – 6 P 3/92 –, in: BVerwGE 92, 295-304 = NVwZ 1994, 1220; *OVG Hamburg*, Beschl. v. 5.4.1982 – Bs PB 13/81 –, in: PersV 1984, 246.

276 *BVerwG*, Beschl. v. 13.2.1979 – 6 P 48/78 –, in: BVerwGE 57, 280 = PersV 1980, 236.

rung für unwirksam erklärt. Der Personalrat sei dagegen nicht Sachwalter der Rechte des Beschäftigten, was sich mit seiner kollektiv-rechtlichen Aufgabenstellung auch nicht vereinbaren ließe.[277]

Diese Rechtsprechung ist für den Bereich des Landespersonalvertretungsgesetzes Nordrhein-Westfalen überholt. Die Befristung von Arbeitsverhältnissen unterliegt gem. § 72 Abs. 1 Nr. 1 LPVG NRW ausdrücklich der Mitbestimmung. Damit hat der nordrhein-westfälische Gesetzgeber ein Verständnis von den Aufgaben des Personalrats zum Ausdruck gebracht, das der bis dahin von der Rechtsprechung entwickelten Auffassung widersprach.[278] In der Gesetzesbegründung heißt es, «dass befristete Arbeitsverhältnisse in Zukunft an Bedeutung gewinnen, andererseits aber das Interesse der Beschäftigten, im Regelfall in unbefristeten Arbeitsverhältnissen zu bleiben, im Vordergrund stehen soll. Dabei sind auch die Abschlüsse befristeter Arbeitsverhältnisse, die bisher nicht als Einstellung gewertet wurden, mitbestimmungspflichtig»[279]. Da sich die Gesetzesbegründung in diesen zwei Sätzen erschöpft, bleibt nur zu vermuten, dass sich der Gesetzgeber von folgender Überlegung hat leiten lassen. Der Personalrat befindet sich regelmäßig in einer deutlich besseren Position als ein potentieller neuer Beschäftigter, wenn es um die Frage geht, ob das Arbeitsverhältnis befristet oder unbefristet abgeschlossen werden soll. Der Personalrat hat einen besseren Zugang zu Informationen und kann mit der Dienststelle auf Augenhöhe verhandeln. Der Personalrat ist zur Herstellung gesetzmäßiger Zustände besser geeignet als ein Beschäftigter, denn er kann eine rechtswidrige Befristung eher verhindern als der Beschäftigte. Daher hat der Landesgesetzgeber den Personalrat mit dem Recht ausgestattet, neben der Vertretung kollektiver Interessen in bestimmten Fällen auch die Rechte einzelner Beschäftigter durchzusetzen. In Nordrhein-Westfalen ist daher der vom Bundesverwaltungsgericht aufgestellte Grundsatz durchbrochen, dass der Personalrat nicht

---

277 *BVerwG*, Beschl. v. 13.2.1976 – 7 P 4/75 –, juris Rn. 39, in: BVerwGE 50, 186 = PersV 1977, 183 (188); *BVerwG*, Beschl. v. 19.9.1983 – 6 P 32/80 –, in: BVerwGE 68, 30; *BVerwG*, Beschl. v. 30.9.1983 – 6 P 4/82 –, in: PersV 1985, 167; *BVerwG*, Beschl. v. 30.9.1983 – 6 P 11/83 –, in: PersV 1986, 466 (467); *BVerwG*, Beschl. v. 30.9.1983 – 6 P 13/81 –, juris Rn. 12, 219; a. A.: *Lörcher*, BlSt Soz ArbR, 1981, 177.

278 *Cecior/Vallendar/Lechtermann/Klein*, Das Personalvertretungsrecht in Nordrhein-Westfalen, 55. Aktualisierung, § 72 Rn. 79.

279 LT-Drs. 9/3845, S. 65.

der Sachwalter der Rechte des einzelnen Beschäftigten ist. In bestimmten Ausnahmefällen, wie etwa bei der Befristung von Arbeitsverträgen, der Änderung von Nebenabreden, der Verlängerung der Probezeit und der wesentlichen Änderung von Arbeitsverhältnissen, § 72 Abs. 1 S. 1 Nr. 1 und 4 LPVG NRW, ist der Personalrat daher berechtigt, zugunsten Einzelner tätig zu werden.

Unter «Einstellung» i. S. d. § 99 BetrVG war nach Auffassung des Bundesarbeitsgerichts sowohl die Begründung des Arbeitsverhältnisses als auch die zeitlich damit zusammenfallende, vorhergehende oder auch nachfolgende tatsächliche Arbeitsaufnahme zu verstehen.[280] Später entschied das Bundesarbeitsgericht, dass eine nach § 99 BetrVG zustimmungspflichtige Einstellung dann vorliegt, wenn Personen im Betrieb beschäftigt werden sollen, die eingegliedert in die betriebliche Organisation und dem Weisungsrecht des Arbeitgebers unterworfen, zusammen mit den im Betrieb schon beschäftigten Arbeitnehmern den unveränderten arbeitstechnischen Zweck des Betriebes verwirklichen sollen.[281] Wollte man als «Einstellung» den Abschluss eines Arbeitsvertrags verstehen, entfiele eine Beteiligung des Betriebsrats nach § 99 BetrVG in all den Fällen, in denen der tatsächlichen Beschäftigung einer Person kein Arbeitsvertrag zugrunde liegt. Auch aus dem Wortlaut des § 99 BetrVG, der Formulierungen wie «vor jeder Einstellung», «Bewerbungsunterlagen» und «in Aussicht genommene Bewerber oder Arbeitnehmer» enthält und von einer «geplanten Maßnahme» und einem «in Aussicht genommenen Arbeitsplatz» spricht, folge nicht, dass der Abschluss des Arbeitsvertrags der maßgebliche Zeitpunkt ist.[282] Daraus sei nur der Schluss zu ziehen, dass die Beteiligung des Betriebsrats grundsätzlich zu einer Zeit zu erfolgen habe, zu der noch keine abschließende und endgültige Entscheidung getroffen worden ist. Außerdem folge aus einem Umkehrschluss zur Regelung des § 100 BetrVG, der ausnahmsweise eine Beschäftigung eines Arbeitnehmers ohne vorherige Beteiligung des Betriebsrats zu-

280 *BAG*, Beschl. v. 14.5.1974 – 1 ABR 40/73 –, in: BAGE 26, 149 = NJW 1974, 1966 (1967).

281 *BAG*, Beschl. v. 15.4.1986 – 1 ABR 44/84 –, in: BAGE 51, 337 = NZA 1986, 688 = AP BetrVG 1972 zu § 99 Nr. 35.

282 *BAG*, Beschl. v. 28.4.1992 – 1 ABR 73/91 –, in: BAGE 70, 147 = PersR 1993, 41 (43); a. A. *Fitting*, Betriebsverfassungsgesetz, 26. Aufl., § 99 Rn. 31.

lässt, dass im Normalfall die Beteiligung des Betriebsrats schon vor Abschluss des Arbeitsvertrags zu erfolgen habe.[283]

Nach beiden Gesetzen kommt es also darauf an, dass der Einzustellende in die Dienststelle oder den Betrieb eingegliedert wird. Der Abschluss eines Arbeitsvertrags ist nach höchstrichterlicher Rechtsprechung nicht entscheidend. Eine Einstellung liegt daher auch dann vor, wenn der Arbeitsvertrag unwirksam ist oder ein Vertrag nicht abgeschlossen wird, sondern nur eine Eingliederung in die Dienststelle stattfindet. Erst wenn der Personalrat dem zugestimmt hat, darf der Arbeitsvertrag mit dem einzustellenden Bewerber abgeschlossen werden.[284]

Die Beschäftigtenvertretung bestimmt also vor der Eingliederung mit. Das mit der Einstellung in aller Regel zu begründende Beschäftigungsverhältnis ist hingegen grundsätzlich nicht Gegenstand der Mitbestimmung, und zwar weder hinsichtlich der Art noch in Bezug auf seinen Inhalt. Eine Ausnahme sieht das Landespersonalvertretungsgesetz Nordrhein-Westfalen für die Befristung von Arbeitsverträgen vor, da insofern ein Mitbestimmungsrecht in § 72 Abs. 1 Nr. 1 LPVG NRW ausdrücklich geregelt ist.

Es ist daher zu klären, was eine Eingliederung ausmacht. Moderne Beschäftigungsformen, wie Leiharbeit oder Teilzeitarbeit, haben in den letzten Jahren immer mehr an Bedeutung gewonnen. Daher hatten das Bundesarbeitsgericht und das Bundesverwaltungsgericht in diversen Rechtsstreitigkeiten zu entscheiden, in welchen Fällen eine mitbestimmungspflichtige Eingliederung vorliegt oder es sich bloß um eine Maßnahme handelt, die nicht der Mitbestimmung der Beschäftigtenvertretung unterliegt.

Bundesverwaltungsgericht und Bundesarbeitsgericht sind sich darüber einig, dass die Eingliederung regelmäßig durch den Abschluss eines Arbeitsvertrags und die tatsächliche Aufnahme der vorgesehenen Tätigkeit bewirkt

283 *BAG*, Beschl. v. 28.4.1992 – 1 ABR 73/91 –, in: BAGE 70, 147 = PersR 1993, 41 (43).

284 *BVerwG*, Beschl. v. 27.11.1991 – 6 P 15/90 –, juris Rn. 15, in: PersR 1992, 198. In den Entscheidungen *BVerwG*, Beschl. v. 12.9.1983 – 6 P 1/82 –, juris Rn. 12, in: PersV 1985, 163, und *BVerwG*, Beschl. v. 25.8.1988 – 6 P 36/85 –, in: PersV 1989, 271, hieß es noch: «erst wenn der Personalrat dieser Maßnahme zugestimmt hat, *kann* der Arbeitsvertrag mit dem einzustellenden Bewerber abgeschlossen werden».

wird.[285] Eine Eingliederung liegt also spätestens dann vor, wenn der Arbeitsvertrag abgeschlossen ist und der Beschäftigte die vereinbarte Tätigkeit aufnimmt.

Nach Auffassung des Bundesverwaltungsgerichts setzt die Einstellung in rechtlicher Hinsicht aber nicht notwendig einen rechtswirksamen Arbeitsvertrag zwischen dem Arbeitgeber und dem Beschäftigten voraus. Ein Arbeitsvertrag könne insbesondere deshalb fehlen, weil ein solcher zwar gewollt war, rechtlich jedoch fehlgeschlagen, also rechtsunwirksam ist. Um das Mitbestimmungsrecht des Personalrats auszulösen, reiche es daher aus, wenn zwischen dem Beschäftigten und dem Arbeitgeber Rechtsbeziehungen bestehen, die jedoch nicht notwendig dem Muster eines vollständigen zweiseitigen, perfekten Arbeitsvertrags entsprechen müssen.[286]

Voraussetzung für eine Eingliederung ist nach Auffassung des Bundesverwaltungsgerichts vielmehr ein «arbeitsrechtliches Band», ein Mindestbestand an arbeitsvertraglichen oder sonstigen arbeitsrechtlichen Rechtsbeziehungen zwischen Dienststelle und Arbeitnehmer. Das sei insbesondere dann der Fall, wenn im Verhältnis zwischen Arbeitgeber und Arbeitnehmer diejenigen arbeitsvertraglichen Rechte und Pflichten bestehen oder zumindest beabsichtigt sind, die das Bild der Eingliederung prägen. Das seien insbesondere ein Weisungsrecht der aufnehmenden Dienststelle, verbunden mit entsprechenden Schutzpflichten sowie eine Weisungsgebundenheit des aufzunehmenden Arbeitnehmers, verbunden mit entsprechenden Schutzrechten.[287] Ob ein Arbeitnehmer in die Dienststelle eingegliedert ist, hänge weder von der Dauer seiner Zugehörigkeit zu dieser Dienststelle noch von der Dauer seiner Arbeitszeit ab, sondern davon, ob er eine regelmäßige und dauernde, nicht bloß vorübergehende und auch nicht geringfügige Arbeit

---

285 *BVerwG*, Beschl. v. 27.11.1991 – 6 P 15/90 –, in: PersR 1992, 198; *BVerwG*, Beschl. v. 23.3.1999 – 6 P 10/97 –, in: BVerwGE 108, 347 = PersV 2000, 90; *BAG*, Beschl. v. 14.5.1974 – 1 ABR 40/73 –, juris Rn. 16, in: BAGE 26, 149 = NJW 1974, 1966 (1967).

286 *BVerwG*, Beschl. v. 15.3.1994 – 6 P 24/92 –, juris Rn. 15, in: PersR 1994, 288; *BVerwG*, Beschl. v. 3.2.1993 – 6 P 28/91 –, juris Rn. 20, in: BVerwGE 92, 47 = PersV 1994, 225.

287 *BVerwG*, Beschl. v 18.3.1982 – 6 P 8/79 –, in: PersV 1983, 69; *BVerwG*, Beschl. v. 20.5.1992 – 6 P 4/90 –, in: BVerwGE 90, 194 = PersR 1992, 405; *BVerwG*, Beschl. v. 15.3.1994 – 6 P 24/92 –, in: PersR 1994, 288; *BVerwG*, Beschl. v. 4.9.1995 – 6 P 32/93 –, in: PersR 1995, 525.

verrichte.[288] Das Bundesverwaltungsgericht hat in diesem Zusammenhang klargestellt, dass es bei der Frage der Dauerhaftigkeit nicht auf die Art der wahrgenommenen Aufgabe ankommt, sondern auf die Art der ausgeübten Tätigkeit.[289] Die Übertragung einer Daueraufgabe sei ein bloßes Indiz für eine Eingliederung. Sollen hingegen nur vorläufige Aufgaben der Dienststelle erledigt werden, deren Auslaufen von vornherein feststeht, so seien die betrieblichen und sozialen Bindungen der Arbeitsplatzinhaber oft schwächer ausgeprägt als bei Beschäftigten, die Daueraufgaben wahrnehmen.[290] Zur Klärung der Frage, wann eine Arbeit geringfügig ist, greift das Bundesverwaltungsgericht auf die Legaldefinition der geringfügigen Beschäftigung in § 8 Abs. 1 SGB IV zurück.[291] Danach liegt eine geringfügige Beschäftigung vor, wenn die Beschäftigung innerhalb eines Kalenderjahres auf längstens zwei Monate im Jahr nach ihrer Eigenart begrenzt zu sein pflegt oder im Voraus vertraglich begrenzt ist. Die Arbeit dürfe bei nicht berufsmäßiger Ausübung in ihrer Dauer nicht von vornherein auf eine Beschäftigungszeit von äußerstenfalls zwei Monaten im Jahr beschränkt

288 *BVerwG*, Beschl. v. 8.12.1967 – 7 P 17/66 –, in: BVerwGE 28, 282 = PersV 1968, 114; *BVerwG*, Beschl. v. 5.5.1978 – 6 P 8/78 –, in: BVerwGE 55, 363 = PersV 1979, 286; *BVerwG*, Beschl. v. 11.2.1981 – 6 P 14/80 –, in: PersV 1982, 11; *BVerwG*, Beschl. v. 27.11.1991 – 6 P 15/90 –, in: PersR 1992, 198.

289 *BVerwG*, Beschl. v. 5.5.1978 – 6 P 8/78 –, in: BVerwGE 55, 363 = PersV 1979, 286; *BVerwG*, Beschl. v. 27.11.1991 – 6 P 15/90 –, in: PersR 1992, 198: Auch Studenten und Schüler, die einer Ferienbeschäftigung nachgehen, könnten aushilfsweise zur Erledigung von Daueraufgaben eingesetzt werden, ohne dass dadurch eine Bindung an die Dienststelle erfolgt, weil ihre Tätigkeit nur vorübergehend und geringfügig ist. Vergleichbare Fallgestaltungen gäbe es auch bei anderen Aushilfstätigkeiten, etwa bei kurzfristigen Urlaubs-, Krankheits- oder Mutterschaftsvertretungen oder bei Gelegenheitsarbeiten. Wie bei den typischen Ferienvertretungen entstehe hier keine Bindung an die Dienststelle; wegen der Kurzfristigkeit und Geringfügigkeit sei eine Eingliederung auch von vornherein nicht beabsichtigt, und zwar gleichgültig, welche Aufgaben wahrgenommen werden.

290 *BVerwG*, Beschl. v. 27.11.1991 – 6 P 15/90 –, in: PersR 1992, 198.

291 *BVerwG*, Beschl. v. 11.2.1981 – 6 P 14/80 –, juris Rn. 34, in: PersV 1982, 11; *BVerwG*, Beschl. v. 27.11.1991 – 6 P 15/90 –, juris Rn. 20, in: PersR 1992, 198: «Wenn der Gesetzgeber aufgrund der Praxis und der Erfahrungen des Arbeitslebens eine in dieser Weise zeitlich begrenzte Tätigkeit für so unbedeutend für den Ausübenden hält, dass ihm ein sozialversicherungsrechtlicher Schutz nicht erforderlich erscheint, so darf eine solche Tätigkeit im Bereich des Personalvertretungsrechts ebenso behandelt werden, weil sie nicht zu einer wirklichen Eingliederung in die Dienststelle mit allen damit verbundenen Belangen personeller und sozialer Art führt, die erst den personalvertretungsrechtlichen Schutz rechtfertigen würde.»

sein.[292] Wenn die Tätigkeit auf einen längeren Zeitraum als zwei Monate pro Jahr begrenzt ist, kann die Tätigkeit nicht mehr als geringfügig eingestuft werden. Ist sie jedoch auf weniger als zwei Monate im Jahr beschränkt, besteht eine Vermutung dafür, dass eine nicht mitbestimmungspflichtige, weil nur vorübergehende und geringfügige Arbeit aufgenommen werden soll, die nicht zur Eingliederung führt.[293] Eine Mitbestimmung bei einer nach diesen Kriterien geringfügigen Beschäftigung komme grundsätzlich nicht in Betracht. Etwas anderes müsse nur dann gelten, wenn die geringfügige Beschäftigung auf regelmäßige Wiederholung angelegt ist.[294]

Auch bei einer Beschäftigung über eine ursprünglich vereinbarte Befristung hinaus habe der Personalrat ein Mitbestimmungsrecht. Dies ergebe sich zwar nicht daraus, dass die Verlängerung einer Neubegründung des erloschenen Arbeitsverhältnisses gleichzusetzen sei und damit eine neue Einstellung darstelle[295], sondern aus dem Zweck des Mitbestimmungsrechts. Dieser bestehe darin, die allgemeinen Interessen der vom Personalrat vertretenen Beschäftigten der Dienststelle zu wahren. Die die Versagung der Zustimmung rechtfertigenden Gründe seien vom Personalrat nur im Hinblick auf die Befristung des Arbeitsverhältnisses geprüft worden. Sie stellen sich bei einer Verlängerung erneut und möglicherweise auch unter anderen Gesichtspunkten.[296]

Eine mitbestimmungspflichtige Einstellung hat das Bundesverwaltungsgericht daher bei der Einstellung von Abrufkräften bejaht, die in eine Abrufliste aufgenommen werden und bei denen der Zeitpunkt der Dienstaufnahme und die voraussichtliche Dauer der Beschäftigung nicht feststehen.[297] Weitere Fälle der mitbestimmungspflichtigen Einstellung sind nach der Rechtsprechung des Bundesverwaltungsgerichts die Übernahme einer durch eine

---

292 *BVerwG*, Beschl. v. 15.3.1994 – 6 P 24/92 –, juris Rn. 18, in: PersR 1994, 288.

293 *BVerwG*, Beschl. v. 15.3.1994 – 6 P 24/92 –, juris Rn. 18, in: PersR 1994, 288.

294 *BVerwG*, Beschl. v. 27.11.1991 – 6 P 15/90 –, juris Rn. 29, in: PersR 1992, 198.

295 Dies entspreche nicht dem Willen der Vertragsparteien, die das Zeitarbeitsverhältnis ohne Unterbrechung durch den Zeitablauf fortsetzen und nicht neu begründen wollen.

296 *BVerwG*, Beschl. v. 13.2.1979 – 6 P 48/78 –, in: BVerwGE 57, 280 = PersV 1980, 236.

297 *BVerwG*, Beschl. v. 3.2.1993 – 6 P 28/91 –, in: BVerwGE 92, 47 = PersV 1994, 225.

andere Körperschaft einzustellenden Arbeitskraft im Rahmen einer Arbeitsbeschaffungsmaßnahme,[298] die mehr als nur geringfügige Aufstockung eines Teilzeitbeschäftigungsverhältnisses[299] und die Beschäftigung von Leiharbeitnehmern.[300] Bei der Beschäftigung von Fremdpersonal bestimmt der Personalrat nach Auffassung des Bundesverwaltungsgerichts dann nicht mit, wenn weder ein Weisungsrecht des Arbeitgebers gegenüber dem Fremdpersonal, verbunden mit entsprechenden Schutzpflichten, noch eine Weisungsgebundenheit dieses Fremdpersonals, verbunden mit entsprechenden Schutzrechten, besteht.[301]

---

298 *BVerwG*, Beschl. v. 15.3.1994 – 6 P 24/92 –, in: PersV 1995, 26.

299 *BVerwG*, Beschl. v. 23.3.1999 – 6 P 10/97 –, in: BVerwGE 108, 347 = PersV 2000, 90.

300 *BVerwG*, Beschl. v. 20.5.1992 – 6 P 4/90 –, in: BVerwGE 90, 194 = PersV 1993, 171; *BVerwG*, Beschl. v. 25.4.2012 – 6 PB 24/11 –, in: PersR 2012, 324. Das Mitbestimmungsrecht der Personalräte, die einem Landespersonalvertretungsgesetz unterfallen, folge zwar nicht aus § 14 Abs. 3 S. 1 i. V. m. Abs. 4 des Gesetzes zur Regelung der Arbeitnehmerüberlassung (AÜG), weil diese Vorschrift ausdrücklich nur für das Bundespersonalvertretungsgesetz gilt. Auch wenn das Landespersonalvertretungsgesetz keine Regelung über ein entsprechendes Beteiligungsrecht enthält, könne die Beschäftigung eines Leiharbeitnehmers aber als Einstellung zu bewerten sein. Das ergebe sich aus der besonderen Gestaltung der arbeitsrechtlichen Beziehungen zwischen entleihender Dienststelle und dem Leiharbeitnehmer und aus der Zweckbestimmung dieses Mitbestimmungstatbestands. Eine Mitbestimmung bei der Beschäftigung von Leiharbeitnehmern kommt daher im Geltungsbereich des Landespersonalvertretungsgesetzes Nordrhein-Westfalen, das keine dem § 14 Abs. 3 S. 1 i. V. m. Abs. 4 AÜG entsprechende Regelung enthält, in Betracht, wenn die Beschäftigung die Voraussetzungen einer Einstellung i. S. v. § 72 Abs. 1 S. 1 Nr. 1 LPVG NRW erfüllt. Nach *BVerwG*, Beschl. v. 7.4.2010 – 6 P 6/09 –, juris Rn. 23, in: BVerwGE 136, 271 = PersV 2010, 336, ist § 14 Abs. 3 S. 1 i. V. m. Abs. 4 AÜG nicht bloß deklaratorisch. Der Vorschrift komme vielmehr beim Einsatz von Leiharbeitnehmern im Geltungsbereich des Bundespersonalvertretungsgesetzes eine eigenständige Bedeutung zu. Die Eigenständigkeit der Regelung in § 14 Abs. 3 S. 1 i. V. m. Abs. 4 AÜG habe zur Folge, dass Einschränkungen der Mitbestimmung, die ihre Grundlage in der Auslegung des Tatbestandsmerkmals «Einstellung» finden, nicht zum Zuge kommen. Diese Einschränkung, wonach eine mitbestimmungspflichtige Einstellung regelmäßig nicht vorliegt, wenn die vorgesehene Tätigkeit in der Dienststelle auf längstens zwei Monate befristet ist, scheide damit aus, weil andernfalls die Beteiligung des Personalrats bei der Übernahme von Leiharbeitnehmern nach § 14 Abs. 3 S. 1 i. V. m Abs. 4 AÜG weitgehend leerlaufen würde.

301 *BVerwG*, Beschl. v. 4.9.1995 – 6 P 32/93 –, in: PersV 1996, 220; *BVerwG*, Beschl. v. 8.1.2003 – 6 P 8/02 –, juris Rn. 10, in: PersR 2004, 148; *BVerwG*, Beschl. v. 13.4.2004 – 6 PB 2/04 –, in: AP LPVG NRW zu § 72 Nr. 30.

Das Bundesarbeitsgericht stellte in älteren Entscheidungen darauf ab, ob der Arbeitnehmer mit seinem Einverständnis für eine bestimmte Zeit faktisch in den Betrieb eingegliedert ist und dort genauso arbeitet wie jeder «Stammarbeitnehmer» auch.[302] Diese Rechtsprechung hat das Gericht später konkretisiert. Eine nach § 99 BetrVG zustimmungspflichtige Einstellung liege dann vor, wenn Personen in den Betrieb eingegliedert werden, um zusammen mit den im Betrieb schon beschäftigten Arbeitnehmern den arbeitstechnischen Zweck des Betriebs durch weisungsgebundene Tätigkeit zu verwirklichen.[303] Auf das Rechtsverhältnis, in dem diese Personen zum Arbeitgeber als Betriebsinhaber stehen, komme es danach nicht an. Maßgebend sei, ob die von diesen Personen zu verrichtende Tätigkeit ihrer Art nach eine weisungsgebundene Tätigkeit ist, die der Verwirklichung des arbeitstechnischen Zweckes des Betriebs zu dienen bestimmt ist und daher vom Arbeitgeber organisiert werden muss. Die Arbeitnehmer müssten so in die Arbeitsorganisation des Arbeitgebers eingegliedert werden, dass dieser die für ein Arbeitsverhältnis typischen Weisungen über den Arbeitseinsatz zu treffen hat.[304] Ob und ggf. von wem diesen Personen tatsächlich Weisungen hinsichtlich dieser Tätigkeit gegeben werden, sei rechtlich unerheblich.[305]

Die Interessen der im Betrieb beschäftigten Arbeitnehmer werden allein dadurch berührt, dass diese Personen ebenso wie die Arbeitnehmer im Be-

---

302 *BAG*, Beschl. v. 14.5.1974 – 1 ABR 40/73 –, juris Rn. 16, in: BAGE 26, 149 = NJW 1974, 1966 (1967); *BAG*, Beschl. v. 16.12.1986 – 1 ABR 52/85 –, juris Rn. 20, in: AP BetrVG 1972 zu § 99 Nr. 40.

303 *BAG*, Beschl. v. 15.4.1986 – 1 ABR 44/84 –, in: BAGE 51, 337 = MDR 1986, 962; *BAG*, Beschl. v. 1.8.1989 – 1 ABR 54/88 –, juris Rn. 24, in: BAGE 62, 271 = AP BetrVG 1972 zu § 99 Nr. 68; *BAG*, Beschl. v. 5.3.1991 – 1 ABR 39/90 –, juris Rn. 14, in: BAGE 67, 290 = AP BetrVG 1972 zu § 99 Nr. 90; *BAG*, Beschl. v. 9.7.1991 – 1 ABR 45/90 –, juris Rn. 18, in: AP BetrVG 1972 zu § 99 Nr. 94.

304 *BAG*, Beschl. v. 18.10.1994 – 1 ABR 9/94 –, juris Rn. 19, in: BAGE 78, 142 = AP BetrVG 1972 zu § 99 Einstellung Nr. 5.

305 *BAG*, Beschl. v. 15.4.1986 – 1 ABR 44/84 –, juris Rn. 22, in: BAGE 51, 337 = MDR 1986, 962; *BAG*, Beschl. v. 16.12.1986 – 1 ABR 52/85 –, juris Rn. 20, in: AP BetrVG 1972 zu § 99 Nr. 40; *BAG*, Beschl. v. 18.4.1989 – 1 ABR 97/87 –, juris Rn. 26, in: BAGE 61, 283 = AP BetrVG 1972 zu § 99 Nr. 65; *BAG*, Beschl. v. 1.8.1989 – 1 ABR 54/88 –, in: BAGE 62, 271 = AP BetrVG 1972 zu § 99 Nr. 68; *BAG*, Beschl. v. 1.10.1991 – 1 ABR 75/90 –, juris Rn. 18; *BAG*, Beschl. v. 5.5.1992 – 1 ABR 78/91 –, juris Rn. 19, in BAGE 70, 201 = AP BetrVG 1972 zu § 99 Nr. 97; *BAG*, Beschl. v. 1.12.1992 – 1 ABR 30/92 –, juris Rn. 24; *BAG*, Beschl. v. 18.10.1994 – 1 ABR 9/94 –, juris Rn. 19, in: BAGE 78, 142 = AP BetrVG 1972 zu § 99 Einstellung Nr. 5.

trieb und eingegliedert in die betriebliche Organisation arbeiten.[306] Es mache vom tatsächlichen Erscheinungsbild und der tatsächlichen Arbeitsgestaltung her keinen Unterschied, ob diese Mitarbeiter zum Arbeitgeber in einem Arbeitsverhältnis stehen oder nicht.[307]

Eine Einstellung i. S. d. § 99 BetrVG liege nicht schon dann vor, wenn Arbeitnehmer im Betrieb des Auftraggebers tätig werden oder die von ihnen zu erbringende Dienstleistung oder das von ihnen zu erstellende Werk hinsichtlich Art, Umfang, Güte, Zeit und Ort in den betrieblichen Arbeitsablauf eingeplant ist, sondern vielmehr nur dann, wenn diese Personen selbst so in die Arbeitsorganisation des Arbeitgebers eingebunden werden, dass dieser die für ein Arbeitsverhältnis typischen Entscheidungen über deren Arbeitseinsatz auch nach Zeit und Ort zu treffen hat, er also die Personalhoheit über diese Personen besitzt.[308]

Der Begriff der Einstellung lasse seinem Wortsinn nach zunächst nur an Fälle denken, in denen eine arbeits- oder dienstvertragsrechtliche Bindung besteht. Verlangt der Schutzzweck der Norm die Einbeziehung von Fällen, in denen eine solche vertragliche Bindung fehlt, so könne der Wortlaut den-

---

306 *BAG*, Beschl. v. 15.4.1986 – 1 ABR 44/84 –, juris Rn. 21, in: BAGE 51, 337 = MDR 1986, 962.

307 *BAG*, Beschl. v. 15.4.1986 – 1 ABR 44/84 –, juris Rn. 21, in: BAGE 51, 337 = MDR 1986, 962.

308 *BAG*, Beschl. v. 5.3.1991 – 1 ABR 39/90 –, in: BAGE 67, 290 = AP BetrVG 1972 zu § 99 Nr. 90; *BAG*, Beschl. v. 1.12.1992 – 1 ABR 30/92 –, juris Rn. 24; *BAG*, Beschl. v. 9.7.1991 – 1 ABR 45/90 –, juris Rn. 22, in: AP BetrVG 1972 zu § 99 Nr. 94: «Problematisch sind jene Fälle, in denen die zu erbringende Dienstleistung oder das zu erstellende Werk so in den betrieblichen Arbeitsprozess integriert ist, dass die Dienstleistung oder das Werk zu einem genau festgelegten Zeitpunkt an einem bestimmten Ort und von bestimmter Art und Güte erbracht werden muss. Äußeres Anzeichen für eine solche Fallgestaltung ist häufig, dass eben diese Dienstleistung oder dieses Werk früher von Arbeitnehmern des Betriebsinhabers selbst nach dessen Anweisung und Organisation erbracht und erstellt worden ist. Kommt dann noch hinzu, dass der Dienst- oder Werkunternehmer bzw. seine Erfüllungsgehilfen aufgrund der Natur der zu erbringenden Dienstleistung oder des zu erstellenden Werkes keinen oder jedenfalls keinen beachtlichen Entscheidungsspielraum hinsichtlich der Arbeitsausführung haben, so unterscheidet sich äußerlich die Tätigkeit der Erfüllungsgehilfen des Dienst- oder Werkunternehmers in keiner Weise mehr von der Tätigkeit, die früher Arbeitnehmer des Betriebes erbracht haben. Die Tätigkeit der Erfüllungsgehilfen der Dienst- oder Werkunternehmer erscheint dann in die betriebliche Organisation eingebunden und vom Arbeitgeber als Auftraggeber geplant und organisiert.»

noch nicht völlig vernachlässigt werden. Es sei vielmehr als Ersatz für die fehlende vertragliche Bindung an den Betriebsinhaber eine rechtliche Beziehung zu fordern, deren Begründung sich noch als Einstellung im Wortsinn verstehen lässt.[309]

Dem Betriebsrat obliege im Rahmen des § 99 Abs. 2 Nr. 2, 3 und 5 BetrVG insbesondere die Wahrung der kollektiven Interessen der Arbeitnehmerschaft des Betriebs bei Einstellungen der im Betrieb schon vorhandenen Arbeitnehmer.[310] Das Beteiligungsrecht sei aber nicht dazu bestimmt und geeignet, alle Probleme zu lösen, die im Zusammenhang mit einer «Flucht in den Dienst- oder Werkvertrag» und durch die Aufspaltung von Belegschaften entstehen.[311] Das Mitbestimmungsrecht aus § 99 BetrVG komme erst zum Tragen, wenn der Arbeitgeber sich für eine Einstellung entschieden hat. Es diene nicht dazu, den Arbeitgeber zur Schaffung von Arbeitsplätzen zu veranlassen oder ihn davon abzuhalten, Arbeitsplätze abzubauen oder frei gewordene Arbeitsplätze nicht mehr zu besetzen.[312]

Der häufig erhobene Einwand des Arbeitgebers, er könne selbst keinen Einfluss darauf nehmen, mit welchen Arbeitnehmern ein Arbeitnehmer in leitender Stellung Arbeitsverträge schließt, vermag nach Auffassung des Bundesarbeitsgerichts eine andere Beurteilung nicht zu rechtfertigen. Darauf, welche Arbeitsverträge der Arbeitnehmer in leitender Stellung mit Arbeitnehmern abschließt, komme es ohnehin nicht an, da unter einer Einstellung i. S. d. § 99 BetrVG nicht der Abschluss eines Arbeitsvertrags zu verstehen ist, sondern die aufgrund eines Arbeitsvertrags oder eines sonstigen Rechtsverhältnisses erfolgende tatsächliche Eingliederung der betreffenden Person in den Betrieb. Der Arbeitnehmer in leitender Stellung sei zu dieser Eingliederung von Arbeitnehmern in den Betrieb nur deswegen befugt, weil ihm der Arbeitgeber diese Befugnis in einem «Dienstvertrag» übertragen hat.

---

309 *BAG*, Beschl. v. 18.10.1994 – 1 ABR 9/94 –, juris Rn. 21, in: BAGE 78, 142 = AP BetrVG 1972 zu § 99 Einstellung Nr. 5.

310 *BAG*, Beschl. v. 14.5.1974 – 1 ABR 40/73 –, juris Rn. 19, in: BAGE 26, 149 = NJW 1974, 1966 (1967); *BAG*, Beschl. v. 18.10.1994 – 1 ABR 9/94 –, juris Rn. 22, in: BAGE 78, 142 = AP BetrVG 1972 zu § 99 Einstellung Nr. 5.

311 *BAG*, Beschl. v. 18.10.1994 – 1 ABR 9/94 –, juris Rn. 22, in: BAGE 78, 142 = AP BetrVG 1972 zu § 99 Einstellung Nr. 5.

312 *BAG*, Beschl. v. 5.3.1991 – 1 ABR 39/90 –, juris Rn. 27, in: BAGE 67, 290 = AP BetrVG 1972 zu § 99 Nr. 90; *BAG*, Beschl. v. 9.7.1991 – 1 ABR 45/90 –, juris Rn. 23, in: AP BetrVG 1972 zu § 99 Nr. 94.

Ohne diese Übertragung müsste der Arbeitgeber selbst Arbeitnehmer beschäftigen und in den Betrieb eingliedern. Dabei müsste der Arbeitgeber die Beteiligungsrechte des Betriebsrats nach § 99 BetrVG beachten, wäre also selbst bei dieser Maßnahme nicht völlig frei. Könne der Arbeitgeber aber selbst nicht Arbeitnehmer ohne Beachtung der Beteiligungsrechte des Betriebsrats beschäftigen, so könne er auch dem Arbeitnehmer in leitender Stellung nicht das Recht einräumen, Arbeitnehmer ohne Beachtung der Beteiligungsrechte des Betriebsrats zu beschäftigen. Er könne nicht mehr Rechte auf einen Dritten übertragen als er selbst hat. Wollte man anders entscheiden, wären durch die Übertragung von Arbeitgeberbefugnissen auf Dritte Beteiligungsrechte des Betriebsrats ohne weiteres auszuschließen.[313]

Auf die Dauer der geplanten Einstellung kommt es nach Ansicht des Bundesarbeitsgerichts nicht an. Anders als § 95 Abs. 3 BetrVG für die Versetzung enthalte § 99 BetrVG für die Ersteinstellung keine zeitliche Mindestgrenze. Es bedürfen daher auch Einstellungen für eine kurze Zeit der Zustimmung des Betriebsrats.[314] Etwas anderes gelte bei einer Aufstockung einer Teilzeitbeschäftigung. Bei einem Arbeitnehmer, der bereits in den Betrieb eingegliedert ist, ist ein Mitbestimmungsrecht des Betriebsrats nicht

---

313 *BAG*, Beschl. v. 18.4.1989 – 1 ABR 97/87 –, juris Rn. 35, in: BAGE 61, 283 = AP BetrVG 1972 zu § 99 Nr. 65.

314 *BAG*, Beschl. v. 16.12.1986 – 1 ABR 52/85 –, juris Rn. 22, in: AP BetrVG 1972 zu § 99 Nr. 40: «Die Mitbestimmungsrechte des Betriebsrats sind jeweils auf den Betrieb bezogen. Wenn eine Maßnahme mehrere Betriebe betrifft, so ist jeder Betriebsrat insoweit zu beteiligen, als das Betriebsverfassungsgesetz für ihn an dieser Maßnahme ein Beteiligungsrecht vorsieht. Dabei können die Beteiligungsrechte der einzelnen Betriebsräte durchaus unterschiedlich ausgestaltet sein, weil die Maßnahme die Betriebe und die Interessen der dort beschäftigten Arbeitnehmer unterschiedlich berührt. (…) Der Gesetzgeber geht für die Einstellung davon aus, dass jede, auch eine kurzfristige Einstellung, die Interessen der schon im Betrieb arbeitenden Arbeitnehmer berührt und unterwirft daher jede Einstellung der Zustimmung des Betriebsrats. Er hat für eine Versetzung des Arbeitnehmers entschieden, dass die dadurch berührten Interessen der Arbeitnehmer erst dann eine Beteiligung des Betriebsrats begründen sollen, wenn die Maßnahme eine bestimmte Zeit andauert. Lediglich dann, wenn die Versetzung mit einer erheblichen Änderung der Umstände verbunden ist, unter denen die Arbeit geleistet werden muss, soll der Betriebsrat auch bei einer nur kürzere Zeit andauernden Versetzung beteiligt werden. Bei dieser gesetzlichen Wertung ist es nicht zulässig, Einstellungen für eine kurze Zeit im aufnehmenden Betrieb nur deswegen mitbestimmungsfrei zu lassen, weil die gleiche Maßnahme im abgebenden Betrieb mitbestimmungsfrei ist.»; *BAG*, Beschl. v. 25.1.2005 – 1 ABR 59/03 –, juris Rn. 34, in: BAGE 113, 206 = BB 2006, 2421 (2423).

schon bei jeder noch so geringfügigen Erhöhung des Arbeitszeitvolumens angebracht. Das ergibt sich daraus, dass die Erhöhung des Arbeitszeitvolumens erst dann mit einer Einstellung vergleichbar ist, wenn die Erhöhung nicht mehr nur unerheblich ist.[315] Erst bei einer nicht nur geringfügigen und vorübergehenden Aufstockung des Arbeitszeitvolumens werden dieselben mitbestimmungsrechtlich bedeutsamen Fragen wie bei der Einstellung aufgeworfen.[316] Vorübergehend ist eine Aufstockung, wenn sie – in Anlehnung an § 95 Abs. 3 BetrVG – voraussichtlich die Dauer von einem Monat überschreitet.[317] Mehr als geringfügig ist die Aufstockung, wenn der Arbeitgeber entweder den Arbeitsplatz ausgeschrieben hat oder ihn wegen eines berechtigten Antrags des Betriebsrats nach § 93 BetrVG hätte ausschreiben müssen.[318]

Beim Einsatz von Fremdpersonal müsse der Betriebsinhaber gegenüber dem Fremdpersonal einen Teil der Arbeitgeberfunktionen ausüben, damit das Merkmal der Eingliederung erfüllt ist.[319] Die Eingliederung von Fremdbeschäftigten in den Arbeitsprozess des Arbeitgebers sei nur dann zu bejahen, wenn sie Aufgaben wahrnehmen, die nicht von den Arbeiten der Arbeitnehmer des Arbeitgebers abgesondert sind. Entscheidend für die Absonderbarkeit sei, dass bei den auf Fremdfirmen übertragenen Arbeiten die im Betrieb bereits beschäftigten Arbeitnehmer nicht unmittelbar mit den Arbeitnehmern der Fremdfirma zusammenarbeiten müssen. Fehle es an einer solchen unmittelbaren Zusammenarbeit von Arbeitnehmern der Fremdfirma mit Arbeitnehmern des Arbeitgebers, spreche das gegen eine Eingliederung.[320] Nicht jedes Tätigwerden von Personen im Betrieb aufgrund eines

---

315 *BAG*, Beschl. v. 25.1.2005 – 1 ABR 59/03 –, juris Rn. 26, in: BAGE 113, 206 = BB 2006, 2421 (2422).

316 *BAG*, Beschl. v. 25.1.2005 – 1 ABR 59/03 –, juris Rn. 31, in: BAGE 113, 206 = BB 2006, 2421 (2423).

317 *BAG*, Beschl. v. 25.1.2005 – 1 ABR 59/03 –, juris Rn. 34, in: BAGE 113, 206 = BB 2006, 2421 (2423).

318 *BAG*, Beschl. v. 25.1.2005 – 1 ABR 59/03 –, juris Rn. 36, in: BAGE 113, 206 = BB 2006, 2421 (2424).

319 *BAG*, Beschl. v. 18.10.1994 – 1 ABR 9/94 –, juris Rn. 19, in: BAGE 78, 142 – AP BetrVG 1972 zu § 99 Einstellung Nr. 5.

320 *BAG*, Beschl. v. 5.5.1992 – 1 ABR 78/91 –, juris Rn. 23, in BAGE 70, 201 = AP BetrVG 1972 zu § 99 Nr. 97; *BAG*, Beschl. v. 1.12.1992 – 1 ABR 30/92 –, juris Rn. 45; *BAG*, Beschl. v. 18.10.1994 – 1 ABR 9/94 –, juris Rn. 29, in: BAGE 78, 142 = AP BetrVG 1972 zu § 99 Einstellung Nr. 5; a. A. *Leisten*, BB 1992, 266

Werkvertrags, den der Arbeitgeber mit einem Dritten abgeschlossen hat, stelle eine Einstellung i. S. d. § 99 BetrVG dar. Es komme darauf an, ob die aufgrund eines Werkvertrags im Betrieb tätig werdenden Personen so in die Arbeitsorganisation des Arbeitgebers eingegliedert werden, dass dieser die für ein Arbeitsverhältnis typischen Entscheidungen über deren Einsatz auch nach Zeit und Ort zu treffen hat.[321]

Der Leiharbeitnehmer habe aufgrund seines Arbeitsvertrags mit dem Verleiher die Pflicht, beim jeweiligen Entleiher zu arbeiten und dessen Weisungen zu folgen.[322] Die Beschäftigung von Leiharbeitnehmern stellt daher eine Eingliederung und somit eine mitbestimmungspflichtige Einstellung i. S. v. § 99 BetrVG dar.[323] So bestimmt § 14 Abs. 3 S. 1 AÜG, dass vor der Übernahme eines Leiharbeitnehmers zur Arbeitsleistung der Betriebsrat des Entleiherbetriebs nach § 99 BetrVG zu beteiligen ist.

Der Betriebsrat bestimmt bei der Beschäftigung von Leiharbeitnehmern mit. Beim Einsatz von Fremdpersonal mittels Dienst- oder Werkvertrag steht ihm ein Mitbestimmungsrecht nicht ohne Weiteres zu. Bei der Arbeitsleistung von Arbeitnehmern im Rahmen eines mit einem Dritten abgeschlossenen Dienst- oder Werkvertrags ist regelmäßig zu prüfen, ob nicht trotz die-

---

(269), der in einem Einsatz von Fremdpersonal grundsätzlich eine mitbestimmungspflichtige Einstellung i. S. d. § 99 BetrVG sieht. Eine Mitbestimmung könne nur dann unterbleiben, wenn es sich um einmalige, nicht wiederholte und auf Dauer angelegte Aufträge für ein abgrenzbares Werk handelt und es um Tätigkeiten geht, die nicht dem Betriebszweck in einer Weise dienen, dass sie für dessen ordnungsgemäßen Ablauf unentbehrlich sind.

321 *BAG*, Beschl. v. 5.3.1991 – 1 ABR 39/90 –, juris Rn. 15, in: BAGE 67, 290 = AP BetrVG 1972 zu § 99 Nr. 90; a. A. *Wagner*, AuR 1992, 40 (45), nach dem die Frage, ob ein werkvertraglich beschäftigter Arbeitnehmer im Betrieb eingegliedert ist, nicht davon abhängt, ob der Arbeitgeber die für das Arbeitsverhältnis typischen Weisungsrechte ausübt. Eine Eingliederung sei auch zu bejahen, wenn die zu verrichtende Tätigkeit zuvor von betriebsangehörigen Beschäftigten ausgeführt worden ist und lediglich aus Kostengründen ausgelagert wurde.

322 *BAG*, Beschl. v. 14.5.1974 – 1 ABR 40/73 –, juris Rn. 16, in: BAGE 26, 149 = NJW 1974, 1966 (1967).

323 *BAG*, Beschl. v. 25.1.2005 – 1 ABR 61/03 –, juris Rn. 20, in: BAGE 113, 218 = AP BetrVG 1972 zu § 99 Einstellung Nr. 48; *BAG*, Beschl. v. 23.1.2008 – 1 ABR 74/06 –, in: BAGE 125, 306 = AP AÜG zu § 14 Nr. 14; BAG, Beschl. v. 17.6.2008 – 1 ABR 39/07 –, juris Rn. 21, in: AP BetrVG 1972 zu § 99 Eingruppierung Nr. 34.

ser Vertragsgestaltung eine Eingliederung in den Betrieb und eine Weisungsgebundenheit gegenüber dem Betriebsinhaber gegeben ist, die die gewählte Vertragsgestaltung als Umgehung des Mitbestimmungsrechts des Betriebsrats erscheinen lässt.[324] Damit soll letztlich verdeckte Arbeitnehmerüberlassung[325] vermieden werden.

Der Betriebsrat ist nach § 99 BetrVG außerdem zu beteiligen, wenn ein Arbeitsverhältnis über eine ursprünglich vereinbarte Befristung hinaus fortgesetzt werden soll, etwa wenn das Arbeitsverhältnis mit Ablauf des Monats enden sollte, in dem der Arbeitnehmer das 65. Lebensjahr vollendet,[326] oder wenn sich ein befristetes Arbeitsverhältnis automatisch verlängert, sofern der Arbeitgeber keine Nichtverlängerungsanzeige abgibt.[327] In allen diesen Fällen geht es um die Frage, ob der Arbeitnehmer länger als zunächst vorgesehen im Betrieb verbleiben soll. Dieser Umstand kann Zustimmungsverweigerungsgründe i. S. v. § 99 Abs. 2 BetrVG auslösen, die bei der ersten Einstellung nicht gegeben waren.[328] Deshalb soll der Betriebsrat auch bei der Frage, ob ein Arbeitsverhältnis über den ursprünglich vereinbarten Zeitpunkt hinaus fortgesetzt werden soll, mitbestimmen.

Der Zustimmung des Betriebsrats bedarf aber auch die Einstellung von Personen, die zum Zwecke ihrer Berufsausbildung beschäftigt werden sollen, ebenso wie die Ausgabe von Heimarbeit an Heimarbeiter, die überwiegend für den Betrieb arbeiten.[329]

Auch die Beschäftigung von Honorarlehrkräften als freie Mitarbeiter in berufsbildenden Einrichtungen einer Gewerkschaft ist eine Einstellung i. S. v.

---

324 *BAG*, Beschl. v. 15.4.1986 – 1 ABR 44/84 –, juris Rn. 20, in: BAGE 51, 337 = MDR 1986, 962.

325 *BAG*, Beschl. v. 1.12.1992 – 1 ABR 30/92 –, juris Rn. 51.

326 *BAG*, Beschl. v. 18.7.1978 – 1 ABR 79/75 –, in: BAGE 31, 20 = AP BetrVG 1972 zu § 99 Nr. 9.

327 *BAG*, Beschl. v. 28.10.1986 – 1 ABR 16/85 –, in: BAGE 53, 237 = AP BetrVG 1972 zu § 118 Nr. 32.

328 *BAG*, Beschl. v. 12.7.1988 – 1 ABR 85/86 –, juris Rn. 30, in: AP BetrVG 1972 zu § 99 Nr. 54.

329 *BAG*, Beschl. v. 3.10.1989 – 1 ABR 68/88 –, juris Rn. 21, in: AP BetrVG 1972 zu § 99 Nr. 73.

§ 99 BetrVG, wenn diese Honorarlehrkräfte in gleicher Weise wie festangestellte Lehrkräfte im Rahmen der Lehrpläne Unterricht erteilen.[330]

Obwohl die Gesetzeslage im Betriebsverfassungsgesetz und im Landespersonalvertretungsgesetz Nordrhein-Westfalen identisch ist, bestehen in der Anwendung Unterschiede, weil die Auffassungen der obersten Gerichte über die Auslegung des Begriffs der Einstellung im Detail voneinander abweichen. Das Bundesverwaltungsgericht sieht im Gegensatz zum Bundesarbeitsgericht in der kurzfristigen und geringfügigen Erstbeschäftigung keine Einstellung. Dies hat die praktische Konsequenz, dass der private Arbeitgeber den Betriebsrat bei jeder noch so geringfügigen und kurzfristigen Beschäftigung beteiligen muss. Der öffentliche Arbeitgeber kann darauf verzichten. Auch bei der Definition einer kurzfristigen Beschäftigung sind die Gerichte unterschiedlicher Auffassung. Das Bundesarbeitsgericht sieht die Beschäftigung nicht mehr als nur kurzfristig an, wenn sie voraussichtlich die Dauer von einem Monat überschreitet. Das Bundesverwaltungsgericht zieht die zeitliche Grenze erst bei zwei Monaten.

Ein weiterer Unterschied in der Rechtslage ergibt sich aus dem Umstand, dass der nordrhein-westfälische Gesetzgeber ein Mitbestimmungsrecht bei der Befristung von Arbeitsverträgen wieder eingeführt hat. Damit hat der Landesgesetzgeber auf die Rechtsprechung des Bundesverwaltungsgerichts reagiert. Der Senat sah in der Einstellung mit befristetem Arbeitsvertrag schon keine mitbestimmungspflichtige Einstellung i. S. d. Personalvertretungsgesetze, weil die Befristung des Arbeitsverhältnisses im Arbeitsvertrag geregelt wird und daher zwischen dem Beschäftigen und der Dienststelle auszuhandeln sei. Der Personalrat sei schließlich nicht Sachwalter der Rechte des Beschäftigten[331] und dürfe daher nicht mitbestimmen. Infolge der davon abweichenden Regelung in § 72 Abs. 1 S. 1 Nr. 1 LPVG NRW hat der Personalrat in Nordrhein-Westfalen ein Mitbestimmungsrecht bei der Befristung von Arbeitsverträgen. Er kann also prüfen, ob die Vorschriften des Gesetzes über Teilzeitarbeit und befristete Arbeitsverträge (TzBfG) einge-

330 *BAG*, Beschl. v. 3.7.1990 – 1 ABR 36/89 –, in: AP BetrVG 1972 zu § 99 Nr. 81.

331 *BVerwG*, Beschl. v. 13.2.1976 – 7 P 4/75 –, juris Rn. 39, in: BVerwGE 50, 186 = PersV 1977, 183 (188); *BVerwG*, Beschl. v. 19.9.1983 – 6 P 32/80 –, in: BVerwGE 68, 30; *BVerwG*, Beschl. v. 30.9.1983 – 6 P 4/82 –, in: PersV 1985, 167; *BVerwG*, Beschl. v. 30.9.1983 – 6 P 11/83 –, in: PersV 1986, 466 (467); *BVerwG*, Beschl. v. 30.9.1983 – 6 P 13/81 –, juris Rn. 12; a. A.: *Lörcher*, BlSt Soz ArbR 1981, 177.

halten werden und ob nicht auf die Befristung verzichtet werden kann.[332] Entsprechendes gilt für die Mitbestimmungsrechte des Personalrats bei Nebenabreden zum Arbeitsvertrag, Verlängerung der Probezeit und wesentlichen Änderungen von Arbeitsverträgen. Das Betriebsverfassungsgesetz räumt dem Betriebsrat bei Befristung von Arbeitsverträgen, Nebenabreden zum Arbeitsvertrag, Verlängerung der Probezeit und bei der wesentlichen Änderung von Arbeitsverhältnissen kein Mitbestimmungsrecht ein.

bb. Eingruppierung

Gemäß § 72 Abs. 1 S. 1 Nr. 4 LPVG NRW sind die Eingruppierung, Höhergruppierung, Herabgruppierung, Übertragung einer höher oder niedriger zu bewertenden Tätigkeit, Stufenzuordnung und Verkürzung oder Verlängerung der Stufenlaufzeit gem. Entgeltgrundsätzen, Bestimmung der Fallgruppen innerhalb der Entgeltgruppe und die wesentliche Änderung von Arbeitsverträgen mitbestimmungspflichtig.

Eine vergleichbare Regelung ist im Betriebsverfassungsgesetz in § 99 BetrVG zu finden. § 99 Abs. 1 S. 1 BetrVG schreibt vor, dass der Arbeitgeber die Zustimmung des Betriebsrats zu jeder Eingruppierung und Umgruppierung einzuholen hat.

Die Vorschriften enthalten – mit Ausnahme der wesentlichen Änderung von Arbeitsverträgen – Mitbestimmungsrechte bei Regelungen zum Arbeitsentgelt. Durch das Mitbestimmungsrecht soll sichergestellt werden, dass die Beschäftigten für ihre geleistete Arbeit nach den gleichen Grundsätzen bezahlt werden. Um das zu erreichen, kommen kollektive Entgeltsysteme zum Einsatz. Außerdem sollen Betriebs- und Personalrat verhindern können, dass einzelne Beschäftigte bei der Vergütung ohne sachlichen Grund im Rahmen bestehender Auslegungsspielräume bevorzugt oder benachteiligt werden.[333]

Um beurteilen zu können, ob sich die Rechtslage im Betriebsverfassungsgesetz von der im Landespersonalvertretungsgesetz Nordrhein-Westfalen un-

---

332 *Klein/Lechtermann*, Das Personalvertretungsrecht NRW – Novelle 2011 –, § 72 Rn. 12; *Cecior/Vallendar/Lechtermann/Klein*, Das Personalvertretungsrecht in Nordrhein-Westfalen, 55. Aktualisierung, § 72 Rn. 154.

333 *BVerwG*, Beschl. v. 15.5.2012 – 6 P 9/11 –, in: PersR 2012, 329.

terscheidet, muss man sich zunächst vergegenwärtigen, dass die verschiedenen kollektiven Entgeltsysteme viele Gemeinsamkeiten haben. Kollektive Entgeltsysteme sind regelmäßig in der Anlage von Tarifverträgen zu finden. Sie sind typischerweise so aufgebaut, dass sie in mehrere Entgeltgruppen unterteilt sind. Jeder Entgeltgruppe ist eine Reihe von Fallgruppen zugeordnet. Diese Fallgruppen umschreiben – häufig unter Verwendung unbestimmter Rechtsbegriffe – eine Vielzahl verschiedener Tätigkeiten. Enthält das Entgeltsystem keine Tariflücke, lässt sich jede Tätigkeit einer bestimmten Fallgruppe innerhalb einer Entgeltgruppe zuordnen. Eine Entgeltgruppe kann in mehrere Stufen untergliedert sein. Welcher Stufe ein Beschäftigter zuzuordnen ist, richtet sich nach dessen Berufserfahrung. Aus der Kombination der Entgeltgruppen und den Stufen ergibt sich dann eine Tabelle. Sind die Entgeltgruppe und die Stufe bekannt, kann das jeweilige Grundgehalt bestimmt werden. Dabei gilt: Je höher die Entgeltgruppe und die Stufe, desto höher das Entgelt.

Beide Gesetze räumen der Beschäftigtenvertretung ein Mitbestimmungsrecht bei der Eingruppierung ein. Eingruppierung ist die Einreihung der Tätigkeit eines Arbeitnehmers in ein kollektives Entgeltschema. In diesem Schema entspricht jeder nach einem Arbeitsverhältnis auszuübenden Tätigkeit eine bestimmte Entgeltgruppe, in die der Beschäftigte eingruppiert ist. Diese sogenannte Tarifautomatik wird häufig mit dem Satz umschrieben: Der Arbeitnehmer wird nicht eingruppiert, er ist eingruppiert. Gruppiert der Arbeitgeber den Beschäftigten also in eine bestimmte Entgeltgruppe ein, hat dies keine konstitutive, sondern nur eine deklaratorische Wirkung. Das heißt, die Eingruppierung ist ein Akt strikter Rechtsanwendung. Die Mitbestimmung der Beschäftigtenvertretung bei Eingruppierung ist daher kein Mitgestaltungs-, sondern ein Mitbeurteilungsrecht.

Eine Eingruppierung findet in den meisten Fällen gleichzeitig mit einer Einstellung statt. Das Bundesverwaltungsgericht betrachtet in Übereinstimmung mit dem Bundesarbeitsgericht den Mitbestimmungstatbestand bei der Eingruppierung und den bei der Einstellung systematisch getrennt. Auch wenn der Arbeitgeber aus Praktikabilitätsgründen die Zustimmungen der Beschäftigtenvertretung zu einer Einstellung und zu einer damit einhergehenden Eingruppierung regelmäßig gemeinsam beantragen wird, liegt beiden Maßnahmen jeweils ein eigenständiges Verfahren zugrunde.[334] Die Beschäftigtenvertretung bestimmt nicht nur bei der erstmaligen Eingruppierung mit, sondern auch dann, wenn die Eingruppierung nicht mit einer Einstellung verbunden ist. Hierzu kann es kommen, wenn einem Arbeitnehmer neue Aufgaben auf einem bisher nicht bewerteten Arbeitsplatz übertragen werden und eine Überprüfung der Eingruppierung ergibt, dass die Tätigkeit der bisherigen Eingruppierung entspricht.[335] Das Mitbestimmungsrecht soll sicherstellen, dass die Rechtsanwendung möglichst zutreffend erfolgt. Die Beteiligung der Beschäftigtenvertretung ist infolgedessen auf eine Richtigkeitskontrolle beschränkt.[336] Bis hierhin besteht zwischen dem Bundesverwaltungsgericht und dem Bundesarbeitsgericht noch Einigkeit darüber, was unter einer Eingruppierung zu verstehen ist.

Die Beschränkung auf eine Richtigkeitskontrolle bedeutet nach Auffassung des Bundesverwaltungsgerichts zugleich, dass der Personalrat nicht das Recht hat, die Anwendung eines Tarifvertrags zu verhindern oder die Anwendung eines anderen Tarifvertrags durchzusetzen.[337] Auch die Frage, welcher von zwei Tarifverträgen anzuwenden ist, liege offensichtlich außerhalb des Mitbestimmungsrechts bei der Eingruppierung.[338] Das Mitbestimmungsrecht bei der Eingruppierung soll der Personalvertretung die Gelegenheit geben, auf die Wahrung des Tarifgefüges in der Dienststelle zu achten und damit zur Verwirklichung des arbeitsrechtlichen Gleichheitsgrundsatzes innerhalb der Dienststelle und innerhalb des dort angewendeten Entgeltsystems sowie zur Wahrung des Friedens in der Dienststelle beizu-

---

334 *BAG*, Beschl. v. 10.2.1976 – 1 ABR 49/74 –, juris Rn. 16, in: AP BetrVG 1972 zu § 99 Nr. 4; *BAG*, Beschl. v. 20.12.1988 – 1 ABR 68/87 –, juris Rn. 17, in: BAGE 60, 330 = NZA 1989, 518 (519); *BVerwG*, Beschl. v. 22.10.2007 – 6 P 1/07 –, juris Rn. 23, in: NVwZ-RR 2008, 195; *Wahlers*, PersV 2008, 370 (372).

335 *BAG*, Beschl. v. 21.3.1995 – 1 ABR 46/94 –, in: AP BetrVG 1972 zu § 99 Eingruppierung Nr. 4; *BVerwG*, Beschl. v. 8.12.1999 – 6 P 3/98 –, in: BVerwGE 110, 151 = AP BPersVG zu § 75 Nr. 74.

336 *BVerwG*, Beschl. v. 22.10.2007 – 6 P 1/07 –, juris Rn. 25, in: PersV 2008, 103; *BVerwG*, Beschl. v. 13.10.2009 – 6 P 15/08 –, juris Rn. 36, in: PersV 2010, 142; *BAG*, Beschl. v. 22.3.1983 – 1 ABR 49/81 –, in: BAGE 42, 121 = AP BetrVG 1972 zu § 101 Nr. 6; *BAG*, Beschl. v. 30.1.1990 – 1 ABR 98/88 –, juris Rn. 45, in: BAGE 64, 94 = AP BetrVG 1972 zu § 99 Nr. 78.

337 *Cecior/Vallendar/Lechtermann/Klein*, Das Personalvertretungsrecht in Nordrhein-Westfalen, 55. Aktualisierung, § 72 Rn. 215.

338 *BVerwG*, Beschl. v. 15.11.1995 – 6 P 53/93 –, juris Rn. 14, in: AP LPVG Berlin zu § 87 Nr. 4.

tragen.[339] Dem Personalrat soll aber nicht die Möglichkeit eröffnet werden, auf die Tarifgestaltung Einfluss zu nehmen, die regelmäßig überregional wirkt und damit über den Bereich der Dienststelle hinausgreift.[340]

Das Bundesarbeitsgericht interpretiert das Mitbestimmungsrecht des Betriebsrats bei der Eingruppierung anders. Der Betriebsrat kann nach Ansicht des ersten Senats einer vom Arbeitgeber geplanten Eingruppierung die Zustimmung mit der Begründung verweigern, die vom Arbeitgeber angewandte Vergütungsgruppenordnung sei nicht diejenige Ordnung, die im Betrieb zur Anwendung kommen müsse. Das Bundesarbeitsgericht begründet seine Auffassung damit, dass es Sinn dieses Mitbestimmungsrechts sei, dem Betriebsrat bei der Anwendung der jeweiligen Vergütungsordnung im Interesse einer größeren Gewähr für die Richtigkeit der vorgenommenen Eingruppierung und der gleichmäßigen Anwendung der Vergütungsordnung im Betrieb ein Mitbeurteilungsrecht zu geben. Es diene der Richtigkeitskontrolle im Interesse der innerbetrieblichen Lohngerechtigkeit und dem Schutz des einzelnen Arbeitnehmers vor einer unzutreffenden Eingruppierung. Legt der Arbeitgeber bei einer Eingruppierung eine Vergütungsordnung zugrunde, obwohl eine andere Vergütungsordnung zur Anwendung kommen müsste, sei diese Rechtsanwendung unzutreffend. Die Entscheidung des Arbeitgebers, welche Vergütungsordnung der Eingruppierung zugrunde zu legen ist, sei daher zustimmungsbedürftig.[341]

Neben der Eingruppierung räumen beide Gesetze den Beschäftigtenvertretungen weitere Mitbestimmungsrechte bei der Regelung des Arbeitsentgeltes ein. Der Personalrat bestimmt mit bei Höher- und Herabgruppierung, der Betriebsrat bei der Umgruppierung. Während das Landespersonalvertretungsgesetz Nordrhein-Westfalen die Begriffe Höhergruppierung und Herabgruppierung verwendet, findet sich im Betriebsverfassungsgesetz der Begriff Umgruppierung. In der Sache macht das keinen Unterschied. Umgrup-

339 *BVerwG*, Beschl. v. 14.6.1995 – 6 P 43/95 –, juris Rn. 20, in: AP LPVG BW zu § 76 Nr. 1.

340 *BVerwG*, Beschl. v. 15.11.1995 – 6 P 53/93 –, juris Rn. 15, in: AP LPVG Berlin zu § 87 Nr. 4.

341 Ständige Rechtsprechung des 1. Senats des Bundesarbeitsgerichts, *BAG*, Beschl. v. 27.1.1987 – 1 ABR 66/87 –, juris Rn. 59 ff., in: BAGE 54, 147 = AP BetrVG 1972 zu § 99 Nr. 42; *BAG*, Beschl. v. 30.1.1990 – 1 ABR 98/88 –, in: BAGE 64, 94 = AP BetrVG 1972 zu § 99 Nr. 78.

pierung bildet den Oberbegriff für Höher- und Herabgruppierung.[342] Der Inhalt der Mitbestimmung bei Höher- und Rückgruppierung besteht nach Ansicht des Bundesverwaltungsgerichts in der Mitbeurteilung des Personalrats bei der Anwendung der in der Dienststelle geltenden Entgeltordnung. Kern dieses Mitbestimmungsrechts sei somit die richtige Bezahlung.[343] Das Bundesverwaltungsgericht versteht dabei unter Höhergruppierung die Zuordnung zu einer höheren als der bisherigen Vergütungsgruppe nach der jeweils in Betracht kommenden Vergütungsordnung. Herabgruppierung ist dementsprechend die Zuordnung zu einer niedrigeren Vergütungsgruppe.[344] Das Bundesarbeitsgericht definiert Umgruppierung als die Feststellung des Arbeitgebers, dass die Tätigkeit des Arbeitnehmers nicht – oder nicht mehr – den Tätigkeitsmerkmalen derjenigen Vergütungsgruppe entspricht, in die er eingruppiert ist, sondern den Tätigkeitsmerkmalen einer anderen – höheren oder niedrigeren – Vergütungsgruppe.[345] Entscheidend ist der Wechsel der Vergütungsgruppe.[346] Dazu kann es kommen, wenn eine höher zu bewertende Tätigkeit übertragen wird oder der Arbeitnehmer in eine solche hineinwächst, wenn eine unrichtige Eingruppierung korrigiert wird oder wenn sich die tarifrechtlichen Vorschriften zur Eingruppierung geändert haben.[347] Personalrat und Betriebsrat haben insofern die gleichen Mitbestimmungsrechte.

Auch bei einer korrigierenden Rück- bzw. Höhergruppierung, also der erneuten Eingruppierung in eine niedrigere bzw. höhere Vergütungsgruppe bei gleichbleibender Tätigkeit nach irrtümlicher Eingruppierung in eine höhere bzw. niedrigere Vergütungsgruppe, vertreten das Bundesverwaltungs-

342 *Fitting*, Betriebsverfassungsgesetz, 26. Aufl., § 99 Rn. 104.

343 *BVerwG*, Beschl. v. 13.10.2009 – 6 P 15/08 –, juris Rn. 61, in: PersV 2010, 142.

344 *BVerwG*, Beschl. v. 17.4.1970 – 7 P 8/69 –, in: AP PersVG zu § 71 Nr. 10; *BAG*, Urt. v. 14.7.1965 – 4 AZR 358/64 –, in: AP TVG zu § 1 Tarifverträge: BAVAV Nr. 5; *BAG*, Urt. v. 2.12.1981 – 4 AZR 383/79 –, juris Rn. 27, in: BAGE 37, 145 = AP BPersVG zu § 75 Nr. 6.

345 *BAG*, Beschl. v. 20.3.1990 – 1 ABR 20/89 –, juris Rn. 29, in: BAGE 64, 254 = AP BetrVG 1972 zu § 99 Nr. 79; *BAG*, Beschl. v. 10.12.2002 – 1 ABR 27/01 –, juris Rn. 54, in: BAGE 104, 187 = AP BetrVG 1972 zu § 95 Nr. 42.

346 *Cecior/Vallendar/Lechtermann/Klein*, Das Personalvertretungsrecht in Nordrhein-Westfalen, 55. Aktualisierung, § 72 Rn. 236, 245.

347 *Honnen*, ZfPR 1994, 60 (61).

gericht und das Bundesarbeitsgericht übereinstimmend die Auffassung, dass die Beschäftigtenvertretung mitzubestimmen hat.[348]

Anders als bei der Höher- und Herabgruppierung geht es nach Auffassung des Bundesverwaltungsgerichts beim Mitbestimmungstatbestand bei Übertragung einer höher oder niedriger zu bewertenden Tätigkeit im Kern um die gerechte Personalauslese.[349] Die Dienststelle hat eine bestimmte höher oder niedriger zu bewertende Tätigkeit zu übertragen und muss nun eine Auswahl unter den Bediensteten treffen. Regelmäßig zieht die Übertragung einer höher oder niedriger zu bewertenden Tätigkeit eine Höher- oder Herabgruppierung nach sich.[350] Dann steht dem Personalrat bei beiden Maßnahmen ein Mitbestimmungsrecht zu. Die Vorschrift dient aber in erster Linie dazu, dem Personalrat auch bei solchen Übertragungen höher oder niedriger zu bewertenden Tätigkeiten ein Mitbestimmungsrecht zu geben, die keine Höher- oder Herabgruppierung zur Folge haben. Zu denken ist etwa an eine vorübergehende oder vertretungsweise Übertragung einer höherwertigen Tätigkeit.[351] Diese führt zwar nicht zur Höhergruppierung, kann aber einen Anspruch auf Zahlung einer Zulage auslösen. Das Landespersonalvertretungsgesetz Nordrhein-Westfalen sah früher ein Mitbestimmungsrecht des Personalrats nur bei Übertragungen für eine Dauer von mehr als drei Monaten vor. Nach Wegfall dieser Beschränkung ist nicht nur die dauerhafte, sondern auch die nur vorübergehende Übertragung einer höher oder niedriger zu bewertenden Tätigkeit mitbestimmungspflichtig. Nur die Übertragung für einen sehr kurzen Zeitraum ist mitbestimmungsfrei, weil es an der personalvertretungsrechtlichen Relevanz fehle.[352]

Im Gegensatz zum Landespersonalvertretungsgesetz Nordrhein-Westfalen ist dieser Mitbestimmungstatbestand im Betriebsverfassungsgesetz nicht

---

348 *BAG*, Urt. v. 30.5.1990 – 4 AZR 74/90 –, juris Rn. 14, in: BAGE 65, 163 = NZA 1990, 899; *BVerwG*, Beschl. v. 6.10.1992 – 6 P 22/90 –, juris Rn. 11, in: ZfPR 1993, 17; *BAG*, Beschl. v. 20.3.1990 – 1 ABR 20/89 –, juris Rn. 27, in: BAGE 64, 254 = NZA 1990, 699.

349 *BVerwG*, Beschl. v. 13.10.2009 – 6 P 15/08 –, juris Rn. 61, in: PersV 2010, 142.

350 *BAG*, Urt. v. 14.6.1972 – 4 AZR 315/71 –, in: AP BAT zu § 22, 23 Nr. 54.

351 *BVerwG*, Beschl. v. 28.8.2008 – 6 P 12/07 –, juris Rn. 14, in: PersV 2009, 100.

352 *BAG*, Vorlagebeschl. v. 18.6.1991 – 1 ABR 56/90 (A) –, in: PersR 1991, 447; *BVerwG*, Beschl. v. 22.10.1991 – 6 ER 502/91 –, in: PersR 1992, 104; *BVerwG*, Beschl. v. 8.10.1997 – 6 P 9/95 –, in: BVerwGE 105, 247 = AP BPersVG zu § 75 Nr. 69.

ausdrücklich geregelt.[353] Hierzu sah sich der Gesetzgeber des Betriebsverfassungsgesetzes nicht veranlasst, weil bereits die Versetzung gem. § 99 Abs. 1 BetrVG der Mitbestimmung unterliegt. Versetzung ist in § 95 Abs. 3 S. 1 BetrVG definiert als Zuweisung eines anderen Arbeitsbereichs, die voraussichtlich die Dauer eines Monats überschreitet, oder die mit einer erheblichen Änderung der Umstände verbunden ist, unter denen die Arbeit zu leisten ist. Der Versetzungsbegriff des § 95 Abs. 3 S. 1 BetrVG ist weit zu verstehen. Der Begriff des Arbeitsbereichs ist nicht nur räumlich, sondern auch funktional zu verstehen. Mit Arbeitsbereich ist also nicht nur der Ort, an dem die Arbeit verrichtet wird, sondern auch die Art der Tätigkeit gemeint.[354] Das weite Verständnis des Versetzungsbegriffs führt dazu, dass nur noch solche Zuweisungen eines anderen Arbeitsbereichs ohne Zustimmung des Betriebsrats getroffen werden können, die vorübergehend und unerheblich sind. Die Übertragung einer höher oder niedriger zu bewertenden Tätigkeit ist also eine Versetzung i. S. v. § 95 Abs. 3 S. 1 BetrVG, es sei denn, sie ist unerheblich oder erfolgt nur vorübergehend. Dass die Übertragung einer höher oder niedriger zu bewertenden Tätigkeit unerheblich ist, ist nicht denkbar. Wenn nämlich die Tätigkeit, die dem Beschäftigten übertragen werden soll, so erheblich von der bisherigen Tätigkeit des Beschäftigten abweicht, dass eine neue Bewertung erfolgen muss, ist die Übertragung der Tätigkeit auch mit einer erheblichen Änderung der Umstände verbunden, unter denen die Arbeit zu leisten ist. Eine Versetzung geht daher regelmäßig mit einer Übertragung einer höher oder niedriger zu bewertenden Tätigkeit einher.[355] Nicht unter den Begriff der Versetzung und damit nicht mitbestimmungspflichtig sind daher nur solche Übertragungen von höher oder niedriger zu bewertenden Tätigkeiten, die voraussichtlich die Dauer von einem Monat nicht überschreiten.

Mit der Gesetzesnovelle 2011 hat der nordrhein-westfälische Landesgesetzgeber ein Mitbestimmungsrecht bei Stufenzuordnung und Verkürzung und Verlängerung der Stufenlaufzeit eingeführt. Damit bestätigte er die extensive Gesetzesauslegung des Bundesverwaltungsgerichts, das ein entsprechen-

---

353 *Cecior/Vallendar/Lechtermann/Klein*, Das Personalvertretungsrecht in Nordrhein-Westfalen, 55. Aktualisierung, § 72 Rn. 247.

354 *BAG*, Beschl. v. 10.4.1984 – 1 ABR 67/82 –, in: AP BetrVG 1972 zu § 95 Nr. 4; *BAG*, Beschl. v. 17.6.2008 – 1 ABR 38/07 –, in: AP BetrVG 1972 zu § 99 Nr. 47.

355 *Kaiser*, in: Richardi/Dörner/Weber (Hrsg.), Personalvertretungsrecht, § 75 Rn. 35.

des Mitbestimmungsrecht des Personalrats zuvor immer aus dem Mitbestimmungsrecht bei der Eingruppierung abgeleitet hatte.[356] Bei der Stufenzuordnung geht es nach Auffassung des Bundesverwaltungsgerichts wie bei der Höher- und Herabgruppierung im Kern nur um die richtige Bezahlung.[357] Mitbestimmungspflichtig sind daher nur solche Stufenzuordnungen, bei denen die Stufenlaufzeit leistungsbedingt verlängert oder verkürzt wird.[358]

Das Betriebsverfassungsgesetz enthält zur Mitbestimmung bei Stufenzuordnung und Verkürzung und Verlängerung der Stufenlaufzeit gem. Entgeltgrundsätzen keine ausdrückliche Regelung. Es stellt sich daher die Frage, ob der Betriebsrat in diesen Themenbereichen vergleichbare Mitbestimmungsrechte hat. Die Stufenzuordnung innerhalb einer Entgeltgruppe ist nach Auffassung des Bundesarbeitsgerichts eine mitbestimmungspflichtige Umgruppierung nach § 99 Abs. 1 S. 1 BetrVG, weil sie eine der Mitbeurteilung des Betriebsrats unterliegende Rechtsanwendung des Arbeitgebers sei.[359] Auch die Verkürzung und Verlängerung der Stufenlaufzeit werde vom Mitbestimmungsrecht nach § 99 Abs. 1 BetrVG erfasst.[360] Das gelte allerdings mit der Einschränkung, dass der Betriebsrat nur bei der Beurteilung mitzubestimmen habe, ob der Arbeitnehmer die für eine Verkürzung und Verlängerung der Stufenlaufzeit erforderliche, erheblich über- oder unterdurchschnittliche Leistung erbracht hat. Die anschließende Ermessensentscheidung des Arbeitgebers, ob die Leistung des Arbeitnehmers zu einer Verkür-

356 *BVerwG*, Beschl. v. 13.10.2009 – 6 P 15/08 –, juris Rn. 15, 40, in: PersV 2010, 142; *Vogelgesang*, ZfPR 2008, 47; *Wahlers*, PersV 2012, 14.

357 *BVerwG*, Beschl. v. 27.8.2008 – 6 P 11/07 –, in: BVerwGE 131, 383 = NZA-RR 2009, 108; *BVerwG*, Beschl. v. 27.8.2008 – 6 P 3, 4 und 5/08 –, juris Rn. 24, in: PersR 2008, 500 (504); *BVerwG*, Beschl. v. 13.10.2009 – 6 P 15/08 –, juris Rn. 61, in: PersV 2010, 142.

358 *Cecior/Vallendar/Lechtermann/Klein*, Das Personalvertretungsrecht in Nordrhein-Westfalen, 55. Aktualisierung, § 72 Rn. 269.

359 *BAG*, Beschl. v. 6.4.2011 – 7 ABR 136/09 –, juris Rn. 24, in: AP BetrVG 1972 zu § 99 Nr. 135.

360 *BAG*, Beschl. v. 6.4.2011 – 7 ABR 136/09 –, juris Rn. 16, 26, in: AP BetrVG 1972 zu § 99 Nr. 135.

zung und Verlängerung der Stufenlaufzeit führen soll, sei der Mitbestimmung entzogen.[361]

Der Personalrat bestimmt mit bei der Frage, unter welche Fallgruppe die Tätigkeit eines Beschäftigten fällt. Mit der Normierung dieses Mitbestimmungsrechts hat der nordrhein-westfälische Gesetzgeber auf die Rechtsprechung des Bundesverwaltungsgerichts reagiert, wonach der Personalrat bei der Bestimmung der Fallgruppe im Regelfall kein Mitbestimmungsrecht hat. Die Bestimmung der Fallgruppe falle nicht unter den Mitbestimmungstatbestand der Rückgruppierung oder Zuweisung einer niedriger zu bewertenden Tätigkeit.[362] Bei einem Wechsel der Fallgruppe bestehe erst dann ein Mitbestimmungsrecht, wenn er mit der Möglichkeit eines automatischen Zeitaufstiegs verbunden wird, weil dann der Beteiligungstatbestand der Übertragung einer höherwertigen Tätigkeit erfüllt sei.[363] Mit der neuen Regelung ist die Bestimmung der Fallgruppe innerhalb einer Entgeltgruppe mitbestimmungspflichtig, ohne dass es auf die Folgen der Bestimmung der Fallgruppe ankommt.

Das Betriebsverfassungsgesetz enthält keinen entsprechenden Mitbestimmungstatbestand.[364] Das Bundesarbeitsgericht hat in diesem Zusammenhang entschieden, dass sich das Mitbestimmungsrecht des Betriebsrats aus § 99 Abs. 1 BetrVG bei der Ein- bzw. Umgruppierung auch auf die Bestimmung der Fallgruppe innerhalb der jeweiligen Entgeltgruppe erstreckt.[365] Das habe jedenfalls dann zu gelten, wenn an die Fallgruppen jeweils unterschiedliche rechtliche Folgewirkungen geknüpft sind. Damals begründete das Bundesarbeitsgericht seine Auffassung damit, dass die Eingruppierung in eine bestimmte Fallgruppe an sich zwar keine Auswirkungen auf die Vergütung des Arbeitnehmers habe. Solange sich sämtliche in Betracht kommenden Fallgruppen in derselben Entgeltgruppe befänden, bliebe schließlich die

---

361 *BAG*, Beschl. v. 6.4.2011 – 7 ABR 136/09 –, juris Rn. 26, 33, in: AP BetrVG 1972 zu § 99 Nr. 135.

362 *BVerwG*, Beschl. v. 30.1.1979 – 6 P 66/78 –, in: BVerwGE 57, 260 = PersV 1980, 56.

363 *BVerwG*, Beschl. v. 8.10.1997 – 6 P 5/95 –, juris Rn. 20, in: BVerwGE 105, 241 = NZA-RR 1998, 236.

364 *Cecior/Vallendar/Lechtermann/Klein*, Das Personalvertretungsrecht in Nordrhein-Westfalen, 30. Aktualisierung, § 72 Rn. 115.

365 *BAG*, Beschl. v. 27.3.1993 – 1 ABR 11/93 –, in: BAGE 74, 10 = AP BetrVG 1972 zu § 99 Nr. 110; *Fitting*, Betriebsverfassungsgesetz, 26. Aufl., § 99 Rn. 90.

Entgeltgruppe immer die gleiche. Es sei jedoch im Hinblick auf die zukünftige Vergütung des Arbeitgebers nicht unerheblich, in welche Fallgruppe er eingruppiert werde. Je nachdem in welche Fallgruppe ein Arbeitnehmer eingruppiert wird, böten sich unterschiedliche Aufstiegsmöglichkeiten. Insbesondere beim sog. Bewährungsaufstieg, also der Aufstieg von einer niedrigeren in eine höhere Entgeltgruppe in Abhängigkeit von bestimmten Zeitvorgaben und der beruflichen Entwicklung, hingen die Aufstiegsmöglichkeiten davon ab, in welche Fallgruppe der Arbeitnehmer zuvor eingruppiert wurde. Nicht jede Fallgruppe eröffnete die gleichen Bewährungsaufstiegschancen. Aus diesen Gründen befand das Bundesarbeitsgericht, dass der Betriebsrat bei der Bestimmung der Fallgruppe mitzubestimmen habe. An den Aussagen dieser Entscheidung ist auch nach dem Wegfall des Bewährungsaufstiegs (vgl. § 17 Abs. 5 TVÜ-Bund, ein Aufstieg in eine höhere Entgeltgruppe ist nur noch dadurch möglich, dass eine andere Tätigkeit ausgeübt wird, die die Merkmale einer höherwertigen Entgeltgruppe erfüllt) festzuhalten. Die Bestimmung der Fallgruppe hat nämlich nach wie vor Einfluss auf die Vergütung des Arbeitnehmers. So kann etwa die Stufenlaufzeit von Fallgruppe zu Fallgruppe variieren. Damit hat die Wahl der Fallgruppe Auswirkungen auf die zukünftige Vergütung.

Der Personalrat hat auch bei einer wesentlichen Änderung des Arbeitsvertrags ein Mitbestimmungsrecht. Damit hat sich der Landesgesetzgeber gegen die h. M. in der Rechtsprechung und Literatur entschieden, wonach der Personalrat nicht beim Inhalt des einzelnen Arbeitsvertrags mitbestimmen darf. Um die Privatautonomie nicht in verfassungsrechtlich unzulässiger Weise einzuschränken, ist der Mitbestimmungstatbestand restriktiv auszulegen. Außerdem kommt das Mitbestimmungsrecht erst zum Tragen, wenn nicht schon einer der ausdrücklich geregelten Mitbestimmungstatbestände bei Änderungen des Arbeitsvertrags einschlägig ist. Im Einzelnen sind das der Mitbestimmungstatbestand bei Nebenabreden zum Arbeitsvertrag und bei Verlängerung der Probezeit sowie der Mitbestimmungstatbestand bei Befristung von Arbeitsverträgen gem. § 72 Abs. 1 S. 1 Nr. 1 LPVG NRW. Mitbestimmungspflichtig sind nur wesentliche Änderungen des Arbeitsvertrags, also solche von einigem Gewicht. Darunter fallen beispielsweise Änderungen der Arbeitszeit[366] und des Arbeitsortes, die nicht unwesentlich sind.

Dem Betriebsverfassungsgesetz ist ein solcher Mitbestimmungstatbestand fremd. Ein Mitbestimmungsrecht des Betriebsrats kann sich dennoch unter dem Gesichtspunkt der Versetzung ergeben, wenn die der wesentlichen Änderung des Arbeitsvertrags zugrunde liegende kollektivrechtliche Maßnahme eine Zuweisung eines anderen Arbeitsbereichs darstellt, die weder vorübergehend noch unerheblich ist.

Zusammenfassend lässt sich also sagen, dass das Landespersonalvertretungsgesetz Nordrhein-Westfalen eine detaillierte Regelung zum Mitbestimmungsrecht des Personalrats bei Vergütungsfragen enthält. Der Grund hierfür ist, dass der Landesgesetzgeber auf die extensive Auslegung des Eingruppierungsbegriffs durch das Bundesverwaltungsgericht reagiert hat[367], indem er die Mitbestimmungstatbestände, die das Bundesverwaltungsgericht aus der Eingruppierung abgeleitet hat, ins Gesetz eingefügt hat. Auf Bundesebene hat man sich für eine andere Lösung entschieden. Die Regelung im Betriebsverfassungsgesetz beschränkt sich auf ein Minimum. Einzelheiten ergeben sich erst aus der Rechtsprechung des Bundesarbeitsgerichts.

Inhaltlich sind die Mitbestimmungsrechte des Personalrats bei Vergütungsfragen jedoch nur scheinbar umfangreicher als die des Betriebsrats. Tatsächlich hat der Betriebsrat bei Vergütungsfragen nicht nur die gleichen Mitbestimmungsrechte wie der Personalrat. Die Mitbestimmungsrechte des Betriebsrats gehen sogar noch über die des Personalrats hinaus. Wie gezeigt, ist nämlich der Betriebsrat bei der Frage zu beteiligen, welche von mehreren in Betracht kommenden Vergütungsgruppenordnungen anzuwenden ist. Der Personalrat hingegen hat bei dieser möglicherweise entscheidenden Weichenstellung kein Mitbestimmungsrecht.

---

366 *OVG Münster*, Beschl. v. 9.12.1994 – 1 A 2005/92.PVL –, juris Rn. 11, in: NWVBl 1995, 432.

367 *Klein/Lechtermann*, Das Personalvertretungsrecht NRW – Novelle 2011 –, § 72 Rn. 18.

cc. Versetzung, Umsetzung, Abordnung

Nicht jede organisatorische personelle Maßnahme, sondern nur solche von deutlich höherem Gewicht, wie die Versetzung, Umsetzung und Abordnung, unterliegen gem. § 72 Abs. 1 S. 1 Nr. 5 und 6 LPVG NRW der Mitbestimmung. Die bloße Änderung einer Arbeitsaufgabe allein ist nicht mitbestimmungspflichtig. Erst wenn alte Aufgaben entzogen und neue übertragen werden, sodass die Arbeit an sich hierdurch ein anderes Gepräge erhält, kann von einer bloßen organisatorischen Maßnahme nicht mehr die Rede sein.[368]

Der beschäftigtenvertretungsrechtliche Versetzungsbegriff ist anders zu verstehen als der tarifrechtliche oder beamtenrechtliche Versetzungsbegriff.[369] Versetzung i. S. d. Landespersonalvertretungsgesetzes Nordrhein-Westfalen ist die auf Dauer angelegte Zuweisung eines neuen Arbeitsbereichs. Die Versetzung zeichnet sich dadurch aus, dass sie vom Arbeitgeber veranlasst wird. Das bestehende Arbeitsverhältnis wird fortgesetzt. Der Arbeitgeber bleibt derselbe. Der Arbeitnehmer wechselt von der abgebenden Dienststelle zur aufnehmenden Dienststelle. Die Versetzung hat mit der Einstellung gemein, dass sie jeweils mit einer Eingliederung in eine neue Dienststelle verbunden sind. Bei der Versetzung kommt nach Auffassung des Bundesverwaltungsgerichts lediglich die gleichzeitige Ausgliederung aus der alten Dienststelle hinzu.[370]

Mitbestimmungspflichtig ist nur die Versetzung zu einer anderen Dienststelle. Das Bundesverwaltungsgericht geht davon aus, dass eine Versetzung erst dann vorliegt, wenn sich der neue Arbeitsbereich in einer anderen Behörde befindet.[371] Ist die Zuweisung des neuen Arbeitsbereichs nicht mit einem Wechsel der Behörde verbunden, sondern lediglich mit dem Wechsel des Dienstpostens bzw. Arbeitsplatzes, handelt es sich um eine Umsetzung.[372]

368 *BVerwG*, Beschl. v. 18.12.1996 – 6 P 8/95 –, in: AP LPVG NRW zu § 72 Nr. 12.

369 *Wahlers*, PersV 1998, 219 (220).

370 *BVerwG*, Beschl. v. 16.9.1994 – 6 P 33/93 –, juris Rn. 17, in: AP BPersVG zu § 76 Nr. 7.

371 *BVerwG*, Beschl. v. 16.6.2000 – 6 P 6/99 –, in: AP LPVG NRW zu § 72 Nr. 21.

372 *BVerwG*, Urt. v. 22.5.1980 – 2 C 30/78 –, juris Rn. 16, in: BVerwGE 60, 144 = NJW 1981, 67; *BVerwG*, Beschl. v. 18.12.1996 – 6 P 8/95 –, in: AP LPVG NRW zu § 72 Nr. 12.

Eine Umsetzung ist gem. § 72 Abs. 1 S. 1 Nr. 5 LPVG NRW nur unter den dort genannten zusätzlichen Voraussetzungen mitbestimmungspflichtig. Von der Mitbestimmung ausgenommen sind Umsetzungen, die voraussichtlich kürzer als drei Monate dauern werden und nicht mit einem Wechsel des Dienstortes verbunden sind. Bei der Versetzung fehlen entsprechende Beschränkungen, sodass der Personalrat auch bei kurzfristigen Versetzungen zu beteiligen ist.[373]

Abordnung ist die Anordnung einer zeitweiligen Arbeitsleistung bei einer anderen Behörde desselben oder eines anderen Dienstherrn.[374] Die Abordnung unterscheidet sich von der Versetzung dadurch, dass die Stammdienststelle des Beschäftigten dieselbe bleibt. Das Arbeitsverhältnis besteht unverändert fort.[375] Ein Indiz für eine Abordnung ist, dass der Beschäftigte auf seiner bisherigen Stelle verbleibt. Wird der Beschäftigte hingegen auf der Stelle der aufnehmenden Behörde geführt, spricht die Vermutung dafür, dass es sich um eine Versetzung handelt.

Neben der Abordnung ist gem. § 72 Abs. 1 S. 1 Nr. 6 LPVG NRW auch die Zuweisung mitbestimmungspflichtig. Wie bei der Abordnung, wird bei der Zuweisung angeordnet, dass ein Beschäftigter vorübergehend bei einer an-

---

373 A. A. *BAG*, Urt. v. 21.8.1990 – 1 AZR 576/89 –, in: AP LPVG NRW zu § 72 Nr. 3: Nur die dauerhafte Versetzung unterliegt nach Ansicht des Bundesarbeitsgerichts der Mitbestimmung. Kurzfristige Versetzungen könne der Dienststellenleiter ohne Beteiligung des Personalrats durchführen. Das ergebe sich daraus, dass gem. § 72 Abs. 1 S. 1 Nr. 5 und 6 LPVG NRW nicht nur die Versetzung, sondern auch die Umsetzung, die Abordnung und die Zuweisung der Mitbestimmung unterliegen. Bei diesen Maßnahmen ist das Mitbestimmungsrecht aber ausdrücklich an die Voraussetzung geknüpft, dass die Maßnahme länger als drei Monate dauert. Bei der Versetzung fehlt ein entsprechender Zusatz. Dass die Auffassung des Bundesarbeitsgerichts nicht zutrifft, ergibt sich auch aus einem Vergleich der Regelungen zur Versetzung vor und nach der Novelle von 2011. Der Gesetzgeber hat im Wege der Novelle hinter dem Mitbestimmungstatbestand «Versetzung zu einer anderen Dienststelle» die Worte «Umsetzung innerhalb der Dienststelle für eine Dauer von mehr als drei Monaten» eingefügt. Da der Gesetzgeber nicht das Beteiligungsrecht bei der Versetzung neu regeln – insbesondere nicht einschränken – wollte, sondern nur das der Umsetzung, ist davon auszugehen, dass die Beschränkung auf längerfristige Maßnahmen nur für die Umsetzung gelten sollte.

374 *BVerwG*, Beschl. v. 19.3.2012 – 6 P 6/11 –, juris Rn. 9, in: NVwZ-RR 2012, 441; *Kathke*, ZBR 1999, 325, (336).

375 *Cecior/Vallendar/Lechtermann/Klein*, Das Personalvertretungsrecht in Nordrhein-Westfalen, 55. Aktualisierung, § 72 Rn. 325.

deren Stelle Arbeit leisten soll. Im Gegensatz zur Abordnung zeichnet sich die Zuweisung dadurch aus, dass diese Stelle eine öffentliche Einrichtung ist, die keine Dienstherreneigenschaft besitzt.[376] Praktisch relevant ist die Zuweisung beim Einsatz von Beschäftigten außerhalb der Bundesrepublik Deutschland oder bei einer privatrechtlich organisierten Einrichtung der öffentlichen Hand.[377]

Vorübergehende Abordnungen und Zuweisungen, also solche mit einer voraussichtlichen Dauer von weniger als drei Monaten, sind mitbestimmungsfrei.[378]

Versetzung i. S. d. Betriebsverfassungsgesetzes ist gem. § 95 Abs. 3 BetrVG die Zuweisung eines anderen Arbeitsbereichs, die voraussichtlich die Dauer von einem Monat überschreitet oder die mit einer erheblichen Änderung der Umstände verbunden ist, unter denen die Arbeit zu leisten ist. Dauert die Zuweisung also länger als einen Monat, wird unwiderleglich vermutet, dass die Änderung der Arbeitsumstände erheblich ist. Bei kürzerer Zuweisung muss die Änderung der Arbeitsumstände erheblich sein, damit eine mitbestimmungspflichtige Versetzung angenommen werden kann.[379] Mitbestimmungsfrei sind nur solche Zuweisungen, die vorübergehend sind, also kürzer als einen Monat dauern sollen, und die außerdem nicht mit einer erheblichen Änderung der Arbeitsumstände verbunden sind. Das Mitbestimmungsrecht des Betriebsrats ist nicht davon abhängig, ob die angeordnete Maßnahme dem Arbeitnehmer gegenüber individualrechtlich zulässig ist.[380]

Ob eine Versetzung vorliegt, hängt entscheidend davon ab, ob es sich um eine Zuweisung eines anderen Arbeitsbereichs handelt.[381] Die Zuweisung eines anderen Arbeitsbereichs liegt nach Auffassung des Bundesarbeitsgerichts dann vor, wenn dem Arbeitnehmer ein neuer Tätigkeitsbereich zuge-

---

376 *Lorenzen*, PersV 1990, 369 (371).

377 *Cecior/Vallendar/Lechtermann/Klein*, Das Personalvertretungsrecht in Nordrhein-Westfalen, 55. Aktualisierung, § 72 Rn. 329.

378 *Cecior/Vallendar/Lechtermann/Klein*, Das Personalvertretungsrecht in Nordrhein-Westfalen, 55. Aktualisierung, § 72 Rn. 327, 329.

379 *Fitting*, Betriebsverfassungsgesetz, 26. Aufl., § 99 Rn. 154.

380 *BAG*, Beschl. v. 26.5.1988 – 1 ABR 18/87 –, in: AP BetrVG 1972 zu § 95 Nr. 13.

381 *Belling*, DB 1985, 335 (338).

wiesen wird, sodass der Gegenstand der geschuldeten Arbeitsleistung, der Inhalt der Arbeitsaufgabe, ein anderer wird und sich das Gesamtbild der Tätigkeit des Arbeitnehmers ändert.[382] Verändert sich das Gesamtbild der Tätigkeit nicht, nimmt das Bundesarbeitsgericht die Zuweisung eines anderen Arbeitsbereichs immer dann an, wenn der Arbeitnehmer aus einer betrieblichen Einheit herausgenommen und einer anderen Einheit zugewiesen wird.[383] Der Entzug der bisherigen Tätigkeit und die Zuweisung der neuen Tätigkeit dürfen jedoch nicht getrennt voneinander betrachtet werden, sondern bilden einen einheitlichen Vorgang.[384] Dabei versteht das Bundesarbeitsgericht unter Versetzung nicht nur die betriebsinterne Versetzung, sondern auch die Zuweisung eines Arbeitsbereichs in einem anderen Betrieb eines Unternehmens.[385] Das Betriebsverfassungsgesetz differenziert im Gegensatz zum Landespersonalvertretungsgesetz Nordrhein-Westfalen nicht zwischen den verschiedenen organisatorischen personellen Maßnahmen, wie Versetzung, Umsetzung, Abordnung und Zuweisung. Es wäre jedoch verfehlt, daraus den Schluss zu ziehen, der Betriebsrat habe bei diesen Maßnahmen kein Mitbestimmungsrecht. Der Begriff der Versetzung i. S. v. § 99 Abs. 1 S. 1 und § 95 Abs. 3 S. 1 BetrVG ist weiter als der in § 72 Abs. 1 S. 1 Nr. 5 LPVG NRW[386], weil er die Umsetzung[387] und die Abordnung mit einschließt.[388] Das Mitbestimmungsrecht des Betriebsrats bei Umsetzungen und Abordnungen knüpft an das Mitbestimmungsrecht bei Versetzungen an.

382 *BAG*, Beschl. v. 10.4.1984 – 1 ABR 67/82 –, in: AP BetrVG 1972 zu § 95 Nr. 4; *BAG*, Beschl. v. 18.2.1986 – 1 ABR 27/84 –, juris Rn. 32, in: BAGE 51, 151 = AP BetrVG 1972 zu § 99 Nr. 33.

383 *BAG*, Beschl. v. 10.4.1984 – 1 ABR 67/82 –, juris Rn. 24, in: AP BetrVG 1972 zu § 95 Nr. 4; *BAG*, Beschl. v. 18.2.1986 – 1 ABR 27/84 –, juris Rn. 33, in: BAGE 51, 151 = AP BetrVG 1972 zu § 99 Nr. 33.

384 *BAG*, Beschl. v. 26.1.1988 – 1 AZR 531/86 –, in: AP BetrVG 1972 zu § 90 Nr. 50.

385 *BAG*, Beschl. v. 20.9.1990 – 1 ABR 37/90 –, juris Rn. 19, in: BAGE 66, 57 = AP BetrVG 1972 zu § 99 Nr. 84.

386 *BAG*, Urt. v. 21.8.1990 – 1 AZR 576/89 –, juris Rn. 17, in: AP LPVG NRW zu § 72 Nr. 3.

387 *BAG*, Beschl. v. 29.2.2000 – 1 ABR 5/99 –, in: AP BetrVG 1972 zu § 95 Nr. 36; *Griese*, BB 1995, 458.

388 *Cecior/Vallendar/Lechtermann/Klein*, Das Personalvertretungsrecht in Nordrhein-Westfalen, 55. Aktualisierung, § 72 Rn. 301.

Eine fast schon selbstverständliche Ausnahmeregelung enthält § 95 Abs. 3 S. 2 BetrVG. Danach stellt die Bestimmung eines Arbeitsplatzes dann keine Versetzung dar, wenn Arbeitnehmer nach der Eigenart ihres Arbeitsverhältnisses üblicherweise nicht ständig an einem bestimmten Arbeitsplatz beschäftigt sind.

Das Landespersonalvertretungsgesetz Nordrhein-Westfalen enthält keine entsprechende Ausnahmeregelung. Gemäß § 72 Abs. 1 S. 3 gilt das Mitbestimmungsrecht bei Versetzungen und Umsetzungen nicht für Beschäftigte in der Berufsausbildung.

Bei einer Versetzung stellt sich regelmäßig die Frage, ob die aufnehmende Dienststelle und/oder die abgebende Dienststelle mitbestimmt. Die praktische Relevanz dieser Frage tritt in solchen Fällen zu Tage, in denen die Beschäftigtenvertretung der abgebenden Dienststelle der Versetzung zustimmen würde, die Beschäftigtenvertretung der aufnehmenden Dienststelle ihre Zustimmung zu Recht verweigern würde. Dann wäre der Beschäftigte aus der abgebenden Dienststelle ausgeschieden, könnte aber nicht in die aufnehmende Dienststelle eingegliedert werden.

Sowohl das Landespersonalvertretungsgesetz Nordrhein-Westfalen als auch das Betriebsverfassungsgesetz enthalten hierzu keine ausdrückliche Regelung.

Das Bundesverwaltungsgericht beantwortet diese Frage in Anknüpfung an § 66 Abs. 1 LPVG NRW. Danach steht das Mitbestimmungsrecht des Personalrats immer im Zusammenhang mit einer bestimmten Maßnahme. Es kommt daher entscheidend darauf an, welche Dienststelle die Versetzung betreibt. Das Bundesverwaltungsgericht hat schon früh entschieden, dass die abgebende Dienststelle in jedem Fall bei der Versetzung zu beteiligen sei. Die aufnehmende Dienststelle habe hingegen grundsätzlich nicht mitzubestimmen. Die aufnehmende Dienststelle solle nur dann ausnahmsweise mitbestimmen, wenn sie einen bestimmenden Einfluss auf die Versetzung ausgeübt hat.[389] In welchen Situationen die aufnehmende Dienststelle einen bestimmenden Einfluss auf die Versetzung ausübt, ist umstritten.[390] Das Bundesverwaltungsgericht stellt hierzu auf § 123 BRRG = § 15 BeamtStG ab,

---

389 *BVerwG*, Beschl. v. 26.10.1962 – 7 P 12/61 –, in: BVerwGE 15, 90.

390 Zu den hierzu vertretenen Auffassungen *Leuze*, PersV 1986, 187.

wonach es darauf ankommen soll, ob die Versetzung von der Zustimmung der aufnehmenden Dienststelle abhängt. Später entschied das Bundesverwaltungsgericht, dass die aufnehmende Dienststelle stets dann bei einer Versetzung mitzubestimmen habe, wenn an der Personalmaßnahme Dienststellen unterschiedlicher Dienstherren beteiligt sind, sodass für die Versetzung das schriftlich zu erklärende Einverständnis des aufnehmenden Dienstherrn erforderlich ist.[391] Mittlerweile ist das Bundesverwaltungsgericht zu der Auffassung gelangt, dass neben dem Personalrat der abgebenden Dienststelle grundsätzlich auch der Personalrat der aufnehmenden Dienststelle bei einer Versetzung zu beteiligen ist. Das ergebe sich aus dem Sinn und Zweck der Mitbestimmungsregelung, genauer aus den Zustimmungsverweigerungsgründen, die der Personalrat vorbringen kann. Aus diesen ergebe sich, dass der Personalrat der aufnehmenden Dienststelle überwiegend Gründe zum Schutz der Beschäftigten in seiner Dienststelle gegen die Versetzung geltend machen kann. Dieser dem Mitbestimmungstatbestand der «Versetzung» innewohnende kollektive Schutzzweck, der alle von dieser Maßnahme betroffenen Beschäftigten einbezieht, würde hinsichtlich der Beschäftigten der aufnehmenden Dienststelle leerlaufen, wenn der Personalrat der aufnehmenden Dienststelle nicht mitbestimmen dürfte.[392] Diese Rechtsprechung hat das Bundesverwaltungsgericht auf die Umsetzung übertragen. Wenn die Umsetzung mit einem Dienststellenwechsel verbunden ist, sind sowohl der Personalrat der abgebenden als auch der der aufnehmenden Dienststelle zu beteiligen.[393] Auch bei der Abordnung gilt, dass sowohl der Personalrat der abgebenden Dienststelle als auch der Personalrat der aufnehmenden Dienststelle zu beteiligen sind,[394] sofern der Gesetzgeber keine andere Regelung getroffen hat.[395]

Das Bundesarbeitsgericht betont in seinen Entscheidungen zu Versetzungen eines Arbeitnehmers von einem Betrieb in einen anderen immer wieder,

---

391 *BVerwG*, Beschl. v. 6.11.1987 – 6 P 2/85 –, in: BVerwGE 78, 257 = DÖV 1988, 602.

392 *BVerwG*, Beschl. v. 16.9.1994 – 6 P 33/93 –, juris Rn. 17, in: AP BPersVG zu § 76 Nr. 7.

393 *BVerwG*, Beschl. v. 16.6.2000 – 6 P 6/99 –, juris Rn. 19, in: AP LPVG NRW zu § 72 Nr. 21.

394 *Cecior/Vallendar/Lechtermann/Klein*, Das Personalvertretungsrecht in Nordrhein-Westfalen, 55. Aktualisierung, § 72 Rn. 324.

395 *BVerwG*, Beschl. v. 29.1.2003 – 6 P 19/01 –, juris Rn. 13, in: NZA-RR 2003, 503.

dass dem Betriebsrat des abgebenden Betriebs ein Mitbestimmungsrecht unter dem Gesichtspunkt der Versetzung zusteht. Der Betriebsrat des aufnehmenden Betriebs sei unter dem Gesichtspunkt der Einstellung nach § 99 BetrVG zu beteiligen.[396]

Nach der Rechtsprechung des Bundesarbeitsgerichts kommt es für das Mitbestimmungsrecht des Betriebsrats des abgebenden Betriebs nicht darauf an, ob die Versetzung nur vorübergehend sein soll oder auf Dauer angelegt ist. Der Betriebsrat des abgebenden Betriebs hat nach Ansicht des Bundesarbeitsgerichts in beiden Fällen bei einer Versetzung eines Arbeitnehmers mitzubestimmen.[397]

Es komme für die Frage nach dem Mitbestimmungsrecht des Betriebsrats bei einer auf Dauer angelegten Versetzung aber darauf an, ob die Versetzung mit oder ohne Einverständnis des betroffenen Arbeitnehmers erfolgen soll. Das Einverständnis des von einer personellen Einzelmaßnahme betroffenen Arbeitnehmers führt grundsätzlich nicht dazu, dass das Mitbestimmungsrecht des Betriebsrats entfällt. Der Grund hierfür ist, dass der Betriebsrat nicht nur die Interessen des einzelnen Arbeitnehmers vertritt, sondern auch die der restlichen Belegschaft. Auf die Wahrung der Interessen der Belegschaft kann der einzelne Arbeitnehmer nicht verzichten, weil sie nicht zu seiner Disposition stehen. Etwas anderes gilt nach Auffassung des Bundesarbeitsgerichts für das Einverständnis zu einer auf Dauer angelegten Versetzung. Das Mitbestimmungsrecht bei einer Versetzung im abgebenden Betrieb entfalle ausnahmsweise dann, wenn der Arbeitnehmer sich mit der auf Dauer angelegten Versetzung einverstanden erklärt hat. Der Arbeitnehmer könnte nämlich genauso gut kündigen, um sein Interesse durchzusetzen. Dann könnte der Betriebsrat ja auch nicht die Versetzung verhindern.[398]

---

396 *BAG*, Urt. v. 26.1.1993 – 1 AZR 303/92 –, juris Rn. 23, in: AP BetrVG 1972 zu § 99 Nr. 102.

397 *BAG*, Beschl. v. 20.9.1990 – 1 ABR 37/90 –, juris Rn. 34, in: BAGE 66, 57 = AP BetrVG 1972 zu § 99 Nr. 84. Das Bundesarbeitsgericht vertritt insofern zur betriebsverfassungsrechtlichen Regelung eine andere Auffassung als zur personalvertretungsrechtlichen Regelung.

398 *BAG*, Beschl. v. 20.9.1990 – 1 ABR 37/90 –, in: BAGE 66, 57 = AP BetrVG 1972 zu § 99 Nr. 84; *BAG*, Urt. v. 26.1.1993 – 1 AZR 303/92 –, in AP BetrVG 1972 zu § 99 Nr. 102.

Auch im Geltungsbereich des Landespersonalvertretungsgesetzes Nordrhein-Westfalen gilt grundsätzlich, dass das Einverständnis des betroffenen Arbeitnehmers mit einer personellen Einzelmaßnahme nicht dazu führt, dass das Beteiligungsrecht des Personalrats entfällt. Das Gesetz sieht für die Entlassung von Beamten, § 72 Abs. 1 S. 1 Nr. 8 LPVG NRW, und für die vorzeitige Versetzung in den Ruhestand, § 72 Abs. 1 S. 1 Nr. 9 LPVG NRW, eine Ausnahme vor. Hier besteht ein Mitbestimmungsrecht des Personalrats nur dann, wenn die Maßnahme nicht vom Betroffenen selbst beantragt wurde. Im Umkehrschluss bedeutet das, dass ein Mitbestimmungsrecht des Personalrats bei einer Versetzung, Umsetzung, Abordnung und Zuweisung selbst dann besteht, wenn der Beschäftigte mit der Maßnahme einverstanden ist.[399]

Handelt es sich bei dem betroffenen Arbeitnehmer um ein Personalratsmitglied, gelten die strengeren Anforderungen des § 43 Abs. 1 LPVG NRW. Danach darf eine Versetzung, Abordnung, Umsetzung, Zuweisung oder Gestellung gegen den Willen des Personalratsmitglieds nur erfolgen, wenn sie auch unter Berücksichtigung der Mitgliedschaft im Personalrat aus wichtigen dienstlichen Gründen unvermeidbar ist und der Personalrat, dem das Mitglied angehört, zustimmt.

Die Regelung ist verfassungsrechtlich problematisch, weil das Letztentscheidungsrecht der Dienststelle nicht sichergestellt ist. Es handelt sich um eine Angelegenheit die der nach dem Beschluss des Bundesverfassungsgerichts vom 24.5.1995 der Fallgruppe (c) und damit der höchsten Legitimationsstufe zuzuordnen ist. Die Letztentscheidung muss in diesen Angelegenheiten einer demokratisch legitimierten Stelle vorbehalten sein. Nach § 43 Abs. 1 S. 1 LPVG NRW trifft aber die Personalvertretung die Letztentscheidung, weil sie eine Versetzung, Abordnung, Umsetzung, Zuweisung oder Gestellung eines Personalratsmitglieds durch Verweigerung ihrer Zustimmung endgültig verhindern kann. Der Personalvertretung fehlt jedoch hierfür die demokratische Legitimation. Der Gesetzgeber könnte die Regelung in Einklang mit der Verfassung bringen, indem er, wie in § 43 Abs. 2

399 *Cecior/Vallendar/Lechtermann/Klein*, Das Personalvertretungsrecht in Nordrhein-Westfalen, 55. Aktualisierung, § 72 Rn. 289, 304, 315.

S. 2 LPVG NRW bei der außerordentlichen Kündigung, die Möglichkeit schafft, die Zustimmung durch das Verwaltungsgericht zu ersetzen.[400]

Auch das Betriebsverfassungsgesetz enthält in § 103 Abs. 3 BetrVG eine Sonderregelung zu § 99 BetrVG für die Versetzung von Betriebsratsmitgliedern. Die Versetzung des Betriebsratsmitglieds bedarf der Zustimmung des Betriebsrats. Die Zustimmung kann durch das Arbeitsgericht ersetzt werden, wenn die Versetzung auch unter Berücksichtigung der betriebsverfassungsrechtlichen Stellung des betroffenen Arbeitnehmers aus dringenden betrieblichen Gründen notwendig ist. Der Unterschied zur personalvertretungsrechtlichen Regelung besteht darin, dass die Zustimmung des Betriebsrats entbehrlich ist, wenn das Betriebsratsmitglied mit der Versetzung einverstanden ist.

Die praktische Relevanz des Mitbestimmungstatbestandes bei der Versetzung ist für Sparkassen gering. Die einzelne Sparkasse ist Dienststelle i. S. d. § 1 Abs. 2 LPVG NRW. Selbst bei einer grundlegenden Änderung der Aufgaben oder des Arbeitsortes besteht in der Regel kein Mitbestimmungsrecht der Personalvertretung unter dem Gesichtspunkt der Versetzung, wenn sich die Maßnahme innerhalb einer Sparkasse auswirkt.[401] Erst wenn eine Zweigstelle einer Sparkasse zu einer selbstständigen Dienststelle i. S. v. § 1 Abs. 3 LPVG NRW erklärt wurde und ein Wechsel von der Hauptstelle zur Zweigstelle ansteht, kommt ein Mitbestimmungsrecht in Betracht. Das Mitbestimmungsrecht bei der Versetzung ist daher nur für größere Sparkassen relevant. Unabhängig davon kann sich in solchen Angelegenheiten ein Beteiligungsrecht auch in kleineren Sparkassen aus dem Mitbestimmungstatbestand der Umsetzung ergeben. Dann bestimmt die Personalvertretung nur mit, wenn die Maßnahme länger als drei Monate dauern soll oder mit einem Wechsel des Dienstortes verbunden ist.

dd. Exkurs: Zustimmungsverweigerung

Steht fest, dass eine bestimmte Maßnahme der Mitbestimmung unterliegt, ist anschließend zu klären, unter welchen Voraussetzungen eine Zustimmungsverweigerung beachtlich ist.

---

400 *Faber/Härtl*, PersV 1999, 50 (68).

401 *Tietz*, Arbeitsrecht in Sparkassen, 5. Aufl., S. 873.

Gemäß § 66 Abs. 2 S. 5 LPVG NRW gilt die Maßnahme als gebilligt, wenn nicht der Personalrat innerhalb der Frist des § 66 Abs. 2 S. 3 und 4 LPVG NRW die Zustimmung unter Angabe von Gründen schriftlich verweigert. Die Zustimmungsverweigerung ist also nur beachtlich, wenn sie form- und fristgerecht mitgeteilt wird und mit einer Begründung versehen ist.[402]

Das Landespersonalvertretungsgesetz Nordrhein-Westfalen enthält keine Beschränkung der Gründe, aus denen der Personalrat einer Einstellung widersprechen kann. Mit dem Landespersonalvertretungsgesetz Nordrhein-Westfalen 2007 wurde zwar ein Zustimmungsverweigerungskatalog nach dem Vorbild des Bundespersonalvertretungsgesetzes mit der Begründung eingeführt, die bisher durch die Rechtsprechung formulierten Gründe für eine beachtliche Zustimmungsverweigerung durch den Gesetzgeber zu konkretisieren.[403] Der Katalog wurde jedoch im Rahmen der Novelle von 2011 wieder aus dem Gesetz entfernt. In der Gesetzesbegründung heißt es, «die Gründe für eine Zustimmungsverweigerung können entfallen, da durch die Rechtsprechung geklärt ist, dass die Ablehnung der Zustimmung nur aus Gründen erfolgen kann, die nicht willkürlich sind und im Rahmen des Mitbestimmungstatbestandes liegen».[404] Die Zustimmung kann daher grundsätzlich aus sämtlichen Gründen, die im Rahmen des Mitbestimmungstatbestandes liegen, verweigert werden. Eine Verweigerung der Zustimmung ist unbeachtlich, wenn sie aus Gründen erfolgt, die nicht im Zusammenhang mit einem Mitbestimmungsrecht des Personalrats stehen.[405] Sie ist ebenso unbeachtlich, wenn sie nicht rechtzeitig, d. h. innerhalb von zwei Wochen oder in dringenden Fällen innerhalb von einer Woche, mitgeteilt wird. Ist die Zustimmungsverweigerung unbeachtlich, gilt die Maßnahme als gebilligt. Das ergibt sich aus § 66 Abs. 2 S. 5 LPVG NRW, wonach eine Maßnahme der Dienststelle als genehmigt gilt, wenn nicht der Personalrat die Zustimmung unter Angabe der Gründe verweigert. Wenn die Mitteilung des Personalrats an die Dienststelle keine Begründung enthält, tritt diese Zustimmungsfiktion ein. Dabei wird eine Zustimmungsverweigerung, die unbeachtliche Gründe enthält, einer fehlenden Zustimmungsverweigerung

402 *Kröll*, PersR 2008, 259.
403 LT-Drs. 14/4239, S. 94.
404 LT-Drs. 15/1644, S. 82.
405 Über die hierzu ergangene Rechtsprechung *Lautenbach*, PersV 2007, 259.

gleichgestellt. Trotz Zustimmungsverweigerung kann dann das Verfahren vor der Einigungsstelle entfallen. Wenn die Mitteilung des Personalrats an die Dienststelle eine Begründung enthält, ist also entscheidend, ob sie einen beachtlichen Zustimmungsverweigerungsgrund enthält oder nicht.

In vier Situationen wird die Zustimmung des Personalrats zu einer Maßnahme also fingiert: bei fehlender Zustimmungsverweigerung, bei nicht fristgerechter Zustimmungsverweigerung, bei nicht schriftlicher Zustimmungsverweigerung[406] und bei Zustimmungsverweigerung ohne Angabe beachtlicher Gründe.[407]

Hat die Personalvertretung form- und fristgerecht gegenüber der Dienststelle erklärt, dass sie der beabsichtigten Maßnahme nicht zustimmt, ist diese Zustimmungsverweigerung nur dann beachtlich, wenn sie ausreichend begründet ist. Das ist wiederum nur dann der Fall, wenn die Begründung der Zustimmungsverweigerung gewisse Mindestanforderungen erfüllt. Ob die Zustimmungsverweigerung überhaupt nicht, nicht fristgerecht oder nicht schriftlich erfolgt, lässt sich in der Regel vergleichsweise einfach feststellen. Schwieriger zu beantworten ist die Frage, ob die Begründung der Zustimmungsverweigerung beachtliche Gründe enthält. Daher soll darauf im Folgenden näher eingegangen werden.

Das Bundespersonalvertretungsgesetz sieht – wie auch viele Landespersonalvertretungsgesetze – vor, dass der Personalrat die Zustimmung zu einer Einstellung nur aus bestimmten, abschließend aufgezählten Gründen verweigern kann. Diese gesetzliche Regelung bereitete in der Praxis vielfach Probleme, weil Personalrat und Dienststelle darüber stritten, ob ein Zustimmungsverweigerungsgrund vorlag oder nicht und welche Anforderungen an die Zustimmungsverweigerung durch den Personalrat zu stellen waren. Das Bundesverwaltungsgericht hat im Hinblick auf die Kataloge von Zustimmungsverweigerungsgründen entschieden, dass der Personalrat angeben muss, welcher der aufgezählten Gründe seiner Ansicht nach vorliegt. Eine Verweigerung der Zustimmung ohne jegliche Begründung sei unbeachtlich. Auch die Verweigerung der Zustimmung unter Darlegung von Tat-

---

406 Dazu *Süllwold*, ZfPR 2003, 285; *Matthiesen*, ZfPR 2010, 73.

407 *Cecior/Vallendar/Lechtermann/Klein*, Das Personalvertretungsrecht in Nordrhein-Westfalen, 55. Aktualisierung, § 66 Rn. 194.

sachen oder Rechtsauffassungen, aus denen sich ersichtlich keiner der im Gesetz abschließend geregelten Verweigerungsgründe ergibt, könne nicht anders behandelt werden, als das Fehlen einer Begründung.[408] Denn mit der Verweigerung der Zustimmung ohne Zusammenhang mit den aufgezählten Zustimmungsverweigerungsgründen gebe der Personalrat zu erkennen, dass er in Wirklichkeit keine Regelung auf der Grundlage eines Mitbestimmungsrechts anstrebt, sondern seine Zustimmung ohne einen vom Gesetz gebilligten sachlichen Grund verweigert. Ein derartiges Verhalten werde aber vom Recht nicht geschützt; es sei vielmehr missbräuchlich und löse deswegen keine Rechtsfolgen aus.[409] Die Verweigerung der Zustimmung genüge nicht schon dann dem Begründungserfordernis, wenn sie überhaupt eine Begründung enthält. Das Vorbringen des Personalrats müsse vielmehr das Vorliegen eines Mitbestimmungstatbestands zumindest als möglich erscheinen lassen. Eine Begründung, die offensichtlich außerhalb eines Mitbestimmungstatbestands liegt, ist unbeachtlich.[410] Denn andernfalls könnte der Personalrat durch offensichtlich unerhebliche Einwendungen die Durchführung der beabsichtigten Maßnahme beliebig verzögern und damit die Funktionsfähigkeit der Dienststelle beeinträchtigen.[411] Die Wirksamkeit der Zustimmungsverweigerung sei jedoch nicht davon abhängig, ob die angegebenen Gründe in sich widerspruchsfrei sind. Auch müsse die Begründung nicht in dem Sinne «schlüssig» sein, dass bei Vorliegen der vom Personalrat vorgebrachten Umstände ohne Weiteres der geltend gemachte Mitbestimmungstatbestand gegeben ist. Die mangelnde Schlüssigkeit der Gründe könne dem Fehlen jeglicher Begründung nicht gleichgestellt werden, weil sonst die Gefahr bestünde, dass der Dienststellenleiter auch abschließend

---

408 *BVerwG*, Beschl. v. 27.7.1979 – 6 P 38/78 –, in: PersV 1981, 162; das Bundesarbeitsgericht hat sich dieser Rechtsprechung zu § 77 Abs. BPersVG angeschlossen, *BAG* Urt. v. 22.5.1985 – 4 AZR 427/83 –, in: BAGE 48, 351 = PersV 1987, 208.

409 *BVerwG*, Beschl. v. 4.4.1985 – 6 P 37/82 –, in: NVwZ 1987, 141; *BVerwG*, Beschl. v. 18.4.1986 – 6 P 31/84 –, in: NVwZ 1987, 139; *BVerwG*, Beschl. v. 10.8.1987 – 6 P 22/84 –, in: BVerwGE 78, 65 = PersV 1988, 357 (358); *BVerwG*, Beschl. v. 27.3.1990 – 6 P 34/87 –, in: AP BPersVG zu § 77 Nr. 3 = DVBl. 1990, 873 (875).

410 A. A. Müller, PersR 1991, 455 (456), nach dem eine Zustimmungsverweigerung auch dann beachtlich ist, wenn die Gründe außerhalb eines Mitbestimmungstatbestands liegen, solange der Personalrat zu erkennen gibt, welche Gesichtspunkte ihn zur Zustimmungsverweigerung veranlassen.

411 *BVerwG*, Beschl. v. 4.4.1985 – 6 P 37/82 –, in: NVwZ 1987, 141; *BVerwG*, Beschl. v. 20.6.1986 – 6 P 4/83 –, in: BVerwGE 74, 273 = DVBl. 1986, 952.

prüft, ob die Weigerung des Personalrats begründet ist und bei Verneinung dieser Frage die beabsichtigte Maßnahme vollzieht. Die Prüfung der so verstandenen «Schlüssigkeit» müsse vielmehr, wie die der Begründetheit der Zustimmungsverweigerung, der Entscheidung im Einigungsverfahren vorbehalten bleiben.[412] Wenn der Dienststellenleiter also Zweifel an der Begründetheit der Zustimmungsverweigerung des Personalrats hat, kann er sich über die Zustimmungsverweigerung nur hinwegsetzen, sofern das Vorbringen des Personalrats offensichtlich keinem Verweigerungsgrund zuzuordnen ist.[413]

Oder anders ausgedrückt: Lässt sich das Vorbringen des Personalrats nicht offensichtlich keinem Verweigerungsgrund zuordnen, darf der Dienststellenleiter sich nicht über die Zustimmungsverweigerung des Personalrats hinwegsetzen, indem er die Maßnahme trotz Zustimmungsverweigerung durchführt. Denn – so das Bundesverwaltungsgericht – in Angelegenheiten, die der Mitbestimmung unterliegen, stehen sich (auch im Stufenverfahren) Dienststellenleiter und Personalvertretung im Regelfall als gleichberechtigte Partner gegenüber. Dieser das Personalvertretungsrecht beherrschende Grundsatz finde in Mitbestimmungsangelegenheiten seinen konsequenten Ausdruck darin, dass keiner der Partner der jeweiligen Stufe das Recht habe, letztverbindlich zu entscheiden. Das gelte auch dann, wenn sich weder der Dienststellenleiter und der Personalrat der Dienststelle noch die im Stufenverfahren tätig werdenden Dienststellen und Personalvertretungen darüber einigen können, ob und unter welchem rechtlichen Gesichtspunkt eine Maßnahme der Mitbestimmung unterliegt oder ob die Argumente des anderen für oder gegen die Ausgestaltung oder Durchführung der beabsichtigten Maßnahme durchgreifen. In diesem Fall obliege die Entscheidung der von einem unparteiischen Vorsitzenden geleiteten Einigungsstelle. Diesem System der Mitbestimmung widerspräche es, wenn einer der Partner den anderen zwingen könnte, sich seiner rechtlichen oder sachlichen Auffassung im Vorfeld der Entscheidung der Einigungsstelle anzuschließen. Ebenso wider-

412 *BVerwG*, Beschl. v. 20.6.1986 – 6 P 4/83 –, in: BVerwGE 74, 273 = DVBl. 1986, 952 (953); *BVerwG*, Beschl. v. 3.7.1986 – 6 P 27/83 –, in: PersV 1987, 197.

413 Die Rechtsprechung des Bundesverwaltungsgerichts führt dazu, dass Personalrat und Dienststelle jetzt nicht mehr darüber streiten, ob die Zustimmungsverweigerung begründet ist, sondern darüber, ob das Vorbringen «offensichtlich» noch von einem Verweigerungsgrund gedeckt ist. *Ilbertz*, ZBR 1987, 9 (11); *Süllwold*, ZfPR 2003, 252.

sprüchlich wäre es, wenn es der Dienststellenleiter ohne Verstoß gegen die ihm aus dem Personalvertretungsrecht erwachsenden Pflichten in der Hand hätte, das Stufenverfahren auf der Grundlage seiner rechtlichen Einschätzung der Maßnahme und des bisherigen Verfahrensverlaufs abzubrechen und die Maßnahme gegen den erklärten Willen des Personalrats durchzuführen.[414]

Diese Rechtsprechung wurde kritisiert, weil der Umfang der Mitbestimmungstatbestände nicht zur Disposition der Beteiligten stehe. Weder die Betriebsparteien noch die Einigungsstelle könnten daher abschließend entscheiden, ob eine Maßnahme der Mitbestimmung unterliegt oder nicht.[415]

Dementsprechend hat das Bundesverwaltungsgericht klargestellt, dass ein Streit über Umfang und Grenzen des dem Personalrat zustehenden Mitbestimmungsrechts ein Streit um die Zuständigkeit des Personalrats ist, wofür die Verwaltungsgerichte zur Entscheidung berufen sind.[416] Die Frage, ob eine Maßnahme mitbestimmungspflichtig ist, könne «selbstverständlich» im personalvertretungsrechtlichen Beschlussverfahren geklärt werden, erforderlichenfalls auch im Wege des vorläufigen Rechtsschutzes, indem der Dienststellenleiter verpflichtet wird, das Beteiligungsverfahren einzuleiten und/oder ihm einstweilen Fortgang zu geben.[417]

Vertritt der Dienststellenleiter also die Auffassung, dass die Maßnahme nicht beteiligungspflichtig oder die Zustimmungsverweigerung des Personalrats unbeachtlich ist, wird er die Maßnahme möglicherweise ohne Beteiligung oder gegen den Willen des Personalrats durchführen. Wenn der Personalrat der Auffassung ist, dass der Dienststellenleiter das Beteiligungsverfahren zu Unrecht abgebrochen oder erst gar nicht eingeleitet hat, kann er die Frage durch das Verwaltungsgericht klären lassen.

---

414 *BVerwG*, Beschl. v. 12.3.1986 – 6 P 5/85 –, juris Rn. 22, in: BVerwGE 74, 100 = PersV 1986, 417; *BVerwG*, Beschl. v. 18.4.1986 – 6 P 31/84 –, juris Rn. 25, in: NVwZ 1987, 139.

415 *Dannhäuser*, PersV 1990, 145 (146).

416 *BVerwG*, Beschl. v. 14.6.1968 – 7 P 9/66 –, juris Rn. 12, in: BVerwGE 30, 39 = AP PersVG zu § 67 Nr. 5 = PersV 1968, 264 (265); *BVerwG*, Beschl. v. 27.7.1990 – 6 PB 12/89 –, juris Rn. 3, in: AP ArbGG 1972 zu § 72 Divergenz Nr. 25.

417 *BVerwG*, Beschl. v. 25.8.1986 – 6 P 16/84 –, juris Rn. 22, in: NJW 1987, 1658; *BVerwG*, Beschl. v. 15.2.1988 – 6 P 21/85 –, juris Rn. 27, in: AP LPVG BW zu § 79 Nr. 2; *BVerwG*, Beschl. v. 2.2.1990 – 6 PB 13/89 –, in: PersV 1991, 22.

Diese inhaltlichen Anforderungen an die Zustimmungsverweigerungsbegründung gelten nach Ansicht des Bundesverwaltungsgerichts auch dann, wenn der Zustimmungsverweigerungskatalog nicht zur Anwendung kommt.[418] Enthält das anzuwendende Personalvertretungsgesetz keinen Zustimmungsverweigerungskatalog, müsse die Zustimmungsverweigerung dennoch inhaltlichen Mindestanforderungen genügen. Das Vorbringen des Personalrats müsse es auch in diesen Fällen zumindest als möglich erscheinen lassen, dass ein Mitbestimmungstatbestand gegeben sei. Eine Begründung, die offensichtlich außerhalb irgendeines Mitbestimmungstatbestandes liege, sei unbeachtlich und vermöge nicht die Verpflichtung der Dienststelle auszulösen, das Einigungsverfahren einzuleiten. Damit werde der Personalrat gehindert, seine Zustimmung in derartigen Mitbestimmungsangelegenheiten zwar in der durch § 69 Abs. 2 S. 5 BPersVG gebotenen Form, jedoch ohne inhaltlichen Bezug zu einem Mitbestimmungstatbestand einzusetzen.[419] Das heißt, auch in Nordrhein-Westfalen, wo das Personalvertretungsgesetz keine Regelung über die Zustimmungsverweigerungsgründe enthält, muss der Personalrat die Verweigerung nach den vom Bundesverwaltungsgericht aufgestellten Grundsätzen begründen.

Verweigert der Personalrat die Zustimmung zu einer Einstellung, legt das Bundesverwaltungsgericht bei der Frage, ob das Vorbringen gegen die Einstellung offensichtlich keinem Verweigerungsgrund zugeordnet werden kann, einen strengen Maßstab an. Dabei hat sich das Bundesverwaltungsgericht von der Überlegung leiten lassen, dass die Beurteilung der Beschäftigten und Bewerber nach Eignung, Befähigung und fachlicher Leistung bei der Einstellung und der Vergabe höher zu bewertender Dienstposten allein dem Dienststellenleiter obliegt.[420] Es sei anerkannt, dass den Einstellungsbehörden von Verfassungs wegen (Art. 33 Abs. 2 GG) ein weiter Ermessens- und Beurteilungsspielraum eingeräumt ist, der gerichtlich nur beschränkt nachprüfbar ist und in den die Personalvertretung mit ihren Ein-

418 *BVerwG*, Beschl. v. 4.4.1985 – 6 P 37/82 –, in: NVwZ 1987, 141; *Widmaier*, RiA 1987, 10 (11); *BVerwG*, Beschl. v. 6.9.1995 – 6 P 41/93 –, in: BVerwGE 99, 201 = AP HPVG zu § 77 Nr. 1; *BVerwG*, Beschl. v. 4.6.1993 – 6 P 31/91 –, in: AP PersVG Berlin zu § 79 Nr. 2; *Kaiser*, in: Richardi/Dörner/Weber (Hrsg.), Personalvertretungsrecht, § 77 Rn. 33.

419 *BVerwG*, Beschl. v. 18.4.1986 – 6 P 31/84 –, in: NVwZ 1987, 139.

420 *BVerwG*, Beschl. v. 3.3.1987 – 6 P 30/84 –, in: PersV 1987, 375; *BVerwG*, Beschl. v. 26.8.1987 – 6 P 11/87 –, in: BVerwGE 87, 72 = NVwZ-RR 1989, 259.

wendungen aus § 77 Abs. 2 BPersVG nicht eindringen kann.[421] Hat der Dienststellenleiter unter mehreren Bewerbern eine Auswahlentscheidung getroffen, kann der Personalrat seine Zustimmung zu dieser Auswahlentscheidung nur nach den für die Eignungsbeurteilung selbst geltenden Regeln verweigern. Das ist dann der Fall, wenn die Entscheidung des Dienststellenleiters auf einem unrichtigen Sachverhalt beruht, der Dienststellenleiter den gesetzlichen Rahmen der ihm zustehenden Ermessensentscheidung überschritten hat, den anzuwendenden Begriff verkannt hat, allgemeingültige Bewertungsmaßstäbe nicht beachtet hat oder bei seiner Entscheidung sachfremde Kriterien angestellt hat.[422] Das bedeutet jedoch nicht, dass der Personalrat bei einer Einstellung sein eigenes Werturteil über die Eignung, Befähigung und fachliche Leistung eines bestimmten Bewerbers durchsetzen könnte. Aus diesem Grund kann die Zustimmungsverweigerung des Personalrats bei einer Einstellung unbeachtlich sein, wenn sie mit der Begründung versehen ist, es hätte gem. § 81 Abs. 1 S. 1 SBG IX zuvor geprüft werden müssen, ob die Stelle mit einem Schwerbehinderten besetzt werden kann.[423] Auch Verstöße gegen Rechtsvorschriften bei Maßnahmen im Vorfeld einer Einstellung können den Personalrat zu einer Zustimmungsverweigerung berechtigen. Das ist der Fall, wenn die Dienststelle von einer erforderlichen Stellenausschreibung abgesehen hat, dem Personalrat nicht alle erforderlichen Bewerbungsunterlagen vorgelegt hat, dem Personalrat die Teilnahme am Vorstellungsgespräch zu Unrecht verweigert wurde oder die Dienststelle bei der Auswahlentscheidung gegen bestehende Auswahlrichtlinien verstoßen hat.[424]

---

421 *BVerwG*, Beschl. v. 11.2.1981 – 6 P 44/79 –, in: BVerwGE 61, 325 = PersV 1981, 320; *BVerfG*, Beschl. v. 22.5.1975 – 2 BvL 13/73 –, in: BVerfGE 39, 337 = DB 1975, 1555.

422 *BVerwG*, Beschl. v. 27.3.1990 – 6 P 34/87 –, juris Rn. 27, in: AP BPersVG zu § 77 Nr. 3 = DVBl. 1990, 873 (875); *Cecior/Vallendar/Lechtermann/Klein*, Das Personalvertretungsrecht in Nordrhein-Westfalen, 55. Aktualisierung, § 72 Rn. 31.

423 *VGH Mannheim*, Beschl. v. 13.12.1988 – 15 S 2173/88 –, in: PersR 1990, 149; *Cecior/Vallendar/Lechtermann/Klein*, Das Personalvertretungsrecht in Nordrhein-Westfalen, 55. Aktualisierung, § 72 Rn. 32.

424 *Kröll*, PersR 2001, 463 (468).

Ist eine Zustimmungsverweigerung nach diesen Kriterien unbeachtlich, darf der Dienststellenleiter das Beteiligungsverfahren abbrechen und kann die geplante Maßnahme durchführen.[425]

Als unbeachtlich hat das Oberverwaltungsgericht Münster beispielsweise eine Zustimmungsverweigerung in einem Fall angesehen, in dem der Personalrat die Zustimmung zu einer Einstellung mit dem Argument verweigerte, die Stelle sei nicht ausgeschrieben worden, allerdings ohne näher darzulegen, warum eine Ausschreibung sachlich oder rechtlich geboten gewesen sein sollte.[426] Ebenso unbeachtlich war eine Zustimmungsverweigerung zu einer Einstellung, mit der der Personalrat die Besetzung einer Stelle mit einem Aufstiegsbewerber durchsetzen wollte, aber nicht auf eine entsprechende Auswahlrichtlinie Bezug nehmen konnte.[427]

In privaten Unternehmen kommt es in den Fällen, in denen dem Betriebsrat ein Mitbestimmungsrecht zusteht, darauf an, ob sich der Betriebsrat auf einen der in § 99 Abs. 2 BetrVG normierten Katalogtatbestände berufen kann. Denn nur unter den dort genannten Voraussetzungen hat der Betriebsrat ein Zustimmungsverweigerungsrecht.[428] Der Betriebsrat kann bei einer Einstellung die Zustimmung verweigern oder sein Einverständnis erklären. Einen Mittelweg, etwa in der Form, dass der Betriebsrat seine Zustimmung unter bestimmten Voraussetzungen erteilt, sieht das Gesetz nicht vor.[429] Ist der Betriebsrat einverstanden, kann der Arbeitgeber die Einstellung vornehmen. Verweigert der Betriebsrat seine Zustimmung, so muss er dies gem. § 99 Abs. 3 S. 1 BetrVG innerhalb einer Woche gegenüber dem Arbeitgeber schriftlich begründen. Tut er dies überhaupt nicht, nicht rechtzeitig, nicht schriftlich oder ohne ausreichende Begründung, wird seine Zustimmung gem. § 99 Abs. 3 S. 2 BetrVG fingiert. Der Arbeitgeber darf dann die Maßnahme ausnahmsweise auch ohne ausdrückliche Zustimmung des Betriebsrats durchführen. Ansonsten darf der Arbeitgeber die personelle Einzelmaß-

---

425 *Bosch*, ZfPR 2000, 121.

426 *OVG Münster*, Beschl. v. 12.6.1996 – 1 A 3742/94.PVL –, in: PersR 1997, 78 (79).

427 *OVG Münster*, Beschl. v. 29.1.1997 – 1 A 3150/97.PVL –, juris Rn. 8, in: NWVBl. 1997, 351 (352).

428 *BAG*, Beschl. v. 20.6.1978 – 1 ABR 65/75 –, in: AP BetrVG 1972 zu § 99 Nr. 8 = DB 1978, 2033.

429 *BAG*, Beschl. v. 28.6.1994 – 1 ABR 59/93 –, in: BAGE 77, 165 = AP BetrVG 1972 zu § 99 Einstellung Nr. 4.

nahme nur mit ausdrücklicher Zustimmung entweder des Betriebsrats oder des Arbeitsgerichts durchführen.

Die Frist, innerhalb derer der Betriebsrat dem Arbeitgeber mitteilen kann, dass er seine Zustimmung zu einer personellen Maßnahme verweigert, um eine Fiktion der Zustimmung auszuschließen, beträgt gem. § 99 Abs. 3 S. 1 BetrVG eine Woche. Die Frist des § 99 Abs. 3 S. 1 BetrVG beginnt erst zu laufen, nachdem der Arbeitgeber den Betriebsrat vollständig über die geplante Personalmaßnahme informiert hat. Die Unterrichtung durch den Arbeitgeber muss daher nur so weit gehen, dass der Betriebsrat aufgrund der mitgeteilten Tatsachen in die Lage versetzt wird zu prüfen, ob einer der in § 99 Abs. 2 BetrVG genannten Zustimmungsverweigerungsgründe geltend gemacht werden kann.[430] Wurde der Betriebsrat nicht ordnungsgemäß informiert, wird das Arbeitsgericht den Antrag des Arbeitgebers nach § 99 Abs. 4 BetrVG auf Ersetzung der Zustimmung ablehnen.[431] Der Betriebsrat kann sich jedoch nur auf unzureichende Information berufen, wenn er gegenüber dem Arbeitgeber innerhalb von einer Woche nach Unterrichtung durch den Arbeitgeber mitgeteilt hat, dass die Information unzureichend war. Anderenfalls gilt die Zustimmung des Betriebsrats mit Ablauf einer Woche nach der Unterrichtung als erteilt.[432]

Die Begründung der Zustimmungsverweigerung spielt eine entscheidende Rolle, weil der Arbeitgeber eine nicht ausreichend begründete Zustimmungsverweigerung nicht beachten muss. Sie ist deshalb unbeachtlich, weil sie im Ergebnis eine fingierte Zustimmung ist. Das Begründungserfordernis ergibt sich aus § 99 Abs. 3 S. 1 BetrVG, wonach der Betriebsrat dem Arbeitgeber die Zustimmungsverweigerung «unter Angabe von Gründen» mitzuteilen hat. Auch im Betriebsverfassungsrecht lassen sich die übrigen Voraussetzungen einer fingierten Zustimmung (keine, nicht fristgerechte oder nicht schriftliche Zustimmungsverweigerung) in der Regel leicht feststellen,

430 *BAG*, Beschl. v. 18.10.1988 – 1 ABR 33/87 -, juris Rn. 15, in: BAGE 60, 57 = AP BetrVG 1972 zu § 99 Nr. 57; *BAG*, Beschl. v. 20.12.1988 – 1 ABR 68/87 –, juris Rn. 17, in: BAGE 60, 300 = AP BetrVG 1972 zu § 99 Nr. 62.

431 *BAG*, Beschl. v. 15.4.1986 – 1 ABR 55/84 –, in: BAGE 51, 345 = AP BetrVG 1972 zu § 99 Nr. 36; *BAG*, Beschl. v. 20.12.1988 – 1 ABR 68/87 –, juris Rn. 14, in: BAGE 60, 330 = AP BetrVG 1972 zu § 99 Nr. 62.

432 *BAG*, Beschl. v. 14.3.1989 – 1 ABR 80/87 –, in: BAGE 61, 189 = AP BetrVG 1972 zu § 99 Nr. 64.

weil keine rechtliche Wertung erforderlich ist. Daher streiten Betriebsrat und Arbeitgeber häufig darüber, ob die Begründung der Zustimmungsverweigerung ausreichend ist. Dabei gilt zunächst, dass eine ohne Gründe verweigerte Zustimmung ebenso wenig ausreicht wie eine Stellungnahme des Betriebsrats, bei der keine Zuordnung zu einem der Gründe des § 99 Abs. 2 BetrVG möglich ist. Die Wirksamkeit der Zustimmungsverweigerung hängt jedoch nicht davon ab, ob die vorgetragenen Gründe auch schlüssig sind, weil der Betriebsrat dann regelmäßig das Verfahren nach § 101 BetrVG durchführen müsste, sobald der Arbeitgeber die Schlüssigkeit der vorgetragenen Gründe bestreitet. Das würde der Absicht des Gesetzgebers widersprechen, dem Arbeitgeber die Last aufzuerlegen, die mit der gerichtlichen Klärung der Frage verbunden ist, ob ein Zustimmungsverweigerungsgrund schlüssig ist. Wenn der Arbeitgeber eine personelle Einzelmaßnahme trotz Verweigerung der Zustimmung durch den Betriebsrat durchführen will, muss er gem. § 99 Abs. 4 BetrVG beim Arbeitsgericht beantragen, die Zustimmung des Betriebsrats zu ersetzen.[433] In diesem Verfahren prüft das Arbeitsgericht, ob die vorgebrachten Zustimmungsverweigerungsgründe schlüssig sind.[434] Der Arbeitgeber hat kein Vorprüfungsrecht.[435] Solange das Arbeitsgericht die Zustimmung des Betriebsrats nicht ersetzt, fehlt dem Arbeitgeber die notwendige Zustimmung des Betriebsrats. Führt er die Maßnahme ohne Zustimmung des Betriebsrats durch, handelt er betriebsverfassungsrechtswidrig und verletzt das in § 99 BetrVG geregelte Mitbestimmungsrecht des Betriebsrats. Der Betriebsrat kann sich hiergegen wehren, indem er nach § 101 BetrVG die Aufhebung der Maßnahme verlangt.

Auf der anderen Seite muss verhindert werden, dass der Betriebsrat die Einstellung mit vollkommen fernliegenden Zustimmungsverweigerungsgründen blockieren kann. Daher müssen sich die dem Arbeitgeber schriftlich mitgeteilten Gründe einem der in § 99 Abs. 2 BetrVG abschließend aufgeführten Tatbestände zuordnen lassen. Es muss als möglich erscheinen, dass

433 *BAG*, Beschl. v. 16.7.1985 – 1 ABR 35/85 –, in: BAGE 49, 180 = DB 1986, 124; *BAG*, Beschl. v. 18.10.1988 – 1 ABR 33/87 –, juris Rn. 32, in: BAGE 60, 57 = AP BetrVG 1972 zu § 99 Nr. 57.

434 *BAG*, Beschl. v. 18.7.1978 – 1 ABR 43/75 –, in: AP BetrVG 1972 zu § 101 Nr. 1: «Die Prüfung der Schlüssigkeit bleibt dem Gericht im Zustimmungsersetzungsverfahren vorbehalten».

435 *Fitting*, Betriebsverfassungsgesetz, 26. Aufl., § 99 Rn. 263.

mit der gegebenen Begründung einer der gesetzlichen Tatbestände geltend gemacht wird. Unbeachtlich ist eine Begründung nur, wenn sie offensichtlich auf keinen der gesetzlichen Verweigerungsgründe Bezug nimmt.[436]

In § 99 Abs. 2 BetrVG kommt das negative Konsensprinzip zum Ausdruck. Das negative Konsensprinzip besagt, dass der Betriebsrat die Zustimmung zu einer Maßnahme nur aus bestimmten Gründen verweigern darf. Der Betriebsrat muss seine Zustimmung erteilen, wenn keiner der gesetzlich aufgeführten Gründe vorliegt. Verweigert der Betriebsrat seine Zustimmung aus Gründen, die nicht im Zusammenhang mit den Zustimmungsverweigerungsgründen stehen, ist seine Zustimmungsverweigerung unbeachtlich. Die Zustimmung wird dann gem. § 99 Abs. 3 S. 2 BetrVG fingiert.

Nach § 99 Abs. 2 Nr. 1 BetrVG kann der Betriebsrat die Zustimmung zu einer personellen Maßnahme nach § 99 Abs. 1 BetrVG verweigern, wenn sie gegen ein Gesetz, eine Verordnung, eine Unfallverhütungsvorschrift oder eine Bestimmung in einem Tarifvertrag, eine Betriebsvereinbarung, eine gerichtliche Entscheidung oder eine behördliche Anordnung verstoßen würde. Der praktisch wichtigste Fall des § 99 Abs. 2 Nr. 1 BetrVG ist die Zustimmungsverweigerung aufgrund eines Gesetzesverstoßes.

Aus dem Recht, die Zustimmung aufgrund eines Gesetzesverstoßes zu verweigern, folgt nach Auffassung des Bundesarbeitsgerichts jedoch nicht das Recht, den Arbeitsvertrag vor der Einstellung umfassend inhaltlich zu kontrollieren. Das Zustimmungsverweigerungsrecht diene in erster Linie kollektiven Interessen, mittelbar aber auch dem Individualschutz der Arbeitnehmer.[437] Das Bundesarbeitsgericht geht mittlerweile davon aus, dass die Einstellung und der Arbeitsvertrag strikt voneinander zu trennen sind. Die Einstellung betreffe die kollektiven Interessen des Betriebs. Der Arbeitsvertrag hingegen komme privatautonom zwischen dem Arbeitnehmer und Ar-

---

436 *BAG*, Urt. v. 26.1.1988 – 1 AZR 531/86 –, in: BAGE 57, 242 = AP BetrVG 1972 zu § 99 Nr. 50; *BAG*, Beschl. v. 18.10.1988 – 1 ABR 33/87 –, juris Rn. 24, in: BAGE 60, 57 = AP BetrVG 1972 zu § 99 Nr. 57; *BAG*, Beschl. v. 6.8.2002 – 1 ABR 49/01 –, juris Rn. 41, in: BAGE 102, 135 = AP BetrVG 1972 zu § 99 Eingruppierung Nr. 27; *BAG*, Beschl. v. 2.8.2006 – 10 ABR 48/05 –, juris Rn. 19, NZA-RR 2007, 554; *BAG*, Urt. v. 16.3.2010 – 3 AZR 31/09 –, juris Rn. 41, in: BAGE 133, 307 = AP GewO zu § 106 Nr. 8.

437 *BAG*, Beschl. v. 28.6.1994 – 1 ABR 59/93 –, in: BAGE 77, 165 = AP BetrVG 1972 zu § 99 Einstellung Nr. 4.

beitgeber zustande, d. h. die konkrete Ausgestaltung des Arbeitsvertrags wird allein den Vertragsparteien überlassen. Der Betriebsrat kann daher die Zustimmung nur im Hinblick auf die Einstellung verweigern. Er kann beispielsweise die Zustimmung verweigern bei einer dauerhaften Leiharbeitnehmerüberlassung, was einen Verstoß gegen Art. 1 § 3 Abs. 1 Nr. 6 AÜG darstellt.[438] Der Betriebsrat kann seine Zustimmung zu einer Einstellung eines Leiharbeitnehmers auch dann verweigern, wenn dieser im Entleiherbetrieb nicht nur vorübergehend beschäftigt werden soll.[439] Die Zustimmungsverweigerung soll auch bei einer Einstellung unter Verstoß gegen § 14 SchwBG, also einer Einstellung ohne vorherige Prüfung, ob der freie Arbeitsplatz mit einem Schwerbehinderten besetzt werden kann, zulässig sein.[440] Das Gleiche soll auch bei einer tarifvertragswidrigen Einstellung gelten.[441]

Anders beurteilt das Bundesarbeitsgericht die Beachtlichkeit der Zustimmungsverweigerung bei Einstellung mit befristetem Arbeitsvertrag. Hier stehe dem Betriebsrat kein Zustimmungsverweigerungsrecht zu.[442] Damit

---

438 *BAG*, Beschl. v. 28.9.1988 – 1 ABR 85/87 –, in: BAGE 59, 380 = DB 1989, 433.

439 *BAG*, Beschl. v. 10.7.2013 – 7 ABR 91/11 –, juris.

440 *BAG*, Beschl. v. 14.11.1989 – 1 ABR 88/88 –, in: BAGE 63, 226 = DB 1990, 636; jetzt § 81 Abs. 1 S. 1 SGB IX.

441 *BAG*, Beschl. v. 28.1.1992 – 1 ABR 45/91 –, in: AP BetrVG 1972 zu § 99 Nr. 95.

442 *BAG*, Beschl. v. 20.6.1978 – 1 ABR 65/75 –, juris Rn. 28, in: AP BetrVG 1972 zu § 99 Nr. 8 = DB 1978, 2033. Das BAG begründet seine Auffassung mit folgender Überlegung. «Wollte man das Zustimmungsverweigerungsrecht des Betriebsrats wegen eines Gesetzesverstoßes auch auf einen solchen Fall anwenden, so würde die Schutzfunktion für den einzustellenden Arbeitnehmer, die der Mitbestimmungsregelung des § 99 BetrVG innewohnt, geradezu in ihr Gegenteil verkehrt. Könnte der Betriebsrat seine Zustimmung zur Einstellung wegen der vorgesehenen Befristung des Arbeitsverhältnisses verweigern und macht er von diesem Recht Gebrauch, so könnte der Arbeitgeber eine endgültige Einstellung des Bewerbers nicht vornehmen. Er könnte ihn aber nach § 100 Abs. 1 BetrVG vorläufig einstellen, wenn dies aus sachlichen Gründen dringend erforderlich ist, was vielfach der Fall sein wird, und sodann beim Arbeitsgericht den Antrag auf Ersetzung der Zustimmung des Betriebsrats stellen. Auf diese Weise könnte er sich bis zum rechtskräftigen Abschluss des gerichtlichen Verfahrens, und damit häufig auch bis zum Ablauf der vorgesehenen Frist. zunächst einmal die gewünschten Dienste des Arbeitnehmers verschaffen, ohne dass dieser eine den Bestand seines Arbeitsverhältnisses schützende Rechtsstellung erhielte. Stellt das Gericht dann später fest, dass die vorgesehene Befristung wegen Umgehung zwingender Kündigungsschutzbestimmungen unzulässig ist, müsste es den Zustimmungsersetzungsantrag des Arbeitgebers zurückweisen. Der Arbeitnehmer verlöre dann seinen Arbeitsplatz, ohne dass ihm der gesetzliche Kün-

knüpft das Bundesarbeitsgericht an seine Rechtsprechung an, wonach bei der Befristung von Arbeitsverträgen kein Mitbestimmungsrecht besteht. Da die Rechtsfolge einer unzulässigen Befristung ein unbefristeter Arbeitsvertrag ist, sei die Beteiligung des Betriebsrats nicht erforderlich. Hierin liegt der Unterschied zu den Fällen, in denen das Bundesarbeitsgericht ein Zustimmungsverweigerungsrecht bejaht hatte, denn dort hätte ein Verstoß keine spürbaren Konsequenzen, wenn nicht der Betriebsrat seine Zustimmung verweigern könnte. Bei einer befristeten Einstellung sei daher nicht die Einstellung der Mitbestimmung unterworfen, sondern allenfalls erst die vorgesehene Art der späteren Auflösung des Arbeitsverhältnisses.[443] Verweigert der Betriebsrat bei einer Einstellung mit befristetem Arbeitsvertrag seine Zustimmung, weil er mit der Befristung nicht einverstanden ist, ist die Zustimmungsverweigerung unbeachtlich. Der Betriebsrat hat also bei der Frage, ob ein Arbeitsvertrag bei einer Einstellung befristet oder unbefristet abgeschlossen wird, kein Zustimmungsverweigerungsrecht und kann daher keinen durchsetzbaren Einfluss nehmen.

Auch das Bundesverwaltungsgericht differenziert zwischen Einstellung und dem der Einstellung zugrunde liegenden Arbeitsvertrag. Die Zustimmungsverweigerung muss sich auf die Einstellung beziehen. Eine Zustimmungsverweigerung, die sich auf eine für unzulässig gehaltene Befristung eines Arbeitsvertrags stützt, ist daher grundsätzlich unbeachtlich. Nach der Rechtsprechung des Bundesverwaltungsgerichts ist die Zustimmungsverweigerung des Personalrats im Ausnahmefall beachtlich, nämlich bei fortlaufend

---

digungsschutz zugute käme; denn das vorläufig begründete Arbeitsverhältnis würde gem. § 100 Abs. 3 BetrVG mit Ablauf von zwei Wochen nach Rechtskraft der gerichtlichen Entscheidung enden. Damit würde das Gegenteil dessen eintreten, was der Betriebsrat mit der Verweigerung seiner Zustimmung zur Einstellung erreichen wollte, nämlich den Bestandsschutz des Arbeitsverhältnisses. Dieser wäre nur gesichert, wenn der Betriebsrat trotz Unzulässigkeit der Befristung dem Abschluss des vorgesehenen Zeitvertrages zustimmt; denn in diesem Falle kann sich der Arbeitgeber mangels eines die Befristung tragenden sachlichen Grundes nicht auf die Befristung berufen, mit der Folge, dass er das Arbeitsverhältnis nur durch Kündigung beenden könnte und dem Arbeitnehmer dann die gesetzlichen Kündigungsschutzbestimmungen zugute kämen.»

443 *BAG*, Beschl. v. 20.6.1978 – 1 ABR 65/75 –, in: AP BetrVG 1972 zu § 99 Nr. 8 = DB 1978, 2033.

wiederholten und auf wenige Monate befristeten Einstellungen wechselnder Arbeitnehmer. Der mit diesem Vorgehen verbundene Einarbeitungsaufwand belaste die ständig beschäftigten Arbeitnehmer und betreffe damit kollektive Interessen, sodass die Zustimmungsverweigerung des Personalrats zu der einzelnen Einstellung beachtlich sei.[444] Dieser Rechtsprechung hat sich das Oberverwaltungsgericht Münster angeschlossen.[445] Auch wenn in § 72 Abs. 1 S. 1 Nr. 1 LPVG NRW inzwischen ein Beteiligungstatbestand für die Befristung von Arbeitsverträgen wiedereingeführt wurde, gelten diese Aussagen des Bundesverwaltungsgerichts nach wie vor. Allerdings ist die Zustimmungsverweigerung nicht mehr nur im Ausnahmenfall beachtlich, sondern es gelten die allgemeinen Anforderungen, die an eine beachtliche Zustimmungsverweigerung gestellt werden. Der Personalrat kann also die Zustimmung zu einer Befristung eines Arbeitsvertrags mit der Begründung verweigern, dass für die Befristung kein sachlicher Grund bestehe und die kollektiven Interessen der in der Dienststelle Beschäftigten betroffen seien. Die Zustimmungsverweigerung des Personalrats zu einer Einstellung mit befristetem Arbeitsvertrag ist beachtlich, wenn er Gründe anführt, die das Vorliegen eines Mitbestimmungstatbestandes zumindest als möglich erscheinen lässt.

Die Ausführungen zu den Zustimmungsverweigerungsgründen bei Angelegenheiten des § 72 Abs. 1 LPVG NRW gelten für Kündigungen entsprechend. § 74 LPVG NRW enthält keinen Katalog von Einwendungsgründen. Es gilt jedoch auch hier, dass nur solche Einwendungen der Personalvertretung gegen die Kündigung beachtlich sind, die auf Gründen beruhen, die nicht offensichtlich außerhalb des Mitbestimmungstatbestandes liegen.[446]

Die Parallelregelung in § 102 Abs. 3 BetrVG zählt Tatbestände auf, bei deren Vorliegen der Betriebsrat der ordentlichen Kündigung widersprechen

---

444 *BVerwG*, Beschl. v. 6.9.1995 – 6 P 41/93 –, juris Rn. 20, in: BVerwGE 99, 201 = NVwZ 1997, 76.

445 *OVG Münster*, Beschl. v. 29.1.1997 – 1 A 3151/93.PVL –, juris Rn. 20, in: PersR 1997, 368 (369).

446 *BVerwG*, Beschl. v. 6.9.1995 – 6 P 41/93 –, in: BVerwGE 99, 201 = AP HPVG zu § 77 Nr. 1; *BVerwG*, Beschl. v. 4.6.1993 – 6 P 31/91 –, in: AP PersVG Berlin zu § 79 Nr. 2; *Kaiser,* in: Richardi/Dörner/Weber (Hrsg.), Personalvertretungsrecht, § 77 Rn. 33.

kann. Die Aufzählung ist nach h. M. abschließend. Wird der Kündigung aus einem anderen Grund widersprochen, ist der Widerspruch unbeachtlich.

ee. sonstige Mitbestimmungsrechte in personellen Angelegenheiten

Das Landespersonalvertretungsgesetz Nordrhein-Westfalen enthält eine Reihe von Mitbestimmungstatbeständen in weniger zentralen Angelegenheiten. Hierzu zählen Mitbestimmungsrechte bei Weiterbeschäftigung von Arbeitnehmern über die Altersgrenze hinaus, § 72 Abs. 1 S. 1 Nr. 10 LPVG NRW, Anordnungen, welche die Freiheit in der Wahl der Wohnung betreffen, § 72 Abs. 1 S. 1 Nr. 11 LPVG NRW, Versagung, Untersagung oder Widerruf der Genehmigung einer Nebentätigkeit, § 72 Abs. 1 S. 1 Nr. 12 LPVG NRW, Ablehnung eines Antrags auf Teilzeitbeschäftigung oder Urlaub, § 72 Abs. 1 S. 1 Nr. 13 LPVG NRW, und Ablehnung eines Antrags auf Errichtung eines Arbeitsplatzes außerhalb der Dienststelle, § 72 Abs. 1 S. 1 Nr. 14 LPVG NRW.

Diese Mitbestimmungsrechte sollen gewährleisten, dass die Personalvertretung die Rechtmäßigkeit von Entscheidungen des Arbeitgebers überprüfen kann. Zweck der Mitbestimmungsrechte ist es, die Interessen der betroffenen Beschäftigten zu schützen.[447] Das gilt insbesondere bei Entscheidungen des Arbeitgebers, die negative Auswirkungen für die Beschäftigten haben, indem ihnen eine Begünstigung vorenthalten wird.

Im Betriebsverfassungsgesetz gibt es keine entsprechenden Regelungen. Für das Mitbestimmungsrecht des Betriebsrats bei Weiterbeschäftigung über die Altersgrenze hinaus ist das unschädlich, weil das Bundesarbeitsgericht einen solchen Fall wie eine Einstellung i. S. v. § 99 Abs. 1 BetrVG behandelt.[448] Davon abgesehen hat das Fehlen entsprechender Regelungen im Betriebsverfassungsgesetz zur Folge, dass die Mitbestimmungsrechte des Betriebsrats insofern nicht so umfangreich sind, wie die der Personalvertretung.

---

447 *Cecior/Vallendar/Lechtermann/Klein*, Das Personalvertretungsrecht in Nordrhein-Westfalen, 55. Aktualisierung, § 72 Rn. 398.

448 *BAG*, Beschl. v. 18.7.1978 – 1 ABR 79/75 –, in: BAGE 31, 20 = AP BetrVG 1972 zu § 99 Nr. 9.

Aufgrund der Regelung des § 72 Abs. 1 S. 2 LPVG NRW besteht das Mitbestimmungsrecht des Personalrats in den Fällen des § 72 Abs. 1 LPVG NRW für Personen in leitenden Positionen nur dann, wenn die betreffende Person einen Antrag stellt. Das Antragserfordernis gilt nur für personelle Angelegenheiten. Bei Angelegenheiten nach § 72 Abs. 2 bis 4 LPVG NRW ist die Beteiligung nicht von einem Antrag des Beschäftigten abhängig.

Eine entsprechende Regelung im Betriebsverfassungsgesetz ist entbehrlich, weil das Betriebsverfassungsgesetz gem. § 5 Abs. 3 S. 1 BetrVG auf leitende Angestellte keine Anwendung findet.

b. Soziale Angelegenheiten

Maßnahmen in sozialen Angelegenheiten zeichnen sich dadurch aus, dass sie eine Vielzahl von Beschäftigten unmittelbar betreffen.

Von den in § 72 Abs. 2 LPVG NRW geregelten Mitbestimmungstatbeständen sollen hier das Mitbestimmungsrecht im Zusammenhang mit Sozialeinrichtungen und das Mitbestimmungsrecht bei der Aufstellung von Sozialplänen erörtert werden. Die anderen Mitbestimmungsrechte in den sozialen Angelegenheiten des § 72 Abs. 2 Nr. 1 und 3 LPVG NRW sind kaum praxisrelevant. Das Mitbestimmungsrecht des § 72 Abs. 2 Nr. 2 LPVG NRW bei der Zuweisung und Kündigung von Wohnungen ist in § 87 Abs. 1 Nr. 9 BetrVG weitgehend identisch geregelt.

aa. Sozialeinrichtungen

Gemäß § 72 Abs. 2 Nr. 4 LPVG NRW bestimmt der Personalrat mit bei der Errichtung, Verwaltung und Auflösung von Sozialeinrichtungen ohne Rücksicht auf ihre Rechtsform.

Sozialeinrichtungen sind auf Dauer berechnete, von der Dienststelle geschaffene Einrichtungen, die dazu dienen, den Beschäftigten Vorteile zukommen zu lassen.[449] Dazu zählen Kantinen und Kindergärten ebenso wie Unterstützungskassen und Wohnungen, die von der Dienststelle bereitgestellt werden.

---

449 *BVerwG*, Beschl. v. 9.11.1998 – 6 P 1/98 –, juris Rn. 27, in: ZfPR 1999, 45.

Der Betriebsrat bestimmt mit bei der Form, Ausgestaltung und Verwaltung von Sozialeinrichtungen, deren Wirkungsbereich auf den Betrieb, das Unternehmen oder den Konzern beschränkt ist, § 87 Abs. 1 Nr. 8 BetrVG.

Die Mitbestimmung im Zusammenhang mit Sozialeinrichtungen ist in § 72 Abs. 2 Nr. 4 LPVG NRW vom Wortlaut her weiter gefasst als in § 87 Abs. 1 Nr. 8 BetrVG. Während der Betriebsrat ausdrücklich nur bei der Form, Ausgestaltung und Verwaltung einer Sozialeinrichtung mitbestimmt, hat der Personalrat zusätzlich zur Verwaltung auch ein Mitbestimmungsrecht bei der Errichtung und Auflösung. Das Gesetz sieht also vor, dass der Personalrat nicht nur bei der Verwaltung einer bestehenden Sozialeinrichtung mitbestimmt, sondern auch darüber mitbestimmt, ob eine Sozialeinrichtung errichtet oder aufgelöst werden soll. Dieses scheinbar weitgehende Mitbestimmungsrecht wird durch die verwaltungsgerichtliche Rechtsprechung relativiert. Danach könne der Personalrat zwar die Errichtung einer Sozialeinrichtung erzwingen. Das bedeute jedoch nicht, dass die Dienststelle auch die dafür erforderlichen Mittel bereitstellen müsse. Der Träger einer Dienststelle könne nicht gegen seinen Willen dazu gezwungen werden, irgendwelche Leistungen zu erbringen.[450] Das Mitbestimmungsrecht bestehe nur im Rahmen der haushaltsrechtlichen Vorgaben.[451]

Obwohl sich die Mitbestimmungstatbestände des § 72 Abs. 2 Nr. 4 LPVG NRW und des § 87 Abs. 1 Nr. 8 BetrVG in der Formulierung voneinander unterscheiden, ist das Mitbestimmungsrecht der Personalvertretungen nicht umfangreicher als das der Betriebsräte.

bb. Aufstellung eines Sozialplans

Bei der Aufstellung von Sozialplänen bestimmen der Personalrat gem. § 72 Abs. 2 Nr. 5 LPVG NRW und der Betriebsrat gem. § 112 Abs. 1 S. 2 BetrVG mit.

Das Mitbestimmungsrecht des Personalrats knüpft jedoch an andere Voraussetzungen an als das des Betriebsrats. § 72 Abs. 2 Nr. 5 LPVG NRW gilt für die Aufstellung von Sozialplänen, einschließlich von Plänen für

450 *BVerwG*, Beschl. v. 7.11.1969 – 7 P 11/68 –, juris Rn. 19, in: PersV 1970, 187 (189).

451 *OVG Münster*, Beschl. v. 31.5.1988 – CL 11/86 –, juris Rn. 12, in: PersV 1991, 37.

Umschulungen zum Ausgleich oder zur Milderung von wirtschaftlichen Nachteilen, die den Beschäftigten infolge von Rationalisierungsmaßnahmen entstehen. Das Mitbestimmungsrecht besteht nicht bei der Aufstellung eines Sozialplans anlässlich einer beliebigen Umstrukturierung, sondern erst, wenn die Umstrukturierung so umfangreich ist, dass von einer Rationalisierungsmaßnahme gesprochen werden kann. Wird der Sozialplan nicht infolge einer Rationalisierungsmaßnahme aufgestellt, ist § 72 Abs. 2 Nr. 5 LPVG NRW nicht einschlägig.[452] Das Betriebsverfassungsgesetz stellt nicht darauf ab, ob es sich um eine Rationalisierungsmaßnahme handelt. Vielmehr ist entscheidend, ob eine Betriebsänderung vorliegt, die wesentliche Nachteile für die Belegschaft oder für wesentliche Teile der Belegschaft zur Folge haben kann. Der Begriff der Betriebsänderung wird durch § 111 S. 3 Nr. 1 bis 5 BetrVG erweitert, weil in den dort genannten Fällen die nachteiligen Folgen für die Belegschaft fingiert werden.[453]

Das hat zur Folge, dass die Personalvertretung bei der Aufstellung von Sozialplänen erst mitbestimmt, wenn die Umstrukturierung erheblich ist. Das entsprechende Mitbestimmungsrecht des Betriebsrats ist umfangreicher. Ob der Betriebsrat bei der Aufstellung von Sozialplänen zu beteiligen ist, hängt ausschließlich davon ab, ob die Betriebsänderung wesentliche Nachteile für die Belegschaft oder wesentliche Teile der Belegschaft zur Folge haben kann oder ein Fall des § 111 S. 3 BetrVG vorliegt.

Der Betriebsrat kann außerdem im Vorfeld einer Betriebsänderung Maßnahmen vorschlagen, um die Betriebsänderung zu verhindern oder abzumildern (Interessenausgleich). Dieses Recht steht der Personalvertretung nicht zu, weil die Rationalisierungsmaßnahme als solche nicht Gegenstand des Mitbestimmungsrechts bei der Aufstellung von Sozialplänen ist.[454]

Sozialpläne werden regelmäßig aus Anlass einer Fusion von Sparkassen aufgestellt. Die mit der Fusion von Sparkassen verbundenen Umstrukturierungsmaßnahmen sind meistens nicht unerheblich, sodass ein Mitbestim-

---

452 *Cecior/Vallendar/Lechtermann/Klein*, Das Personalvertretungsrecht in Nordrhein-Westfalen, 55. Aktualisierung, § 72 Rn. 576.

453 *BAG*, Urt. v. 9.11.2010 – 1 AZR 708/09 –, juris Rn. 13, in: NZA 2011, 466 (467).

454 *Cecior/Vallendar/Lechtermann/Klein*, Das Personalvertretungsrecht in Nordrhein-Westfalen, 55. Aktualisierung, § 72 Rn. 576.

mungsrecht der Personalvertretung bei der Aufstellung des Sozialplans besteht.[455]

c. Rationalisierungs-, Technologie- und Organisationsangelegenheiten

Der Personalrat hat nach § 72 Abs. 3 LPVG NRW in Rationalisierungs-, Technologie- und Organisationsangelegenheiten mitzubestimmen, soweit eine gesetzliche oder tarifliche Regelung nicht besteht. Dieser Vorrang einer gesetzlichen oder tarifvertraglichen Regelung bringt zum Ausdruck, dass der Betriebsrat nur in solchen Angelegenheiten mitzubestimmen hat, in denen auch der Arbeitgeber etwas zu bestimmen hat. Oder anders ausgedrückt: «Wo der Arbeitgeber nichts zu bestimmen hat, kann der Betriebsrat auch nicht mitbestimmen»[456]. Schreibt das Gesetz oder der Tarifvertrag dem Arbeitgeber ein bestimmtes Verhalten vor, gibt es auch keinen Anlass, den Personalrat zu beteiligen. Soweit bereits eine gesetzliche oder tarifliche Regelung besteht, ist ein Schutz durch Beteiligung der Personalvertretung nicht mehr erforderlich.

Das Betriebsverfassungsgesetz kennt die Kategorie der Rationalisierungs-, Technologie- und Organisationsangelegenheiten nicht, sondern ordnet diese Angelegenheiten den sozialen, personellen oder wirtschaftlichen Angelegenheiten zu. Den Rationalisierungs-, Technologie- und Organisationsangelegenheiten entsprechende Beteiligungsrechte des Betriebsrats entfallen nur dann, wenn sie dem Katalog des § 87 Abs. 1 BetrVG unterfallen. Denn in den dort genannten Mitbestimmungsrechten bestimmt der Betriebsrat nur mit, soweit eine gesetzliche oder tarifliche Regelung nicht besteht.

aa. Technische Einrichtungen zur Überwachung der Arbeitnehmer

Der Personalrat hat nach § 72 Abs. 3 Nr. 2 LPVG NRW bei der Einführung, Anwendung und Erweiterung technischer Einrichtungen mitzubestimmen, es sei denn, dass deren Eignung zur Überwachung des Verhaltens oder der Leistung der Beschäftigten ausgeschlossen ist.

§ 87 Abs. 1 Nr. 6 BetrVG gewährt dem Betriebsrat ein Mitbestimmungsrecht bei der Einführung und Anwendung technischer Einrichtungen, die

455 *Langkabel*, PersR 1994, 34 (35).
456 *Wißmann*, NZA 2001, 409 (413).

dazu bestimmt sind, das Verhalten oder die Leistung der Arbeitnehmer bzw. Beschäftigten zu überwachen.

Darüber, was unter einer technischen Einrichtung zu verstehen ist und wann diese eingeführt oder angewendet wird, besteht im Wesentlichen Einigkeit.[457] Unterschiedlich wird jedoch der Zusammenhang bewertet, der zwischen der technischen Einrichtung und der Überwachung der Beschäftigten bestehen muss. Während das Bundesverwaltungsgericht es ausreichen lässt, dass die technische Einrichtung generell zur Überwachung geeignet ist,[458] muss die technische Einrichtung nach Ansicht des Bundesarbeitsgerichts unmittelbar die Überwachung bewerkstelligen und nicht erst durch weitere Maßnahmen einen Überwachungseffekt erzielen, damit Mitbestimmungspflichtigkeit ausgelöst wird.[459] Bei der Einführung von Anlagen der elektronischen Datenverarbeitung nimmt das Bundesverwaltungsgericht bereits ein Mitbestimmungsrecht der Personalvertretung an, wenn die Anlage mit einem Programm zur Überwachung der Beschäftigten versehen werden kann.[460] Nach der Rechtsprechung des Bundesarbeitsgerichts bestimmt der Betriebsrat erst mit, wenn ein solches Programm tatsächlich installiert ist.

Außerdem unterscheiden sich die beiden Mitbestimmungstatbestände im Hinblick auf die Beweislastverteilung bezüglich der Überwachungsmöglichkeit. Nach der Rechtslage im Betriebsverfassungsgesetz muss die technische Einrichtung zum Überwachen bestimmt sein. Der Betriebsrat muss also nachweisen, dass die technische Einrichtung zur Kontrolle bestimmt ist, wenn er mitbestimmen möchte. Im Landespersonalvertretungsgesetz Nordrhein-Westfalen ist die Beweislast umgekehrt. Die Dienststelle muss darlegen, dass die technische Einrichtung nicht dazu geeignet ist, das Ver-

457 *BAG*, Beschl. v. 27.5.1985 – 1 ABR 48/84 –, juris Rn. 25, in: BAGE 52, 88 = NJW 1987, 674 (675); *BVerwG*, Beschl. v. 31.8.1988 – 6 P 35/85 –, juris Rn. 15, in: BVerwGE 80, 143 = NJW 1989, 848.

458 *BVerwG*, Beschl. v. 31.8.1988 – 6 P 35/85 –, juris Rn. 18, in: BVerwGE 80, 143 = NJW 1989, 848 (849).

459 *BAG*, Beschl. v. 9.9.1975 – 1 ABR 20/74 –, juris Rn. 26, in: BAGE 27, 256 = NJW 1976, 261 (262); *BAG*, Beschl. v. 10.7.1979 – 1 ABR 50/78 –, juris Rn. 12, in: Ap BetrVG 1972 zu § 87 Überwachung Nr. 3.

460 *BVerwG*, Beschl. v. 27.11.1991 – 6 P 7/90 –, juris Rn. 26, in: ZfPR 1992, 100.

halten oder die Leistung der Beschäftigten zu überwachen.[461] Damit hat der Gesetzgeber das Mitbestimmungsrecht der Personalvertretungen bei der Einführung, Anwendung und Erweiterung technischer Einrichtungen gestärkt.

Die Personalvertretung einer Sparkasse bestimmt also beispielsweise über die Einführung oder den Austausch von Computern mit, ohne etwa nachweisen zu müssen, dass auf den Computern ein Programm installiert ist, mit welchem die Beschäftigten überwacht werden können. Erst wenn die Dienststelle nachweist, dass eine Überwachung des Verhaltens und der Leistung der Beschäftigten ausgeschlossen ist, entfällt das Mitbestimmungsrecht der Personalvertretung.

bb. Neue Arbeitsmethoden

Nach § 72 Abs. 3 Nr. 3 LPVG NRW bestimmt die Personalvertretung bei der Einführung grundlegend neuer, wesentlicher Änderung und wesentlicher Ausweitung von Arbeitsmethoden mit. Die Einführung des elektronischen Zahlungsverkehrs für Individualüberweisungen bei einer Sparkasse erfüllt diesen Tatbestand nach der Rechtsprechung des Oberverwaltungsgerichts Münster nicht. Der damit verbundene Wegfall von Arbeitsgängen einerseits und die hinzukommenden Arbeitsgänge andererseits rechtfertigen es nicht, von einer grundlegend neuen Arbeitsmethode zu sprechen.[462] Selbst die Anschaffung und der Einsatz von Geldausgabeautomaten in Sparkassen sind nach Auffassung des Oberverwaltungsgerichts Münster nicht mit der Einführung einer grundlegend neuen Arbeitsmethode verbunden.[463]

Die Einführung grundlegend neuer Arbeitsmethoden ist gem. § 111 S. 3 Nr. 5 BetrVG eine Betriebsänderung i. S. d. § 111 S. 1 BetrVG. Der Betriebsrat ist daher bei Einführung grundlegend neuer Arbeitsmethoden um-

---

461 *Klein/Lechtermann*, Das Personalvertretungsrecht NRW – Novelle 2011 –, § 72 Rn. 55; *Cecior/Vallendar/Lechtermann/Klein*, Das Personalvertretungsrecht in Nordrhein-Westfalen, 57. Aktualisierung, § 72 Rn. 645.

462 *OVG Münster*, Beschl. v. 6.6.1983 – CL 11/82 –, in: PersV 1984, 463 (464).

463 *OVG Münster*, Beschl. v. 24.2.1983 – CL 68/81 –, in: RiA 1984, 163 (164). Das gelte auch, wenn «der Arbeitsablauf ein völlig anderer» sei, weil die Auszahlung von Bargeld anstelle von Kassierern durch Automaten erfolgt. In dem entschiedenen Fall hatte die Sparkasse allerdings in verhältnismäßig geringem Umfang Automaten eingesetzt und grundsätzlich an der Geldauszahlung durch Kassierer festgehalten.

fassend zu unterrichten und er hat das Recht, mit dem Unternehmer darüber zu beraten. Die Einführung neuer Arbeitsmethoden ist außerdem gem. § 106 Abs. 3 Nr. 5 BetrVG eine wirtschaftliche Angelegenheit, über die der Wirtschaftsausschuss mit dem Unternehmer berät.

cc. Maßnahmen zur Hebung der Arbeitsleistung

Bei Maßnahmen, die die Hebung der Arbeitsleistung oder Erleichterungen des Arbeitsablaufs zur Folge haben sowie Maßnahmen der Änderung der Arbeitsorganisation bestimmt die Personalvertretung gem. § 72 Abs. 3 Nr. 4 LPVG NRW mit. Bei Maßnahmen zur Hebung der Arbeitsleistung geht es nach Auffassung des Bundesverwaltungsgerichts darum, die Effektivität der Arbeit durch eine erhöhte Inanspruchnahme der Beschäftigten innerhalb derselben Zeitspanne qualitativ und/oder quantitativ zu fördern. Die Anordnung von Überstunden reiche nicht aus.[464]

Die Aufstellung und Inbetriebnahme von Geldausgabeautomaten durch Sparkassen hat das Oberverwaltungsgericht als geeignet angesehen, das Mitbestimmungsrecht des Personalrats bei Maßnahmen zur Hebung der Arbeitsleistung auszulösen. Ob die Personalvertretung mitbestimmt, hängt danach davon ab, ob der Betrieb der Automaten «faktisch nennenswerte Auswirkungen auf die Arbeitsleistung der Kassierer und der sonstigen Beschäftigten» hat. Der Einsatz der Geldausgabeautomaten habe aber keinen Einfluss auf die Reihenfolge der bisherigen Arbeitsvorgänge, sodass ein Mitbestimmungsrecht wegen einer Maßnahme zur Erleichterung des Arbeitsablaufs ausscheide.[465]

Dementsprechend unterfällt auch die Einführung des elektronischen Zahlungsverkehrs für Individualüberweisungen bei einer Sparkasse nach der Rechtsprechung des Oberverwaltungsgerichts Münster nicht der Mitbestimmung bei Maßnahmen zur Erleichterung des Arbeitsablaufs, wenn sie den Einsatz zusätzlicher Vollzeitkräfte erfordert und nur eingeführt wurde, um konkurrenzfähig mit anderen Kreditinstituten zu bleiben.[466]

---

464 *BVerwG*, Beschl. v. 13.6.1997 – 6 P 1/95 –, in: NZA-RR 1997, 452 (453).

465 *OVG Münster*, Beschl. v. 24.2.1983 – CL 68/81 –, in: RiA 1984, 163.

466 *OVG Münster*, Beschl. v. 6.6.1983 – CL 11/82 –, in: PersV 1984, 463.

Das Betriebsverfassungsgesetz enthält keinen entsprechenden Mitbestimmungstatbestand. Maßnahmen, die die Hebung der Arbeitsleistung oder Erleichterungen des Arbeitsablaufs zur Folge haben sowie Maßnahmen der Änderung der Arbeitsorganisation können jedoch unter Rationalisierungsvorhaben i. S. v. § 106 Abs. 3 Nr. 4 BetrVG fallen. Ist das der Fall, hat der Wirtschaftsausschuss das Recht, informiert zu werden und mit dem Unternehmer über die Maßnahme zu beraten.

cc. Errichtung von Arbeitsplätzen außerhalb der Dienststelle

Die Errichtung von Arbeitsplätzen außerhalb der Dienststelle ist nach § 72 Abs. 3 Nr. 6 LPVG NRW mitbestimmungspflichtig. Der Betriebsrat hat im Vergleich dazu ein schwächeres Beteiligungsrecht. Er ist gem. § 90 Abs. 1 Nr. 4 BetrVG über die Planung der Arbeitsplätze lediglich rechtzeitig unter Vorlage der erforderlichen Unterlagen zu unterrichten.

dd. sonstige Rationalisierungs-, Technologie- und Organisationsangelegenheiten

Daneben wurden mit der Novelle 2011 weitere Mitbestimmungsrechte eingeführt, für die es im Betriebsverfassungsgesetz kein Vorbild gibt. Hierzu zählen das Mitbestimmungsrecht bei der automatisierten Verarbeitung personenbezogener Daten, § 72 Abs. 3 Nr. 1 LPVG NRW, und das Mitbestimmungsrecht bei Einführung, wesentlicher Änderung oder wesentlicher Ausweitung betrieblicher Informations- und Kommunikationsnetze, § 72 Abs. 3 Nr. 5 LPVG NRW.

d. Angelegenheiten unterschiedlicher Art

Der Mitbestimmungskatalog des § 72 Abs. 4 LPVG NRW enthält überwiegend soziale Mitbestimmungsrechte, die mangels Technologiebezugs nicht unter § 72 Abs. 3 LPVG NRW aufgeführt sind. Im Gegensatz zu den unter § 72 Abs. 2 LPVG NRW zusammengefassten sozialen Angelegenheiten stehen die Mitbestimmungsrechte des § 72 Abs. 4 LPVG NRW der Personalvertretung nur zu, soweit eine gesetzliche oder tarifliche Regelung nicht besteht. Dieser Vorrang gesetzlicher oder tariflicher Regelungen unterscheidet sich nicht von dem in § 72 Abs. 3 LPVG NRW.

aa. Arbeitszeit

Gemäß § 72 Abs. 4 Nr. 1 LPVG NRW unterliegen Beginn und Ende der täglichen Arbeitszeit und der Pausen sowie Verteilung der Arbeitszeit auf die einzelnen Wochentage, Einführung, Ausgestaltung und Aufhebung der gleitenden Arbeitszeit der Mitbestimmung.

§ 87 Abs. 1 Nr. 2 BetrVG ist nahezu wortgleich mit § 72 Abs. 4 Nr. 1 LPVG NRW. Nach beiden Vorschriften bestimmt die Beschäftigtenvertretung mit über Beginn und Ende der täglichen Arbeitszeit einschließlich/und der Pausen sowie die Verteilung der Arbeitszeit auf die einzelnen Wochentage.

Einigkeit besteht darüber, dass damit die Mitbestimmung über die Lage der Arbeitszeit und nicht etwa der zeitliche Umfang der geschuldeten Arbeitszeit gemeint ist.[467] Möchte ein Arbeitgeber also neue Arbeitszeitmodelle einführen, muss er die Beschäftigtenvertretung beteiligen. Das gilt nach der Rechtsprechung des Oberverwaltungsgerichts Münster unabhängig davon, ob den Beschäftigten eine Teilnahme daran freigestellt ist.[468]

Unterschiedlich beurteilten die Gerichte bislang die Mitbestimmungspflichtigkeit bei der Anordnung von Bereitschaftsdienst und Rufbereitschaft. Die zentrale Frage war, ob Bereitschaftsdienst und Rufbereitschaft zur Arbeitszeit i. S. d. Beteiligungstatbestände zu zählen sind oder ob sie der Ruhezeit zuzurechnen sind. Das Bundesarbeitsgericht hat Bereitschaftsdienst und Rufbereitschaft stets als Arbeitszeit angesehen und damit dem Betriebsrat ein Mitbestimmungsrecht bei der Anordnung eingeräumt.[469] Das Bundesverwaltungsgericht verneinte früher ein Mitbestimmungsrecht bei der Anordnung von Bereitschaftsdienst und Rufbereitschaft.[470]

---

467 *BVerwG*, Beschl. v. 20.7.1984 – 6 P 16/83 –, in: BVerwGE 70, 1 = PersV 1985, 71 (73); *BAG*, Beschl. v. 24.1.2006 – 1 ABR 6/05 –, in: AP ArbZG zu § 3 Nr. 9.

468 *OVG Münster*, Beschl. v. 30.10.1996 – 1 A 2348/93.PVL –, juris Rn. 2, in: AP LPVG NW zu § 71 Nr. 11.

469 *BAG*, Beschl. .v 21.12.1982 – 1 ABR 14/81 –, in: BAGE 41, 200 = AP BetrVG 1972 zu § 87 Arbeitszeit Nr. 9; *BAG*, Beschl. v. 14.11.2006 – 1 ABR 5/06 –, juris Rn. 30, in: BAGE 120, 162 = NZA 2007, 458 (461).

470 *BVerwG*, Beschl. v. 1.6.1987 – 6 P 8/85 –, in: PersV 1989, 255 (256); *BVerwG*, Beschl. v. 26.4.1988 – 6 P 19/86 –, in: AP LPVG Niedersachsen zu § 75 Nr. 1;

Inzwischen sieht das Bundesverwaltungsgericht unter Berufung auf die Rechtsprechung des Europäischen Gerichtshofs Zeiten des Bereitschaftsdienstes als Arbeitszeit an.[471] Auch im Hinblick auf das Mitbestimmungsrecht der Personalvertretungen bei der Anordnung von Rufbereitschaft hält das Bundesverwaltungsgericht an seiner älteren Rechtsprechung nicht mehr fest und hat sich der Auffassung des Bundesarbeitsgerichts angeschlossen. Die Anordnung von Rufbereitschaft ist eine Festlegung zu Beginn und Ende der Arbeitszeit und unterliegt der Mitbestimmung.[472]

Rufbereitschaft wird in Sparkassen beispielsweise angeordnet, um sicherzustellen, dass bei einer Störungsmeldung eines Geldausgabeautomaten ein Beschäftigter zu Verfügung steht, um die Störung zu beseitigen. Das Oberverwaltungsgericht Münster hat ein Mitbestimmungsrecht bei einer solchen Anordnung von Rufbereitschaft abgelehnt. Für ein Mitbestimmungsrecht nach § 72 Abs. 4 S. 1 Nr. 1 LPVG NRW fehle es an einer konkreten zeitlichen Regelung, da der Zeitpunkt der Arbeitsaufnahme nicht im Voraus bestimmbar ist.[473] Daran dürfte das Oberverwaltungsgericht Münster nicht mehr festhalten, zumal das Bundesverwaltungsgericht zur Begründung seiner geänderten Rechtsauffassung darauf abgestellt hat, dass ein zur Rufbereitschaft verpflichteter Beschäftigter schutzbedürftig sei, weil er in seiner Freizeit in erheblicher Weise beschränkt werde.[474]

Die Mitbestimmung der Personalvertretungen erstreckt sich gem. § 72 Abs. 4 S. 1 Nr. 1 LPVG NRW auch auf die Einführung, Ausgestaltung und Aufhebung der gleitenden Arbeitszeit. Es handelt sich um eine Klarstellung, weil sowohl für den Bereich des Personalvertretungsrechts[475] als auch im

---

BVerwG, Beschl. v. 28.3.2001 – 6 P 4/00 –, juris Rn. 20, in: BVerwGE 114, 103 = NZA-RR 2002, 53 (54).

471 *BVerwG*, EuGH-Vorlage v. 17.12.2003 – 6 P 7/03, juris Rn. 52, in: BVerwG 119, 363 = NVwZ 2004, 747 (751).

472 *BVerwG*, Beschl. v. 4.9.2012 – 6 P 10/11 –, in: Verwaltungsrundschau 2013, 105.

473 *OVG Münster*, Beschl. v. 24.2.1983 – CL 68/81 –, in: RiA 1984, 163 (164).

474 *BVerwG*, Beschl. v. 4.9.2012 – 6 P 10/11 –, juris Rn. 11, in: Verwaltungsrundschau 2013, 105.

475 *BVerwG*, Beschl. v. 9.10.1991 – 6 P 21/89 –, juris Rn. 26, in: PersV 1992, 163.

Betriebsverfassungsrecht[476] anerkannt war, dass ein Mitbestimmungsrecht bei Regelungen zur gleitenden Arbeitszeit besteht.

Personalvertretungen und Betriebsräte haben bei Regelungen über die Arbeitszeit nach zwischenzeitlich voneinander abweichenden Rechtsauffassungen der obersten Gerichte in gleichem Umfang Mitbestimmungsrechte.

bb. Überstunden oder Mehrarbeit

Gemäß § 72 Abs. 4 S. 1 Nr. 2 LPVG NRW hat der Personalrat mitzubestimmen über die Anordnung von Überstunden oder Mehrarbeit. Dieser Mitbestimmungstatbestand soll die Beschäftigten vor unnötigen Einschränkungen ihrer Freizeit oder Überbelastung schützen und dient mittelbar auch dem arbeitsmarkpolitischen Ziel, Überstunden und Mehrarbeit einzuschränken. Dabei ist zu beachten, dass die Personalvertretung bei der grundsätzlichen Entscheidung für Überstunden oder Mehrarbeit mitbestimmt, nicht jedoch bei der jeweiligen Einzelweisung.[477]

Das Bundesverwaltungsgericht vertritt inzwischen selbst zur bundespersonalvertretungsgesetzlichen Regelung, die einen solchen Mitbestimmungstatbestand nicht enthält, die Auffassung, dass die Personalvertretung nicht nur mitbestimme, wie Überstunden und Mehrarbeit geleistet werden, sondern auch, ob überhaupt und in welchem Umfang Überstunden und Mehrarbeit angeordnet werden.[478]

Das Betriebsverfassungsgesetz enthält zwar keine entsprechende Vorschrift. Das Bundesarbeitsgericht leitet ein Mitbestimmungsrecht des Betriebsrats über die Höchstdauer der täglichen Arbeitszeit aus § 87 Abs. 1 Nr. 2 BetrVG ab.[479]

---

476 *BAG*, Beschl. v. 18.4.1989 – 1 ABR 3/88 –, in: AP BetrVG 1972 zu § 87 Arbeitszeit Nr. 33.

477 *OVG Münster*, Beschl. v. 20.3.1997 – 1 A 3775/94.PVL –, juris Rn. 4, in: PersR 1997, 253 (255).

478 *BVerwG*, Beschl. v. 30.6.2005 – 6 P 9/04 –, in: BVerwGE 124, 34 = NVwZ 2006, 100.

479 *BAG*, Beschl. v. 13.10.1987 – 1 ABR 10/86 –, juris Rn. 43, in: BAGE 56, 197 = NZA 1988, 251 (252).

cc. Zeit, Ort und Art der Auszahlung der Dienstbezüge und Arbeitsentgelte

Hinsichtlich des Mitbestimmungsrechts aus § 72 Abs. 4 S. 1 Nr. 3 LPVG NRW über Zeit, Ort und Art der Auszahlung der Dienstbezüge und Arbeitsentgelte greift der Tarifvorrang des § 72 Abs. 4 S. 1 Hs. 1 LPVG NRW, weil in § 24 TVöD-S eine tarifliche Regelung hierüber besteht. Die Parallelvorschrift im Betriebsverfassungsgesetz enthält § 87 Abs. 1 Nr. 4 BetrVG.

dd. Urlaubsplan, Lage der Urlaubszeit

Gemäß § 72 Abs. 4 S. 1 Nr. 4 LPVG NRW bestimmt der Personalrat bei der Aufstellung des Urlaubsplans und der Festsetzung der zeitlichen Lage des Erholungsurlaubs für einzelne Beschäftigte mit.

Dieser Mitbestimmungstatbestand umfasst das Recht der Personalvertretung, bei der Urlaubsgewährung innerhalb vom Dienststellenleiter bestimmter Zeiträume mitzubestimmen. Kein Mitbestimmungsrecht besteht bei der Frage, in welchen Zeiträumen überhaupt Urlaub gewährt wird. Die Personalvertretung bestimmt also nicht mit, wenn der Dienststellenleiter eine Urlaubssperre anordnet, weil dies eine Entscheidung ist, die im alleinigen Verantwortungsbereich des Dienststellenleiters liegt.[480] Auch wenn § 72 Abs. 4 S. 1 Nr. 4 LPVG NRW die Aufstellung allgemeiner Urlaubsgrundsätze nicht explizit erwähnt, erkennt das Oberverwaltungsgericht Münster unter den genannten Einschränkungen ein Mitbestimmungsrecht der Personalvertretungen an.[481]

§ 87 Abs. 1 Nr. 5 BetrVG nennt zusätzlich zu den Rechten, die auch den Personalvertretungen im Zusammenhang mit der Urlaubsplanung zustehen, ausdrücklich die Aufstellung allgemeiner Urlaubsgrundsätze. Allgemeine Urlaubsgrundsätze sind Richtlinien, nach denen dem einzelnen Arbeitneh-

480 *OVG Münster*, Beschl. v. 24.4.1996 – 1 A 407/93.PVL –, juris Rn. 5, in: PersR 1997, 77.

481 *OVG Münster*, Beschl. v. 17.2.2000 – 1 A 697(98.PVL –, juris Rn. 13, in: NVwZ-RR 2000, 806.

mer vom Arbeitgeber Urlaub zu gewähren ist.[482] Dazu gehören nach betriebsverfassungsrechtlichem Verständnis Regelungen über eine Urlaubssperre genauso wie die Entscheidung, ob, wann und wie lange Betriebsferien eingerichtet werden.[483]

ee. Gestaltung des Entgelts / Lohngestaltung

Gemäß § 72 Abs. 4 S. 1 Nr. 5 LPVG NRW hat der Personalrat mitzubestimmen bei Fragen der Gestaltung des Entgelts innerhalb der Dienststelle, insbesondere die Aufstellung von Entgeltgrundsätzen, die Einführung und Anwendung von neuen Entgeltmethoden und deren Änderung sowie die Festsetzung der Akkord- und Prämiensätze und vergleichbarer leistungsbezogener Entgelte, einschließlich der Geldfaktoren, sowie entsprechende Regelungen für Beamtinnen und Beamte.

Im Betriebsverfassungsrecht unterliegen Fragen der betrieblichen Lohngestaltung, insbesondere die Aufstellung von Entlohnungsgrundsätzen und die Einführung und Anwendung von neuen Entlohnungsmethoden sowie deren Änderung gem. § 87 Abs. 1 Nr. 10 BetrVG der Mitbestimmung. Bei der Festsetzung der Akkord- und Prämiensätze und vergleichbarer leistungsbezogener Entgelte, einschließlich der Geldfaktoren, bestimmt der Betriebsrat gem. § 87 Abs. 1 Nr. 11 BetrVG mit.

§ 87 Abs. 1 Nr. 10 BetrVG und § 72 Abs. 4 S. 1 Nr. 5 LPVG NRW stimmen in ihrem Wortlaut im Wesentlichen überein. In der Rechtsprechung besteht Einigkeit darüber, dass sich die beiden Mitbestimmungstatbestände auch hinsichtlich ihres Regelungsgehaltes nicht unterscheiden.[484] Die Vorschriften sollen das Direktionsrecht des Arbeitgebers beschränken. Dadurch sollen die Beschäftigten vor einer einseitig an den Interessen des Arbeitgebers orientierten Lohngestaltung geschützt werden. Die Beschäftigtenvertre-

---

482 *BAG*, Beschl. v. 18.6.1974 – 1 ABR 25/73 –, in: AP BetrVG 1972 zu § 87 Urlaub Nr. 1.

483 *BAG*, Beschl. v. 28.7.1981 – 1 ABR 79/79 –, in: AP BetrVG 1972 zu § 87 Urlaub Nr. 2.

484 *BVerwG*, Beschl. v. 20.3.1980 – 6 P 72/78 –, juris Rn. 23, in: BVerwGE 60, 93 = PersV 1981, 296 (297); *BAG Großer Senat*, Beschl. v. 3.12.1991 – GS 2/90 –, juris Rn. 27, in: BAGE 69, 134 = AP BetrVG 1972 zu § 87 Lohngestaltung Nr. 51; *BVerwG*, Beschl. v. 21.3.2005 – 6 PB 8/04 –, juris Rn. 6, in: AP LPVG Mecklenburg-Vorpommern zu § 68 Nr. 1.

tung soll vielmehr an der Lohngestaltung gleichberechtigt teilhaben. Letztlich soll so eine innerbetriebliche Verteilungsgerechtigkeit hergestellt werden.[485]

Unter Lohngestaltung ist nach übereinstimmender Auffassung von Bundesverwaltungsgericht und Bundesarbeitsgericht die technische Seite der Lohnberechnung zu verstehen. Einigkeit besteht auch darüber, dass es bei der Mitbestimmung in Angelegenheiten der Lohngestaltung nicht darum geht, die Beschäftigtenvertretung über eine bestimmte Lohnhöhe mitentscheiden zu lassen. Lohnhöhe und Lohnpolitik sind nicht Gegenstand der Mitbestimmung, sondern der Tarifpolitik.[486] Dabei ist mit Lohnhöhe nicht die Lohnhöhe des einzelnen Beschäftigten gemeint, sondern die Summe aller betroffenen Vergütungen, der sog. Dotierungsrahmen. Die individuelle Lohnhöhe kann daher allenfalls mittelbar durch das Mitbestimmungsrecht der Beschäftigtenvertretung beeinflusst werden.[487] Das Mitbestimmungsrecht bezieht sich allein auf die abstrakt-generellen Grundsätze der Entgeltfindung.[488] Auf die früher vorgenommene Unterscheidung zwischen formellen und materiellen Arbeitsbedingungen und die daran anknüpfende Beschränkung des Mitbestimmungsrechts auf formelle Arbeitsbedingungen kommt es dabei nicht mehr an.[489]

Die Aufstellung von Entlohnungsgrundsätzen und die Anwendung neuer Entlohnungsmethoden werden in beiden Gesetzen beispielhaft für Möglichkeiten der Lohngestaltung genannt. Lohngestaltung bildet insofern den

---

485 *BVerwG*, Beschl. v. 6.2.1987 – 6 P 8/84 –, juris Rn. 21, in: BVerwGE 75, 365 = NVwZ 1988, 69; *BAG Großer Senat*, Beschl. v. 3.12.1991 – GS 2/90 –, juris Rn. 27, in: BAGE 69, 134 = AP BetrVG 1972 zu § 87 Lohngestaltung Nr. 51.

486 *BAG*, Beschl. v. 22.1.1980 – 1 ABR 48/77 –, in: AP BetrVG 1972 zu § 87 Nr. 3; *BVerwG*, Beschl. v. 20.3.1980 – 6 P 72/78 –, juris Rn. 18, in: BVerwGE 60, 93 = PersV 1981, 296; *BVerwG*, Beschl. v. 6.2.1987 – 6 P 8/84 –, juris Rn. 23, in: BVerwGE 75, 365 = NVwZ 1988, 69; *BVerwG*, Beschl. v. 15.2.1988 – 6 P 21/85 –, juris Rn. 18, in: AP LPVG Baden-Württemberg zu § 79 Nr. 2; *BVerwG*, Beschl. v. 16.2.1988 – 6 P 24/86 –, juris Rn. 16, in: RiA 1989, 18 (20).

487 *BVerwG*, Beschl. v. 9.12.1998 – 6 P 6/97 –, juris Rn. 38, in: BVerwGE 108, 135 = NZA 1999, 1003.

488 *BVerwG*, Beschl. v. 9.12.1998 – 6 P 6/97 –, juris Rn. 38, in: BVerwGE 108, 135 = NZA 1999, 1003; *BAG*, Urt. v. 15.4.2008 – 1 AZR 65/07 –, juris Rn. 22, in: BAGE 126, 237 = AP BetrVG 1972 zu § 87 Lohngestaltung Nr. 133.

489 *BVerwG*, Beschl. v. 9.12.1998 – 6 P 6/97 –, juris Rn. 31, in: BVerwGE 108, 135 = NZA 1999, 1003.

Oberbegriff. Entlohnungsgrundsätze sind die Regeln, nach denen der Lohn bestimmt werden soll, also etwa die Entscheidung zwischen Akkord- und Zeitlohn. Die Entlohnungsmethode betrifft die Art und Weise, wie die Entlohnung durchgeführt werden soll, also beispielsweise die Auszahlung durch Überweisung auf ein Konto.[490]

Da die Beschäftigtenvertretung nur mitbestimmt, soweit eine gesetzliche oder tarifliche Regelung nicht besteht, die Lohngestaltung aber in weiten Teilen durch Gesetz oder Tarifvertrag geregelt ist, kommt ein Mitbestimmungsrecht vor allem bei übertariflichen oder freiwilligen Leistungen in Betracht. Besondere Probleme bereitete das Verständnis der Mitbestimmungstatbestände des § 72 Abs. 4 Nr. 5 LPVG NRW und des § 87 Abs. 1 Nr. 10 und 11 BetrVG, wenn der Arbeitgeber zusätzlich zum Tariflohn eine Zulage zahlte und im Anschluss an eine Erhöhung des Tariflohns die Zulage so reduzieren wollte, dass im Ergebnis die Tariflohnerhöhung nicht oder nicht vollständig bei den Beschäftigten ankam. Möchte ein Arbeitgeber einem Arbeitnehmer nicht den erhöhten Tariflohn und zusätzlich die ungekürzte Zulage auszahlen, kann er dies erreichen, indem er die Zulage widerruft oder der Tariflohnerhöhung anrechnet. Dazu kommt es in der Praxis häufig, weil sich der Arbeitgeber einen Widerruf oder eine Anrechnung der Zulage regelmäßig bereits bei Gewährung der Zulage vorbehalten hat. Der große Senat des Bundesarbeitsgerichts hat in diesem Zusammenhang entschieden, dass der Betriebsrat bei der Anrechnung einer Tariflohnerhöhung auf über-/außertarifliche Zulagen aus Anlass und bis zur Höhe einer Tariflohnerhöhung mitzubestimmen hat.[491] Mitbestimmungspflichtig sei aber nur die Änderung der Verteilungsgrundsätze, wobei darunter die Änderung des Verhältnisses der Zulagen der einzelnen Beschäftigten untereinander zu verstehen ist.[492] Das Mitbestimmungsrecht des Betriebsrats entfalle nur dann ausnahmsweise, wenn für den Betriebsrat kein Regelungsspielraum verbleibe. Das wiederum sei dann der Fall, wenn der Arbeitgeber sich dafür entscheidet, die Zulage vollständig entfallen zu lassen, oder die Tariflohnerhö-

490 *BVerwG*, Beschl. v. 20.3.1980 – 6 P 72/78 –, juris Rn. 19, in: BVerwGE 60, 93 = PersV 1981, 296 (297).

491 *BAG Großer Senat*, Beschl. v. 3.12.1991 – GS 2/90 –, juris Rn. 42, in: BAGE 69, 134 = AP BetrVG 1972 zu § 87 Lohngestaltung Nr. 51.

492 *BAG Großer Senat*, Beschl. v. 3.12.1991 – GS 2/90 –, juris Rn. 67, in: BAGE 69, 134 = AP BetrVG 1972 zu § 87 Lohngestaltung Nr. 51.

hung voll und gleichmäßig anrechnet oder widerruft. Nur wenn der Arbeitgeber die Tariflohnerhöhung teilweise auf die Zulage anrechnet, bestehe ein Verteilungsspielraum und daher ein Mitbestimmungsrecht des Betriebsrats.[493] Das Bundesverwaltungsgericht hat sich dieser Rechtsprechung des Bundesarbeitsgerichts angeschlossen,[494] sodass nach beiden Gesetzen ein Mitbestimmungsrecht bei Anrechnung einer Tariflohnerhöhung auf über-/außertarifliche Zulagen besteht.

Die Mitbestimmungstatbestände des § 72 Abs. 4 Nr. 5 LPVG NRW und des § 87 Abs. 1 Nr. 10 und 11 BetrVG unterscheiden sich daher im Ergebnis nicht. Das Bundesverwaltungsgericht hat zwar entschieden, dass die Unterschiede zwischen öffentlicher Verwaltung und Privatwirtschaft es erforderlich machen, den sachlichen Umfang des Mitbestimmungsrechts des Personalrats bei Fragen der Lohngestaltung gegenüber dem Betriebsverfassungsrecht enger zu fassen.[495] Worin genau die sachliche Begrenzung des Mitbestimmungsrechts des Personalrats liegen soll, hat das Gericht jedoch nicht erläutert.

ff. Ordnung und Verhalten in der Dienststelle / im Betrieb

Bei der Regelung der Ordnung in der Dienststelle und des Verhaltens der Beschäftigten bestimmt der Personalrat gem. § 72 Abs. 4 S. 1 Nr. 9 LPVG NRW mit.

In Fragen der Ordnung des Betriebs und des Verhaltens der Arbeitnehmer im Betrieb hat der Betriebsrat gem. § 87 Abs. 1 Nr. 1 BetrVG mitzubestimmen.

Beide Mitbestimmungstatbestände betreffen Maßnahmen wie Rauchverbote, Alkoholverbote, aber auch Themen wie Dienstkleidung, Parkplatznutzung und Krankenrückkehrgespräche. Bei der Frage, in welchen Fällen die Aufstellung allgemeiner Regelungen mitbestimmungspflichtig ist, vertreten das Bundesverwaltungsgericht und das Bundesarbeitsgericht weitgehend die

493 *BAG Großer Senat*, Beschl. v. 3.12.1991 – GS 2/90 –, juris Rn. 99, in: BAGE 69, 134 = AP BetrVG 1972 zu § 87 Lohngestaltung Nr. 51.

494 *BVerwG*, Beschl. v. 9.12.1998 – 6 P 6/97 –, juris Rn. 42, in: BVerwGE 108, 135 = NZA 1999, 1003.

495 *BVerwG*, Beschl. v. 16.2.1988 – 6 P 24/86 –, juris Rn. 16, in: RiA 1989, 18 (19).

gleiche Meinung.[496] Die Auffassungen darüber, ob auch die aufgrund eines Verstoßes gegen eine Bußordnung verhängte Betriebsbuße im Einzelfall mitbestimmungspflichtig ist, gehen auseinander.

Nach Ansicht des Bundesverwaltungsgerichts unterfällt die Verhängung von Betriebsbußen im Einzelfall nicht der Mitbestimmung, weil der Wortlaut des Mitbestimmungstatbestands nur allgemeinverbindliche Vorschriften erfasse.[497] Das Bundesarbeitsgericht hingegen vertritt den Standpunkt, dass auch die Verhängung von Betriebsbußen zu Fragen der Ordnung des Betriebs und dem Verhalten der Arbeitnehmer gehört. Daher habe der Betriebsrat auch bei der Verhängung einer Betriebsbuße im Einzelfall mitzubestimmen.[498]

Der Betriebsinhaber muss also vor Verhängung einer Betriebsbuße den Betriebsrat beteiligen, der Dienststellenleiter nicht. Das kann dazu führen, dass das Verwaltungsgericht im Falle eines von einer Betriebsbuße betroffenen Beschäftigten im öffentlichen Dienst ein Mitbestimmungsrecht der Personalvertretung verneint. Klagt dieser Beschäftigte anschließend vor den Arbeitsgerichten gegen die Einbehaltung eines Lohnanteils als Ordnungsstrafe, wird das Arbeitsgericht seiner Klage stattgeben, weil die Personalvertretung nicht beteiligt wurde.[499] Trotzdem hat das Bundesverwaltungsgericht es nicht für erforderlich gehalten, den Gemeinsamen Senat der obersten Gerichtshöfe anzurufen, weil das Gesetz die Geltendmachung von Ersatzansprüchen gegen einen Beschäftigten der Mitbestimmung unterwerfe und damit zum Ausdruck bringe, dass das Mitbestimmungsrecht bei der Regelung der Ordnung in der Dienststelle und des Verhaltens der Beschäftigten

---

496 Zum Alkoholverbot: *BAG*, Urt. v. 23.9.1986 – 1 AZR 83/85 –, in: NZA 1987, 250; *BVerwG*, Beschl. v. 5.10.1989 – 6 P 7/88 –, in: NJW 1990, 726; zur Dienstkleidung: *BAG*, Beschl. v. 8.8.1989 – 1 ABR 65/88 –, in: AP BetrVG 1972 zu § 87 Ordnung des Betriebes Nr. 15; *OVG Münster*, Beschl v. 12.3.2003 – 1 A 5764/00.PVL –, juris Rn. 19, in: ZfPR 2005, 34.

497 *BVerwG*, Beschl. v. 6.2.1979 – 6 P 20/78 –, juris Rn. 21, in: PersV 1980, 421 (422); *Tietz*, Arbeitsrecht in Sparkassen, 5. Aufl., S. 878.

498 *BAG*, Urt. v. 5.12.1975 – 1 AZR 94/74 –, in: BAGE 27, 366 = AP BetrVG 1972 zu § 87 Betriebsbuße Nr. 1; *BAG*, Beschl. v. 17.10.1989 – 1 ABR 100/88 –, in: BAGE 63, 169 = NZA 1990, 193; *BAG*, Urt. v. 7.4.1992 – 1 AZR 322/91 –, juris Rn. 20, in: AP LPVG Niedersachsen § 75 Nr. 4.

499 *Edenfeld*, Arbeitnehmerbeteiligung, S. 276.

keine Einzelmaßnahmen wegen des Verhaltens eines Beschäftigten erfasse.[500]

2. Sonderregelung für Kündigungen

Der Personalrat bestimmt gem. § 74 Abs. 1 S. 1 LPVG NRW mit bei ordentlichen Kündigungen durch den Arbeitgeber. Der Betriebsrat ist gem. § 102 Abs. 1 S. 1 BetrVG vor jeder Kündigung zu hören.

Nach § 74 Abs. 1 S. 1 LPVG NRW ist nur die ordentliche Kündigung durch den Arbeitgeber mitbestimmungspflichtig. Die ordentliche Kündigung durch den Arbeitnehmer unterliegt nicht der Mitbestimmung. Wird das Arbeitsverhältnis auf andere Weise als durch ordentliche Kündigung beendet, löst das nicht das Mitbestimmungsrecht nach § 74 Abs. 1 S. 1 LPVG NRW aus. Mitbestimmungspflichtig sind daher außer der ordentlichen Kündigung die Änderungskündigung, die neben einer außerordentlichen Kündigung ausgesprochene ordentliche Kündigung und die wiederholte Kündigung.

Gemäß § 74 Abs. 1 S. 2 LPVG NRW gilt das Antragserfordernis des § 72 Abs. 1 S. 2 LPVG NRW entsprechend. Bei einer ordentlichen Kündigung eines Beschäftigten i. S. v. § 72 Abs. 1 S. 2 LPVG NRW bestimmt die Personalvertretung also nur mit, wenn der Beschäftigte es beantragt hat.

Bei außerordentlichen Kündigungen, Abmahnungen, Kündigungen in der Probezeit, Aufhebungs- und Beendigungsverträgen und bei Mitteilungen an Auszubildende darüber, dass deren Einstellung nach beendeter Ausbildung nicht beabsichtigt ist, ist das Beteiligungsrecht der Personalvertretung schwächer ausgestaltet. Hier ist nach § 74 Abs. 2 S. 1 LPVG NRW die Personalvertretung lediglich anzuhören.

Der Begriff der Kündigung des § 102 Abs. 1 BetrVG umfasst jede Art von Kündigung seitens des Arbeitgebers.[501] Der Betriebsrat hat daher sowohl bei der ordentlichen als auch bei der außerordentlichen Kündigung ein Anhörungsrecht.

Für Mitglieder der Beschäftigtenvertretungen enthalten beide Gesetze Sonderregeln. Die außerordentliche Kündigung eines Personalratsmitglieds be-

500 *BVerwG*, Beschl. v. 6.2.1979 – 6 P 20/78 –, juris Rn. 22, in: PersV 1980, 421 (423).
501 *Fitting*, Betriebsverfassungsgesetz, 26. Aufl., § 102 Rn. 5.

darf gem. § 43 Abs. 2 S. 1 LPVG NRW der Zustimmung des Personalrats. Eine entsprechende Regelung für die außerordentliche Kündigung von Betriebsratsmitgliedern enthält § 103 Abs. 1 BetrVG.

3. Mitwirkungstatbestände

Die Tatbestände mitwirkungspflichtiger Angelegenheiten sind in § 73 LPVG NRW aufgezählt. Eine Mitwirkung der Personalvertretung scheidet aus, soweit eine gesetzliche oder tarifliche Regelung besteht. Im Betriebsverfassungsgesetz gibt es keine entsprechende Norm. Der Grund hierfür ist, dass das Betriebsverfassungsgesetz zwar, wie sich aus der Überschrift des Vierten Teils des Betriebsverfassungsgesetzes ergibt, zwischen Mitbestimmungs- und Mitwirkungsrechten unterscheidet. Die Mitwirkungsrechte sind aber nicht in einer Vorschrift zusammengefasst. Stattdessen enthält der vierte Teil des Betriebsverfassungsgesetzes eine Vielzahl von Beratungs-, Vorschlags-, Anhörungs- und Unterrichtungsrechten. Diese Beteiligungsrechte können unter dem Oberbegriff der Mitwirkungsrechte zusammengefasst werden.[502] Regelungen über Mitwirkungsrechte des Betriebsrats sind daher an unterschiedlichen Stellen des vierten Teils des Betriebsverfassungsgesetzes zu finden.

a. Verwaltungsanordnungen

Der Personalrat wirkt gem. § 73 Nr. 1 LPVG NRW mit bei Verwaltungsanordnungen einer Dienststelle für die innerdienstlichen, sozialen oder persönlichen Angelegenheiten der Beschäftigten ihres Geschäftsbereichs. Verwaltungsanordnungen i. S. v. § 73 Nr. 1 LPVG NRW sind allgemeine Verwaltungsvorschriften, die nur verwaltungsinterne Verbindlichkeit besitzen.[503] Dazu zählen beispielsweise Richtlinien über die Gewährung von Fahrtkostenzuschüssen, über die Annahme von Geschenken oder Verhaltensvorschriften gegenüber Kunden.

502 *Reichhold*, Arbeitsrecht, § 14 Rn. 41.

503 *Cecior/Vallendar/Lechtermann/Klein*, Das Personalvertretungsrecht in Nordrhein-Westfalen, 58. Aktualisierung, § 73 Rn. 13.

Das Betriebsverfassungsgesetz enthält kein entsprechendes Beteiligungsrecht. Sofern nicht ein anderes Beteiligungsrecht, wie z. B. § 87 Abs. 1 Nr. 1 BetrVG eingreift, scheidet eine Beteiligung des Betriebsrats aus.

b. Stellenausschreibung

Gemäß § 73 Nr. 2 LPVG NRW wirkt der Personalrat bei Stellenausschreibungen mit, soweit eine Personalmaßnahme der Mitbestimmung unterliegen kann.

Die Personalvertretung kann aufgrund ihres Mitwirkungsrechts Einfluss auf die inhaltliche Gestaltung der Ausschreibung und auf den Umfang der Bekanntmachung nehmen, nicht jedoch auf die Festlegung des Anforderungsprofils.[504] Das Mitwirkungsrecht erstreckt sich nach der Rechtsprechung des Bundesverwaltungsgerichts auch nicht auf die Frage, ob ausgeschrieben werden soll oder nicht. Das Bestehen einer Pflicht zur Stellenausschreibung ergebe sich aus dem Gesetz oder aus dem Umstand, dass die Dienststelle in vergleichbaren Fällen bisher immer die Stelle ausgeschrieben hat.[505] Eine gesetzliche Verpflichtung der Dienststelle zur Ausschreibung kann sich beispielsweise aus § 8 des Gesetzes zur Gleichstellung von Frauen und Männern für das Land Nordrhein-Westfalen (Landesgleichstellungsgesetz – LGG)[506] ergeben. Liegen die Voraussetzungen des § 8 LGG vor, ist die Dienststelle verpflichtet, die Stelle auszuschreiben. Kommt die Dienststelle ihrer Verpflichtung nach, wirkt die Personalvertretung bei dieser Ausschreibung mit. Sieht die Dienststelle von einer erforderlichen Stellenausschreibung ab, steht der Personalvertretung bei der Einstellung ein Zustimmungsverweigerungsrecht zu.[507]

Der Betriebsrat kann zwar auf die einmal erfolgte Ausschreibung keinen Einfluss nehmen, weil nach der Rechtsprechung des Bundesarbeitsgerichts die konkrete Ausgestaltung der Stellenausschreibung, abgesehen von gewis-

---

504 *OVG Münster*, Beschl. v. 18.10.2000 – 1 A 5334/98.PVL –, juris Rn. 26, in: PersV 2003, 101 (103).

505 *BVerwG*, Beschl. v. 9.1.2007 – 6 P 6/06 –, juris Rn. 30, in: NZA-RR 2007, 276 (278).

506 Gesetz zur Gleichstellung von Frauen und Männern für das Land Nordrhein-Westfalen (Landesgleichstellungsgesetz – LGG) vom 9.11.1999, (GV. NRW S. 590).

507 *Kröll*, PersR 2001, 463 (468).

sen Mindestanforderungen, allein dem Arbeitgeber obliegt.[508] Ansonsten ist das Beteiligungsrecht des Betriebsrats bei Stellenausschreibungen stärker ausgestaltet als das der Personalvertretungen. Nach § 93 BetrVG kann der Betriebsrat verlangen, dass Arbeitsplätze, die besetzt werden sollen, innerhalb des Betriebs ausgeschrieben werden sollen. Eine Ausschreibung außerhalb des Betriebs kann der Betriebsrat zwar nicht durchsetzen oder verhindern. Kommt der Arbeitgeber dem Verlangen des Betriebsrats nach einer Ausschreibung innerhalb des Betriebs nicht nach, wird das Recht des Betriebsrats nach § 93 BetrVG darüber abgesichert, dass gem. § 99 Abs. 2 Nr. 5 BetrVG bei der Einstellung ein Zustimmungsverweigerungsrecht besteht. Im Gegensatz zur personalvertretungsrechtlichen Regelung ergibt sich die Ausschreibungspflicht des privaten Arbeitgebers also nicht erst bei Vorliegen gesetzlich geregelter Voraussetzungen, sondern bereits dann, wenn der Betriebsrat eine Ausschreibung verlangt.

c. Betriebsstilllegungen und Dienststellenauflösungen

Der Personalrat wirkt bei der Errichtung, Auflösung, Einschränkung, Verlegung oder Zusammenlegung von Dienststellen oder wesentlichen Teilen mit, § 73 Nr. 3 LPVG NRW. Das Mitwirkungsrecht erfasst nur organisatorische Änderungen von besonderem Gewicht.[509]

Dieser Mitbestimmungstatbestand wird vor allem bei Fusionen von Sparkassen relevant. Im Wege eine Fusion können ganze Abteilungen einer Sparkasse an einen anderen Ort verlegt werden. Zu einer Zusammenlegung zweier Sparkassen kann es im Falle einer Aufnahmefusion kommen, wenn also eine Sparkasse in einer anderen aufgeht. Häufig fusionieren mehrere Sparkassen auch zu Zweckverbandssparkassen, also einer neuen Sparkasse, die aus mehreren bestehenden Sparkassen gebildet wird.[510]

Eine vergleichbare Vorschrift enthält § 111 BetrVG. Danach ist der Betriebsrat rechtzeitig und umfassend über geplante Betriebsänderungen zu unterrichten und hat mit dem Unternehmer darüber zu beraten. Als Betriebsänderung gelten gem. § 111 S. 2 BetrVG die Einschränkung und Stillle-

---

508 *BAG*, Beschl. v. 6.10.2010 – 7 ABR 18/09 –, juris Rn. 17, in: NZA 2011, 360 (361).

509 *OVG Münster*, Beschl. v. 23.3.2010 – 16 A 2209/08.PVL –, juris Rn. 23, in: ZfPR online 2010, 6.

510 *Tietz*, Arbeitsrecht in Sparkassen, 5. Aufl., S. 882.

gung (Nr. 1) oder die Verlegung (Nr. 2) des ganzen Betriebs oder von wesentlichen Betriebsteilen sowie der Zusammenschluss mit anderen Betrieben oder die Spaltung von Betrieben (Nr. 3).

Die Regelungen stimmen inhaltlich zu großen Teilen überein. Allerdings hat die Personalvertretung im Gegensatz zum Betriebsrat auch bei der Errichtung einer Dienststelle ein Mitwirkungsrecht. Der Betriebsrat wirkt nur mit, wenn es sich um eine Spaltung von Betrieben handelt. Die Spaltung von Dienststellen ist immer mit der Errichtung von Dienststellen verbunden. Unter den Begriff der Errichtung fällt aber neben der Spaltung von Dienststellen auch die Neugründung einer Dienststelle. Die Beteiligungsrechte der Personalvertretung gehen insofern über die Beteiligungsrechte des Betriebsrats hinaus.

d. Personalplanung

Die behördlichen und betrieblichen Grundsätze der Personalplanung unterliegen gem. § 73 Nr. 4 LPVG NRW der Mitwirkung. Die Personalvertretung ist jedoch nicht bei Einzelfallentscheidungen zu beteiligen, sondern nur bei allgemeinen Regelungen zur Personalplanung.

Diese Beschränkung enthält die Parallelvorschrift in § 92 BetrVG nicht. Der Betriebsrat ist daher über die einzelne Personalplanung anhand von Unterlagen rechtzeitig und umfassend zu unterrichten und hat mit dem Arbeitgeber darüber zu beraten. Auch wenn die Unterrichtungspflicht des Arbeitgebers nach der Rechtsprechung des Bundesarbeitsgerichts nicht die konkrete personelle Einzelmaßnahme betrifft,[511] muss der Arbeitgeber von sich aus bei jeder Art von Personalplanung an den Betriebsrat herantreten und ihm die geschuldete Information liefern.[512]

e. Aufträge zur Überprüfung der Organisation oder Wirtschaftlichkeit einer Dienststelle durch Dritte

Der Mitwirkungstatbestand des § 73 Nr. 6 LPVG NRW betrifft Aufträge zur Überprüfung der Organisation oder Wirtschaftlichkeit einer Dienststelle

511 *BAG*, Beschl. v. 27.10.2010 – 7 ABR 86/09 –, juris Rn. 33, in: NZA 2011, 418 (420).

512 *Fitting*, Betriebsverfassungsgesetz, 26. Aufl., § 112a Rn. 4.

durch Dritte. Ein Mitwirkungsrecht besteht nur, wenn die Überprüfung von dienststellenfremden, also nicht mit den Gegebenheiten der Dienststelle vertrauten Personen vorgenommen wird. Die Beteiligung der Personalvertretung soll bewirken, dass die mit einer solchen Überprüfung verbundenen Beeinträchtigungen, die die Beschäftigten hinnehmen müssen, gering gehalten werden.[513]

Das Betriebsverfassungsgesetz enthält keinen entsprechenden Mitwirkungstatbestand.

f. Beschäftigtenförderung

Der Personalrat wirkt gem. § 73 Nr. 7 LPVG NRW mit bei Maßnahmen zur Beschäftigungsförderung. Das Mitwirkungsrecht geht inhaltlich über das Vorschlagsrecht des Betriebsrats nach § 92a BetrVG hinaus. Während die Vorschläge des Betriebsrats allein auf den Erhalt der schon vorhandenen Beschäftigungsmöglichkeiten gerichtet sein können, hat die Personalvertretung das Recht, die Dienststelle auch im Hinblick auf «alle zukünftig möglichen Formen» der Beschäftigungsförderung[514] zu beraten.[515]

4. Sonstige Beteiligungstatbestände

Das Landespersonalvertretungsgesetz Nordrhein-Westfalen enthält neben den Mitbestimmungs- und Mitwirkungsrechten in § 75 LPVG NRW einen Katalog von Anhörungsrechten. Außerdem kennt das Landespersonalvertretungsgesetz Nordrhein-Westfalen die Teilnahme- und Beratungsrechte des Personalrats bei Prüfungen, die den Beschäftigten abgenommen werden, (§ 76 LPVG NRW) und die Unterstützung durch den Personalrat bei der Bekämpfung von Unfall- und Gesundheitsgefahren (§ 77 LPVG NRW).

---

513 *OVG Münster*, Beschl. v. 29.1.1999 – 1 A 6323/96.PVL –, juris Rn. 8, in: PersR 1999, 310 (311).

514 LT-Drs. 15/2218, S. 54.

515 *Cecior/Vallendar/Lechtermann/Klein*, Das Personalvertretungsrecht in Nordrhein-Westfalen, 58. Aktualisierung, § 73 Rn. 128.

VIII. Die Beteiligungsverfahren

Das Landespersonalvertretungsgesetz Nordrhein-Westfalen und das Betriebsverfassungsgesetz unterscheiden sich hinsichtlich des Beteiligungsverfahrens schon insofern, als das Landespersonalvertretungsgesetz Nordrhein-Westfalen den Formen und Verfahren der Beteiligung der Personalvertretung im achten Kapitel einen eigenen Abschnitt im Gesetz widmet. In den Vorschriften über die beteiligungspflichtigen Angelegenheiten wird dann auf das jeweils anzuwendende Verfahren verwiesen. Im Betriebsverfassungsgesetz hat sich der Gesetzgeber für eine andere Regelungsvariante entschieden. Das Verfahren ist im unmittelbaren Zusammenhang mit dem jeweiligen Beteiligungsrecht geregelt, meistens im folgenden Satz oder Absatz.

1. Information der Beschäftigtenvertretung

Jedes Beteiligungsverfahren beginnt damit, dass der Arbeitgeber die Beschäftigtenvertretung von der geplanten Maßnahme informiert.

a. Information des Personalrats

Der Personalrat ist gem. § 65 Abs. 1 S. 1 LPVG NRW zur Durchführung seiner Aufgaben rechtzeitig und umfassend zu unterrichten. Steht eine personalvertretungsrechtlich relevante Maßnahme an, sind dem Personalrat die erforderlichen Unterlagen vorzulegen, § 65 Abs. 1 S. 2 LPVG NRW.

Die Information muss so rechtzeitig erfolgen, dass die Personalvertretung noch Einfluss auf die geplante Maßnahme nehmen kann.[516] Die Personalvertretung darf nicht vor vollendete Tatsachen gestellt werden. Bei einer Einstellung sind dem Personalrat nach § 65 Abs. 2 S. 1 LPVG NRW die Bewerbungsunterlagen aller Bewerber und – sofern vorhanden – Personalfragebögen, Vorschläge der Personalkommission und die Ergebnisse eines Einstellungstests vorzulegen, damit er prüfen kann, ob ein Grund besteht, die Zustimmung zur Einstellung zu verweigern.[517]

---

516 *BVerwG*, Beschl. v. 28.4.1967 – 7 P 12/65 –, juris Rn. 24, in: PersV 1967, 275 (276).

517 *Kröll*, PersR 2001, 463 (464).

Im Rahmen der allgemeinen Überwachungsaufgabe kann der Personalrat aber nicht aus jedem beliebigen Anlass Informationen von der Dienststelle verlangen. Der Personalrat hat nicht in erster Linie die Aufgabe, die Dienststelle zu kontrollieren, sondern er soll vorrangig die Interessen der Beschäftigten gegenüber der Dienststelle vertreten. Ein Informationsanspruch setzt daher nach der Rechtsprechung des Bundesverwaltungsgerichts voraus, dass ein konkreter Bezug zu einer vom Personalrat zu erfüllenden Aufgabe besteht.[518] Es sei auch nicht schlechthin ausgeschlossen, dass der Personalrat Sachverständige zur Informationsgewinnung hinzuzieht.[519]

Im Regelfall sind dem Personalrat Unterlagen zu seiner Information vorübergehend zu überlassen. Benötigt die Personalvertretung zur Wahrnehmung ihrer Aufgaben Unterlagen immer wieder, kann die Dienststelle auch dazu verpflichtet sein, der Personalvertretung die Unterlagen dauerhaft zu überlassen.[520]

Der Personalrat hat beispielsweise einen Anspruch auf Einsicht in nicht anonymisierte Bruttolohn- und Gehaltslisten aller von ihm vertretenen Beschäftigten.[521] Ein lesender Zugriff auf die Daten über den Stand von Arbeitszeitkonten der einzelnen Beschäftigten unter Offenlegung von deren Namen ist nicht erforderlich i. S. v. § 65 Abs. 1 S. 2 LPVG NRW, wenn der Personalrat mittels Listen über den Stand der Arbeitszeitkonten informiert wird, in denen die einzelnen Beschäftigten mit Kennziffern bezeichnet sind, und der Personalrat so seine Überwachungsaufgabe wahrnehmen kann.[522] Aus dem Informationsrecht des Personalrats folgt auch die Verpflichtung der Dienststelle, einem Mitglied des Personalrats regelmäßig die Namen derjenigen Beschäftigten mitzuteilen, denen ein betriebliches Eingliederungsmanagement anzubieten ist, und Einsicht in das Hinweisschreiben an

---

518 *BVerwG*, Beschl. v. 29.8.1990 – 6 P 30/87 –, juris Rn. 15, in: NJW 1991, 373 (374); *BVerwG*, Beschl. v. 16.5.1991 – 6 PB 19/90 –, juris Rn. 9.

519 *BVerwG*, Beschl. v. 8.11.1989 – 6 P 7/87 –, in: BVerwGE 84, 57 = NVwZ-RR 1990, 426.

520 *BVerwG*, Beschl. v. 23.1.2002 – 6 P 5/01 –, in: AP BPersVG zu § 68 Nr. 7.

521 Zur wortgleichen Regelung in Hamburg: *OVG Hamburg*, Beschl. v. 29.11.2011 – 8 Bf 138/11 PVL –, in: NordÖR 2012, 555.

522 *OVG Münster*, Beschl. v. 27.9.2012 – 20 A 1500/11 PVB –, in: Eildienst Städtetag NRW 2013, 30.

die betroffenen Beschäftigten zu gewähren.[523] Bei Personalakten unterliegt das Informationsrecht des Personalrats gewissen Einschränkungen. Gemäß § 65 Abs. 3 S. 1 LPVG NRW darf eine Einsicht in die Personalakte nur mit Zustimmung des betroffenen Arbeitnehmers erfolgen. Überwiegt das Recht auf informationelle Selbstbestimmung des einzelnen Arbeitnehmers das Informationsbedürfnis des Personalrats, darf der Personalrat von der Personalakte keine Kopien anfertigen, sondern darf sich lediglich Notizen machen.[524] Von den sonstigen dem Personalrat zur Verfügung stehenden Unterlagen darf sich das einzelne Personalratsmitglied Notizen, Abschriften und Kopien machen. Die Unterlagen dürfen jedoch nicht dauerhaft an das Personalratsmitglied ausgehändigt werden, da sonst die Gefahr besteht, dass sich die Unterrichtung der anderen Personalratsmitglieder verzögert oder ganz verhindert wird.[525]

Das Informationsrecht umfasst nicht nur das Recht, Unterlagen einzusehen. Gemäß § 65 Abs. 2 S. 2 LPVG NRW hat der Personalrat auch das Recht, an Vorstellungsgesprächen zur Auswahl unter mehreren Bewerbern teilzunehmen, sofern die Mitbestimmung nicht gem. § 72 Abs. 1 S. 2 LPVG NRW ausgeschlossen ist. Das gibt ihm die Möglichkeit, im Vorfeld einer Einstellung auf die Willensbildung der Dienststelle Einfluss zu nehmen.

b. Information des Betriebsrats

Der Betriebsrat ist gem. § 80 Abs. 2 BetrVG zur Durchführung seiner Aufgaben rechtzeitig und umfassend vom Arbeitgeber zu unterrichten. Ihm sind die zur Durchführung seiner Aufgaben erforderlichen Unterlagen zur Verfügung zu stellen. Neben dem allgemeinen Informationsrecht des Betriebsrats in § 80 Abs. 2 BetrVG enthält das Betriebsverfassungsgesetz eine Reihe von Informationspflichten des Arbeitgebers[526], wie z. B. Berichterstattungs-, Unterrichtungs-, Mitteilungs- und Erläuterungspflichten. Die Informationspflichten des Arbeitgebers gegenüber dem Betriebsrat in personellen Angelegenheiten ergeben sich aus § 99 Abs. 1 S. 1 und 2 BetrVG. Danach hat der

523 *BVerwG*, Beschl. v. 4.9.2012 – 6 P 5/11 –, in: RiA 2012, 273.

524 *Tietz*, Arbeitsrecht in Sparkassen, 5. Aufl., S. 860.

525 *Kunze*, ZfPR 2003, 248 (250).

526 Nach *BAG*, Beschl. v. 19.2.2008 – 1 ABR 2/72 –, in: AP BetrVG 1972 zu § 80 Nr. 69, korrespondiert mit der Informationspflicht ein entsprechendes Informationsrecht.

Arbeitgeber vor einer personellen Einzelmaßnahme den Betriebsrat zu unterrichten, ihm die erforderlichen Bewerbungsunterlagen vorzulegen und Auskunft über die Person der Beteiligten zu geben. Außerdem hat er dem Betriebsrat unter Vorlage der erforderlichen Unterlagen Auskunft über die Auswirkungen der geplanten Maßnahme zu geben. Bei Einstellungen und Versetzungen geht die Informationspflicht noch weiter, denn in diesen beiden Fällen hat der Arbeitgeber insbesondere den in Aussicht genommenen Arbeitsplatz und die vorgesehene Eingruppierung mitzuteilen. Der Betriebsrat soll durch die Informationspflichten des Arbeitgebers in die Lage versetzt werden, prüfen zu können, ob ein Zustimmungsverweigerungsgrund i. S. v. § 99 Abs. 2 BetrVG vorliegt. Der Arbeitsvertrag gehört jedoch nicht zu den Bewerbungsunterlagen, die der Arbeitgeber dem Betriebsrat vorlegen muss.[527] Bei einer Kündigung ist das Informationsrecht des Betriebsrats erweitert. Gemäß § 102 Abs. 1 S. 2 BetrVG hat der Arbeitgeber dem Betriebsrat die Gründe für die Kündigung mitzuteilen. Bei der Einstellung von Leiharbeitnehmern ist der Umfang der Informationspflichten begrenzt. So muss der entleihende Arbeitgeber dem Betriebsrat keine Bewerbungsunterlagen vorlegen, weil der Leiharbeitnehmer sich nicht bewirbt, sondern vom Verleiher zugewiesen wird.[528]

Die Information muss rechtzeitig und umfassend erfolgen. Damit sind der Zeitpunkt und der Umfang der Informationspflicht umschrieben. Das Betriebsverfassungsgesetz enthält aber keine genauen Vorgaben dazu, wie lange der Arbeitgeber dem Betriebsrat Unterlagen überlassen muss und ob der Betriebsrat von den Unterlagen Abschriften oder Ablichtungen anfertigen darf oder ob die Unterlagen nur zur Einsicht vorgelegt werden müssen. Das Bundesarbeitsgericht bemisst die Informationspflicht des Arbeitgebers danach, ob der Arbeitgeber «Einblick» gewähren muss, zur «Vorlage» der erforderlichen Unterlagen verpflichtet ist oder Unterlagen «zur Verfügung stellen» muss. Der Arbeitgeber müsse die Unterlagen nicht aus der Hand geben, wenn das Gesetz von der Verpflichtung spricht, «Einblick» zu gewähren. Wenn der Arbeitgeber zur «Vorlage» der erforderlichen Unterlagen verpflichtet ist, muss der Arbeitgeber im Einzelfall die erforderlichen Unterlagen überlassen. Davon sei aber nicht das Recht umfasst, Abschriften und

527 *BAG*, Beschl. v. 18.10.1988 – 1 ABR 33/87 –, in: AP BetrVG 1972 zu § 99 Nr. 57.
528 *Plum*, DB 2011, 2916 (2919).

Ablichtungen dieser Unterlagen zu erstellen. Verpflichte das Gesetz den Arbeitgeber, Unterlagen zur «Verfügung zu stellen», muss der Arbeitgeber die Unterlagen aus der Hand geben. Der Betriebsrat dürfe dann auch von diesen Unterlagen Abschriften oder Ablichtungen anfertigen.[529]

Das Einsichtsrecht des Betriebsrats in Personalakten ist im Betriebsverfassungsgesetz nicht ausdrücklich geregelt, besteht aber nach der Rechtsprechung nicht uneingeschränkt. Der Betriebsrat kann nach Ansicht des Bundesarbeitsgerichts nicht die Vorlage der gesamten Personalakte verlangen. Das ergebe sich mittelbar aus § 83 BetrVG. Eine Ausnahme gelte nur für konkrete Informationen aus der Personalakte, die für die Aufgabenerfüllung des Betriebsrats erforderlich sind.[530]

2. Das Mitbestimmungsverfahren

Das personalvertretungsrechtliche Mitbestimmungsverfahren ist in § 66 LPVG NRW geregelt. Im Betriebsverfassungsgesetz befinden sich Regelungen zum Mitbestimmungsverfahren in §§ 87 Abs. 2, 94 Abs. 1, 95 Abs. 1, 2, 98 und 99 BetrVG.

Das Verfahren kann sowohl von der Arbeitgeberseite als auch von Seiten der Beschäftigtenvertretung eingeleitet werden. Zunächst wird das Verfahren auf Initiative der Dienstelle bzw. des Arbeitgebers dargestellt. Danach soll auf das Verfahren auf Initiative der Beschäftigtenvertretung eingegangen werden.

a. Das Verfahren auf Initiative der Dienststelle / des Arbeitgebers

Mitbestimmung bei einer Maßnahme auf Initiative der Dienststelle bzw. des Arbeitgebers bedeutet, dass die Beschäftigtenvertretung ihre Zustimmung erteilt haben muss, bevor die Maßnahme durchgeführt wird. Das Landespersonalvertretungsgesetz Nordrhein-Westfalen und das Betriebsverfassungsgesetz sehen unterschiedliche Verfahren vor, die zum Erreichen einer Einigung durchlaufen werden müssen.

---

529 *BAG*, Beschl. v. 20.11.1984 – 1 ABR 64/82 –, in: AP BetrVG 1972 zu § 106 Nr. 3.

530 *BAG*, Beschl. v. 20.12.1988 – 1 ABR 63/87 –, juris Rn. 38, in: AP ArbGG 1979 zu § 92 Nr. 5.

aa. Das Verfahren auf Initiative der Dienststelle

Das Verfahren, das auf Initiative der Dienststelle eingeleitet wird ist in § 66 Abs. 1, 2, 3 und 7 LPVG NRW geregelt. Möchte eine Dienststelle eine Maßnahme durchführen, die der Mitbestimmung unterliegt, kann sie dies nur mit Zustimmung des Personalrats tun. Um die Zustimmung zu erhalten, muss die Dienststelle das Mitbestimmungsverfahren durchführen.

Die Dienststelle leitet das Mitbestimmungsverfahren ein, indem sie den Personalrat von der beabsichtigten Maßnahme unterrichtet und seine Zustimmung beantragt. Hierzu setzt die Dienststelle dem Personalrat eine Frist, innerhalb derer der Personalrat seine Zustimmung verweigern kann. Die Dauer dieser Erklärungsfrist beträgt mindestens eine Woche und hängt davon ab, ob es sich um einen dringenden Fall oder um eine Maßnahme handelt, die wichtige Interessen der Beschäftigten erheblich beeinträchtigt. Die Frist kann einvernehmlich verlängert werden.[531] Der Personalrat kann verlangen, dass die Dienststelle die Maßnahmen begründet. Die Begründung muss auf Verlangen des Personalrats schriftlich erfolgen, es sei denn, es handelt sich um eine Personalangelegenheit.

Ist der Personalrat mit der Durchführung der Maßnahme oder mit einem Teil der Maßnahme[532] vorbehaltlos einverstanden und teilt er dies der Dienststelle innerhalb der Frist mit, darf die Dienststelle anschließend die Maßnahme durchführen, denn die Personalvertretung kann eine ausdrückliche Zustimmungserklärung im Gegensatz zur Zustimmungsverweigerung, die sie jederzeit zurücknehmen kann, nicht widerrufen.[533]

Erhält die Dienststelle innerhalb der Erklärungsfrist keine mit Gründen versehene Rückmeldung des Personalrats, wird die Zustimmung des Personalrats zu der beantragten Maßnahme fingiert. Sowohl das Schweigen des Personalrats als auch eine verspätete oder nicht ausreichend begründete Zustimmungsverweigerung haben also im Ergebnis die gleichen Konsequen-

531 Offengelassen, aber mit erkennbarer Tendenz für die Möglichkeit einer einvernehmlichen Fristverlängerung *BVerwG*, Beschl. v. 9.12.1992 – 6 P 16/91 –, juris Rn. 36, in: BVerwGE 91, 276 = NVwZ-RR 1993, 644 (646).

532 *Cecior/Vallendar/Lechtermann/Klein*, Das Personalvertretungsrecht in Nordrhein-Westfalen, 55. Aktualisierung, § 66 Rn. 156.

533 *Weber*, in: Richardi/Dörner/Weber (Hrsg.), Personalvertretungsrecht, § 69 Rn. 56.

zen wie eine ausdrücklich erteilte Zustimmung. Die Dienststelle darf auch in diesen Fällen die Maßnahme wie beantragt durchführen.

Wenn der Personalrat beabsichtigt, der Maßnahme nicht zuzustimmen, und dies der Dienststelle mitteilt, ist die Maßnahme anschließend im sog. Einigungsverfahren zu erörtern. In dringenden Fällen haben die Beteiligten hierzu eine Woche Zeit, ansonsten beträgt die Frist zwei Wochen, mit der Möglichkeit, zu verlängern. Gelingt es den Beteiligten nicht, die Angelegenheit innerhalb der Frist zu erörtern, gilt die Zustimmung des Personalrats als erteilt, wenn der Personalrat nicht innerhalb der Frist seine Zustimmung verweigert hat. Haben die Beteiligten die Angelegenheit innerhalb dieser Frist erörtert, beginnt eine weitere Frist zu laufen. Von dem Tag der Erörterung an hat der Personalrat mindestens eine Woche Zeit, um eine abschließende Entscheidung über die erörterte Angelegenheit zu fassen. Lässt er die Frist verstreichen, ohne die Dienststelle seinen mit Gründen versehenen schriftlichen Beschluss über die Verweigerung der Zustimmung mitzuteilen, gilt die Zustimmung als erteilt. Erreicht die Dienststelle innerhalb der Frist eine unter Angabe von Gründen schriftlich verfasste Zustimmungsverweigerung, bedeutet das, dass Dienststelle und Personalrat hinsichtlich der Maßnahme keine Einigung erzielt haben. Das Einigungsverfahren ist selbst dann durchzuführen, wenn der Personalrat von vornherein erklärt, dass er der Maßnahme unter allen Umständen nicht zustimmen will.[534]

Rechtsfolge der fehlenden Einigung im Einigungsverfahren ist, dass das sog. Stufenverfahren durchzuführen ist. Das Stufenverfahren setzt jedoch voraus, dass eine im Verwaltungsaufbau übergeordnete Stelle existiert, bei

534 *OVG Münster*, Beschl. v. 22.10.1979 – CL 57/78 –, juris Rn. 3, in: ZBR 1980, 260: Ein solches Verhalten des Personalrats sei nicht unzulässig, weil § 66 Abs. 2 LPVG NRW nicht ausschließt, dass entweder Dienststellenleiter oder Personalrat oder beide – besonders in Fragen von grundsätzlicher Bedeutung – in die Erörterung eintreten in der Überzeugung, dass sie auf gar keinen Fall die Gründe der Gegenseite – die ihnen im Übrigen mindestens zum größten Teil bereits bekannt sind – anerkennen könnten. Es sei jedenfalls nicht rechtswidrig, wenn in Fällen, in denen es sich um solche Grundüberzeugungen handelt, einer der Beteiligten oder beide schon zu Beginn der Erörterung darlegen, sie könnten ihre Auffassung deshalb, weil es um eine solche Grundüberzeugung gehe, nicht ändern und die Argumente der Gegenseite nicht anerkennen.

der eine Stufenvertretung besteht.[535] Das ist bei den einstufig organisierten Sparkassen nicht der Fall, sodass das Stufenverfahren entfällt.

Die Konsequenz ist, dass unmittelbar im Anschluss an das gescheiterte Einigungsverfahren auf Antrag eines der Beteiligten die Einigungsstelle entscheidet, § 66 Abs. 7 LPVG NRW. In diesem sog. Einigungsstellenverfahren kommt es für die Reichweite der Entscheidung der Einigungsstelle maßgeblich darauf an, welcher Mitbestimmungstatbestand von der beabsichtigten Maßnahme betroffen ist. Der Ablauf des Einigungsstellenverfahrens hängt davon ab, ob die Maßnahme, die Gegenstand des Verfahrens ist, der grundsätzlich uneingeschränkten oder eingeschränkten Mitbestimmung unterliegt.

In den Fällen der uneingeschränkten Mitbestimmung ist die Entscheidung der Einigungsstelle grundsätzlich endgültig. Auch in den Fällen der eingeschränkten Mitbestimmung fasst die Einigungsstelle einen Beschluss. In beiden Fällen ist das Mitbestimmungsverfahren mit der Entscheidung der Einigungsstelle abgeschlossen. Im Gegensatz zur Entscheidung der Einigungsstelle in Fällen der uneingeschränkten Mitbestimmung ist der Beschluss in Fällen der eingeschränkten Mitbestimmung jedoch nicht verbindlich, sondern enthält nur eine Empfehlung an die Dienststelle.

Der Beschluss der Einigungsstelle hat auch in Fällen der uneingeschränkten Mitbestimmung nur empfehlenden Charakter, wenn ein sog. Evokationsrecht besteht. In solchen Fällen stellt die nach § 68 LPVG NRW endgültig entscheidende Stelle auf Antrag eines der Beteiligten fest, dass die Maßnahme wegen ihrer Auswirkung auf das Gemeinwohl wesentlicher Bestandteil der Regierungsgewalt ist. Die endgültig entscheidende Stelle ist nach § 68 S. 1 Nr. 2 LPVG NRW bei Anstalten des öffentlichen Rechts deren verfassungsmäßig zuständiges oberstes Organ oder der von ihm bestimmte Ausschuss. Da Sparkassen Anstalten des öffentlichen Rechts sind, entscheidet ihr verfassungsmäßig zuständiges Organ, also der Vorstand der Sparkasse, ob die Maßnahme wegen ihrer Auswirkung auf das Gemeinwohl wesentlicher Bestandteil der Regierungsgewalt ist und daher die Entscheidung der Einigungsstelle nur eine Empfehlung darstellt. Hat die Entscheidung der

535 *Cecior/Vallendar/Lechtermann/Klein*, Das Personalvertretungsrecht in Nordrhein-Westfalen, 56. Aktualisierung, § 66 Rn. 412.

Einigungsstelle nur empfehlenden Charakter, entscheidet die Dienststelle im Anschluss an das Mitbestimmungsverfahren endgültig selbst, ohne an die in dem Beschluss der Einigungsstelle enthaltene Empfehlung gebunden zu sein.

Welches Mitbestimmungsrecht der eingeschränkten Mitbestimmung und welches der grundsätzlich uneingeschränkten Mitbestimmung unterliegt, ergibt sich aus § 66 Abs. 7 S. 3 LPVG NRW. Damit ist § 66 Abs. 7 S. 3 LPVG NRW eine der zentralen Vorschriften des Landespersonalvertretungsgesetzes Nordrhein-Westfalen. Die Vorschrift hat deshalb eine zentrale Bedeutung, weil dort geregelt ist, wie umfangreich das Mitbestimmungsrecht der Beschäftigten beschränkt ist. Die in § 66 Abs. 7 S. 3 LPVG NRW aufgezählten Mitbestimmungsrechte sind nicht besonders stark ausgeprägt, denn die Personalvertretung kann ihre Auffassung in diesen Angelegenheiten letztlich nicht gegen den Willen der Dienststelle durchsetzen. In den dort nicht aufgezählten Fällen können die Beschäftigten in deutlich größerem Umfang Einfluss auf die Entscheidungen der Dienststelle nehmen, da sich die Personalvertretung in diesen Angelegenheiten im Streitfall gegen den Willen der Dienststelle grundsätzlich durchsetzen kann.

Im Einzelnen unterliegen nach § 66 Abs. 7 S. 3 die Fälle des § 72 Abs. 1, 3 und 4 Nr. 2, 6, 11, 12, 14 bis 17, 19 bis 22 und § 74 Abs. 1 LPVG NRW der eingeschränkten Mitbestimmung. Im Umkehrschluss bedeutet das, dass in allen dort nicht genannten Fällen, nämlich § 72 Abs. 2, 4 Nr. 1, 3 bis 5, 7 bis 10, 13, 18 LPVG NRW, ein grundsätzlich uneingeschränktes Mitbestimmungsrecht besteht.

Mit den Vorschriften über das Einigungsstellenverfahren hat der Gesetzgeber die Vorgaben des Bundesverfassungsgerichts aus dem Beschluss vom 24.5.1995[536] zu den Grenzen der Beteiligung der Beschäftigten an Maßnahmen, mit denen Staatsgewalt ausgeübt wird, umgesetzt. Bei Maßnahmen der Fallgruppe (a), also Maßnahmen, die den Binnenbereich des Beschäftigungsverhältnisses betreffen, die Wahrnehmung des Amtsauftrags jedoch typischerweise nicht nur unerheblich berühren, sieht das Landespersonalvertretungsgesetz Nordrhein-Westfalen ein grundsätzlich uneingeschränktes

536 *BVerfG*, Beschl. v. 24.5.1995 – 2 BvF 1/92 –, juris Rn. 146, in: BVerfGE 93, 37 = NVwZ 1996, 574.

Mitbestimmungsrecht vor. Für Maßnahmen der Fallgruppe (c), also Maßnahmen die schwerpunktmäßig die Erledigung von Amtsaufgaben betreffen, unvermeidlich aber auch die Interessen der Beschäftigten berühren, besteht ein eingeschränktes Mitbestimmungsrecht.

Für das Beteiligungsverfahren bei einer ordentlichen Kündigung gelten die Vorschriften in § 66 Abs. 2, 3, 5 und 7 S. 1 und 2 LPVG NRW über das Mitbestimmungsverfahren gem. § 74 Abs. 5 LPVG NRW entsprechend. Außerdem kann der Personalrat, bevor er das weitere Verfahren betreibt, den betroffenen Arbeitnehmer anhören, § 74 Abs. 4 LPVG NRW. Das Landespersonalvertretungsgesetz Nordrhein-Westfalen kennt keinen Weiterbeschäftigungsanspruch des Beschäftigten bis zum rechtskräftigen Abschluss des Kündigungsschutzprozesses, wie er in § 102 Abs. 5 BetrVG vorgesehen ist.[537] Diese Regelung dient dem Schutz des Arbeitnehmers, der sonst nach der Kündigung, bei der der Betriebsrat angehört wurde, nicht weiterbeschäftigt werden müsste. Auch bei einem form- und fristgerechten Widerspruch des Betriebsrats ist die Kündigung zunächst wirksam, weil nur die ohne Anhörung des Betriebsrats ausgesprochene Kündigung gem. § 102 Abs. 1 S. 3 BetrVG unwirksam ist. Im Personalvertretungsrecht wird der Schutz des Beschäftigten auf andere Weise sichergestellt. Die fehlende Zustimmung der Personalvertretung hat gem. § 74 Abs. 5 S. 1 LPVG NRW zur Folge, dass die Dienststelle das Einigungsverfahren nach § 66 Abs. 2 und 3 LPVG NRW und ggf. das Einigungsstellenverfahren nach § 66 Abs. 7 S. 1 LPVG NRW betreiben muss. In diesem Verfahren beschließt die Einigungsstelle eine Empfehlung. Erst nach Abschluss des Einigungsstellenverfahrens kann die Kündigung wirksam ausgesprochen werden.

Eine Sonderregelung sieht das Landespersonalvertretungsgesetz Nordrhein-Westfalen für die außerordentliche Kündigung von Personalratsmitgliedern vor. Die außerordentliche Kündigung von Personalratsmitgliedern bedarf gem. § 43 Abs. 2 S. 1 LPVG NRW der Zustimmung des Personalrats. Die Zustimmung kann jedoch durch das Verwaltungsgericht ersetzt werden. Hier ist also kein Einigungsstellenverfahren vorgesehen.

---

537 *Cecior/Vallendar/Lechtermann/Klein*, Das Personalvertretungsrecht in Nordrhein-Westfalen, 13. EL, § 72a Rn. 7.

bb. Das Verfahren auf Initiative des Arbeitgebers

Kommt eine Einigung über eine Angelegenheit, die nach § 87 Abs. 1 BetrVG der Mitbestimmung des Betriebsrats unterliegt, nicht zustande, können der Betriebsrat und der Arbeitgeber die Entscheidung der Einigungsstelle herbeiführen, § 87 Abs. 2 S. 1 BetrVG. Die Entscheidung der Einigungsstelle ist dann für beide Seiten verbindlich, § 87 Abs. 2 BetrVG. Mitbestimmung in sozialen Angelegenheiten erfolgt nach dem positiven Konsensprinzip. Das positive Konsensprinzip ist eine Umschreibung dafür, dass Maßnahmen, denen dieses Prinzip zugrunde liegt, nur durchgeführt werden dürfen, wenn sich Arbeitgeber und Betriebsrat hierüber geeinigt haben. Der Betriebsrat darf paritätisch mitgestalten. Kommt keine Einigung mit dem Arbeitgeber zustande, kann der Betriebsrat über die Einigungsstelle eine Entscheidung erzwingen. Insofern spricht man von erzwingbarer Mitbestimmung.

Das Verfahren in allgemeinen personellen Angelegenheiten ist in §§ 94 Abs. 1, 95 Abs. 1, 2 und das Mitbestimmungsverfahren bei der Berufsbildung in 98 BetrVG nahezu genauso geregelt wie das Verfahren in sozialen Angelegenheiten. Der einzige Unterschied besteht darin, dass gem. § 95 Abs. 1 BetrVG bei nicht zu erreichender Einigung bei der Aufstellung von Auswahlrichtlinien nur der Arbeitgeber die Entscheidung der Einigungsstelle beantragen kann.

Das Mitbestimmungsverfahren im Betriebsverfassungsgesetz in sozialen Angelegenheiten, in allgemeinen personellen Angelegenheiten und in Angelegenheiten der Berufsbildung ist weniger detailliert geregelt als im Landespersonalvertretungsgesetz Nordrhein-Westfalen. Es enthält keine Vorschriften über die Form, in der ein Antrag in einer mitbestimmungspflichtigen Angelegenheit zu stellen ist. Das Mitbestimmungsverfahren in diesen Angelegenheiten kennt auch keine Fristen. Der Betriebsrat hat also nicht zu befürchten, dass sein Schweigen auf einen Antrag des Arbeitgebers Zustimmung bedeutet. Der Arbeitgeber ist vielmehr auf die ausdrückliche Zustimmung des Betriebsrats angewiesen. Erst wenn eine Einigung nicht zustande kommt, entscheidet die Einigungsstelle.

Ausführlicher ist das Mitbestimmungsverfahren bei personellen Einzelmaßnahmen geregelt. Möchte der Arbeitgeber eine Einstellung, Eingruppierung, Umgruppierung oder Versetzung vornehmen, ist er hierfür auf die Zustimmung des Betriebsrats angewiesen. Der Arbeitgeber leitet das Mitbestimmungsverfahren ein, indem er den Betriebsrat über die geplante Maßnahme unterrichtet und seine Zustimmung beantragt, § 99 Abs. 1 S. 1 BetrVG. Der Betriebsrat hat mehrere Möglichkeiten, hierauf zu reagieren. Für welche Möglichkeit er sich entscheidet, hängt im Wesentlichen davon ab, ob er die Maßnahme unterstützen oder verhindern will.

Ist der Betriebsrat mit der geplanten Maßnahme einverstanden, kann er dem Arbeitgeber dies mitteilen. Damit ist das Mitbestimmungsverfahren abgeschlossen und der Arbeitgeber darf die Maßnahme durchführen, denn anders als die Zustimmungsverweigerung, die jederzeit zurückgenommen werden kann, kann der Betriebsrat eine ausdrückliche Zustimmungserklärung nicht widerrufen.[538]

Möchte der Betriebsrat verhindern, dass die geplante Maßnahme realisiert wird, muss er dem Arbeitgeber eine mit Gründen versehene schriftliche Mitteilung zukommen lassen, aus der sich ergibt, dass er seine Zustimmung zu der Maßnahme verweigert, § 99 Abs. 3 S. 1 BetrVG. Dabei kann der Betriebsrat nur die in § 99 Abs. 2 BetrVG genannten Zustimmungsverweigerungsgründe geltend machen. Dafür hat er eine Woche Zeit. Die Frist beginnt zu laufen, sobald der Arbeitgeber den Betriebsrat ausreichend über die geplante Maßnahme unterrichtet hat. Arbeitgeber und Betriebsrat können sich auf eine längere Frist einigen.[539] Teilt der Betriebsrat dem Arbeitgeber überhaupt nicht, nicht fristgerecht oder ohne ausreichende Begründung mit, dass er seine Zustimmung zu der Maßnahme verweigert, so gilt seine Zustimmung als erteilt, § 99 Abs. 3 S. 2 BetrVG.

Hat der Betriebsrat keine ausdrückliche Zustimmung erteilt oder wird seine Zustimmung nicht fingiert, kann der Arbeitgeber beim Arbeitsgericht beantragen, die Zustimmung des Betriebsrats zu ersetzen, § 99 Abs. 4 BetrVG. Darin unterscheidet sich das Verfahren des Betriebsverfassungsgesetzes bei personellen Einzelmaßnahmen von dem personalvertretungsrechtlichen Verfahren. Im Personalvertretungsrecht sind Konflikte zwischen Personalvertretung und Dienststelle in personellen Einzelmaßnahmen nach Durch-

---

538 *Fitting*, Betriebsverfassungsgesetz, 26. Aufl., § 102 Rn. 55.

539 *BAG*, Beschl. v. 17.5.1983 – 1 ABR 5/80 –, juris Rn. 21, in: BAGE 43, 386 = AP BetrVG 1972 zu § 99 Nr. 18.

führung des vorgeschriebenen Verfahrens vor der Einigungsstelle zu klären, vgl. § 66 Abs. 7 LPVG NRW. Im Betriebsverfassungsrecht kann die verweigerte Zustimmung nur durch das Arbeitsgericht ersetzt werden, § 99 Abs. 4 BetrVG.[540]

Ein besonderes Verfahren sieht das Betriebsverfassungsgesetz bei der Aufstellung von Sozialplänen vor. Gemäß § 112 Abs. 4 BetrVG kann der Betriebsrat die Aufstellung eines Sozialplans über die Einigungsstelle erzwingen. Darüber hinaus kann sich der Betriebsrat im Vorfeld einer Betriebsänderung mit dem Unternehmer auf einen Interessenausgleich verständigen, um die Betriebsänderung zu verhindern oder abzumildern. Der Interessenausgleich ist nicht über die Einigungsstelle erzwingbar. Rechtsfolge eines nicht durchgeführten Interessensausgleichs ist, dass die Arbeitnehmer gem. § 113 Abs. 3 BetrVG Ansprüche auf Nachteilsausgleich geltend machen können.[541] Wird der Interessensausgleich aber durchgeführt, ist eine frühzeitige Information des Betriebsrats gewährleistet und der Betriebsrat kann mit dem Unternehmer die geplante Betriebsänderung beraten. Die Personalvertretung kann ebenfalls einen Sozialplan zugunsten der Beschäftigten erzwingen, da die Aufstellung eines Sozialplans nach § 72 Abs. 2 Nr. 5 LPVG NRW zu den uneingeschränkten Mitbestimmungsrechten der Personalvertretung gehört. Die Personalvertretung wird aber nicht so frühzeitig eingebunden, denn die Rationalisierungsmaßnahme als solche ist nicht Gegenstand des Mitbestimmungsrechts der Personalvertretung bei der Aufstellung von Sozialplänen.[542]

b. Das Verfahren auf Initiative der Beschäftigtenvertretung

Die Beschäftigtenvertretung soll nach der Vorstellung des Gesetzgebers nicht nur dazu da sein, die Entscheidungen der Dienststelle bzw. des Arbeitgebers mitzutragen oder sich ihnen zu widersetzen. Sie soll auch die Möglichkeit haben, das Arbeitsleben selbst aktiv mitzugestalten. Hierzu sehen beide Beschäftigtenvertretungsgesetze Initiativrechte vor. Inhaltlich un-

540 *BAG*, Beschl. v. 2.7.1980 – 5 AZR 1241/79 –, in: BAGE 34, 1 = NJW 1981, 703 = AP GG zu Art. 33 Abs. 2 Nr. 9.

541 *Fitting*, Betriebsverfassungsgesetz, 26. Aufl., § 112a Rn. 4.

542 *Cecior/Vallendar/Lechtermann/Klein*, Das Personalvertretungsrecht in Nordrhein-Westfalen, 55. Aktualisierung, § 72 Rn. 576.

terscheiden sich die Initiativrechte der Personalvertretungsgesetze von denen des Betriebsverfassungsgesetzes. Vom Verfahren her sind aber alle Initiativrechte im Ausgangspunkt gleich ausgestaltet. Die Beschäftigtenvertretung macht von ihrem Initiativrecht Gebrauch, indem sie die gewünschte Maßnahme bei der Dienststelle bzw. dem Arbeitgeber beantragt. Hierauf ist sie angewiesen, da die Beschäftigtenvertretung Vereinbarungen mit dem Arbeitgeber bzw. der Dienststelle nicht selbst durchführen kann (vgl. § 77 Abs. 1 S. 1 BetrVG, § 71 Abs. 1 LPVG NRW). Die Dienststelle bzw. der Arbeitgeber kann dem Antrag entsprechen und die Maßnahme durchführen. Ist sie bzw. er nicht einverstanden, hängt das weitere Verfahren von der Art der Maßnahme ab.

aa. Das Initiativrecht im Landespersonalvertretungsgesetz Nordrhein-Westfalen

Das Bundesverfassungsgericht hat in seinem Beschluss vom 24.5.1995 zur verfassungsrechtlichen Zulässigkeit von Initiativanträgen nicht abschließend Stellung bezogen. Das Gericht hat aber jedenfalls solche Initiativrechte für verfassungsrechtlich zulässig angesehen, die sich noch innerhalb der vom Bundesverwaltungsgericht angenommenen Ausübungsschranken befinden. In den vom Bundesverfassungsgericht hierzu zitierten Entscheidungen hat das Bundesverwaltungsgericht im Wesentlichen festgestellt, dass das Initiativrecht zwar nicht die Mitbestimmungsbefugnisse der Personalvertretung erweitern kann.[543] Durch ihr Initiativrecht könne die Personalvertretung aber erreichen, dass mitbestimmungspflichtige Angelegenheiten von der Dienststelle durchgeführt werden, auch wenn die Dienststelle entsprechende Maßnahmen nur teilweise oder erst nach langer Zeit erledigen möchte.[544] Initiativrechte der Personalvertretungen bestehen daher nur innerhalb der Grenzen, die das Bundesverfassungsgericht für den Umfang der Beteiligungsrechte gezogen hat.

In Nordrhein-Westfalen gibt es ein abgestuftes System der Initiativrechte, das in § 64 und § 66 Abs. 4, 6 und 7 LPVG NRW geregelt ist. Der Landes-

---

543 *BVerwG*, Beschl. v. 25.10.1983 – 6 P 22/82 –, juris Rn. 14; in: BVerwGE 68, 137 = NJW 1984, 1981.

544 *BVerwG*, Beschl. v. 25.10.1983 – 6 P 22/82 –, juris Rn. 13; in: BVerwGE 68, 137 = NJW 1984, 1981; *BVerwG*, Beschl. v. 22.2.1991 – 6 PB 10/90 –, juris Rn. 21, in: DVBl. 1991, 709.

gesetzgeber hat dabei die Initiativrechte als Ausübung der Mitbestimmung in aktiver Form weitestgehend der Mitbestimmung bei Vorhaben der Dienststelle, also der passiven Mitbestimmung, angeglichen. Der Umfang des Initiativrechts reicht von einem allgemeinen Initiativrecht über ein eingeschränktes Initiativrecht bis zu einem grundsätzlich uneingeschränkten Initiativrecht. Die Rechtslage in Nordrhein-Westfalen ist daher nicht vergleichbar mit der Rechtslage in Schleswig-Holstein, die das Bundesverfassungsgericht in seinem Beschluss vom 24.5.1995 im Hinblick auf das Demokratieprinzip für unvereinbar mit dem Grundgesetz gehalten hat,[545] weil danach ein Initiativrecht in allen innerdienstlichen Angelegenheiten bestand, ohne den Grad der Beteiligung zu berücksichtigen.

In Angelegenheiten, in denen ein grundsätzlich uneingeschränktes Initiativrecht besteht, kann der Personalrat Maßnahmen bei der Dienststelle beantragen, die die Beschäftigten der Dienststelle insgesamt, Gruppen von ihnen oder einzelne Beschäftigte betreffen oder sich auf sie auswirken, § 66 Abs. 4 S. 1 LPVG NRW. Der Antrag muss schriftlich erfolgen und ist mit einer Begründung zu versehen, § 66 Abs. 4 S. 2 LPVG NRW. Die Dienststelle hat ab Zugang des Antrags in der Dienststelle zwei Wochen Zeit, um dem Personalrat eine Entscheidung über den Antrag mitzuteilen. Es gibt drei Möglichkeiten, wie die Dienststelle auf einen Antrag des Personalrats reagieren kann.

Die Dienststelle hat die Möglichkeit, dem Antrag des Personalrats innerhalb der Frist zuzustimmen. Ist die Dienststelle mit dem Antrag des Personalrats einverstanden, ist damit das Mitbestimmungsverfahren abgeschlossen und die Maßnahme kann realisiert werden.

Will die Dienststelle den Antrag ablehnen, muss sie dem Personalrat innerhalb der zwei Wochen mitteilen, dass sie beabsichtigt, den Antrag abzulehnen. Anschließend ist die Dienststelle verpflichtet, die Maßnahme mit dem Ziel der Verständigung zu erörtern, § 66 Abs. 4 S. 4 Hs. 2 i. V. m. Abs. 3 S. 1 Hs. 2 und 3 und S. 2 und 3 LPVG NRW. Wenn es dabei zu keiner Einigung kommt, können Dienststelle oder Personalrat die Entscheidung der Einigungsstelle beantragen, § 66 Abs. 7 S. 1 LPVG NRW. Die Eini-

545 *BVerfG*, Beschl. v. 24.5.1995 – 2 BvF 1/92 –, juris Rn. 165, in: BVerfGE 93, 37 = NVwZ 1996, 574.

gungsstelle entscheidet dann grundsätzlich endgültig. Die Einigungsstelle kann dabei auch eine Entscheidung gegen den Willen der Dienststelle treffen. Daher spricht man von einem uneingeschränkten Initiativrecht. Die Entscheidung der Einigungsstelle ist ausnahmsweise dann nicht endgültig, wenn sie über eine Maßnahme entschieden hat, die wegen ihrer Auswirkungen auf das Gemeinwohl wesentlicher Bestandteil der Regierungsgewalt sein kann, § 66 Abs. 7 S. 4 LPVG NRW.

Die dritte Möglichkeit ist, dass die Dienststelle nicht innerhalb der zwei Wochen über den Antrag des Personalrats entscheidet. Das Schweigen der Dienststelle bedeutet zwar noch keine Zustimmung, aber der Personalrat kann dann die Entscheidung der Einigungsstelle beantragen, welche wiederum grundsätzlich endgültig entscheidet.

Was Gegenstand des uneingeschränkten Initiativrechtes ist, ergibt sich aus § 66 Abs. 4 LPVG NRW. Danach hat der Personalrat im Rahmen seiner Aufgaben nach § 72 LPVG NRW in allen personellen, sozialen, organisatorischen und sonstigen innerdienstlichen Angelegenheiten ein Initiativrecht. Viele der dort genannten Beteiligungstatbestände sind – nach den vom Bundesverfassungsgericht aufgestellten Maßstäben – nicht auf der untersten Legitimationsstufe einzuordnen. Ein grundsätzlich uneingeschränktes Initiativrecht würde bei diesen Beteiligungstatbeständen nicht der Rechtsprechung des Bundesverfassungsgerichts entsprechen. Der nordrhein-westfälische Gesetzgeber hat daher für diese Beteiligungstatbestände ein eingeschränktes Initiativrecht vorgesehen. Welche Beteiligungstatbestände konkret erfasst sind, steht in § 66 Abs. 7 S. 3. Für alle Beteiligungstatbestände, die dort nicht genannt sind, hat der Personalrat ein grundsätzlich uneingeschränktes Initiativrecht. Ein uneingeschränktes Initiativrecht besteht also in allen personellen, sozialen, organisatorischen und sonstigen innerdienstlichen Angelegenheiten, für die kein eingeschränktes Initiativrecht vorgesehen ist. Im Einzelnen sind das § 72 Abs. 2 und 4 S. 1 Nr. 1, 3 bis 5, 7 bis 10, 13 und 18 LPVG NRW.

Das Mitbestimmungsverfahren bei eingeschränktem Initiativrecht ist in zwei Vorschriften geregelt: § 66 Abs. 7 S. 3 LPVG NRW enthält die allgemeine Regelung zum eingeschränkten Initiativrecht. § 66 Abs. 6 LPVG NRW stellt eine Sonderregelung für das Initiativrecht in Personalangelegenheiten dar.

In den in § 66 Abs. 7 S. 3 LPVG NRW genannten Fällen des eingeschränkten Initiativrechts läuft das Verfahren genauso an wie das Verfahren beim uneingeschränkten Initiativrecht. Es besteht jedoch ein entscheidender Unterschied am Ende des Verfahrens. Wenn die Dienststelle dem Antrag des Personalrats nicht entspricht, indem sie entweder gar nicht reagiert oder den Antrag ablehnt, kann die Personalvertretung die Einigungsstelle einschalten. Die Einigungsstelle entscheidet dann jedoch nicht endgültig, sondern – und hierin liegt der entscheidende Unterschied – beschließt eine Empfehlung an die endgültig entscheidende Stelle (§ 68 LPVG NRW), § 66 Abs. 7 S. 3 LPVG NRW. Daher spricht man von einem eingeschränkten Initiativrecht. Der Beschluss der Einigungsstelle bindet die endgültig entscheidende Stelle nämlich nicht bei ihrer Entscheidung über die Maßnahme. Die endgültig entscheidende Stelle kann sich über die Empfehlung der Einigungsstelle hinwegsetzen. Bei den der Aufsicht des Landes unterstehenden Anstalten des öffentlichen Rechts ist gem. § 68 S. 1 Nr. 2 LPVG NRW die endgültig entscheidende Stelle das verfassungsmäßig zuständige oberste Organ der Anstalt oder der von dem Organ bestimmte Ausschuss. In Sparkassen ist die endgültig entscheidende Stelle der Vorstand.[546]

Nach der Sonderregelung des § 66 Abs. 6 LPVG NRW entscheidet bei Anträgen des Personalrats nach § 66 Abs. 4 LPVG NRW, die Maßnahmen nach § 72 Abs. 1 LPVG NRW zum Gegenstand haben, bei Anstalten des öffentlichen Rechts die Dienststelle endgültig. Hier wird die Einigungsstelle also gar nicht eingeschaltet. Faktisch führt eine Initiative des Personalrats bei Maßnahmen nach § 72 Abs. 1 LPVG NRW (Personalangelegenheit mit Mitbestimmungsrecht des Personalrats) dazu, dass das Mitbestimmungsrecht zu einem Mitwirkungsrecht (oder zu einem allgemeinen Initiativrecht) abgewertet wird, weil das Letztentscheidungsrecht von der Einigungsstelle auf die Dienststelle übertragen wird.[547]

Damit wird das verfassungsrechtlich gebotene Letztentscheidungsrecht der Dienststelle in personellen Angelegenheiten sichergestellt, denn die Dienst-

546 *Cecior/Vallendar/Lechtermann/Klein*, Das Personalvertretungsrecht in Nordrhein-Westfalen, 29. AL, § 68 Rn. 12.

547 So auch zur vergleichbaren Rechtslage im Bundespersonalvertretungsgesetz *Kossens*, RiA 1996, 66 (76), mit Hinweis auf *Söllner/Reinert*, Personalvertretungsrecht, S. 216.

stelle entscheidet endgültig selbst. Die Initiative des Personalrats kann in diesen Angelegenheiten also nicht dazu führen, dass die Dienststelle eine Maßnahme gegen ihren eigenen Willen durchführen muss. Beantragt die Personalvertretung also eine Maßnahme nach § 72 Abs. 1 LPVG NRW und ergibt sich keine Einigung zwischen der Dienststelle und der Personalvertretung, wird zur Entscheidungsfindung keine Einigungsstelle eingesetzt. Die Dienststelle entscheidet in diesen Angelegenheiten selbst und beendet damit das Mitbestimmungsverfahren. Die Personalvertretung hat nach Auffassung des Bundesverwaltungsgerichts nicht einmal die Möglichkeit, die Angelegenheit anschließend im verwaltungsgerichtlichen Beschlussverfahren überprüfen zu lassen.[548]

Welche Angelegenheiten Gegenstand des eingeschränkten Initiativrechts sind, ergibt sich aus § 66 Abs. 7 S. 3 LPVG NRW. Danach ist das Initiativrecht in den Fällen des § 72 Abs. 3 und 4 S. 1 Nr. 2, 6, 11, 12, 14 bis 17, 19 bis 22 und des § 74 Abs. 1 LPVG NRW eingeschränkt. Aufgrund der Sonderregelung in § 66 Abs. 6 LPVG NRW geht die Einschränkung in den Fällen des § 72 Abs. 1 LPVG NRW noch weiter, weil die Dienststelle endgültig entscheidet, ohne vorher die Empfehlung der Einigungsstelle abwarten zu müssen.

Zusammenfassend lässt sich daher feststellen, dass sich das uneingeschränkte Initiativrecht vom eingeschränkten Initiativrecht dadurch unterscheidet, dass beim uneingeschränkten Initiativrecht im Nichteinigungsfall grundsätzlich die paritätisch besetzte Einigungsstelle entscheidet. Besteht ein Evokationsrecht, ist die nach § 68 LPVG NRW zuständige Stelle zur Entscheidung berufen. Beim eingeschränkten Initiativrecht kommt es darauf an, ob es sich um eine der in § 66 Abs. 7 S. 3 LPVG NRW genannten Maßnahmen handelt oder ob § 66 Abs. 6 LPVG NRW einschlägig ist. Im ersten Fall entscheidet die endgültig entscheidende Stelle (§ 68 LPVG NRW). Im zweiten Fall entscheidet letzten Endes die Dienststelle endgültig.

In Sparkassen entscheidet über Initiativanträge der Personalvertretung daher der Sparkassenvorstand, es sei denn, es handelt sich um einen Fall des uneingeschränkten Initiativrechts, in dem die Einigungsstelle entscheidet. Das

548 *BVerwG*, Beschl. v. 24.10.2001 – 6 P 13/00 –, juris Rn. 39, in: BVerwGE 115, 205 = AP LPVG NW zu § 66 Nr. 5.

liegt daran, dass der Sparkassenvorstand Dienststelle i. S. v. § 66 Abs. 6 LPVG NRW ist. Der Sparkassenvorstand ist aber gleichzeitig endgültig entscheidende Stelle (§ 68 LPVG NRW) und nach § 68 LPVG NRW zuständige Stelle.

Neben dem uneingeschränkten und eingeschränkten Initiativrecht hat der Personalrat auch ein allgemeines Initiativrecht. Der Personalrat kann in Wahrnehmung seiner allgemeinen Aufgaben nach § 64 LPVG NRW Maßnahmen beantragen, die der Dienststelle, ihren Angehörigen oder der Förderung des Allgemeinwohls dienen, § 64 Nr. 1 LPVG NRW. Aufgrund des allgemeinen Initiativrechts kann der Personalrat Maßnahmen vorschlagen, die nicht seiner formellen Mitbestimmung unterliegen. Er kann die Maßnahme jedoch nicht gegen den Willen der Dienststelle durchsetzen, da die Dienststelle nach Erörterung endgültig selbst entscheidet. Das allgemeine Initiativrecht unterscheidet sich von den anderen Initiativrechten darin, dass die beabsichtigte Maßnahme nicht verfahrensmäßig durchgesetzt werden kann. Der Initiativantrag nach § 64 Nr. 1 LPVG NRW kann mündlich gestellt werden. Für einen Initiativantrag nach § 66 Abs. 4 ist ein schriftlicher Vorschlag mit Begründung vorgeschrieben.

Auch Kündigungen können auf einer Initiative der Personalvertretung beruhen. Gemäß § 74 Abs. 8 LPVG NRW, der auf § 66 Abs. 4 und 6 LPVG NRW verweist, kann die Personalvertretung auch selbst eine Kündigung beantragen. Da § 66 Abs. 4 LPVG NRW nur für Mitbestimmungsangelegenheiten gilt, kommt ein Initiativrecht allerdings nur bei ordentlichen Kündigungen in Betracht.[549]

bb. Das Initiativrecht des Betriebsrats

Neben verschiedenen geregelten Initiativrechten (§§ 85 Abs. 2, 91 S. 1, 93 S. 1, 95 Abs. 2, 98 Abs. 3, 104 S. 1, 112 Abs. 4 BetrVG) ist das praktisch wichtigste Initiativrecht ungeregelt.[550] In allen Fällen des § 87 Abs. 1 BetrVG steht dem Betriebsrat nach der Rechtsprechung des Bundesarbeitsgerichts ein ungeschriebenes Initiativrecht zu, damit beide Seiten

549 *Klein/Lechtermann*, Das Personalvertretungsrecht NRW – Novelle 2011 –, § 74 Rn. 20.

550 *Cecior/Vallendar/Lechtermann/Klein*, Das Personalvertretungsrecht in Nordrhein-Westfalen, 55. Aktualisierung, § 66 Rn. 272.

gleiche Rechte haben.[551] Abgesehen davon ergibt sich ein Initiativrecht immer dort, wo der Betriebsrat eine Maßnahme gegen den Willen des Arbeitgebers über die Einigungsstelle erzwingen kann (z. B. § 97 Abs. 2 und § 109 BetrVG).[552] Das Verfahren ist einfacher ausgestaltet als im Personalvertretungsrecht. Verweigert der Arbeitgeber die Durchführung einer beantragten Maßnahme, kann der Betriebsrat – unabhängig von der Art der Maßnahme – die Einigungsstelle anrufen.[553]

Bei personellen Einzelmaßnahmen hat der Betriebsrat kein Initiativrecht. Das Beteiligungsrecht des Betriebsrats wird darüber abgesichert, dass der Betriebsrat nach § 101 BetrVG beim Arbeitsgericht beantragen kann, dem Arbeitgeber aufzugeben, die personellen Maßnahme aufzuheben, wenn diese ohne Zustimmung des Betriebsrats durchgeführt oder entgegen § 100 Abs. 2 S. 3 oder Abs. 3 BetrVG aufrecht gehalten wird. Eine Sonderregelung enthält § 104 BetrVG. Danach kann der Betriebsrat vom Arbeitgeber verlangen, dass dieser betriebsstörende Arbeitnehmer entfernt.

cc. Das individuelle Initiativrecht

Indem die Beschäftigtenvertretung von ihrem Initiativrecht Gebrauch macht, tritt sie für die Interessen vieler Beschäftigter ein. Das wirft die Frage auf, ob das Initiativrecht auch zugunsten einzelner Beschäftigter ausgeübt werden darf.

Vor allem bei personellen Einzelmaßnahmen kommt es häufig zwischen Dienststelle und Personalvertretung darüber zum Streit, ob die Personalvertretung eine bestimmte Maßnahme zugunsten eines bestimmten Beschäftigten beantragen darf. Ziel der Personalvertretung ist es, in dem Beteiligungsverfahren, das die Dienststelle nach dem Antrag der Personalvertretung einleiten muss, Einfluss auf die Maßnahme zu nehmen. Dabei geht es auch um die Frage, ob die Personalvertretung die Dienstelle ggf. gegen den Willen der Dienststelle dazu zwingen kann, eine Maßnahme zugunsten eines einzelnen Beschäftigten durchzuführen.

---

551 *BAG*, Beschl v. 8.8.1989 – 1 ABR 62/88 –, in: AP BetrVG 1972 zu § 87 Initiativrecht Nr. 3; *BAG*, Beschl v. 28.11.1989 – 1 ABR 97/88 –, in: AP BetrVG 1972 zu § 87 Initiativrecht Nr. 4; *Fitting*, Betriebsverfassungsgesetz, 26. Aufl., § 87 Rn. 584.

552 *Weber,* in: Richardi/Dörner/Weber (Hrsg.), Personalvertretungsrecht, § 70 Rn. 3.

553 *Kossens*, RiA 1996, 66 (75).

Das Bundesverwaltungsgericht gewährte der Personalvertretung bisher nur dann ein individuelles Initiativrecht, wenn der einzelne Arbeitnehmer seine Rechte nicht selbst durchsetzen konnte. Diese Auffassung begründete das Bundesverwaltungsgericht damit, dass die Personalvertretung schließlich nicht Sachwalter der Rechte der Beschäftigten sei.[554] Es sei nicht einzusehen, warum die Dienststelle die Kosten des personalvertretungsrechtlichen Beschlussverfahrens, die sie ja sowohl im Falle ihres Unterliegens als auch im Falle des Obsiegens zu tragen hätte, übernehmen müsste, wenn der Arbeitnehmer genauso effektiv im arbeitsgerichtlichen Urteilsverfahren Rechtsschutz finden könnte. Eine solche Vertauschung der Rechtswege müsse vermieden werden.[555] Damit schied ein individuelles Initiativrecht der Personalvertretung in den meisten personellen Angelegenheiten aus.

Inzwischen gesteht das Bundesverwaltungsgericht im Hinblick auf die Verfahrensvorschriften zum Initiativrecht in Nordrhein-Westfalen dem Personalrat auch das Recht zu, beim Dienststellenleiter personelle Maßnahmen zu Gunsten einzelner, namentlich benannter Beschäftigter zu beantragen.[556]

In Nordrhein-Westfalen kann die Personalvertretung gem. § 66 Abs. 4 S. 1 LPVG NRW Maßnahmen bei der Dienststelle beantragen, die einzelne Beschäftigte betreffen oder sich auf sie auswirken. Damit hat der Landesgesetzgeber entgegen der zuvor vertretenen Auffassung des Bundesverwaltungsgerichts sichergestellt, dass die Personalvertretung auch zugunsten Einzelner initiativ werden kann. Das individuelle Initiativrecht besteht jedoch nicht grenzenlos, sondern unterliegt den gleichen Beschränkungen wie das Initiativrecht, das zugunsten mehrerer Beschäftigter ausgeübt wird.

Der Betriebsrat kann sein Initiativrecht nicht in Bezug auf einen einzelnen Beschäftigten ausüben. Aufgrund seines kollektiven Auftrags kann der Betriebsrat nicht die Einstellung, Versetzung, Beförderung oder Entlassung

---

554 *BVerwG*, Beschl. v. 13.2.1976 – 7 P 4/75 –, juris Rn. 39, in: BVerwGE 50, 186 = PersV 1977, 183 (188); *BVerwG*, Beschl. v. 19.9.1983 – 6 P 32/80 –, in: BVerwGE 68, 30; *BVerwG*, Beschl. v. 30.9.1983 – 6 P 4/82 –, in: PersV 1985, 167; *BVerwG*, Beschl. v. 30.9.1983 – 6 P 11/83 –, in: PersV 1986, 466 (467); *BVerwG*, Beschl. v. 30.9.1983 – 6 P 13/81 –, juris Rn. 12; a. A.: *Lörcher*, BlSt Soz ArbR 1981, 177.

555 *BVerwG*, Beschl. v. 13.2.1976 – 7 P 9/74 –, juris Rn. 30, in: BVerwGE 50, 176; *BVerwG*, Beschl. v. 25.10.1985 – 6 P 22/82 –, juris Rn. 13, in: BVerwGE 68, 137.

556 *BVerwG*, Beschl. v. 24.10.2001 – 6 P 13/00 –, in: BVerwGE 115, 205 = AP LPVG NW zu § 66 Nr. 5.

eines bestimmten Arbeitnehmers in die Wege leiten, denn er ist insofern kein «personalpolitischer Mitunternehmer und hat kein Initiativrecht»[557].

3. Das Mitwirkungsverfahren

Das personalvertretungsrechtliche Verfahren in Fällen der Mitwirkung ist in § 69 LPVG NRW geregelt. Hat der Personalrat das Recht, bei einer Maßnahme mitzuwirken, muss die Dienststelle mit dem Personalrat die beabsichtigte Maßnahme vor der Durchführung mit dem Ziel der Verständigung rechtzeitig und eingehend erörtern, § 69 Abs. 1 S. 1 LPVG NRW.

Die Personalvertretung hat nach der Erörterung der Maßnahme mit der Dienststelle drei Möglichkeiten zu reagieren. Sie kann erstens die Maßnahme der Dienststelle unterstützen oder zweitens Einwendungen und Gegenvorschläge äußern oder drittens schweigen. Ist die Personalvertretung mit der Maßnahme einverstanden, teilt sie dies der Dienststelle innerhalb von zwei Wochen mit. Dann muss die Dienststelle keine weiteren Verfahrensvoraussetzungen erfüllen. Äußert sich die Personalvertretung innerhalb der zwei Wochen nicht, gilt die Maßnahme als gebilligt. Das Schweigen wird also nach Ablauf von zwei Wochen einem erklärten Einverständnis gleichgestellt. Auch dann ist das Mitwirkungsverfahren beendet. Nur wenn die Personalvertretung der Dienststelle innerhalb der zwei Wochen die Gründe ihrer Einwendungen und Gegenvorschläge mitteilt, muss die Dienststelle weitere Verfahrensvoraussetzungen erfüllen. Die Anforderungen an die Begründung entsprechen nach der Rechtsprechung des Oberverwaltungsgerichts Münster den Anforderungen, die an eine Zustimmungsverweigerung bei Mitbestimmungsrechten gestellt werden.[558] Liegen die vorgebrachten Einwendungen und Gegenvorschläge offensichtlich außerhalb des Mitwirkungstatbestandes, sind sie unbeachtlich und es tritt die Zustimmungsfiktion des § 69 Abs. 2 S. 1 LPVG NRW ein. Sind die Einwendungen und Vorschläge der Personalvertretung beachtlich, muss die Dienststelle die Einwendungen bei ihrer Entscheidung berücksichtigen. Die Dienststelle hat jedoch das Recht, sich über die Einwände des Personalrats hinwegzusetzen. Die Dienststelle ist im Falle einer Meinungsverschiedenheit nicht verpflich-

557 *Edenfeld*, Arbeitnehmerbeteiligung, S. 188.

558 *OVG Münster*, Beschl. v. 18.10.2000 – 1 A 5334/98.PVL –, juris Rn. 12, in: PersV 2003, 101 (102).

tet die Einigungsstelle anzurufen. Hierin liegt der Unterschied zum stärkeren Mitbestimmungsrecht. Die Dienststelle trifft die Letztentscheidung selbst. Anschließend teilt sie dem Personalrat ihre Entscheidung unter Angabe der Gründe schriftlich mit und beendet damit das Mitwirkungsverfahren auf örtlicher Ebene.

Die Vorschrift des § 69 Abs. 3 LPVG NRW über das Stufenverfahren in Mitwirkungsangelegenheiten findet im Bereich der Sparkassen keine Anwendung, weil der Sparkassenverbund nicht mehrstufig organisiert ist. Auch die Sonderregelung für einstufige Verwaltungen des § 69 Abs. 6 LPVG NRW, wonach im Nichteinigungsfall die Möglichkeit besteht, die Entscheidung des verfassungsmäßig zuständigen Organs zu beantragen, wirkt sich im Bereich der Sparkassen nicht aus. Denn bei den Sparkassen ist das verfassungsmäßig zuständige Organ i. S. d. § 69 Abs. 6 S. 1 LPVG NRW der Sparkassenvorstand. Dieser trifft ohnehin die Letztentscheidung im Mitwirkungsverfahren, wenn die Personalvertretung der Maßnahme nicht zustimmt.

Das Verfahren in Angelegenheiten, in denen ein Mitwirkungsrecht des Betriebsrats besteht, ist nicht näher geregelt. Das Betriebsverfassungsgesetz schreibt also nicht vor, in welcher Form oder innerhalb welcher Fristen die Mitwirkung des Betriebsrats zu erfolgen hat. Entsprechend vage sind die Anforderungen, die die Rechtsprechung an ein ordnungsgemäßes Mitwirkungsverfahren stellt. Besteht ein Beratungsrecht des Betriebsrats, muss nach der Rechtsprechung des Bundesarbeitsgerichts nur sichergestellt sein, dass die Vorschläge und Bedenken des Betriebsrats bei der weiteren Planung berücksichtigt werden können.[559] Da eine dem § 69 Abs. 2 S. 1 LPVG NRW vergleichbare Vorschrift im Betriebsverfassungsgesetz nicht besteht, muss der Betriebsrat nicht befürchten, dass seine Zustimmung zu einer bestimmten Maßnahme als erteilt gilt, wenn er nicht, nicht rechtzeitig, nicht in einer bestimmten Form oder mit einer beachtlichen Begründung Einwendungen gegen die geplante Maßnahme erhebt.

559 *BAG*, Beschl. v. 11.12.1991 – 7 ABR 16/91 –, in: AP BetrVG 1972 zu § 90 Nr. 2.

4. Das Anhörungsverfahren

Die Anhörung ist verglichen mit der Mitbestimmung und der Mitwirkung das schwächste Beteiligungsrecht. Die Einwirkungsmöglichkeiten der Personalvertretung auf die Willensbildung der Dienststelle sind durch die Ausgestaltung des Anhörungsverfahrens eingeschränkt.

Zu unterscheiden sind die Anhörungsverfahren in den Fällen der Beendigung von Arbeitsverhältnissen des § 74 Abs. 2 LPVG NRW und die weiteren Fälle der Anhörung des § 75 LPVG NRW.

a. Die Anhörung nach § 74 LPVG NRW

Für die außerordentliche Kündigung, die Kündigung in der Probezeit und beim Aufhebungs- oder Beendigungsvertrag gelten gem. § 74 Abs. 6 und 7 LPVG NRW – verglichen mit dem Verfahren bei der ordentlichen Kündigung – vereinfachte Verfahrensvorschriften. Hier findet anders als bei der ordentlichen Kündigung kein Stufen- und Einigungsstellenverfahren statt. Es reicht aus, wenn die Personalvertretung der Dienststelle ihre Einwendungen binnen drei Tagen bzw. einer Woche schriftlich zur Kenntnis gibt. Damit trägt das Gesetz dem Umstand Rechnung, dass die Durchführung eines langwierigen Verfahrens sinnwidrige praktische Probleme aufwerfen würde. Möchte der Dienststellenleiter beispielsweise ein Probearbeitsverhältnis vor Ablauf der Probezeit kündigen, muss er die Verfahrensdauer des Beteiligungsverfahrens berücksichtigen. Das liegt daran, dass eine ohne Beteiligung des Personalrats ausgesprochene Kündigung unwirksam ist und dazu führt, dass der betroffene Arbeitnehmer weiterbeschäftigt werden muss. Die ordentliche Probezeitkündigung kann daher nur innerhalb der Probezeit erfolgen. Nach Ablauf der Probezeit wandelt sich das Probearbeitsverhältnis ist ein «normales» Arbeitsverhältnis um. Läuft vor Abschluss des Beteiligungsverfahrens die Probezeit ab, scheidet eine ordentliche Probezeitkündigung aus. Wäre der Dienststellenleiter verpflichtet, bei Kündigungen in der Probezeit das Beteiligungsverfahren durchführen, müsste er also unter Umständen bereits kurz nach Dienstantritt die ordentliche Probezeitkündigung einleiten, wenn er das Probearbeitsverhältnis nicht befristet hat.[560] Um eine

560 *Pfohl*, ZBR 1996, 82 (86).

solche Situation zu verhindern, sieht das Gesetz für eine Kündigung in der Probezeit ein verkürztes Verfahren vor.

Unabhängig von der in § 74 LPVG NRW geregelten Art der Beendigung des Arbeitsverhältnisses kann der Personalrat, bevor er eine Stellungnahme an die Dienststelle abgibt, den betroffenen Arbeitnehmer anhören, § 74 Abs. 4 LPVG NRW.

Der Betriebsrat ist gem. § 102 Abs. 1 S. 1 BetrVG vor jeder Kündigung zu hören. Das Anhörungsrecht des § 102 Abs. 1 S. 1 BetrVG gilt für jede Art der Kündigung.[561] Der Arbeitgeber leitet das Anhörungsverfahren ein, indem er dem Betriebsrat die Gründe für die Kündigung mitteilt. Der Betriebsrat hat anschließend die Möglichkeit, dem Arbeitgeber Bedenken gegen die Kündigung unter Angabe von Gründen schriftlich mitzuteilen. Bei einer ordentlichen Kündigung muss die Mitteilung spätesten innerhalb einer Woche erfolgen, bei einer außerordentlichen Kündigung spätestens innerhalb von drei Tagen. Teilt der Betriebsrat dem Arbeitgeber seine Bedenken nicht, nicht fristgerecht, nicht schriftlich oder ohne (beachtliche) Begründung mit, gilt seine Zustimmung als erteilt. Hat der Betriebsrat der Kündigung widersprochen, muss der Arbeitgeber dem Arbeitnehmer gem. § 102 Abs. 4 BetrVG mit der Kündigung eine Abschrift der Stellungnahme des Betriebsrats zuleiten. Das Anhörungsverfahren ist damit abgeschlossen.

b. Die Anhörung nach § 75 LPVG NRW

Ist ein Anhörungstatbestand des § 75 Abs. 1 LPVG NRW erfüllt, hat nach § 75 Abs. 2 LPVG NRW die Anhörung so rechtzeitig zu erfolgen, dass die Äußerung des Personalrats noch Einfluss auf die Willensbildung der Dienststelle nehmen kann. Abgesehen von dieser Vorgabe zum Zeitpunkt der Anhörung ist das Anhörungsverfahren nicht näher geregelt. Die Dienststelle muss also keine weiteren Verfahrensvorschriften beachten, wenn sie eine Maßnahme, bei der der Personalrat anzuhören ist, durchführen möchte.

561 *Fitting*, Betriebsverfassungsgesetz, 26. Aufl., § 102 Rn. 5.

5. Der Erlass vorläufiger Regelungen

Die Durchführung des Beteiligungsverfahrens kann zu erheblichen Verzögerungen führen. Aus diesem Grund räumen das Landespersonalvertretungsgesetz Nordrhein-Westfalen und das Betriebsverfassungsgesetz dem Arbeitgeber das Recht ein, vorläufige Regelungen zu treffen. Beide Gesetze gestatten dem Arbeitgeber also ausnahmsweise eine Maßnahme durchzuführen, ohne zuvor ein Beteiligungsverfahren betrieben zu haben. Zweck dieser Regelungen ist es, einerseits zu verhindern, dass es die Beschäftigtenvertretung alleine in der Hand hat, durch ihre Verweigerung den ganzen Betriebsablauf lahm zu legen. Andererseits soll durch die Regelungen sichergestellt werden, dass der Arbeitgeber die Beteiligungsrechte der Beschäftigtenvertretung nicht durch Erlass vorläufiger Regelungen aushebeln kann.

Die Dienststelle kann gem. § 66 Abs. 8 LPVG NRW bei Maßnahmen, die der Natur der Sache nach keinen Aufschub dulden, bis zur endgütigen Entscheidung vorläufige Regelungen treffen. Die Vorschrift enthält keine weiteren Einschränkungen und gilt daher für sämtliche Maßnahmen in Mitbestimmungsangelegenheiten, also Personalangelegenheiten, soziale Angelegenheiten, Rationalisierungs-, Technologie- und Organisationsangelegenheiten und sonstige Angelegenheiten i. S. v. § 72 Abs. 4 LPVG NRW. Über § 66 Abs. 5 LPVG NRW findet die Vorschrift auch auf Mitwirkungsangelegenheiten Anwendung. Der Personalrat kann sich gegen eine vorläufige Maßnahme des Dienststellenleiters gerichtlich zur Wehr setzen, erforderlichenfalls im Wege des einstweiligen Rechtsschutzes.[562]

Das Betriebsverfassungsgesetz enthält keine Vorschrift, die den Betriebsrat in sämtlichen Mitbestimmungs- und Mitwirkungsangelegenheiten dazu ermächtigt, vorläufige Maßnahmen zu treffen. Stattdessen enthält es in § 100 BetrVG eine Sonderregelung, wonach der Betriebsrat vorläufige personelle Maßnahmen durchführen kann. Das Verfahren ist dort so geregelt, dass der Arbeitgeber das Arbeitsgericht anrufen muss, wenn er die vorläufige Maßnahme gegen den Willen des Betriebsrats durchsetzen möchte. Die Parteirollen sind im Vergleich mit der Rechtslage im öffentlichen Dienst also vertauscht.

---

562 *Kossens*, RiA 1996, 66 (75).

Vorläufige Maßnahmen im Bereich der sozialen Angelegenheiten sind im Gesetz nicht vorgesehen. Im Umkehrschluss zu § 100 BetrVG heißt das, dass der Arbeitgeber eine Maßnahme nicht ohne die vorherige erteilte oder ersetzte Zustimmung des Betriebsrats durchführen darf.[563] Nur in Notfällen soll etwas anderes gelten.[564]

Zum einen sind also die Möglichkeiten des privaten Arbeitgebers, vorläufige Maßnahmen durchzuführen, begrenzt. Während das Landespersonalvertretungsgesetz Nordrhein-Westfalen vorläufige Regelungen in einer Generalklausel zulässt, kann der private Arbeitgeber nur in gesetzlich bestimmten Fällen vorläufige Maßnahmen durchführen. Zum anderen besteht zwar nach beiden Gesetzen die Möglichkeit, die Dringlichkeit der Maßnahme gerichtlich klären zu lassen. Im Gegensatz zum Dienststellenleiter muss der private Arbeitgeber aber selbst die Initiative ergreifen, wenn er sich mit dem Betriebsrat über die Durchführung einer vorläufigen personellen Maßnahme nicht einigen kann. Das hat erhebliche Folgen. Nach § 101 Abs. 2 S. 3 BetrVG trägt der Arbeitgeber das Risiko, dass sein Antrag form- und fristgemäß bei Gericht eingeht und vor allem begründet ist, das Gericht also inhaltlich überzeugt. Dieses Prozessrisiko verbleibt bei vorläufigen Maßnahmen der Dienststelle beim Personalrat.

Auch im Hinblick auf die Umstände, die gegeben sein müssen, bevor eine vorläufige Regelung erlassen darf, unterscheiden sich die Gesetze. Während eine vorläufige Maßnahme einer Dienststelle der Natur der Sache nach keinen Aufschub dulden darf, ist für eine vorläufige personelle Maßnahme des privaten Arbeitgebers Voraussetzung, dass die Maßnahme aus sachlichen Gründen dringend erforderlich ist. Bloße Eilbedürftigkeit reicht der Dienststelle also nicht. Es muss nach der Rechtsprechung des Bundesverwaltungsgerichts vielmehr zu befürchten sein, dass die Dienststelle die ihr zukommende öffentliche Aufgabe nicht mehr erfüllen kann, wenn die Maßnahme nicht vorläufig durchgeführt wird. Ein unverzügliches Handeln des Dienststellenleiters müsse unabweisbar geboten sein. Erst wenn die durch die Be-

563 *Raab*, ZfA 1997, 183 (212).

564 *BAG*, Urt. v. 13.7.1977 – 1 AZR 336/75 –, in: AP BetrVG 1972 zu § 87 Kurzarbeit Nr. 2; *BAG*, Beschl. v. 19.2.1991 – 1 ABR 31/90 –, in: AP BetrVG 1972 zu § 87 Arbeitszeit Nr. 42; *BAG*, Beschl. v. 3.5.1994 – 1 ABR 24/93 –, juris Rn. 36, in: BAGE 76, 364 = NJW 1995, 1044 (1045).

teiligung des Personalrats eintretende Verzögerung zu einer Schädigung überragender Gemeinschaftsgüter und -interessen führt, hinter denen der in der Mitbestimmung liegende Schutz der Beschäftigten ausnahmsweise gänzlich zurücktreten muss, könne die Dienststelle eine vorläufige Regelung erlassen.[565] Dem Erlass einer vorläufigen Regelung nach dem Landespersonalvertretungsgesetz Nordrhein-Westfalen sind also durch die Rechtsprechung des Bundesverwaltungsgerichts enge Grenzen gezogen. Die Anforderungen nach dem Betriebsverfassungsgesetz sind nicht so streng.

Insgesamt kann somit festgehalten werden, dass der Dienststellenleiter zwar bessere Gründe vortragen muss, wenn er eine vorläufige Maßnahme treffen will. Das Gesetz ermöglicht dem Dienststellenleiter jedoch den Erlass vorläufiger Maßnahmen in erheblich größerem Umfang als dem privaten Arbeitgeber. Außerdem wird die Position des privaten Arbeitgebers in dem Moment deutlich geschwächt, in dem der Betriebsrat nicht die Auffassung des Arbeitgebers zur Dringlichkeit der Maßnahme teilt. Bestreitet der Betriebsrat, dass die Maßnahme aus sachlichen Gründen dringend erforderlich ist, muss der Arbeitgeber das Arbeitsgericht anrufen, wenn er die vorläufige Maßnahme trotzdem durchführen möchte. Der Dienststellenleiter kann in einer solchen Situation die Maßnahme vorläufig durchführen. Er darf die Maßnahme erst dann nicht mehr aufrechterhalten, wenn der Personalrat gerichtlich erfolgreich gegen die Maßnahme vorgegangen ist oder im unverzüglich einzuleitenden oder fortzusetzenden Beteiligungsverfahren eine Entscheidung gegen die Maßnahme getroffen wurde.

IX. Rechtsfolgen von Verstößen gegen Rechte der Beschäftigtenvertretung

Hat der Arbeitgeber eine Maßnahme ohne die erforderliche Zustimmung der Beschäftigtenvertretung durchgeführt oder die Zustimmungsverweigerung der Beschäftigtenvertretung zu Unrecht als unbeachtlich behandelt, stellt sich die Frage, welche Konsequenzen eine unter Missachtung des Beteiligungsrechts vollzogene Maßnahme mit sich bringt.

---

565 *BVerwG*, Beschl. v. 22.8.1988 – 6 P 27/85 –, in: RiA 1989, 53 (55); *BVerwG*, Beschl. v. 14.3.1989 – 6 P 4/86 –, in: PersV 1989, 359 (361); *BVerwG*, Beschl. v. 16.12.1992 – 6 P 6/91 –, juris Rn. 20, in: AP LPVG Hessen zu § 73 Nr. 1; *Reinhard/Gramlich*, PersR 1991, 382 (383); *Klein*, ZBR 1980, 57 (58).

Allgemein gilt, dass eine Maßnahme, die gegen Regeln des Beschäftigtenvertretungsrechts verstößt, fehlerhaft ist. Sie ist im Verhältnis Arbeitgeber/Beschäftigtenvertretung rechtswidrig, kurz kollektivrechtswidrig.[566] Die Rechtswidrigkeit bedeutet grundsätzlich auch, dass die Maßnahme völlig unwirksam, also nichtig ist. Die Maßnahme ist daher so zu behandeln, als habe sie nie existiert. Sie ist ein rechtliches Nullum. Eine kollektivrechtswidrige Maßnahme ist nur im Ausnahmefall wirksam. Das ist etwa der Fall, wenn es sich um eine Maßnahme handelt, die für den Arbeitnehmer, der auf die Gültigkeit der Maßnahme vertraut hat, günstig ist und auf individualrechtlicher Ebene kein Schutz des Arbeitnehmers gewährleistet ist.[567]

Nicht jede Verletzung von Beteiligungsrechten, die der Beschäftigtenvertretung zustehen, führt zur Unwirksamkeit einer Maßnahme. Es ist im Einzelfall im Hinblick auf Sinn und Zweck des Beteiligungsrechts zu entscheiden, ob die jeweilige Maßnahme unwirksam ist oder nicht.

Eine fehlerhafte Maßnahme des Arbeitgebers kann nur dann unwirksam sein, wenn der Fehler in der Sphäre des Arbeitgebers geschehen ist. Eine Kündigung ist daher nicht allein deshalb unwirksam, weil die Beschäftigtenvertretung es versäumt hat, dem Arbeitnehmer Gelegenheit zur Stellungnahme zu geben, bevor er gegenüber der Dienststelle Stellung genommen hat.[568] Erst wenn feststeht, dass der Fehler aus der Sphäre des Arbeitgebers stammt, ist es überhaupt möglich, dass eine Maßnahme unwirksam ist. Das ist der Fall, wenn der Arbeitgeber das Beteiligungsverfahren nicht ordnungsgemäß durchführt und Beteiligungsrechte der Beschäftigtenvertretung verletzt. Eine Maßnahme ist daher unwirksam, wenn der Arbeitgeber die Zustimmung der Beschäftigtenvertretung zu einer mitbestimmungspflichti-

566 *BAG*, Urt. v. 1.7.1970 – 4 AZR 351/69 –, in: AP PersVG zu § 71 Nr. 11; *BAG*, Urt. v. 30.5.1990 – 4 AZR 74/90 –, juris Rn. 20, in: BAGE 65, 163 = NZA 1990, 899 (900); *BAG*, Urt. v. 20.8.1991 – 1 AZR 326/90 – juris Rn. 32, in: NZA 1992, 225 (227); *BVerwG*, Beschl. v. 23.8.2007 – 6 P 7/06 –, juris Rn. 10, in: NVwZ-RR 2008, 119 (120); *BVerwG*, Beschl. v. 17.2.2010 – 6 PB 43/09 –, juris Rn. 8, in: NVwZ-RR 2010, 443; *BVerwG*, Beschl. v. 11.5.2011 – 6 P 4/10 –, juris Rn. 9, in: ZfPR online 2011, 4 (Nr. 7); *v. Hoyningen-Huene*, NZA 1993, 145 (149); *ders.*, NZA 1998, 1081 (1088); *Ilbertz*, ZfPR online 2011, 7 (Nr. 7).

567 *BVerwG*, Beschl. v. 11.5.2011 – 6 P 4/10 –, juris Rn. 15, in: ZfPR online 2011, 4 (Nr. 7); *Ilbertz*, ZfPR online 2011, 7 (Nr. 7).

568 *BAG*, Urt. v. 4.8.1975 – 2 AZR 266/74 –, in: AP BetrVG 1972 zu § 102 Nr. 4; *BAG*, Urt. v. 3.2.1982 – 7 AZR 907/79 –, in: AP BPersVG zu § 72 Nr. 1.

gen Maßnahme gar nicht oder bei der falschen Beschäftigtenvertretung beantragt.[569] Ebenfalls unwirksam ist eine Maßnahme, wenn sich der Arbeitgeber ohne Weiteres über die Einwendungen der Beschäftigtenvertretung hinwegsetzt, wenn der Arbeitgeber die Beschäftigtenvertretung nicht rechtzeitig und umfassend über eine geplante Maßnahme unterrichtet, wenn der Arbeitgeber eine Maßnahme nicht aussetzt, obwohl er dazu verpflichtet wäre, oder wenn der Arbeitgeber gegen wesentliche Verfahrensvorschriften verstößt.[570]

Einfache Verstöße gegen Verfahrensvorschriften haben nicht zwangsläufig die Unwirksamkeit der Maßnahme zur Folge. Nach der Rechtsprechung des Bundesarbeitsgerichts hat eine unvollständige Unterrichtung des Arbeitgebers gegenüber dem Betriebsrat bei einer personellen Einzelmaßnahme nicht zur Folge, dass die Maßnahme unwirksam ist. Rechtsfolge einer unvollständigen Unterrichtung sei, dass die Frist des § 99 Abs. 3 BetrVG nicht zu laufen beginnt und daher die Zustimmung nicht fingiert wird.[571]

Verstöße gegen Rechte der Beschäftigtenvertretung können sich auf zwei Ebenen auswirken: auf kollektivrechtlicher Ebene und auf individualrechtlicher Ebene. Zwischen diesen beiden Ebenen ist bei der Frage nach den Rechtsfolgen von Verstößen gegen Beteiligungsrechte zu unterscheiden.[572] Die kollektivrechtliche Ebene umfasst das Verhältnis zwischen Arbeitgeber und Betriebsrat. Die individualrechtliche Ebene beschreibt das Verhältnis zwischen Arbeitgeber und Arbeitnehmer. Zunächst stellt sich daher die Frage, ob der Verstoß die kollektivrechtliche Maßnahme berührt. Anschließend ist zu klären, ob der kollektivrechtliche Verstoß auf die individualrechtliche Ebene durchschlägt. Ob der kollektivrechtliche Fehler auch auf die individualrechtliche Ebene durchschlägt, entscheidet sich nach Sinn und Zweck des Beteiligungsrechts im jeweiligen Einzelfall.

---

569 *BAG*, Urt. v. 27.8.1974 – 1 AZR 505/73 –, in: AP PersVG Niedersachsen zu § 72 Nr. 1; *BAG* Urt. v. 3.2.1982 – 7 AZR 791/79 –, in: AP LPVG Bayern zu Art. 77 Nr. 1.

570 *BAG*, Urt. v. 31.3.1983 – 2 AZR 384/81 –, juris Rn. 26, in: BAGE 44, 37 = AP LPVG Hessen zu § 8 Nr. 1; *Faber/Härtl*, PersV 1994, 353 (371).

571 *BAG*, Beschl. v. 28.1.1986 – 1 ABR 10/84 –, in: BAGE 51, 42 = AP BetrVG 1972 zu § 99 Nr. 34; *BAG*, Beschl. v. 20.12.1988 – 1 ABR 68/87 –, juris Rn. 27, in: BAGE 60, 330 = AP BetrVG 1972 zu § 99 Nr. 62.

572 *BAG*, Urt. v. 20.8.1991 – 1 AZR 326/90 –, juris Rn. 20, in: AP BetrVG 1972 zu § 87 Lohngestaltung Nr. 50 = NZA 1992, 225 (226).

Der Gesetzgeber hat die Rechtsfolgen eines Verstoßes gegen Rechte der Beschäftigtenvertretung nur vereinzelt geregelt. Eine ohne Beteiligung des Personalrats ausgesprochene Kündigung ist gem. § 74 Abs. 3 LPVG NRW unwirksam. Ebenfalls unwirksam ist eine ohne Anhörung des Betriebsrats ausgesprochene Kündigung, § 102 Abs. 1 S. 3 BetrVG.

1. Die Rechtslage nach dem Landespersonalvertretungsgesetz Nordrhein-Westfalen

Abgesehen von § 74 Abs. 3 LPVG NRW enthält das Landespersonalvertretungsgesetz Nordrhein-Westfalen keine Regelung über die Rechtsfolgen mitbestimmungswidriger Maßnahmen. Ebenso fehlt eine Regelung, wie sie einige Landespersonalvertretungsgesetze[573] enthalten, wonach Maßnahmen bei fehlerhafter Mitbestimmung nicht vollzogen bzw. durchgeführt werden dürfen. Aber selbst wenn das Landespersonalvertretungsgesetz Nordrhein-Westfalen eine entsprechende Vorschrift enthalten würde, wäre damit noch keine endgültige Aussage über die Rechtsfolgen fehlerhafter Mitbestimmung getroffen, weil diese Regelungen nur ein an den Dienststellenleiter gerichtetes Vollzugs- bzw. Durchführungsverbot enthalten. Es ist daher zu klären, welche Rechtsfolge eine Maßnahme hat, bei der die gesetzlich vorgeschriebene Beteiligung unterblieben ist.

Ob eine rechtswidrige Maßnahme nichtig bzw. unwirksam ist oder eine andere Rechtsfolge bewirkt, kann nur im jeweiligen Einzelfall beantwortet werden. Im Gegensatz zum Betriebsverfassungsrecht ist im Personalvertretungsrecht bei der Frage nach den Rechtsfolgen beteiligungswidriger Maßnahmen zu berücksichtigen, dass die Dienststelle einen gemeinwohlbezogenen Amtsauftrag effektiv durchsetzen können muss.[574]

Wenn es sich bei der Maßnahme um einen Verwaltungsakt handelt, gelten die allgemeinen Regeln des Verwaltungsverfahrensgesetzes oder eines spezielleren Gesetzes, wonach auch der rechtswidrige Verwaltungsakt einen besonderen Bestandsschutz genießt. Die rechtswidrige Maßnahme bleibt gem. § 43 Abs. 2 VwVfG wirksam, solange der Verwaltungsakt nicht auf-

573 z. B. § 74 Abs. 3 PersVG Brandenburg, § 63 NdsPersVG.

574 *Battis/Kersten*, PersR 2005, 138 (142).

gehoben wurde. Sie ist gem. § 43 Abs. 3 VwVfG nichtig, wenn sie an einem besonders schwerwiegenden Fehler leidet.[575]

Handelt es sich bei der Maßnahme nicht um einen Verwaltungsakt, wie beispielsweise die Einstellung eines Arbeitnehmers auf privatrechtlicher Grundlage, kann nicht auf die Regelung des § 43 VwVfG zurückgegriffen werden. Das Bundesverwaltungsgericht hat, soweit ersichtlich, noch nicht dazu Stellung bezogen, ob eine mitbestimmungswidrige Maßnahme wirksam ist. Das Gericht hat aber klargestellt, dass der Personalrat vom Dienststellenleiter die nachträgliche Einleitung des Mitbestimmungsverfahrens verlangen kann, wenn eine mitbestimmungspflichtige Maßnahme ohne Beteiligung des Personalrats durchgeführt worden ist. Allerdings gelte dies nur unter der Voraussetzung, dass die Maßnahme tatsächlich und rechtlich rücknehmbar oder abänderbar ist.[576]

2. Die Rechtslage nach dem Betriebsverfassungsgesetz

Auch ohne ausdrückliche gesetzliche Regelung ist im Betriebsverfassungsrecht allgemein anerkannt, dass eine Maßnahme, die der Arbeitgeber unter Verstoß gegen Mitbestimmungsrechte nach § 87 Abs. 1 BetrVG vornimmt, unwirksam ist.[577] Grundsätzlich gilt auch im Betriebsverfassungsgesetz, dass die Maßnahme kollektivrechtlich so zu behandeln ist, als habe sie nie existiert. Sind aufgrund der Maßnahme Fakten geschaffen worden, kann ein rechtmäßiger Zustand nur wiederhergestellt werden, indem die Fakten beseitigt oder die Maßnahme rückgängig gemacht werden.

Die Zustimmung des Betriebsrats zu einer Maßnahme des Arbeitgebers kann nach Ansicht des Bundesarbeitsgerichts nicht nachträglich erteilt wer-

575 *v. Roetteken*, PersR 1996, 1 (4).

576 *BVerwG*, Beschl. v. 15.3.1995 – 6 P 31/93 –, in: BVerwGE 98, 77 = NVwZ 1997, 80; *BVerwG*, Beschl. v. 15.3.1995 – 6 P 28/93 –, juris; *Battis/Kersten*, PersR 2005, 138 (142), schließen daraus, dass eine mitbestimmungswidrige Maßnahme nicht per se nichtig, sondern zunächst einmal wirksam und vollziehbar ist. Wäre die Maßnahme unwirksam, könnte sie nicht rückgängig gemacht oder abgeändert werden oder das Mitbestimmungsverfahren nachgeholt werden.

577 *BAG*, Beschl. v. 22.2.1983 – 1 ABR 27/81 –, in: BAGE 42, 11 = NJW 1984, 196 = AP BetrVG 1972 zu § 23 Nr. 2.

den,[578] weil nach § 101 BetrVG die Möglichkeit besteht, dem Arbeitgeber die Aufhebung einer konkreten Maßnahme gerichtlich aufgeben zu lassen.[579] Eine Heilung der fehlerhaften Beteiligung ist insofern nicht möglich.

3. Rechtsfolgen von Verstößen gegen Beteiligungsrechte

Eine allgemeine Aussage darüber, welche Rechtsfolgen ein Verstoß gegen Beteiligungsrechte hat, ist kaum möglich. Um Antworten auf die Frage, welche Auswirkungen ein Verstoß gegen Beteiligungsrechte auf das der kollektivrechtlichen Maßnahme zugrunde liegende individualrechtliche Rechtsgeschäft hat, wurde die Theorie der Wirksamkeitsvoraussetzung entwickelt. Diese Theorie besagt, dass die ordnungsgemäße Beteiligung der Beschäftigtenvertretung Voraussetzung für die Wirksamkeit der individualvertraglichen Maßnahme ist.[580] Die Theorie der Wirksamkeitsvoraussetzung ist vor dem Hintergrund zu verstehen, dass sie in einer Zeit entwickelt wurde, in der das Betriebsverfassungsgesetz noch keine Sanktionsmöglichkeiten für mitbestimmungswidriges Verhalten enthielt. Die individualrechtliche Unwirksamkeit einer mitbestimmungswidrigen Maßnahme war somit die einzige Sanktion für Verstöße des Arbeitgebers gegen Beteiligungsrechte des Betriebsrats.

Die Theorie der Wirksamkeitsvoraussetzung gilt jedoch nicht ausnahmslos. Im Folgenden soll daher im Hinblick auf die einzelnen Beteiligungsrechte untersucht werden, welche Rechtsfolgen ein Verstoß hat.

a. Einstellung

Nimmt ein Arbeitgeber eine Einstellung ohne die erforderliche Zustimmung oder die ordnungsgemäße Beteiligung der Beschäftigtenvertretung vor, ist die Maßnahme im Verhältnis zwischen Arbeitgeber und Beschäftigtenvertretung rechtswidrig, kurz kollektivrechtswidrig.[581]

---

578 *BAG*, Urt. v. 20.2.2002 – 7 AZR 707/00 –, in: BAGE 100, 311 = AP LPVG NW zu § 72 Nr. 23.

579 *BAG*, Beschl. v. 20.2.2001 – 1 ABR 30/00 –, in: AP BetrVG 1972 zu § 101 Nr. 23.

580 *Konzen*, NZA 1995, 865 (869).

581 *Cecior/Vallendar/Lechtermann/Klein*, Das Personalvertretungsrecht in Nordrhein-Westfalen, 55. Aktualisierung, § 72 Rn. 12; *Fitting*, Betriebsverfassungsgesetz, 26. Aufl., § 101 Rn. 1.

Da der Gesetzgeber die Rechtsfolgen einer Einstellung ohne Zustimmung der Beschäftigtenvertretung für die individualrechtliche Maßnahme nicht geregelt hat, stellt sich die Frage, welche Auswirkung die fehlende Zustimmung auf die Wirksamkeit des Arbeitsvertrags hat. Konkret geht es um die Frage, ob ein zwischen Arbeitgeber und Arbeitnehmer geschlossener Arbeitsvertrag wirksam ist, obwohl der Arbeitgeber hierfür keine Zustimmung der Beschäftigtenvertretung hatte. Inzwischen hat sich sowohl für den Geltungsbereich des Betriebsverfassungsgesetzes als auch für den der Personalvertretungsgesetze durchgesetzt, dass die betriebsverfassungs- bzw. personalvertretungsrechtliche Ebene und die individualvertragliche Ebene grundsätzlich voneinander zu trennen sind.[582] Ob und wann Fehler auf der personalvertretungsrechtlichen Ebene ausnahmsweise auf die individualvertragliche Ebene durchschlagen, wird aber nach wie vor unterschiedlich beurteilt.

In der Literatur werden mehrere Lösungen vorgeschlagen. Nach einer Ansicht ist der Arbeitsvertrag unabhängig von der Beteiligung und Zustimmung der Beschäftigtenvertretung wirksam, da sich das Mitbestimmungsrecht nicht auf den Abschluss des Arbeitsvertrags, sondern nur auf die Eingliederung des Arbeitnehmers bezieht.[583] Die Vertreter dieser Auffassung kommen über folgende Überlegung zu diesem Ergebnis. Wenn der Betriebsrat die Zustimmung zu einer Einstellung gem. § 99 Abs. 2 Nr. 1 BetrVG verweigern kann, sofern die Einstellung gegen ein Gesetz, eine Verordnung, eine Unfallverhütungsvorschrift oder gegen eine Bestimmung in einem Tarifvertrag oder in einer Betriebsvereinbarung oder gegen eine gerichtliche Entscheidung oder eine behördliche Anordnung verstößt, so ergibt sich daraus nicht, dass der ohne Zustimmung des Betriebsrats abgeschlossene Arbeitsvertrag allein deshalb nichtig ist. Wäre es vom Sinn des Mitbestimmungsrechts her geboten, den ohne Zustimmung des Betriebsrats abgeschlossenen Arbeitsvertrag nichtig sein zu lassen, hätte es der Regelung des § 99 Abs. 2 Nr. 1 BetrVG nicht bedurft, da die Nichtigkeit des Arbeitsvertrags bei einem Verstoß gegen die dort genannten Vorschriften ohnehin ein-

582 *BVerwG*, Beschl. v. 26.8.1987 – 6 P 11/86 –, juris Rn. 24, in: BVerwGE 78, 72 = NVwZ-RR 1989, 259 (260); *BAG*, Beschl. v. 20.8.1991 – 1 AZR 326/90 –, in: AP BetrVG 1972 zu § 87 Lohngestaltung Nr. 50 = NZA 1992, 225; *Kania*, Erfurter Kommentar für Arbeitsrecht § 99 BetrVG Rn. 44.

583 *Kaiser,* in: Richardi/Dörner/Weber (Hrsg.), Personalvertretungsrecht, § 75 Rn. 25; *Konzen*, NZA 1995, 865 (867).

tritt.[584] Die Normierung der Zustimmungsverweigerungsgründe in § 99 Abs. 2 Nr. 1 BetrVG wäre mit anderen Worten überflüssig, wenn die Zustimmungsverweigerung des Betriebsrats sowieso keine Auswirkungen mehr hätte, weil der Arbeitsvertrag nichtig ist. Gegen eine Unwirksamkeit des Arbeitsvertrags bzw. für seine Wirksamkeit spreche außerdem, dass der Arbeitnehmer die Möglichkeit hätte, die Verletzung betriebsverfassungsrechtlicher Pflichten durch den Arbeitgeber zu ahnden. Ein unwirksamer Arbeitsvertrag hätte zur Folge, dass jede Seite sich jederzeit von dem Arbeitsverhältnis lösen könnte. Es sind jedoch Situationen denkbar, in denen der Arbeitgeber betriebsverfassungswidrig eingestellt hat, der Betriebsrat aber nie vorhatte, Einwände gegen die Einstellung zu erheben. Der Arbeitnehmer könnte ein solches Arbeitsverhältnis vorzeitig lösen, obwohl Arbeitgeber und Betriebsrat mit der Einstellung einverstanden waren.[585] Außerdem stützen die Vertreter dieser Meinung ihr Ergebnis darauf, dass dem Wortlaut der Regelungen über die Zustimmungseinholung nicht entnommen werden könne, dass die Einstellung ohne Zustimmung zur Unwirksamkeit des Arbeitsvertrags führt. Auch daraus, dass eine vorläufige Einstellung ohne Zustimmung der Beschäftigtenvertretung wirksam ist, folge nicht, dass eine endgültige Maßnahme ohne Zustimmung unwirksam ist. Etwas anderes gelte ebenso wenig infolgedessen, dass es mit § 101 BetrVG eine Sanktionsregelung für den Fall gibt, dass der Arbeitgeber eine personelle Maßnahme i. S. d. § 99 Abs. 1 S. 1 BetrVG ohne Zustimmung des Betriebsrats durchführt. Der Betriebsrat kann auf der Grundlage von § 101 BetrVG beim Arbeitsgericht beantragen, dem Arbeitgeber aufzugeben, die personelle Maßnahme, also im Falle der Einstellung die tatsächliche Beschäftigung im Betrieb, zu unterlassen. Der Personalrat kann im Streitfall über die Verletzung des Mitbestimmungsrechts nicht die Verpflichtung der Dienststelle, eine bestimmte Maßnahme zu unterlassen, beantragen, sondern kann lediglich eine Feststellungsklage erheben.[586] Ob die Maßnahme wirksam ist oder nicht, lasse sich daraus nicht ableiten. Auch ein Vergleich mit den Rechtsfolgen einer fehlerhaften Mitbestimmung in sozialen Angelegenheiten führe nicht weiter, da hierzu, wie bei personellen Einzelmaßnahmen, keine gesetzliche Regelung über die Rechtsfolgen kollektivrechtswidriger Maßnahmen

584 *Matthes*, DB 1974, 2007.
585 *Matthes*, DB 1974, 2007 (2009).
586 *Widmaier*, PersV 1982, 375 (376); *Wahlers*, PersV 1989, 453 (454).

existiert. Im Personalvertretungsrecht herrsche lediglich Einigkeit darüber, dass die Rechtsfolgen einer fehlenden Zustimmung für den Bereich der personellen und der sozialen Angelegenheiten einheitlich zu beurteilen seien, weil der Gesetzgeber das Verfahren in den Personalvertretungsgesetzen für beide Bereiche einheitlich geregelt habe. Der Blick auf die Regelung über die Rechtsfolgen einer fehlerhaften Beteiligung bei Kündigungen lasse auch kein anderes Ergebnis zu. Hier habe der Gesetzgeber zwar ausdrücklich geregelt, dass eine fehlerhafte Beteiligung zur Unwirksamkeit der Kündigung führe. Die Regelungen ließen sich aber weder auf die Einstellung im Wege einer Analogie übertragen noch könnten hier Rückschlüsse daraus gezogen werden, dass ein Regel-Ausnahme-Verhältnis bestünde, wonach die Unwirksamkeit der individualvertraglichen Maßnahme die geregelte Ausnahme und die Wirksamkeit die ungeschriebene Regel sei. Außerdem wäre eine Koppelung von Zustimmung und Wirksamkeit des Arbeitsvertrags eine unbillige Beeinträchtigung der Vertragsfreiheit des Arbeitnehmers, da es nicht mehr allein von Arbeitnehmer und Arbeitgeber abhinge, ob ein Arbeitsvertrag wirksam geschlossen wird oder nicht. Auf Seiten der Beschäftigtenvertretung sei die Unwirksamkeit des Arbeitsvertrags bei fehlerhafter Beteiligung nicht erforderlich, weil die Interessen der Beschäftigten ausreichend dadurch gewahrt werden, dass im Falle der Einstellung die Eingliederung, also die tatsächlich Durchführung der Maßnahme, nicht erfolgen darf. Deshalb kommen die Vertreter dieser Auffassung zu dem Schluss, dass die kollektivrechtsmäßige Einstellung jedenfalls keine Wirksamkeitsvoraussetzung für den Arbeitsvertrag sei.[587] Dieses Ergebnis wird zusätzlich gestützt durch einen Rückgriff auf den Sinn und Zweck der Mitbestimmung bei der Einstellung. Ein Durchschlagen der Rechtswidrigkeit von der kollektiven auf die individualrechtliche Ebene sei nur dann zwingend erforderlich, wenn und soweit das Mitbestimmungsrecht zumindest auch dem Individualschutz des betroffenen Arbeitnehmers diene. Bei einer Einstellung scheide eine Unwirksamkeit des abgeschlossenen Arbeitsvertrags aus, weil die Mitbestimmung allein die Interessen der bestehenden Belegschaft wahren soll.[588] Ist der Arbeitsvertrag trotz kollektivrechtswidriger Einstellung wirksam,

587 Zum Ganzen: *Alberty*, Fehlende Zustimmung des Betriebs- bzw. Personalrats bei personellen Einzelmaßnahmen gegenüber Arbeitnehmern und der Einfluss des Fehlens auf die Wirksamkeit dieser Maßnahmen.

588 *Raab*, ZfA 1995, 479 (515).

stellt sich die Frage, ob der Arbeitgeber verpflichtet ist, den Arbeitsvertrag zu beenden. Für den Bereich des öffentlichen Dienstes gelte, dass rechtswidrige Maßnahmen grundsätzlich zu beseitigen sind, weil der öffentliche Arbeitgeber gem. Art. 20 Abs. 3 GG an den Grundsatz der Gesetzmäßigkeit der Verwaltung gebunden ist. Von diesem Grundsatz könne ausnahmsweise nur abgewichen werden, wenn das Gebot der Rechtssicherheit oder der Vertrauensschutz es gebieten, die Maßnahme aufrechtzuerhalten. Ob der öffentliche Arbeitgeber verpflichtet ist, eine Maßnahme, deren Kollektivrechtswidrigkeit vom Verwaltungsgericht festgestellt wurde, aufzuheben, könne nur anhand einer umfassenden Interessenuntersuchung geklärt werden. Zwischen den Rechtspositionen der Beschäftigten, vertreten durch den Personalrat, und den Interessen des individuell betroffenen Arbeitnehmers und denen der Dienststelle sei ein sachgerechter Ausgleich vorzunehmen. Hierin käme auch der Unterschied zur betriebsverfassungsrechtlichen Rechtslage zum Ausdruck. Dort ergebe sich die Höherwertigkeit der kollektiven Betriebsratsinteressen bereits aus § 101 BetrVG, wonach dem Arbeitgeber bei einer kollektivrechtswidrigen Einstellung auf Antrag des Betriebsrats vom Arbeitsgericht aufgegeben werden kann, die Maßnahme aufzuheben. Der Gesetzgeber geht also bei kollektivrechtswidriger Einstellung von einem Überwiegen der Interessen des Betriebsrats aus. Die Einstellung muss selbst dann aufgehoben werden, wenn die Interessen des Arbeitnehmers oder die des Arbeitgebers überwiegen. Allerdings steht dies im Ermessen des Betriebsrats, weil er den Antrag beim Arbeitsgericht stellen kann, aber nicht muss. Im Personalvertretungsrecht sei die Einstellung hingegen erst dann zu beseitigen, wenn feststeht, dass der Personalrat materiell das Recht auf seiner Seite hat. Ob der Personalrat die Zustimmung zur Einstellung zu Recht verweigert hat, müsse in einem nachzuholenden Beteiligungsverfahren geklärt werden. Erst nachdem in diesem Verfahren der Rechtsverstoß der Dienststelle festgestellt worden ist, könnten Konsequenzen gezogen werden.[589]

Nach einer anderen Ansicht soll die fehlerhafte Beteiligung der Beschäftigtenvertretung nicht nur zur Unwirksamkeit der Maßnahme als solcher führen, sondern auch die Unwirksamkeit des Arbeitsvertrags zur Folge haben.

589 *Hantl-Unthan*, Einzelvertragliche Rechtsfolgen der kollektivrechtswidrig durchgeführten Arbeitnehmer-Einstellung im Öffentlichen Dienst, S. 158 ff.

Die Beteiligung der Beschäftigtenvertretung ist danach Voraussetzung für die Wirksamkeit des Arbeitsvertrags. Die Vertreter dieser Auffassung wenden damit die Theorie der Wirksamkeitsvoraussetzung an. Für den Bereich des Betriebsverfassungsgesetzes gelte, dass das Einverständnis des Betriebsrats notwendiger Bestandteil der Entscheidung des Arbeitgebers über eine Einstellung sei. Fehlt es, so sei die unternehmerische Handlung unwirksam. Diese Konsequenz brauche nicht vorgeschrieben werden, denn sie liege nahe und ergebe sich mehr oder weniger von selbst aus dem Gesetzestext. Die Sanktionsregelung des § 101 BetrVG sei nicht abschließend und spreche dafür, dass der Gesetzgeber die beanstandete Maßnahme auch im Einzelarbeitsverhältnis für nichtig hält, denn eine in jeder Beziehung rechtlich unwirksame Entscheidung des Unternehmers könne ohne Weiteres aufgehoben werden. Unterlässt der Arbeitgeber bei Vertragsschluss einen Hinweis auf die erforderliche Zustimmung des Betriebsrats oder spiegelt er dessen Einverständnis sogar vor, könne der Arbeitnehmer Ersatz des Schadens verlangen, den er durch sein Vertrauen auf die Gültigkeit der Vereinbarung erlitten hat.[590] Um etwaige Unbilligkeiten zu vermeiden, soll die Berufung des Arbeitgebers auf die Unwirksamkeit des Arbeitsvertrags treuwidrig sein, wenn der Arbeitgeber bewusst von der Beteiligung des Betriebsrats abgesehen und damit rechtsmissbräuchlich gehandelt hat.[591]

In der Rechtsprechung haben die Lösungsvorschläge der Literatur nur teilweise Zustimmung gefunden.

Das Bundesarbeitsgericht geht von der Theorie der Wirksamkeitsvoraussetzung aus, nimmt jedoch eine erhebliche Einschränkung vor. Wird das Mitbestimmungsrecht des Betriebsrats verletzt, soll die Maßnahme oder das Rechtsgeschäft im Verhältnis zwischen Arbeitgeber und Arbeitnehmer unwirksam sein. Das gelte allerdings nur – und hierin liegt die Einschränkung, die das Bundesarbeitsgericht vornimmt –, wenn die Maßnahme oder das Rechtsgeschäft den Arbeitnehmer belastet.[592] Maßnahmen zum Nachteil des

---

590 *Meyer*, BB 1982, 1614 (1616); so auch *Boewer*, RdA 1974, 72 (74), nach dem der ohne Zustimmung des Betriebsrats abgeschlossene Arbeitsvertrag schwebend unwirksam ist, solange die Zustimmung nicht vorliegt.

591 *Fitting*, Betriebsverfassungsgesetz, 26. Aufl., § 99 Rn. 278 f.

592 *BAG*, Urt. v. 26.4.1988 – 3 AZR 168/86 –, in: BAGE 58, 156 = AP BetrVG1972 zu § 87 Altersversorgung Nr. 16; *BAG*, Urt. v. 20.8.1991 – 1 AZR 326/90 –, in: AP BetrVG 1972 zu § 87 Lohngestaltung Nr. 50 = NZA 1992, 225.

Arbeitsnehmers sind daher nur dann wirksam, wenn die Mitbestimmung rechtmäßig durchgeführt wurde. Damit soll verhindert werden, dass der Arbeitgeber dem Einigungszwang mit dem Betriebsrat durch Rückgriff auf arbeitsvertragliche Gestaltungsmöglichkeiten ausweicht. Die Rechtsunwirksamkeit von arbeitsvertraglichen Maßnahmen und Abreden soll zugleich eine Sanktion dafür sein, dass der Arbeitgeber das Mitbestimmungsrecht des Betriebsrats verletzt hat. Derjenige, der sich betriebsverfassungswidrig verhält, soll sich Dritten (hier den Arbeitnehmern) gegenüber nicht auf diese Verletzung berufen können.[593] Die Durchführung einer personellen Maßnahme ohne Zustimmung des Betriebsrats stelle zunächst nur einen Pflichtverstoß gegenüber dem Betriebsrat dar, die Maßnahme sei betriebsverfassungsrechtlich unwirksam. Eine gleichzeitige individualrechtliche Unwirksamkeit komme lediglich in Betracht, wenn Sinn und Zweck des Mitbestimmungsrechts ein Durchschlagen der Rechtswidrigkeit von der kollektiven auf die individualrechtliche Ebene zwingend erfordern.[594] Eine Einstellung belastet den Arbeitnehmer regelmäßig nicht. Der Arbeitsvertrag ist nach Auffassung des Bundesarbeitsgerichts daher wirksam.[595] Ungeachtet dessen bestehe aber ein kollektivrechtliches Beschäftigungsverbot.[596] Der Arbeitnehmer werde ausreichend geschützt, weil er etwa aufgrund des wirksamen Arbeitsvertrags das vertragsgemäße Arbeitsentgelt verlangen kann. Das ergibt sich aus § 615 BGB, denn der Arbeitgeber befindet sich im An-

593 *BAG Großer Senat*, Beschl. v. 16.9.1986 – GS 1/82 –, in: BAGE 53, 42 = AP BetrVG 1972 zu § 77 Nr. 17; *BAG Großer Senat*, Beschl. v. 3.12.1991 – GS 2/90 –, juris Rn. 113, in: BAGE 69, 134 = AP BetrVG 1972 zu § 87 Lohngestaltung Nr. 51.

594 *BAG*, Urt. v. 5.4.2001 – 2 AZR 580/99 –, in: BAGE 97, 276 = AP BetrVG 1972 zu § 99 Einstellung Nr. 32.

595 *Richter*, PersR 1992, 183 (188).

596 Dieses kollektivrechtliche Beschäftigungsverbot stellt nach *Alberty*, Fehlende Zustimmung des Betriebs- bzw. Personalrats bei personellen Einzelmaßnahmen gegenüber Arbeitnehmern und der Einfluss des Fehlens auf die Wirksamkeit dieser Maßnahmen, S. 54, insofern eine Ausnahme von der grundsätzlich bestehenden Beschäftigungspflicht dar. Dass eine solche Pflicht des Arbeitgebers gegenüber dem Arbeitnehmer besteht, hat das Bundesarbeitsgericht schon sehr früh anerkannt, *BAG* Urt. v. 10.11.1955 – 2 AZR 591/54 –, in: BAGE 2, 221 = AP BGB zu § 611 Beschäftigungspflicht Nr. 2.

nahmeverzug, wenn er die angebotene Arbeitsleistung nicht in Anspruch nimmt.[597]

Auch das Bundesverwaltungsgericht sieht den Arbeitsvertrag bei personalvertretungsrechtswidriger Einstellung als wirksam an. Die Entscheidung der Frage, ob die fehlerhafte Beteiligung der Personalvertretung bei der Einstellung ein Beschäftigungsverbot zur Folge hat, konnte das Gericht bisher offen lassen. Das Bundesverwaltungsgericht nahm zwar die hierzu vertretene Auffassung des Bundesarbeitsgerichts zur Kenntnis. Es hat aber auch erkennen lassen, dass mit guten Gründen vertreten werden könnte, dass es den Bindungen der öffentlichen Verwaltung an das Haushaltsrecht und dem Grundrechtsschutz des eingestellten Bewerbers aus Art. 1 und Art. 2 GG eher entspreche, in derartigen Fällen lediglich ein Gebot zur Beendigung des wegen der fehlenden Zustimmung kündbaren Beschäftigungsverhältnisses anzunehmen. Dabei soll dieses Beendigungsgebot erst durchgreifen und der Kündigungsgrund erst entstehen, wenn sich der Standpunkt des Personalrats beim Abschluss des fortgeführten Beteiligungsverfahrens durchsetzt.[598]

Im Hinblick auf die Rechtsfolgen einer kollektivrechtswidrigen Beteiligung der Beschäftigtenvertretung wird ein öffentlicher Arbeitgeber, der einen Personalrat fehlerhaft beteiligt hat, anders behandelt als ein privater Arbeitgeber, der einen Betriebsrat fehlerhaft beteiligt hat. Der Private darf den Arbeitnehmer nicht beschäftigen, hat aber einen wirksamen Arbeitsvertrag mit ihm geschlossen. Der Arbeitgeber muss also seine Verpflichtungen, die er durch den Arbeitsvertrag eingegangen ist, erfüllen, solange der Arbeitsvertrag nicht beendet ist. Der Arbeitgeber wird regelmäßig den Arbeitsvertrag durch ordentliche Kündigung beenden, wenn das Arbeitsgericht dem Arbeitgeber gem. § 101 S. 1 BetrVG aufgibt, die Einstellung aufzuheben. Das dürfte im Falle einer betriebsverfassungsrechtswidrigen Einstellung unproblematisch sein, da der Arbeitnehmer regelmäßig noch keinen Kündigungsschutz erreicht hat. Gemäß § 1 KSchG greift der Kündigungsschutz erst,

597 *BAG*, Urt. v. 2.7.1980 – 5 AZR 1241/79 –, in: BAGE 34, 1 = NJW 1981, 703 = AP GG zu Art. 33 Abs. 2 Nr. 9; *BAG*, Urt. v. 26.6.2002 – 7 AZR 92/01 –, in: PersV 2003, 116.

598 *BVerwG*, Beschl. v. 7.12.1994 – 6 P 35/92 –, in: PersV 1995, 399; *Cecior/Vallendar/Lechtermann/Klein*, Das Personalvertretungsrecht in Nordrhein-Westfalen, 55. Aktualisierung, § 72 Rn. 81.

wenn das Arbeitsverhältnis in demselben Betrieb oder Unternehmen ohne Unterbrechung länger als sechs Monate bestanden hat. Bei einer durchschnittlichen Verfahrensdauer in Beschlussverfahren vor den Arbeitsgerichten von 3,57 Monaten[599] vergehen zwischen Einstellung und dem die betriebsverfassungswidrige Einstellung feststellenden Urteil selten mehr als sechs Monate.[600] Auch bei der fehlerhaften Beteiligung des Personalrats kommt ein Arbeitsvertrag wirksam zustande. Stellen sich die Zustimmungsverweigerungsgründe des Personalrats gegen die Einstellung als beachtlich heraus, muss der Arbeitgeber auf eine Beendigung des Vertrags hinwirken. Ob die Bedenken des Personalrats berechtigt sind, steht aber erst fest, nachdem das Verwaltungsgericht auf Antrag des Personalrats im Beschlussverfahren rechtskräftig festgestellt hat, dass die Einstellung personalvertretungsrechtswidrig war, und nachdem am Ende des nachgeholten Beteiligungsverfahren feststeht, dass die Einstellung trotz nunmehr ordnungsgemäßer Beteiligung des Personalrats immer noch personalvertretungsrechtswidrig ist. Hier muss der Arbeitgeber also nicht nur den Ausgang des verwaltungsgerichtlichen Beschlussverfahrens abwarten, sondern auch den Ausgang des nachzuholenden Beteiligungsverfahrens. Können sich Dienststelle und Personalrat nicht einigen, befasst sich die Einigungsstelle mit der Sache. Die Einigungsstelle entscheidet nicht selbst, sondern beschließt gem. § 66 Abs. 7 S. 3 LPVG NRW eine Empfehlung an die endgültig entscheidende Stelle (§ 68 LPVG NRW), denn der Personalrat hat in den in § 66 Abs. 7 S. 3 LPVG NRW genannten Fällen nur ein eingeschränktes Mitbestimmungsrecht. In dieser Zeit darf der Arbeitgeber den Arbeitnehmer zwar beschäftigen. Nach Abschluss des Einigungsverfahrens greift jedoch regel-

599 Mittelwert der Dauer der Verfahren in Beschlussverfahren vor den Arbeitsgerichten in der Landessumme betreffend Nordrhein-Westfalen aus den Jahren 2001 bis 2010. http://www.justiz.nrw.de/Gerichte_Behoerden/zahlen_fakten/statistiken/justizgeschaeftsstatistik/arbeitsgerichte/verfahrensdauer/Beschluss.pdf_(zuletzt aufgerufen im Juli 2013).

600 Arbeitgeber und Betriebsrat sind daher gut beraten, vor der Entscheidung, ob sie gegen den erstinstanzlichen Beschluss Rechtsmittel einlegen, auch an die Konsequenzen für die Beendigungsmöglichkeiten des Arbeitsvertrags zu denken. Wird das Verfahren in der nächsten Instanz fortgeführt, erlangt der Arbeitnehmer in der Zwischenzeit Kündigungsschutz.

mäßig der Kündigungsschutz, da allein das verwaltungsgerichtliche Beschlussverfahren im Durchschnitt länger als sechs Monate dauert.[601]

b. Befristung

Die Befristung eines Arbeitsvertrags, der unter Missachtung des Mitbestimmungsrechts aus § 72 Abs. 1 S. 1 Nr. 1 LPVG NRW geschlossen wurde, ist unwirksam.[602] Folge einer unwirksamen Befristung ist ein unbefristetes Arbeitsverhältnis.[603] Wurde der Personalrat nicht ordnungsgemäß beteiligt, gilt der Arbeitsvertrag gem. § 16 S. 1 TzBfG als auf unbestimmte Zeit geschlossen. Der Arbeitsvertrag wird also so behandelt, als habe für dessen Befristung kein sachlicher Grund bestanden.

c. Eingruppierung

Eine Eingruppierung ist kollektivrechtswidrig, wenn sie – abgesehen von einer vorläufigen Eingruppierung – ohne Zustimmung des Betriebsrats erfolgt und die Zustimmung nicht ersetzt wurde. Eine solche Eingruppierung ist kollektivrechtlich unwirksam. Auch hier stellt sich die Frage, welche Rechtsfolgen sich ergeben, wenn die Eingruppierung kollektivrechtswidrig ist.

Auch wenn eine Eingruppierung in den meisten Fällen gleichzeitig mit einer Einstellung stattfindet und die Dienststelle aus Praktikabilitätsgründen die Zustimmung des Personalrats zu einer Einstellung und zu einer damit einhergehenden Eingruppierung regelmäßig gemeinsam beantragen wird, betrachten Bundesverwaltungsgericht und Bundesarbeitsgericht den Mitbe-

---

601 Trotz eines erheblichen Rückgangs in den letzten Jahren liegt die durchschnittliche Dauer der Verfahren vor den Verwaltungsgerichten immer noch deutlich über dem entsprechenden Wert der Arbeitsgerichtsbarkeit. Die Dauer der Hauptverfahren vor den Verwaltungsgerichten in der Landessumme betreffend Nordrhein-Westfalen betrug im Jahr 2001 noch 24 Monate. Im Jahr 2010 waren es noch durchschnittlich 8,9 Monate. http://www.justiz.nrw.de/Gerichte_Behoerden/zahlen_fakten/statistiken/justizgeschaeftsstatistik/verwaltungsgerichte/verfahrensdauer/Hauptverfahren.pdf_(zuletzt aufgerufen im Juli 2013).

602 *BAG*, Urt. v. 27.9.2000 – 7 AZR 412/99 –, juris Rn. 24, in: AP LPVG Brandenburg zu § 61 Nr. 1.

603 *BAG*, Urt. v. 13.4.1994 – 7 AZR 651/93 –, in: BAGE 76, 234 = NZA 1994, 1099 (1101).

stimmungstatbestand bei der Eingruppierung und den bei der Einstellung systematisch getrennt. Beiden Maßnahmen liegt jeweils ein eigenständiges Verfahren zugrunde. Daraus ergibt sich für die Rechtsfolgen eines Verstoßes gegen das Mitbestimmungsrecht der Beschäftigtenvertretung bei Eigruppierungen Folgendes. Verweigert die Beschäftigtenvertretung die Zustimmung zu einer Einstellung mit Eingruppierung, weil sie mit der Eingruppierung nicht einverstanden ist, führt das nicht zur Unwirksamkeit der trotzdem vorgenommenen Einstellung. Müsste die Eingliederung unterbleiben bis die Zustimmung der Beschäftigtenvertretung zu der Eingliederung vorliegt, wäre das weder im Interesse des Arbeitgebers noch im Interesse der Beschäftigtenvertretung.[604] Nichts anderes gilt bei der mit einer Umsetzung verbundenen Eingruppierung. Die fehlende Zustimmung zu einer Eingruppierung kann den Vollzug der Umsetzung nicht hindern.[605]

Individualrechtlich hat die fehlende Mitbestimmung der Personalvertretung zur Eingruppierung keine Auswirkungen, weil der betroffene Arbeitnehmer ohnehin einen Anspruch auf das richtige Arbeitsentgelt hat.[606] Fehlt die Zustimmung zu einer Eingruppierung, besteht unabhängig davon ein tarifrechtlicher Vergütungsanspruch des Beschäftigten.[607] Nach der Tarifautomatik entspricht jede Tätigkeit einer bestimmten Vergütungsgruppe. Die Ansicht des Arbeitgebers und des Personalrats darüber, in welche Vergütungsgruppe der Beschäftigte eingruppiert ist, hat also keinen Einfluss auf den individualrechtlichen Anspruch des Arbeitnehmers gegen den Arbeitgeber. Folglich ist es insofern unerheblich, wenn der Arbeitgeber und der Personalrat eine unzutreffende Rechtsansicht geäußert haben.

Auch im Betriebsverfassungsrecht hat die fehlende Zustimmung des Betriebsrats zu einer Ein- oder Umgruppierung grundsätzlich keine Auswirkungen auf das Arbeitsverhältnis zwischen Arbeitgeber und Arbeitneh-

---

604 *BAG*, Beschl. v. 10.2.1976 – 1 ABR 49/74 –, juris Rn. 16, in: AP BetrVG 1972 zu § 99 Nr. 4; *BAG*, Beschl. v. 20.12.1988 – 1 ABR 68/87 –, juris Rn. 17, in: BAGE 60, 330 = NZA 1989, 518 (519); *BVerwG*, Beschl. v. 8.12.1999 – 6 P 3/98 –, juris Rn. 30, in: BVerwGE 110, 151 = AP BPersVG zu § 75 Nr. 74; *BVerwG*, Beschl. v. 22.10.2007 – 6 P 1/07 –, in: NVwZ-RR 2008, 195.

605 *BVerwG*, Beschl. v. 11.11.2009 – 6 PB 25/09 –, in: NZA-RR 2010, 165.

606 *BVerwG*, Beschl. v. 6.10.1992 – 6 P 22/90 –, juris Rn. 12, in: ZfPR 1993, 17.

607 *Cecior/Vallendar/Lechtermann/Klein*, Das Personalvertretungsrecht in Nordrhein-Westfalen, 55. Aktualisierung, § 72 Rn. 226.

mer.[608] Unabhängig davon, ob der Betriebsrat der Eingruppierung zugestimmt hat oder nicht, kann der Arbeitnehmer die ihm arbeitsvertragliche, nach der zutreffenden Vergütungsgruppe zustehende, Vergütung verlangen.[609]

d. Höher- und Herabgruppierung

Erfolgt eine Höhergruppierung ohne die erforderliche Zustimmung des Personalrats, ist die Höhergruppierung kollektivrechtlich unwirksam.[610]

Fehlt die Zustimmung des Personalrats zu einer Höhergruppierung oder Herabgruppierung, bleibt der Arbeitsvertrag davon unberührt. Die Zustimmung des Personalrats zur Höher- oder Rückgruppierung ist also nicht Wirksamkeitsvoraussetzung für einen höheren oder niedrigeren Vergütungsanspruch des Beschäftigten.[611] Eine Höhergruppierung hat nur deklaratorische Bedeutung. Der einzelne Beschäftigte kann einen Anspruch auf Vergütung, die seiner Tätigkeit entspricht, unmittelbar aus dem Tarifvertrag herleiten.[612]

Verletzt der Arbeitgeber bei einer Herabgruppierung das Mitbestimmungsrecht des Personalrats, folgt daraus noch nicht, dass er die bisherige Vergütung weiterzahlen muss.[613] Eine Herabgruppierung kann im Verhältnis Arbeitgeber-Arbeitnehmer nur durch einvernehmliche oder durch Änderungskündigung vorgenommene Änderung der Vertragsbedingungen bewirkt werden. Bei dieser Änderungskündigung ist der Personalrat erneut zu betei-

---

608 *BAG*, Urt. v. 26.1.1988 – 1 AZR 531/86 –, in: AP BetrVG 1972 zu § 99 Nr. 50; *BAG*, Urt. v. 30.9.1993 – 2 AZR 283/93 –, in: BAGE 74, 291 = AP KSchG 1969 zu § 2 Nr. 33; *Matthes*, DB 1975, 1651 (1653).

609 *BAG*, Beschl. v. 22.3.1983 – 1 ABR 49/81 –, in: BAGE 42, 121 = AP BetrVG 1972 zu § 101 Nr. 6.

610 *Cecior/Vallendar/Lechtermann/Klein*, Das Personalvertretungsrecht in Nordrhein-Westfalen, 55. Aktualisierung, § 72 Rn. 238.

611 *BAG*, Urt. v. 30.5.1990 – 4 AZR 74/90 –, juris Rn. 20, in: BAGE 65, 163 = NZA 1990, 899.

612 *BVerwG*, Beschl. v. 6.10.1992 – 6 P 22/90 –, juris Rn. 12, in: ZfPR 1993, 17; *Cecior/Vallendar/Lechtermann/Klein*, Das Personalvertretungsrecht in Nordrhein-Westfalen, 55. Aktualisierung, § 72 Rn. 238.

613 *BAG*, Urt. v. 30.5.1990 – 4 AZR 74/90 –, juris Rn. 20, in: BAGE 65, 163 = NZA 1990, 899.

ligen.[614] Erst nachdem die Herabgruppierung individualvertraglich umgesetzt wurde, ist der Arbeitgeber von den mit der zu hohen Eingruppierung verbundenen Verpflichtungen befreit.

Entsprechendes gilt im Fall der Verletzung von Mitbestimmungsrechten der Personalvertretung bei einer korrigierenden Höher- oder Herabgruppierung, wenn also bei unveränderter Tätigkeit die Höher- oder Herabgruppierung ohne Zustimmung der Personalvertretung auf Grund dessen erfolgt, dass der Arbeitgeber seine Rechtsauffassung über die zutreffende Vergütungsgruppe geändert hat.[615]

e. Übertragung einer höher oder niedriger zu bewertenden Tätigkeit

Die Übertragung einer höher oder niedriger zu bewertenden Tätigkeit unterscheidet sich nach Ansicht des Bundesarbeitsgerichts von der Ein-, Um-, Höher- und Herabgruppierung dadurch, dass der Personalrat nicht nur ein Mitbeurteilungsrecht hinsichtlich der zutreffenden Vergütungsgruppe hat, sondern durch seine Beteiligung eine Maßnahme des Arbeitgebers, durch die dieser den Arbeitsvertrag gestaltet, beeinflussen kann. Für eine solche Änderung sei die Ausübung des Mitbestimmungsrechts Wirksamkeitsvoraussetzung. Die Übertragung einer höher oder niedriger zu bewertenden Tätigkeit sei unwirksam, wenn der Arbeitgeber dabei Mitbestimmungsrechte des Personalrats verletzt hat.[616] Die der Übertragung zugrunde liegende individualrechtliche Vereinbarung bleibt davon unberührt. Der Beschäftigte kann also bei einer Übertragung einer höher zu bewertenden Tätigkeit, die ohne Zustimmung des Personalrats stattgefunden hat, eine Vergütung in der Höhe verlangen, die sich aus der individualrechtlichen Vereinbarung mit dem Arbeitgeber ergibt. In welcher Höhe der Vergütungsanspruch besteht,

---

614 *BVerwG*, Beschl. v. 4.8.1988 – 6 P 1/86 –, juris Rn. 16, in: AP LPVG Berlin zu § 87 Nr. 3.

615 *BVerwG*, Beschl. v. 6.10.1992 – 6 P 22/90 –, juris Rn. 12, in: ZfPR 1993, 17; *BVerwG*, Beschl. v. 4.8.1988 – 6 P 1/86 –, juris Rn. 16, in: AP LPVG Berlin zu § 87 Nr. 3.

616 *BAG*, Urt. v. 1.7.1970 – 4 AZR 351/69 –, in: AP PersVG zu § 71 Nr. 11; *BAG*, Urt. v. 14.6.1972 – 4 AZR 315/71 –, in: AP BAT zu § 22, 23 Nr. 54; *BAG*, Urt. v. 10.3.1982 – 4 AZR 541/79 –, in: AP BPersVG zu § 75 Nr. 7; *BAG*, Urt. v. 30.5.1990 – 4 AZR 74/90 –, juris Rn. 21, in: BAGE 65, 163 = NZA 1990, 899.

wird im Personalvertretungsrecht anders beurteilt als im Betriebsverfassungsrecht.

Für den Geltungsbereich der Personalvertretungsgesetze hat das Bundesarbeitsgericht entschieden, dass der Arbeitgeber, der einem Arbeitnehmer eine höherwertige Tätigkeit überträgt, arbeitsvertraglich zur Zahlung der Vergütung nach der höheren Vergütungsgruppe verpflichtet ist, auch wenn er den Personalrat nicht beteiligt hat.[617] In diesem Zusammenhang hat das Bundesarbeitsgericht aber auch klargestellt, dass bei der Verletzung von Mitbestimmungsrechten keine Zahlungsansprüche entstehen können, die bisher nicht bestanden haben.

Im Geltungsbereich des Betriebsverfassungsgesetzes folgt nach Auffassung des Bundesarbeitsgerichts aus der Verletzung des Mitbestimmungsrechts des Betriebsrats jedenfalls keine höhere Vergütung.[618] Für den Vergütungsanspruch sei der Arbeitsvertrag maßgebend.[619] Die ohne Zustimmung des Personalrats erfolgte Zuweisung einer höher zu bewertenden Tätigkeit ändere nichts an der Wirksamkeit einer vertraglichen Vereinbarung zwischen dem Arbeitgeber und dem Beschäftigtem. Dieser Vertrag sei wirksam.[620]

f. Stufenzuordnung, Verkürzung oder Verlängerung der Stufenlaufzeit, Bestimmung einer Fallgruppe

Fehlt die Zustimmung des Personalrats zu einer Stufenzuordnung, zu einer Verkürzung oder Verlängerung der Stufenlaufzeit oder zu einer Bestimmung einer Fallgruppe, wirkt sich dieser Fehler auf die Ein-, Höher- bzw. Herabgruppierung aus.[621] Die Maßnahme ist kollektivrechtlich unwirksam. Für die individualrechtliche Ebene gelten die Ausführungen zur Ein-, Höher- und Herabgruppierung entsprechend.

---

617 *BAG*, Urt. v. 16.1.1991 – 4 AZR 301/90 –, in: BAGE 67, 59 = AP MAT zu § 24 Nr. 3.

618 *BAG*, Urt. v. 26.8.1992 – 4 AZR 210/92 –, juris Rn. 26, in: BAGE 71, 139 = NZA 1993, 469 (470).

619 *BAG*, Urt. v. 16.2.1966 – 4 AZR 50/65 –, in: AP TVG zu § 1 Tarifverträge BAVAV Nr. 6.

620 *BAG*, Urt. v. 16.1.1991 – 4 AZR 301/90 –, juris Rn. 33, in: BAGE 67, 59 = AP MAT zu § 24 Nr. 3.

621 Für die Stufenzuordnung *Cecior/Vallendar/Lechtermann/Klein*, Das Personalvertretungsrecht in Nordrhein-Westfalen, 55. Aktualisierung, § 72 Rn. 270.

g. Versetzung

Möchte der Arbeitgeber eine Versetzung durchführen, hat er dafür Sorge zu tragen, dass hierfür sowohl die kollektivrechtlichen als auch die individualrechtlichen Voraussetzungen erfüllt sind.

Eine ohne Zustimmung des Personalrats vorgenommene Umsetzung ist unwirksam. Der Beschäftigte kann verlangen, dass ihm sein früherer Dienstposten wieder übertragen wird. Das gilt selbst dann, wenn der Dienstposten zwischenzeitlich mit einem anderen Beschäftigen besetzt ist.[622]

Fehlt die erforderliche Zustimmung des Betriebsrats zu einer Versetzung oder wurde die Zustimmung nicht durch das Arbeitsgericht ersetzt, ist die Versetzung unwirksam.[623] Damit ist noch nichts darüber gesagt, ob aufgrund der fehlenden Zustimmung des Betriebsrats auch die der Versetzung zugrunde liegende individualrechtliche Maßnahme unwirksam ist. Die als Sanktion für mitbestimmungswidriges Verhalten des Arbeitgebers entwickelte Theorie der Wirksamkeitsvoraussetzung hilft hier nicht weiter. Die Wirksamkeit der der Versetzung zugrunde liegenden individualrechtlichen Maßnahme würde davon abhängen, ob die Versetzung den Arbeitnehmer belastet oder begünstigt. Begünstigt die Versetzung den Arbeitnehmer, wäre die zugrunde liegende individualrechtliche Maßnahme wirksam. Belastet sie ihn, wäre sie unwirksam. Bei einer Versetzung kann jedoch nicht immer eindeutig beurteilt werden, ob sie den Arbeitnehmer belastet oder begünstigt. Daher wurden in der Rechtsprechung andere Kriterien herangezogen, um zu beurteilen, welche Folgen ein Verstoß des Arbeitgebers gegen Beteiligungsrechte bei einer Versetzung auf individualrechtlicher Ebene hat.

Die individualrechtliche Ebene bleibt danach von der Unwirksamkeit der Versetzung grundsätzlich unberührt. Ob ausnahmsweise der kollektivrechtliche Fehler auf die individualrechtliche Ebene durchschlägt, hängt davon

---

622 *BVerwG*, Urt. v. 13.11.1986 – 2 C 20/84 –, in: BVerwGE 75, 138 = NVwZ 1987, 502; *Kathke*, ZBR 1999, 325 (335).

623 *BAG*, Urt. v. 26.1.1988 – 1 AZR 531/86 –, in: AP BetrVG 1972 zu § 99 Nr. 50. Die Versetzung als tatsächlicher Vorgang kann streng genommen nur zulässig oder unzulässig sein. In einer späteren Entscheidung (*BAG*, Urt. v. 30.9.1993 – 2 AZR 283/93 –, in: BAGE 74, 291 = AP KSchG 1969 zu § 2 Nr. 33) stellt der 2. Senat klar, dass der 1. Senat unter Versetzung die «Versetzungsweisung» des Arbeitgebers verstanden haben wollte.

ab, wie die Versetzung individualrechtlich umgesetzt wird. Wie eine Versetzung im Verhältnis Arbeitnehmer-Arbeitgeber vorgenommen werden kann, hängt davon ab, ob die Versetzung vom Einverständnis des Arbeitnehmers abhängig ist und – wenn ja – ob der Arbeitnehmer sein Einverständnis erteilt hat. Einer Versetzung kann individualrechtlich durch die Ausübung des Direktionsrechts des Arbeitgebers (Arbeitgeber kann ohne das Einverständnis des Arbeitnehmers die Versetzung durchführen), eine Vertragsänderung (Arbeitnehmer und Arbeitgeber wollen sich vertraglich über die Versetzung einigen), die Ausführung einer bereits vom Arbeitsvertrag vorgesehenen Versetzungsmöglichkeit (Arbeitnehmer und Arbeitgeber haben sich bereits über die Versetzung geeinigt) oder eine Änderungskündigung (Arbeitnehmer ist mit der Versetzung nicht einverstanden) zugrunde liegen.

Davon ausgehend kann es dazu kommen, dass der Arbeitnehmer individualrechtlich verlangen kann, auf dem neuen Arbeitsplatz beschäftigt zu werden, dort aber eine Beschäftigung aufgrund der fehlerhaften Beteiligung des Betriebsrats unzulässig ist. Daher ist zu klären, bei welchen der oben genannten Maßnahmen ein Anspruch des Arbeitnehmers auf Beschäftigung besteht.

Ein Anspruch des Arbeitnehmers auf Beschäftigung mit der neuen Tätigkeit besteht von vornherein nicht, wenn die Versetzung durch Ausübung des Direktionsrechts erfolgt. In dieser Konstellation hat der Arbeitgeber sein Direktionsrecht fehlerhaft, nämlich ohne Zustimmung des Betriebsrats, ausgeübt. Übt der Arbeitgeber sein Direktionsrecht fehlerhaft aus, kann der Arbeitnehmer aufgrund dessen nicht verlangen, auf dem neuen Arbeitsplatz beschäftigt zu werden.[624] Der kollektivrechtliche Fehler schlägt in diesem Fall ausnahmsweise auf die individualrechtliche Ebene durch. Ein Anspruch auf Beschäftigung und eine entsprechende Verpflichtung des Arbeitnehmers entstehen erst, wenn der Arbeitgeber die Versetzung gem. § 100 BetrVG vorläufig durchführt und den Arbeitnehmer über die Vorläufigkeit der Maßnahme aufklärt.[625]

---

624 *Matthes*, DB 1975, 1651; *Meyer*, BB 1982, 1614 (1616).
625 *Matthes*, DB 1975, 1651 (1652).

Erfolgt die Versetzung durch Vertragsänderung, also einvernehmlich, ist diese Vertragsänderung wirksam, auch wenn der Betriebsrat nicht zugestimmt hat.[626] Hier schlägt der kollektivrechtliche Fehler nicht auf die individualrechtliche Ebene durch. Das Vertrauen des Arbeitnehmers in die Wirksamkeit der Vertragsänderung bewirkt, dass der Arbeitnehmer Ansprüche aus dem geänderten Arbeitsvertrag herleiten kann.

Das Gleiche gilt, wenn gar keine Vertragsänderung erforderlich ist, weil der Arbeitsvertrag bereits eine Vereinbarung über die Versetzung enthält.

Liegt der Versetzung individualrechtlich eine Änderungskündigung zugrunde, weil der Arbeitnehmer mit der Versetzung nicht einverstanden ist, ist der Betriebsrat insofern zusätzlich zur Beteiligung nach § 99 BetrVG gem. § 102 Abs. 1 S. 1 BetrVG anzuhören.[627] Die fehlende Zustimmung des Betriebsrats zur Versetzung nach § 99 BetrVG bewirkt zwar nicht, dass die Änderungskündigung unwirksam ist, weil es sich um zwei voneinander zu trennende Vorgänge handelt.[628] Die Unterrichtung im Rahmen der Versetzung reicht dabei aber regelmäßig aus, um das Anhörungsrecht bei Kündigungen gem. § 102 BetrVG zu wahren.[629] Wurde der Betriebsrat also weder bei der Versetzung noch bei der Änderungskündigung beteiligt, ist die Änderungskündigung gem. § 102 Abs. 1 S. 3 BetrVG unwirksam. Rechtsfolge der unwirksamen Änderungskündigung ist, dass das alte Arbeitsverhältnis nicht beendet und kein neues Arbeitsverhältnis begründet wurde. Der Arbeitnehmer hat also bei einer ohne Beteiligung des Betriebsrats erfolgten Versetzung durch Änderungskündigung keinen Anspruch auf Beschäftigung auf dem neuen Arbeitsplatz. Auch hier schlägt also der kollektivrechtliche Fehler auf die individualrechtliche Ebene durch.

---

626 *Matthes*, DB 1975, 1651 (1652). Der Arbeitgeber kann einer Inanspruchnahme durch den Arbeitnehmer entgehen, indem er den Arbeitsvertrag einvernehmlich ändert oder – sofern der Arbeitnehmer nicht mit der Vertragsänderung einverstanden ist – die Änderungskündigung ausspricht. Dabei muss er jedoch wieder die Beteiligungsrechte des Betriebsrats beachten; a. A. Meyer, BB 1982, 1614 (1617), der die Vertragsänderung selbst dann für nichtig hält, wenn der Arbeitnehmer, wie z. B. bei einer Beförderung durch die Versetzung, begünstigt wird.

627 *BAG*, Urt. v. 30.9.1993 – 2 AZR 283/93 –, juris Rn. 23, in: BAGE 74, 291 = AP KSchG 1969 zu § 2 Nr. 33; *Berkowsky*, Arbeitsrecht aktiv 2010, 38.

628 *BAG*, Urt. v. 30.9.1993 – 2 AZR 283/93 –, juris Rn. 31, in: BAGE 74, 291 = AP KSchG 1969 zu § 2 Nr. 33.

629 *Matthes*, DB 1975, 1651 (1652).

Der Arbeitnehmer begeht daher keine Leistungsverweigerung, wenn er der kollektivrechtswidrigen Versetzung nicht nachkommt.[630]

Der Arbeitgeber darf die Versetzung trotz einer wirksamen individualrechtlichen Vereinbarung mit dem Arbeitnehmer oder einer wirksamen Änderungskündigung nicht durchführen, solange die Zustimmung des Betriebsrats fehlt.[631] Hat der Arbeitgeber die Versetzung bereits durchgeführt, kann der Betriebsrat im Mitbestimmungssicherungsverfahren gem. § 101 BetrVG die Aufhebung der Versetzung verlangen.[632] Das Gleiche gilt, wenn der Arbeitnehmer einer Zuweisung durch den Arbeitgeber nachkommt, weil er mit der Versetzung einverstanden ist oder weil er den Arbeitgeber nicht verärgern möchte.[633]

Hat der Antrag des Betriebsrats nach § 101 BetrVG Erfolg, muss der Arbeitgeber den Arbeitnehmer auf seinem alten Arbeitsplatz weiterbeschäftigen.[634] Dies kann er individualvertraglich dadurch erreichen, dass er mit dem Arbeitnehmer die vor der Versetzung ausgeübte Tätigkeit als Inhalt der Arbeitspflicht vereinbart. Ist das nicht möglich, weil der alte Arbeitsplatz weggefallen ist oder mit einem anderen Arbeitnehmer besetzt ist, bleibt – sofern eine Beschäftigung in einem anderen Bereich des Betriebs ausscheidet – nur noch die Beendigungskündigung.[635]

Im Ergebnis kann daher festgehalten werden, dass die einer Versetzung zugrunde liegenden individualrechtlichen Maßnahmen grundsätzlich nicht deshalb unwirksam sind, weil der Betriebsrat nicht beteiligt wurde.[636] Ausnahmen gelten für die Versetzung durch Ausübung des Direktionsrechts und für die Änderungskündigung.

---

630 *Matthes*, DB 1975, 1651; *Griese*, BB 1995, 458 (463).

631 *BAG*, Urt. v. 30.9.1993 – 2 AZR 283/93 –, juris Rn. 16, in: BAGE 74, 291 = AP KSchG 1969 zu § 2 Nr. 33.

632 *Griese*, BB 1995, 458 (463).

633 *Matthes*, DB 1975, 1651.

634 Eine vergleichbare Situation entsteht, wenn die Änderungskündigung wirksam ist, die Zustimmung des Betriebsrats zur Versetzung aber fehlt. Die Begründung hierfür ist umstritten, *Berkowsky*, Arbeitsrecht aktiv 2010, 38 (40).

635 *BAG*, Urt. v. 30.9.1993 – 2 AZR 283/93 –, juris Rn. 32, in: BAGE 74, 291 = AP KSchG 1969 zu § 2 Nr. 33.; v. *Hoyningen-Huene*, NZA 1993, 145 (150).

636 *BAG*, Urt. v. 30.9.1993 – 2 AZR 283/93 –, juris Rn. 16, in: BAGE 74, 291 = AP KSchG 1969 zu § 2 Nr. 33; a. A., allerdings ohne nähere Begründung, *Konzen*, NZA 1995, 865 (867).

Eine Versetzung, die mit der Übertragung einer höher oder niedriger zu bewertenden Tätigkeit einhergeht, ist unwirksam, wenn sie ohne die Zustimmung des Betriebsrats erfolgt. Die zugrunde liegende individualrechtliche Vereinbarung zwischen Arbeitnehmer und Arbeitgeber ist trotzdem wirksam, es sei denn, der Beschäftigte wird durch die Versetzung belastet.

h. Gestaltung des Entgelts innerhalb der Dienststelle

Führt die fehlende Mitbestimmung der Personalvertretung zu einer Besserstellung des einzelnen Beschäftigten, bleibt die individuelle Vereinbarung mit dem Arbeitgeber von der Unwirksamkeit der Gestaltung des Entgelts unberührt.[637] Der durch die mitbestimmungswidrige Entgeltgestaltung begünstigte Beschäftigte kann also Ansprüche aus der der Entgeltgestaltung zugrunde liegenden Vereinbarung mit dem Arbeitgeber herleiten.

Eine ohne Zustimmung des Personalrats durch Anrechnung einer Tariferhöhung vorgenommene Kürzung einer Zulage ist dem Arbeitnehmer gegenüber unwirksam. Der Angestellte kann die Weitergewährung der ungekürzten Zulage verlangen.[638]

Missachtet der Arbeitgeber das Mitbestimmungsrecht des Betriebsrats in Fragen der betrieblichen Lohngestaltung, sind die damit zusammenhängenden Maßnahmen gegenüber den Arbeitnehmern jedenfalls dann unwirksam, wenn sie die Arbeitnehmer belasten. Ändert der Betriebsrat anlässlich einer Tariflohnerhöhung die Verteilungsgrundsätze einer über-/außertariflichen Zulage ohne Beteiligung des Betriebsrats, ist die Anrechnung der Zulage auf den Tariflohn bzw. der Widerruf der Zulage unwirksam.[639] Verstößt der Arbeitgeber gegen das Mitbestimmungsrecht des Betriebsrats bei Fragen der Lohngestaltung, ist der Arbeitgeber verpflichtet, den Arbeitnehmern zusätzlich zu dem erhöhten Tariflohn die ungekürzte Zulage zu zahlen.

---

637 *v. Roetteken*, PersR 1994, 309 (315).

638 *BAG*, Urt. v. 25.7.1996 – 6 AZR 179/95 –, juris Rn. 18, in: BAGE 83, 338 = NZA 1997, 620.

639 *BAG Großer Senat*, Beschl. v. 3.12.1991 – GS 2/90 –, juris Rn. 111, in: BAGE 69, 134 = AP BetrVG 1972 zu § 87 Lohngestaltung Nr. 51.

i. Kündigung

Für alle in § 74 LPVG NRW geregelten Arten der Beendigung von Arbeitsverhältnissen gilt § 74 Abs. 3 LPVG NRW. Danach ist eine ohne Beteiligung des Personalrats ausgesprochene Kündigung unwirksam.

Die Rechtsfolgen einer unterbliebenen Anhörung vor einer Abmahnung und bei Mitteilungen an Auszubildende darüber, dass deren Einstellung nach beendeter Ausbildung nicht beabsichtigt ist, sind nicht geregelt. Obwohl beide Maßnahmen den betroffenen Beschäftigten belasten, sind sie auch dann wirksam, wenn die Anhörung unterbleibt, denn auch dann entfalten sie ihre Warnfunktion.[640]

Eine ohne Anhörung des Betriebsrats ausgesprochene Kündigung ist unwirksam, § 102 Abs. 1 S. 3 BetrVG. Eine unvollständige Anhörung wird einer fehlenden Anhörung gleichgestellt. Eine Anhörung ist unvollständig, wenn der Betriebsrat von einem wesentlichen Umstand des Kündigungssachverhalts nicht unterrichtet worden ist.[641]

Erklärt der Personalrat, die Kündigung zur Kenntnis zu nehmen und keine weitere Stellungnahme abgeben zu wollen, stellt dies weder eine ausdrückliche noch eine konkludente Zustimmung zu der Kündigung dar. Spricht der Dienststellenleiter auf eine solche Erklärung des Personalrats hin vor Ablauf der Frist des § 74 Abs. 5 S. 1 i. V. m. § 66 Abs. 2 S. 3 LPVG NRW eine Kündigung aus, ist diese Kündigung unwirksam. Der Dienststellenleiter kann erst wirksam kündigen, sobald die Zustimmungsfrist abgelaufen ist, weil der Personalrat das Mitbestimmungsverfahren nur dadurch vorzeitig beenden kann, indem er seine Zustimmung erklärt.[642]

Eine entsprechende Erklärung des Betriebsrats vor Ablauf der Widerspruchsfrist kommt einer Abkürzung der Anhörungsfrist des § 102 Abs. 2 S. 1 BetrVG gleich. Der Arbeitgeber kann die Kündigung wirksam aussprechen, ohne auf den Ablauf der Frist warten zu müssen. Das Anhörungsrecht des Betriebsrats wurde gewahrt, wenn sich aus seiner Erklärung ergibt, dass

640 *BAG*, Urt. v. 21.5.1992 – 2 AZR 551/91 –, in: NJW 1993, 154.

641 *BAG*, Urt. v. 2.11.1983 – 7 AZR 65/82 –, in: BAGE 44, 201 = AP BetrVG 1972 zu § 102 Nr. 29.

642 *Tietz*, Arbeitsrecht in Sparkassen, 5. Aufl., S. 864.

er keine weitere Erörterung wünscht. Es wäre ein bloßer Formalismus, vom Arbeitgeber den Ablauf der Anhörungsfrist zu verlangen.[643]

Die Kündigung ist sozial ungerechtfertigt, § 1 Abs. 2 KSchG, wenn der Arbeitgeber die Beschäftigtenvertretung nicht oder nicht ordnungsgemäß beteiligt. Verstöße gegen Beteiligungsrechte haben daher unmittelbare Auswirkungen auf den individuellen Kündigungsschutz.[644]

j. Informationspflicht

Erfüllt die Dienststelle ihre Informationspflicht gegenüber dem Personalrat nicht, kann der Personalrat aus diesem Grund die Zustimmung zu einer personellen Einzelmaßnahme verweigern. Außerdem beginnen die Fristen im Mitbestimmungs- oder Mitwirkungsverfahren erst nach ordnungsgemäßer Information des Personalrats zu laufen.[645]

Rechtsfolge eines Verstoßes gegen die Informationspflicht des Arbeitgebers gegenüber dem Betriebsrat ist, dass die Frist des § 99 Abs. 3 S. 1 BetrVG nicht zu laufen beginnt. Es kann also nicht zu einer fingierten Zustimmung kommen. Eine weitere Rechtsfolge ist, dass das Arbeitsgericht die Zustimmung des Betriebsrats nicht nach § 99 Abs. 4 BetrVG ersetzen kann.[646]

k. Beteiligungsverfahren

Nach Auffassung des Bundesverwaltungsgerichts führt ein Mangel im Mitbestimmungsverfahren, wenn etwa das Mitbestimmungsverfahren durch eine unzuständige Person eingeleitet wurde, zwar zur Rechtswidrigkeit des Verfahrens. Die Personalvertretung kann sich jedoch aufgrund des Gebots zur vertrauensvollen Zusammenarbeit nicht auf den Verfahrensfehler berufen, wenn sie die Möglichkeit hatte, durch entsprechende Rüge auf eine Beseitigung des Verfahrensfehlers hinzuwirken. Der Mangel kann dann im

643 Zur insofern vergleichbaren Regelung in Sachsen-Anhalt *LAG Sachsen-Anhalt*, Urt. v. 15.3.1995 – 3 Sa 517/94 –, in: NZA-RR 1996, 39 (40).

644 *Fitting*, Betriebsverfassungsgesetz, 26. Aufl., § 102 Rn. 1.

645 *Faber/Härtl*, PersV 1994, 105 (108).

646 *Plum*, DB 2011, 2916 (2920).

weiteren Verfahren nicht mehr beanstandet werden.[647] Auch nach Ansicht des Bundesarbeitsgerichts folgt aus dem Gebot der vertrauensvollen Zusammenarbeit die Verpflichtung des Personalrats, vermeintliche formelle Fehler im Beteiligungsverfahren rechtzeitig mitzuteilen.[648]

1. Dienst- und Betriebsvereinbarungen

Eine Dienstvereinbarung, die entgegen § 70 Abs. 3 LPVG NRW nicht die Schriftform einhält, ist unwirksam. Eine Dienstvereinbarung, die unzulässig ist, weil gesetzliche oder tarifliche Regelungen entgegenstehen, ist unwirksam.[649] Aus einer solchen Dienstvereinbarung können keine Rechte hergeleitet werden.[650]

Eine Betriebsvereinbarung, die gegen § 77 Abs. 3 BetrVG verstößt, ist ebenfalls unwirksam.[651]

X. Sanktionsregelungen

Das Landespersonalvertretungsgesetz Nordrhein-Westfalen und das Betriebsverfassungsgesetz kennen verschiedene Sanktionsregelungen zur Sicherung gesetzeskonformen Verhaltens.

Auf der einen Seite kann ein einzelnes Mitglied der Beschäftigtenvertretung ausgeschlossen werden oder die Beschäftigtenvertretung kann ganz aufgelöst werden. Regelungen hierzu finden sich in § 25 LPVG NRW und § 23 Abs. 1 BetrVG.

Auf der anderen Seite haftet der Arbeitgeber, wenn er grob gegen das Landespersonalvertretungsgesetz Nordrhein-Westfalen bzw. das Betriebsverfassungsgesetz verstößt. Dabei ist unter Haftung der zwangsweise Zugriff des Gläubigers auf den Schuldner zu verstehen. Ein Ausschluss oder eine Auf-

---

647 *BVerwG*, Beschl. v. 26.8.1987 – 6 P 11/86 –, juris Rn. 23, in: BVerwGE 78, 72 = NVwZ-RR 1989, 259 (260); *BVerwG*, Urt. v. 23.2.1989 – 2 C 8/88 –, juris Rn. 16, in: BVerwGE 81, 288 = PersV 1989, 528 (529).

648 *BAG*, Urt. v. 31.3.1983 – 2 AZR 384/81 –, juris Rn. 26, in: BAGE 44, 37 = AP LPVG Hessen zu § 8 Nr. 1.

649 *BAG*, Urt. v. 10.10.2006 – 1 AZR 811/05 –, juris Rn. 30, in: BAGE 119, 366 = NZA 2007, 637.

650 *BAG*, Urt. v. 23.5.2007 – 10 AZR 598/06 –, juris Rn. 26.

651 *BAG*, Urt. v. 23.5.2007 – 10 AZR 598/06 –, juris Rn. 26.

lösung kommt auf Arbeitgeberseite nicht in Betracht.[652] Die Haftung des Arbeitgebers beschränkt sich daher darauf, eine Handlung zu unterlassen, die Vornahme einer Handlung zu dulden oder eine Handlung vorzunehmen. Kommt der Arbeitgeber einer durch entsprechende gerichtliche Entscheidung auferlegten Verpflichtung nicht nach, kann er zu einem Ordnungsgeld bzw. Zwangsgeld verurteilt werden.

Diese Art von Sanktionsregelung ist in § 23 Abs. 3 BetrVG umgesetzt. § 79 Abs. 3 S. 2 LPVG NRW verweist auf diese Vorschrift, welche daher entsprechend gilt.

1. Der Ausschluss eines Mitglieds der Beschäftigtenvertretung und die Auflösung der Beschäftigtenvertretung

§ 25 LPVG NRW setzt eine grobe Vernachlässigung der gesetzlichen Befugnisse oder eine grobe Verletzung der gesetzlichen Pflichten durch den Personalrat oder eines seiner Mitglieder voraus. Jede Vernachlässigung der gesetzlichen Befugnisse stellt zugleich auch eine Verletzung der gesetzlichen Pflichten dar. Es handelt sich daher nicht um zwei verschiedene Voraussetzungen. Somit ist es unnötig, zwischen «Vernachlässigung der gesetzlichen Befugnisse» und der «Verletzung der gesetzlichen Pflichten» zu unterscheiden.[653]

Ein Betriebsratsmitglied kann nach § 23 Abs. 1 BetrVG bei grober Verletzung seiner gesetzlichen Pflichten aus dem Betriebsrat ausgeschlossen werden. Neben dieser Voraussetzung nennt § 23 Abs. 1 BetrVG – im Gegensatz zu seiner personalvertretungsrechtlichen Parallelnorm § 25 LPVG NRW – nicht auch die Vernachlässigung gesetzlicher Befugnisse. In der Sache macht das jedoch keinen Unterschied.[654]

Nach beiden Gesetzen kann also auf Antrag eines Viertels der wahlberechtigten Beschäftigten, des Arbeitgebers oder einer in der Dienststelle bzw. im

652 *Lobinger*, ZfA 2004, 101 (132)

653 *Thüsing,* in: Richardi/Thüsing/Annuß (Hrsg.), Betriebsverfassungsgesetz, § 23 Rn. 4; *Cecior/Vallendar/Lechtermann/Klein*, Das Personalvertretungsrecht in Nordrhein-Westfalen, 53. Aktualisierung, § 25 Rn. 11; a. A. *Hecker*, PersV 1981, 190 (193).

654 *Schwarze,* in: Richardi/Dörner/Weber (Hrsg.), Personalvertretungsrecht, § 28 Rn. 1.

Betrieb vertretenen Gewerkschaft ein Mitglied der Beschäftigtenvertretung ausgeschlossen werden oder die Beschäftigtenvertretung aufgelöst werden. Die Beschäftigtenvertretung kann den Ausschluss eines ihrer Mitglieder beantragen.

2. Die Haftung des Arbeitgebers

Auf Seiten des Arbeitgebers kommt eine Haftung in zwei Situationen in Betracht. Will der Arbeitgeber mehr tun, als er darf, stellt sich die Frage, ob ein Unterlassungsanspruch besteht. Hat der Arbeitgeber weniger getan, als er sollte, stellt sich die Frage, ob ein Durchführungsanspruch besteht.

a. Unterlassungsansprüche

Bei der Frage, ob und wenn ja unter welchen Voraussetzungen die Beschäftigtenvertretung vom Arbeitgeber verlangen kann, eine Handlung zu unterlassen oder, sofern die Handlung schon geschehen ist, eine Störung zu beseitigen,[655] geht es im Kern darum, wie die Macht zwischen den beiden Parteien verteilt ist.[656]

So bedeutet es eine erhebliche Stärkung der Position der Beschäftigtenvertretung, wenn sie nicht nur die Möglichkeit hat, die Verletzung ihrer Beteiligungsrechte gerichtlich feststellen zu lassen, sondern auch eine gerichtliche Entscheidung erstreiten kann, die den Arbeitgeber zur Unterlassung einer beteiligungswidrigen Maßnahme verpflichtet. Sollte der Arbeitgeber die Gerichtsentscheidung nicht befolgen, kann der Beschäftigtenvertretung nicht, wie bei einer gerichtlichen Feststellung, die fehlende Vollstreckbarkeit entgegengehalten werden. Die Beschäftigtenvertretung kann vielmehr aus dem erstrittenen Titel die Unterlassung der beteiligungswidrigen Maßnahme verlangen. In letzter Konsequenz könnte die Beschäftigtenvertretung

655 Der Unterlassungsanspruch umfasst neben der Verpflichtung, vor der Störung eine Maßnahme zu unterlassen, auch die Verpflichtung, eine eingetretene Störung zu beseitigen. Nach *Bosch* ZfPR 2000,122, fallen unter «Unterlassen» i. S. v. Beseitigung der Störung die Rücknahme und die Rückgängigmachung. Rücknahme ist nötig, wenn die Maßnahme getroffen, aber noch nicht vollzogen ist. Ist die Maßnahme schon vollzogen, bedarf es eines Rückgängigmachungsgebotes.

656 *Adomeit*, NJW 1995, 1004.

in einem solchen Fall sogar im Wege der Zwangsvollstreckung die Sanktionierung mit einem Ordnungsgeld verlangen.

Gesteht man der Beschäftigtenvertretung einen Unterlassungsanspruch in einer bestimmten Angelegenheit zu, hat das zur Folge, dass die Beschäftigtenvertretung im Zeitraum bis zur endgültigen Klärung der Angelegenheit vorläufig ihren Willen durchsetzen kann. Verweigert man der Beschäftigtenvertretung das Recht, verlangen zu können, dass der Arbeitgeber eine Maßnahme unterlässt, die gegen Beteiligungsregeln verstößt, sitzt der Arbeitgeber am längeren Hebel. Denn dann bestimmt der Arbeitgeber, wie die Angelegenheit vorerst geregelt werden soll.[657] Insbesondere bei Angelegenheiten von kurzer Dauer läuft es regelmäßig darauf hinaus, dass derjenige, der das Recht hat, vorläufig zu bestimmen, die Sache faktisch auch endgültig regelt.

Ob ein Unterlassungsanspruch des Personalrats gegen den Arbeitgeber verfassungsrechtlich zulässig ist, wurde noch nicht entschieden. Das Bundesverfassungsgericht hat sich in seinem Beschluss vom 24.5.1995 nicht zur verfassungsrechtlichen Zulässigkeit eines Unterlassungsanspruchs des Personalrats geäußert, weil es bereits die Mitbestimmungsregelungen für mit der Verfassung unvereinbar erklärt hatte und somit die an diese Regelung anknüpfende Vorschrift über den Rückgängigmachungsanspruch ebenfalls für verfassungswidrig hielt.[658]

aa. Unterlassungsansprüche bei groben Verstößen

Nach § 23 Abs. 3 BetrVG kann der Betriebsrat oder eine im Betrieb vertretene Gewerkschaft bei groben Verstößen gegen Verpflichtungen aus dem Betriebsverfassungsgesetz beim Arbeitsgericht beantragen, dem Arbeitgeber aufzugeben, eine Handlung zu unterlassen, die Vornahme einer Handlung zu dulden oder eine Handlung vorzunehmen. Obwohl es sich bei der Regelung erkennbar um eine Verfahrensvorschrift handelt, ist unbestritten, dass dem Betriebsrat ein entsprechender materiell-rechtlicher Anspruch zusteht. Der Gesetzgeber des Betriebsverfassungsgesetzes wollte den Zusammen-

657 *Kümpel*, ArbuR 1985, 78 (79).

658 *BVerfG*, Beschl. v. 24.5.1995 – 2 BvF 1/92 –, juris Rn. 166, in: BVerfGE 93, 37 = NVwZ 1996, 574.

hang zwischen den Ansprüchen des Betriebsrats gegen den Arbeitgeber und umgekehrt die Rechtsschutzmöglichkeiten des Arbeitgebers gegen den Betriebsrat dadurch hervorheben, dass er hierzu Vorschriften unter dem gleichen Paragraphen schuf.[659]

Die Vorschrift gilt nunmehr gem. § 79 Abs. 3 S. 2 LPVG NRW für den Anwendungsbereich des Landespersonalvertretungsgesetzes Nordrhein-Westfalen entsprechend. Der Gesetzgeber hat die Regelung in § 79 LPVG NRW getroffen und nicht – wie im Betriebsverfassungsgesetz – im Zusammenhang mit der Regelung über den Ausschluss von Betriebsratsmitgliedern oder die Auflösung des Betriebsrats. Denkbar wäre etwa eine Regelung in § 25 LPVG NRW in einem neuen Absatz 3 gewesen. Indem sich der Gesetzgeber aber für eine Regelung im Neunten Kapitel des Landespersonalvertretungsgesetzes Nordrhein-Westfalen über die gerichtliche Entscheidung entschieden hat, hat er zum Ausdruck gebracht, dass es sich bei § 23 BetrVG nicht um eine Anspruchsgrundlage, sondern eine Verfahrensvorschrift handelt. Da das Betriebsverfassungsgesetz keine dem § 79 LPVG NRW vergleichbare Vorschrift über das gerichtliche Verfahren enthält, sondern die Verfahrensvorschriften jeweils im gleichen Paragraphen aufführt, unter dem das jeweilige Recht geregelt ist, war es konsequent, die Verfahrensvorschrift unter § 23 BetrVG einzusortieren. Daraus, dass der Verweis auf § 23 Abs. 3 BetrVG in einer Vorschrift über die gerichtliche Entscheidung geregelt ist, folgen jedenfalls keine inhaltlichen Einschränkungen des Unterlassungsanspruchs der Personalvertretung bei groben Verstößen der Dienststelle.

Damit hat sich der Gesetzgeber entgegen der Jahrzehnte lang geltenden Rechtsprechung des Bundesverwaltungsgerichts für einen Unterlassungsanspruch des Personalrats gegen den Arbeitgeber bei Maßnahmen, die in grober Weise gegen das Landespersonalvertretungsgesetz Nordrhein-Westfalen verstoßen, entschieden. Bisher wurde das Fehlen eines solchen Anspruchs im öffentlich-rechtlichen Bereich immer damit begründet, dass es in den Personalvertretungsgesetzen keine dem § 101 BetrVG oder § 23

659 Bericht des Ausschusses für Arbeit und Sozialordnung über den Entwurf eines Betriebsverfassungsgesetzes, zu BT-Drs. 6/2729, S. 21.

Abs. 3 BetrVG vergleichbare Vorschriften gebe, da der Personalrat seine Rechte notfalls im Wege der Dienstaufsicht geltend machen könne.[660]

bb. Unterlassungsansprüche außerhalb der Beteiligungsrechte

Auch bei einfachen Verstößen des Arbeitgebers gegen Verpflichtungen aus dem Landespersonalvertretungsgesetz Nordrhein-Westfalen hatte der Personalrat bisher nur in wenigen Fällen einen Unterlassungsanspruch gegen die Dienststelle. Dazu zählt die Regelung in § 2 Abs. 2 S. 1 LPVG NRW, wonach die Dienststelle alles zu unterlassen hat, was geeignet ist, die Arbeit und den Frieden der Dienststelle zu beeinträchtigen, und § 3 Abs. 1 LPVG NRW, der vorschreibt, dass die Dienststelle in der Dienststelle jede parteipolitische Betätigung zu unterlassen hat.

---

660 *BVerwG*, Beschl. v. 15.12.1978 – 6 P 13/78 –, juris Rn. 43, in: PersV 1980, 145: «Das Bundespersonalvertretungsgesetz räumt aber den Personalvertretungen nicht das im Beschlussverfahren verfolgbare Recht ein, den Dienststellen die Durchführung bestimmter, der Mitbestimmung unterliegender Maßnahmen zu untersagen. Das ergibt sich deutlich aus einem Vergleich mit dem Betriebsverfassungsgesetz (BetrVG) vom 15. Januar 1972 (BGBl. I, S. 13). Nach § 101 BetrVG kann der Betriebsrat, wenn der Arbeitgeber eine personelle Maßnahme i. S. d. § 99 Abs. 1 S. 1 BetrVG ohne Zustimmung des Betriebsrats durchführt oder eine vorläufige personelle Maßnahme entgegen § 100 Abs. 2 S. 3 oder Abs. 3 BetrVG aufrechterhält, beim Arbeitsgericht beantragen, dem Arbeitgeber aufzugeben, die personelle Maßnahme aufzuheben. Kommt der Arbeitgeber der gerichtlichen Entscheidung nicht nach, so ist auf Antrag des Betriebsrats vom Arbeitsgericht zu erkennen, dass der Arbeitgeber zur Aufhebung der Maßnahme durch Geldstrafen anzuhalten sei. Ebenso sieht § 23 Abs. 3 BetrVG vor, dass der Betriebsrat oder eine im Betrieb vertretene Gewerkschaft bei groben Verstößen des Arbeitgebers gegen seine Verpflichtungen aus diesem Gesetz beim Arbeitsgericht beantragen kann, dem Arbeitgeber aufzugeben, eine Handlung zu unterlassen, die Vornahme einer Handlung zu dulden oder eine Handlung vorzunehmen. Auch hier ist gegen die Nichtbefolgung einer gerichtlichen Entscheidung die Verurteilung zu einer Geldstrafe vorgesehen.

An derartigen Bestimmungen fehlt es im Bundespersonalvertretungsgesetz. Das erklärt sich aus dem unterschiedlichen Regelungsbereich beider Gesetze. Während bei Pflichtverstößen des Arbeitgebers in der Privatwirtschaft ohne die Vorschrift der §§ 23 Abs. 3, 101 BetrVG kein Mittel gegeben wäre, die Durchführung der Beteiligungsrechte und sonstige Aufgaben der Betriebsvertretungen, ja die Durchführung des Betriebsverfassungsgesetzes sicherzustellen, ist das in den öffentlichen Verwaltungen nicht erforderlich. Hier können der Staat oder die öffentlich-rechtlichen Körperschaften oder Anstalten selbst im Wege der Dienstaufsicht und notfalls durch disziplinäre Maßnahmen sicherstellen, dass dem Gesetz Genüge getan wird.»; *Bosch*, PersR 1994, 455; *ders.*, PersR 1995, 273, *ders.*, PersR 1997, 94.

Auch die betriebsverfassungsrechtliche Parallelnorm des § 74 Abs. 2 S. 2 und 3 BetrVG enthält derartige Unterlassungsverpflichtungen.

cc. Unterlassungsansprüche bei Verstößen gegen Beteiligungsrechte / allgemeiner Unterlassungsanspruch

Einen Anspruch des Personalrats gegen den Arbeitgeber auf Unterlassung einer mitbestimmungspflichtigen Maßnahme hatte das Bundesverwaltungsgericht zur parallelen Problematik im Bundespersonalvertretungsgesetz abgelehnt.[661] Statt eines Unterlassungsanspruchs sollte der Personalrat die Verletzung seines Beteiligungsrechts gerichtlich feststellen lassen können und anschließend im Wege der Dienstaufsicht gegen den Dienststellenleiter vorgehen.[662] Hintergrund dieser Rechtsprechung war, dass das Bundesverwaltungsgericht seit einer Entscheidung aus dem Jahr 1975[663] immer davon ausgegangen war, dass das personalvertretungsrechtliche Beschlussverfahren ein objektives Verfahren ist, das nicht der Durchsetzung individueller Rechte dient, sondern der Feststellung von Zuständigkeiten.[664] Aufgrund dieser Auffassung sah sich das Bundesverwaltungsgericht gehindert, einen allgemeinen Unterlassungsanspruch als selbstständig einklagbaren Nebenleistungsanspruch aus dem jeweiligen Mitbestimmungsrecht in Verbindung mit dem Gebot der vertrauensvollen Zusammenarbeit herzuleiten. Aus dem objektiven Charakter des Beschlussverfahrens folgerte das Bundesverwaltungsgericht vielmehr, dass der Personalrat bei Verletzungen von Beteili-

661 *BVerwG* Beschl. v. 29.10.1991 – 6 PB 19/91 –, juris Rn. 3: Einem Personalrat, dessen Mitbestimmungsrecht mit der Durchführung einer Maßnahme verletzt worden sei, stehe auch dann, wenn dies rechtskräftig festgestellt sei, kein Anspruch darauf zu, daß der Dienststellenleiter, nachdem er das Beteiligungsverfahren nicht nachgeholt hat, die Maßnahme rückgängig macht. Zwar dürfe nach § 69 Abs. 1 BPersVG die der Mitbestimmung des Personalrats unterliegende Maßnahme nur mit dessen Zustimmung getroffen werden, die hier nicht erteilt worden sei; daraus ergebe sich aber kein Rechtsanspruch des Personalrats in bezug auf die Maßnahme selbst.; *BVerwG*, Beschl. v. 16.9.1994 – 6 P 32/92 –, juris Rn. 14, in: BVerwGE 96, 355 = NVwZ 1996, 188.

662 *BVerwG*, Beschl. v. 15.12.1978 – 6 P 13/78 –, juris Rn. 43, in: PersV 1980, 145.

663 *BVerwG*, Beschl. v. 24.10.1975 – 7 P 11/73 –, juris Rn. 16, in: BVerwGE 49, 259 = PersV 1976, 422.

664 *BVerwG*, Beschl. v. 13.2.1976 – 7 P 4/75 –, juris Rn. 41, in: BVerwGE 50, 186 = PersV 1977, 183 (188); *BVerwG*, Beschl. v. 15.3.1995 – 6 P 31/93 –, juris Rn. 21, in: BVerwGE 98, 77 = NVwZ 1997, 80; *BVerwG*, Beschl. v. 15.3.1995 – 6 P 28/93 –, juris Rn. 17.

gungsrechten durch den Dienststellenleiter bei Gericht nur die Feststellung erreichen konnte, dass die Maßnahme beteiligungswidrig war. Damit könne der Personalrat im Hauptsacheverfahren effektiv seine Rechte verteidigen, da nach einhelliger Auffassung davon ausgegangen werden dürfe, dass der Dienststellenleiter der Feststellungsentscheidung eines Gerichts Folge leisten würde. Den Interessen der Personalvertretung sei ausreichend gedient, wenn ihr Beteiligungsrecht und dessen etwaige Verletzung durch das Gericht festgestellt werden. Die Dienststelle sei verpflichtet, eine solche richterliche Feststellung zu respektieren, und es könne von ihr erwartet werden, dass sie alles unternimmt, um ihrer vom Gericht festgestellten gesetzlichen Verpflichtung Genüge zu tun.[665] Der Dienststellenleiter habe die Maßnahme kraft einer jedenfalls objektiv-rechtlich bestehenden Verpflichtung wieder rückgängig zu machen oder aber das nachzuholende Mitbestimmungsverfahren unverzüglich einzuleiten.[666] Eine bestimmte Handlungspflicht müsse daher nicht tituliert werden.

Die Personalvertretung ist einer kollektivrechtswidrigen Maßnahme daher nicht schutzlos ausgeliefert, denn sie kann nach Auffassung des Bundesverwaltungsgerichts den Verstoß des Dienststellenleiters gegen das Mitbestimmungsrecht feststellen lassen.[667]

Das gilt jedoch – wie gesagt – nur für das Hauptsacheverfahren. Angesichts der langen Verfahrensdauer von personalvertretungsrechtlichen Beschlussverfahren vor den Verwaltungsgerichten[668] und der regelmäßig kürzer bemessenen Dauer, innerhalb derer sich eine mitbestimmungswidrige Maßnahme des Dienststellenleiters erledigt hat, ist der Personalrat zur effektiven Wahrnehmung seiner Rechte regelmäßig auf vorläufigen Rechtsschutz angewiesen. Das Problem, das das Bundesverwaltungsgericht zu lösen hatte, war, dass der Dienststellenleiter durch vorläufige, kurzfristige Maßnahmen das Beteiligungsrecht des Personalrats rechtsmissbräuchlich umgehen konn-

665 *BVerwG*, Beschl. v. 6.12.1963 – 7 P 17/62 –, in: BVerwGE 17, 250 = AP PersVG Berlin zu § 73 Nr. 1.

666 *BVerwG*, Beschl. v. 16.9.1994 – 6 P 32/92 –, juris Rn. 14, in: BVerwGE 96, 355 = NVwZ 1996, 188.

667 *BVerwG*, Beschl. v. 16.9.1994 – 6 P 32/92 –, juris Rn. 14, in: BVerwGE 96, 355 = NVwZ 1996, 188.

668 *Sabottig*, PersR 1989, 289; *ders*, PersR 1990, 16; *Hörter*, PersR 1990, 297 (299); *Hamer*, PersR 1999, 19 (21).

te, solange sich der Personalrat hiergegen nicht effektiv zur Wehr setzen konnte. Der Dienststellenleiter musste hierzu nur anstelle einer endgültigen Entscheidung eine vorläufige Maßnahme treffen. Das Recht dazu hatte er gem. § 66 Abs. 8 S. 1 LPVG NRW in allen Mitbestimmungsangelegenheiten und über § 69 Abs. 5 LPVG NRW in allen Mitwirkungsangelegenheiten. Das Bundesverwaltungsgericht hatte zwar wiederholt betont, dass an eine vorläufige Regelung hohe Anforderungen zu stellen sind.[669] Dennoch musste gewährleistet sein, dass sich der Personalrat effektiv gegen personalvertretungsrechtswidriges Verhalten des Arbeitgebers zur Wehr setzen kann. Wie der einstweilige Rechtsschutz gegen dieses Vorgehen des Dienststellenleiters konkret ausgestaltet sein sollte, war aber zunächst unklar. Es gab verschiedene Ansätze, die in der Literatur diskutiert wurden und von den Oberverwaltungsgerichten bzw. Verwaltungsgerichtshöfen praktiziert wurden. Ein Vorschlag war, dem Personalrat einstweiligen Rechtsschutz dadurch zu gewähren, dass dem Dienststellenleiter bei Verletzung des Beteiligungsrechts des Personalrats aufgegeben wird, eine bestimmte Maßnahme zu unterlassen.[670] Das scheiterte aber schon daran, dass nach der damaligen Auffassung des Bundesverwaltungsgerichts kein Unterlassungsanspruch bestand, weil es sich bei dem personalvertretungsrechtlichen Beschlussverfahren um ein objektives Verfahren handelte. Ein solcher Unterlassungsanspruch wäre aber in Gestalt eines Verfügungsanspruchs Voraussetzung für den Erlass einer einstweiligen Verfügung.[671] Ein weiterer Ansatz sah vor, dem Personalrat die Möglichkeit zu geben, die Beteiligungswidrigkeit einer bestimmten Maßnahme vorläufig feststellen zu lassen.[672] Zu den Vertretern dieser Auffassung zählte auch das Oberverwaltungsgericht Münster, das dem Personalrat Rechtsschutz gewährte, indem es ausnahmsweise eine endgültige Feststellung im Wege des Erlasses einer einst-

669 *BVerwG*, Beschl. v. 22.8.1988 – 6 P 27/85 –, in: RiA 1989, 53 (55); *BVerwG*, Beschl. v. 14.3.1989 – 6 P 4/86 –, in: PersV 1989, 359 (361); *BVerwG*, Beschl. v. 16.12.1992 – 6 P 6/91 –, juris Rn. 20, in: AP LPVG Hessen zu § 73 Nr. 1.

670 *Lüerßen*, PersV 1991, 293 (296); *Haas*, PersV 1992, 145 (147); *Gillengerten*, PersR 1993, 209 (210), *v. Roetteken*, PersR 1993, 296 (297); *Bosch*, PersR 1994, 455; *ders.*, PersR 1995, 273; *Küssner*, PersR 1995, 361 (362); *Faber/Härtl*, PersV 1996, 337 (358); *Kossens* PersV 1996, 390 (393); *Hamer*, PersR 1999, 19 (21).

671 *Dannhäuser*, PersV 1991, 193 (200).

672 S. d. Nachw. aus der Rechtsprechung bei *Albers*, ZBR 1990, 356 (357), und *ders.*, PersV 1993, 487 (488); *Dannhäuser*, PersV 1991, 193 (203).

weiligen Verfügung traf.[673] Da das Bundesverwaltungsgericht der Auffassung war, dass eine Feststellung nicht vorläufig, sondern endgültig ist, folgte es dieser Lösung nicht. Die Gegenauffassung zu diesem Ansatz verweigerte dem Personalrat unter Berufung darauf, dass es keine vorläufige Feststellung geben kann, den vorläufigen Rechtsschutz in Beteiligungsangelegenheiten vollkommen.[674] Auch diesen Vorschlag hielt das Bundesverwaltungsgericht für nicht sachgerecht. Es sah die Gefahr, dass ein Dienststellenleiter missbräuchlich kurzfristige Maßnahmen ohne Beteiligung des Personalrats durchführt, wenn er ohnehin nicht zu befürchten hat, dass sich der Personalrat hiergegen im Wege des einstweiligen Rechtsschutzes zur Wehr setzt. Es galt aber gerade zu verhindern, dass der Personalrat oder der Dienststellenleiter in der Lage ist, einseitig seine eigene Rechtsauffassung durchzusetzen.

In einer Entscheidung, in der es eigentlich um eine andere Rechtsfrage ging, nämlich darum, ob die Einigungsstelle oder das Gericht bei einer vom Personalrat beanstandeten Verletzung des Beteiligungsrechts durch den Dienststellenleiter entscheidet, äußerte sich das Bundesverwaltungsgericht in einem obiter dictum[675] auch zu den einstweiligen Rechtsschutzmöglichkeiten des Personalrats. Auch wenn der Charakter des Beschlussverfahrens einem Unterlassungsanspruch entgegenstehe, könne der Personalrat einen «Anspruch verfahrensrechtlichen Inhalts» haben. Diesen Anspruch könne der Personalrat auch im Wege des einstweiligen Rechtsschutzes durchsetzen.

---

673 *OVG Münster*, Beschl. v. 14.10.1991 – 1 B 1690/91.PVL –, juris Rn. 30, in: PersV 1992, 90 (93); *OVG Münster*, Beschl. v. 6.9.1994 – 1 B 1548/94.PVB –, in: PersR 1994, 571.

674 Siehe die Nachweise aus der Rechtsprechung bei *Albers*, ZBR 1990, 356 (357) und *ders.* PersV 1993, 487 (488); *Schmidt*, PersV 1993, 392 (394).

675 Das Bundesverwaltungsgericht wählte dieses außergewöhnliche Mittel der Rechtsprechung, weil es damit den Streit zwischen den in Sachen des einstweiligen Rechtsschutz letztinstanzlich zuständigen Oberverwaltungsgerichten/Verwaltungsgerichtshöfen, die unterschiedliche Auffassungen über die einstweiligen Rechtsschutzmöglichkeiten des Personalrats vertraten, beilegen wollte. In diesem Sinne dürfte die Urteilsanmerkung von *Albers*, ZBR 1990, 356, seinerzeit Mitglied des 6. Senats beim Bundesverwaltungsgericht, zu verstehen sein, der vom «sonst mit Recht verpönten obiter dictum» spricht.

Der Dienststellenleiter könne verpflichtet werden, das Beteiligungsverfahren einzuleiten und/oder ihm einstweilen Fortgang zu geben.[676]

Diese Rechtsprechung ist nicht ohne Kritik geblieben, weil die Rechtsfolgen unklar bleiben. Das Urteil des Bundesverwaltungsgerichts besagt, dass der Personalrat nur einen Anspruch verfahrensrechtlichen Inhalts haben kann. Unter welchen Voraussetzungen ein solcher Anspruch bestehen soll, geht aus dem Beschluss nicht hervor. Der Senat hat aber darauf hingewiesen, dass eine Begründung, die offensichtlich (diese Formulierung dürfte eine Anleihe aus der Rechtsprechung zur Beachtlichkeit der Zustimmungsverweigerungsgründe sein) außerhalb des Mitbestimmungstatbestandes liegt, nicht die Verpflichtung der Dienststelle auszulösen vermag, das Einigungsverfahren einzuleiten.[677] Erst wenn der Dienststellenleiter nicht darlegen kann, dass die Einwendungen des Personalrats gegen die Maßnahme offensichtlich außerhalb des Mitbestimmungstatbestandes liegen, besteht der verfahrensrechtliche Anspruch. Die weiteren Voraussetzungen nennt das Gericht nicht.[678] Unklar ist auch, ob nicht die Verpflichtung des Dienststellenleiters zur Einleitung oder einstweiligen Fortsetzung des Beteiligungsverfahrens die Hauptsache vorwegnimmt. In der Hauptsache soll ja erst die Frage geklärt werden, ob eine Maßnahme mitbestimmungspflichtig ist. Wenn aber der Dienststellenleiter das Beteiligungsverfahren einleitet oder einstweilen fortsetzt, muss für alle Beteiligten klar sein, ob die Maßnahme der Mitbestimmung unterliegt oder nicht. Es bleibt dem Dienststellenleiter dann nichts anderes übrig, als bis zur Entscheidung in der Hauptsache zu unterstellen, dass die Maßnahme der Mitbestimmung unterliegt. Eine solche Vorwegnahme der Hauptsache ist nur dann ausnahmsweise zulässig, wenn bedeutende Interessen der Personalvertretung betroffen sind.[679] Außerdem bleibt offen, ob der «verfahrensrechtliche Anspruch» dem Personalrat mehr Rechte gewährt, als er im Hauptsacheverfahren erreichen könnte. Wenn der Dienststellenleiter das Beteiligungsverfahren einleitet oder einstweilen fort-

---

676 *BVerwG*, Beschl. v. 27.7.1990 – 6 PB 12/89 –, juris Rn. 4, in: PersR 1990, 297 (298).

677 *BVerwG*, Beschl. v. 27.7.1990 – 6 PB 12/89 –, juris Rn. 5, in: PersR 1990, 297 (298).

678 Zu den Anforderungen an den Erlass einer einstweiligen Verfügung in Beteiligungsangelegenheiten *Lechtermann*, PersV 2006, 4.

679 *Albers*, PersV 1993, 487 (496).

setzt, darf er in der Zwischenzeit – von der Möglichkeit vorläufiger Maßnahmen gem. § 66 Abs. 8 LPVG NRW abgesehen – die Maßnahme nur mit Zustimmung des Personalrats, § 66 Abs. 1 S. 1 LPVG NRW, oder nach Erörterung mit dem Personalrat, § 69 Abs. 1 S. 1 LPVG NRW, durchführen. Bis dahin ist er dazu verpflichtet, die Maßnahme zu unterlassen. Letzten Endes läuft der «verfahrensrechtliche Anspruch» also auf die Verpflichtung hinaus, die Maßnahme zunächst zu unterlassen, während in der Hauptsache nur die Feststellung der Beteiligungswidrigkeit erreicht werden kann. Auch wenn man in dem «verfahrensrechtlichen Anspruch» im Gegensatz zu einem Unterlassungsanspruch nur die objektive Verpflichtung des Dienststellenleiters zur Rückgängigmachung einer Maßnahme sieht, nicht aber einen Anspruch des Personalrats gegen den Dienststellenleiter auf Rückgängigmachung der Maßnahme,[680] spricht viel dafür, dass dem Personalrat dadurch mehr Rechte als in der Hauptsache gegeben werden. Der Ausspruch einer Verpflichtung zur Durchführung einer Maßnahme ist für den Personalrat nämlich mehr wert, als die gerichtliche Feststellung, dass eine Maßnahme beteiligungswidrig war. Etwas anderes könnte nur gelten, wenn man den «verfahrensrechtlichen Anspruch» so verstünde, dass der Dienststellenleiter zwar das Beteiligungsverfahren betreiben müsste, in der Zwischenzeit die Maßnahme aber durchführen könnte.[681] Dann könnte der Personalrat mit der einstweiligen Verfügung nicht mehr als in der Hauptsache erreichen, denn auch bei einer Feststellung der Beteiligungswidrigkeit der Maßnahme kann der Personalrat nur erreichen, dass das Gericht anordnet, dass der Dienststellenleiter das Beteiligungsverfahren einleitet oder fortsetzt. Im Hinblick auf die Maßnahme selbst bliebe nach diesem Verständnis der Antrag auf Erlass einer einstweiligen Verfügung damit wirkungslos.[682]

Trotz der Kritik hat das Oberverwaltungsgericht Münster seine bisherige Rechtsprechung zur vorläufigen Feststellung aufgegeben und sich der Rechtsprechung des Bundesverwaltungsgerichts angeschlossen.[683] Daher gelten in Nordrhein-Westfalen die vom Bundesverwaltungsgericht aufge-

---

680 *Simianer*, PersV 1994, 481 (484).

681 *Albers*, PersV 1993, 487 (493, 496).

682 *Dannhäuser*, PersV 1991, 193 (201).

683 *OVG Münster*, Beschl. v. 17.2.2003 – 1 B 2544/02.PVL –, in: PersV 2003, 236; zu den Voraussetzungen, unter denen eine einstweilige Verfügung ergehen kann, *Lechtermann*, PersV 2006, 4; *Neubert*, PersR 2003, 212.

stellten Grundsätze zum einstweiligen Rechtsschutz bei Verstößen gegen Beteiligungsrechte, auch wenn das Oberverwaltungsgericht Münster in Sachen des einstweiligen Rechtsschutzes letztinstanzlich entscheidet, weil die Revision gem. § 79 Abs. 2 LPVG NRW i. V. m. § 62 Abs. 2 S. 1 ArbGG i. V. m. § 542 Abs. 2 ZPO bzw. § 72 Abs. 4 ArbGG und die Rechtsbeschwerde i. V. m. § 574 Abs. 1 S. 2 ZPO nicht statthaft ist.

Zwar hat das Bundesverwaltungsgericht die Auffassung, dass das personalvertretungsrechtliche Beschlussverfahren einen rein objektiven Charakter hat, mittlerweile aufgegeben, einen allgemeinen Unterlassungsanspruch erkennt es dennoch nicht an.[684] Diese Rechtsprechung hat im Wesentlichen zwei verschiedene Reaktionen hervorgerufen. Die eine Seite stimmt der restriktiven Auffassung des Bundesverwaltungsgerichts zu, weil die Unterschiede zwischen der Privatwirtschaft und dem öffentlichen Dienst eine ungleiche Behandlung rechtfertigen würden. In der Privatwirtschaft sei der Betriebsrat neben Regelungen wie § 23 Abs. 3, § 100 und § 101 BetrVG auf einen allgemeinen Unterlassungsanspruch angewiesen, um seine Rechte wirkungsvoll durchsetzen zu können. Im öffentlichen Dienst gebe es hierfür die Instrumente des Aufsichtsrechts.[685] Die andere Seite verlangt eine Anpassung des Personalvertretungsrechts an das Betriebsverfassungsrecht. Der Personalrat müsse die gleichen Rechte wie der Betriebsrat haben und daher auch die gleichen Möglichkeiten, die ihm zustehenden Rechte durchzusetzen.[686]

Jetzt stellt § 79 Abs. 3 S. 1 LPVG NRW ausdrücklich klar, dass das Beschlussverfahren auf die Unterlassung oder Durchführung einer Handlung oder Maßnahme gerichtet sein kann. In der Gesetzesbegründung[687] heißt es:

---

684 *BVerwG*, Beschl. v. 15.3.1995 – 6 P 28/93 –, juris Rn. 19; *BVerwG*, Beschl. v. 15.3.1995 – 6 P 31/93 –, juris Rn. 25, in: BVerwGE 98, 77 = NVwZ 1997, 80; *BVerwG*, Beschl. v. 28.6.2000 – 6 P 1/00 –, juris Rn. 15, in: BVerwGE 111, 259 = AP BPersVG zu § 75 Nr. 76.

685 *Faber/Härtl*, PersV 1994, 105 (114); *dies.*, PersV 1996, 337 (358).

686 *Bosch*, PersR 1994, 455; *ders.*, PersR 1995, 273, *ders.*, PersR 1997, 94; ders., ZfPR 2000, 121; *Haas*, PersV 1992, 145 (147); *Gillengerten*, PersR 1993, 209 (210); *Edenfeld*, PersV 2001, 298 (303); *Kothe*, in: FS Richardi 2007, S. 601 (615).

687 LT-Drs. 15/2218, S. 55; laut Punkt 19 des Entwurfs des Runderlasses des Ministeriums für Inneres und Kommunales zur Durchführung des LPVG NRW bedeutet die in § 79 Abs. 3 S. 2 LPVG NRW vorgesehene entsprechende Anwendung des § 23 Abs. 3 BetrVG, dass Verpflichtungen der Dienststelle aus einem ihr gegenüber er-

«Die Rechtsprechung der Verwaltungsgerichte lehnt einen Anspruch des Personalrats im Beschlussverfahren auf Rückgängigmachung von rechtwidrigen Maßnahmen sowie die Sicherung der Beteiligungsrechte in Form von Unterlassungsansprüchen, auch im Wege des Eilverfahrens in der Regel ab. Mit der Regelung wird klargestellt, dass das Beschlussverfahren auch auf die Unterlassung oder Durchführung einer Maßnahme gerichtet sein kann. Darüber hinaus wird klargestellt, dass bei groben Verstößen § 23 Absatz 3 BetrVG entsprechend gilt.» Damit nähert sich die Rechtslage im Landespersonalvertretungsgesetz Nordrhein-Westfalen derjenigen im Betriebsverfassungsrecht an.

Die Gesetzesbegründung lässt nur erahnen, welchen Regelungsinhalt § 79 Abs. 3 S. 1 LPVG NRW hat. Die Vorschrift ist sicher so zu verstehen, dass der Personalrat jetzt nicht mehr auf die bloße Feststellung der Verletzung seines Beteiligungsrechtes beschränkt ist. Er hat jetzt vielmehr die Möglichkeit, im Beschlussverfahren eine Entscheidung zu erstreiten, die die Dienststelle dazu verpflichtet, eine Handlung oder Maßnahme zu unterlassen oder durchzuführen.[688] Darüber hinaus bleibt die Bedeutung des § 79 Abs. 3 S. 1 LPVG NRW unklar. Aus der Formulierung «Das Beschlussverfahren *kann* auf die Unterlassung einer Maßnahme gerichtet sein» lässt sich jedenfalls schlussfolgern, dass ein entsprechender Antrag bei Gericht jedenfalls nicht generell unzulässig ist. Ob ein solcher Antrag Erfolg hat, hängt davon ab, ob er begründet ist. Das wiederum wird nur der Fall sein, wenn ein Unterlassungsanspruch besteht. Dieser Unterlassungsanspruch dürfte sich jedoch nicht bereits aus § 79 Abs. 3 S. 1 LPVG NRW selbst ergeben.

Wie das Bundesverwaltungsgericht sich zu dieser Gesetzesänderung äußert, bleibt abzuwarten. Dabei wird sich das Gericht auch mit der Frage auseinandersetzen müssen, ob ein Verwaltungsgericht auf Grundlage des gem. § 79 Abs. 3 S. 2 LPVG NRW entsprechend geltenden

---

gangenen rechtskräftigen Beschluss auch im personalvertretungsrechtlichen Beschlussverfahren durch gerichtliche Festsetzung eines Ordnungs- oder Zwangsgeldes gegenüber der Dienststelle durchgesetzt werden können. Der Personalrat oder eine in der Dienststelle vertretene Gewerkschaft sind antragsberechtigt.

688 *Klein/Lechtermann*, Das Personalvertretungsrecht NRW – Novelle 2011 –, § 79 Rn. 7.

§ 23 Abs. 3 S. 2 BetrVG einen Dienststellenleiter wegen einer Zuwiderhandlung gegen eine in einer rechtskräftigen gerichtlichen Entscheidung auferlegten Verpflichtung zu einem Ordnungsgeld verurteilen kann. Es wird zu klären sein, ob die Personalvertretung aus dem Urteil gegen die Dienststelle die Zwangsvollstreckung betreiben kann. Aus verfassungsrechtlicher Perspektive betrachtet, wird es darauf ankommen, ob die Vorgaben des Bundesverfassungsgerichts aus dem Beschluss vom 24.5.1995 auch für den Unterlassungsanspruch des Personalrats gelten.[689]

Ist die Maßnahme bereits vollzogen, hilft ein Unterlassungsanspruch dem Personalrat nicht weiter. Das bedeutet jedoch nicht, dass der Dienststellenleiter dem Personalrat entgegenhalten könnte, dass der Personalrat in der Sache nichts mehr ausrichten könne. Der Personalrat hat in diesem Fall die Möglichkeit und ein entsprechendes Rechtsschutzbedürfnis, gerichtlich feststellen zu lassen, dass die Maßnahme rückgängig zu machen ist oder abgeändert werden muss.[690] Das Bundesverwaltungsgericht hat wiederholt betont, dass ein Dienststellenleiter, der die Rechte des Personalrats nicht beachtet hat, objektiv-rechtlich verpflichtet ist, die Maßnahme rückgängig zu machen, wenn es tatsächlich und rechtlich möglich ist. Wirkt die Maßnahme fort, muss der Dienststellenleiter die Maßnahme ändern oder für die Zukunft rückgängig machen.[691] Ist eine Rückabwicklung mit Wirkung für die Vergangenheit aus rechtlichen oder tatsächlichen Gründen unmöglich, kommt eine Abänderung für die Zukunft in Betracht.[692] Alternativ könne der Dienststellenleiter aber auch das nachzuholende Mitbestimmungsverfahren unverzüglich einleiten.[693] Ob der Dienststellenleiter dann verpflichtet ist, die Maßnahme zurückzunehmen, ist vom Ausgang des nachzuholenden Beteili-

689 *Bosch*, ZfPR 2000, 121 (123).

690 In Niedersachsen hat der Gesetzgeber mit § 63 S. 2 NdsPersVG eine Regelung geschaffen, die dem Personalrat einen Rechtsanspruch auf Rücknahme der vollzogenen Maßnahme verleiht. Ob die Maßnahme rückgängig gemacht werden muss, hängt aber auch hier vom Ausgang des nachzuholenden Beteiligungsverfahrens ab, *Neumann*, juris-PR-BVerwG 18/2011 Anm. 5.

691 *BVerwG*, Beschl. v. 20.1.1993 – 6 P 18/90 –, juris Rn. 12, in: AP LPVG Baden-Württemberg zu § 79 Nr. 6; *BVerwG*, Beschl. v. 23.8.2007 – 6 P 7/06 –, juris Rn. 10, in: NVwZ-RR 2008, 119; *BVerwG*, Beschl. v. 17.2.2010 – 6 PB 43/09 –, juris Rn. 8, in: NVwZ-RR 2010, 443.

692 *BVerwG*, Beschl. v. 9.11.1998 – 6 P 1/98 –, juris Rn. 24, in : ZfPR 1999, 45

693 *BVerwG*, Beschl. v. 16.9.1994 – 6 P 32/92 –, juris Rn. 14, in: BVerwGE 96, 355 = NVwZ 1996, 188.

gungsverfahrens abhängig. Unabhängig davon, ob sich der Dienststellenleiter dafür entscheidet, das Mitbestimmungsverfahren nachzuholen oder aber dafür, die Maßnahme direkt zurückzunehmen, kommt eine Rückgängigmachung nur in Betracht, wenn Rechte Dritter, die auf den Bestand vertraut haben, nicht verletzt werden. Außerdem ist eine Rückgängigmachung einer beteiligungswidrigen Maßnahme nur zulässig, wenn öffentliche Interessen dem nicht entgegenstehen.[694] Vertrauensschutz und Rechtssicherheit können also dazu führen, dass die Beteiligungsrechte der Personalvertretung nicht berücksichtigt werden können.[695]

Auch gegen Maßnahmen, die die Dienststelle zu Unrecht vorläufig geregelt hat, muss ein effektiver Rechtsschutz des Personalrats gewährleistet sein. Hier kann der Personalrat für den Fall, dass die Maßnahme gar nicht unaufschiebbar war oder dass sie inhaltlich mehr als zulässig geregelt hat, gerichtlichen Rechtsschutz erlangen. Da eine Entscheidung im Hauptsacheverfahren regelmäßig zu spät ergehen würde, kommt in den meisten Fällen nur einstweiliger Rechtsschutz in Betracht. Auf diesem Weg kann der Personalrat erreichen, dass der Dienststellenleiter verpflichtet wird, eine in rechtswidriger Weise vorläufig geregelte Maßnahme zu unterlassen oder – soweit nicht der Vollzug der Maßnahme Rechte Dritter begründet hat – rückgängig zu machen. Insofern gelten die allgemeinen Regeln. Eine Besonderheit ist allerdings zu beachten. Der Personalrat kann keine Unterlassung oder Rückgängigmachung verlangen, wenn der Dienststellenleiter nicht die Verfahrensvorschriften eingehalten hat, die mit dem Erlass einer vorläufigen Regelung verbunden sind. Versäumt es der Dienststellenleiter, dem Personalrat die vorläufige Regelung mitzuteilen, sie zu begründen oder das Mitbestimmungsverfahren einzuleiten, kann die Dienststelle nur verpflichtet werden, diese Verfahrenshandlungen nachzuholen.[696]

Das Bundesarbeitsgericht lässt neben dem Anspruch aus § 23 Abs. 3 BetrVG, der nur für große Verstöße gilt, bei mitbestimmungswidrigen Maßnahmen einen allgemeinen Unterlassungsanspruch zu, sofern es sich um soziale Angelegenheiten handelt. Ein solcher Anspruch ist zwar

694 *BVerwG*, Beschl. v. 11.5.2011 – 6 P 4/10 –, in: ZfPR online 2011, 4 (Nr. 7) = NZA-RR 2011, 498 (499).

695 *Ilbertz*, ZfPR online 2011, 7 (Nr. 7).

696 *Dembowski*, ZfPR 2000, 217 (220).

nicht ausdrücklich geregelt. Das Gericht leitet diesen allgemeinen Unterlassungsanspruch aber aus der besonderen Rechtsbeziehung zwischen Arbeitgeber und Betriebsrat und dem Gebot der vertrauensvollen Zusammenarbeit her. Dabei hat der entscheidende Senat jedoch ausdrücklich darauf hingewiesen, dass nicht jede Verletzung eines Mitbestimmungsrechts zu einem Unterlassungsanspruch führe, sondern dass es auf die konkrete Art und Ausgestaltung der Rechtsverletzung ankomme.[697] Bricht der Arbeitgeber ein Mitbestimmungsverfahren in einer sozialen Angelegenheit unberechtigterweise ab, ergibt sich nach Ansicht des Bundesarbeitsgerichts aus dem Gebot zu vertrauensvoller Zusammenarbeit, dass der Betriebsrat die Unterlassung der Maßnahme erwirken kann.[698]

Das Bundesarbeitsgericht war früher davon ausgegangen, dass es sich bei § 23 Abs. 3 BetrVG um eine abschließende Regelung handelt, neben der ein allgemeiner Unterlassungsanspruch nicht bestehen könne.[699] Diese Auffassung stützte das Bundesarbeitsgericht maßgeblich darauf, dass die Regelung des § 23 Abs. 3 BetrVG nur noch einen sehr begrenzten Anwendungsbereich hätte, wenn ein Unterlassungsanspruch bereits bei einfachen Verstößen gegen Beteiligungsrechte bestehen würde. Es wäre außerdem widersprüchlich, wenn der Arbeitgeber bei groben Verstößen im Falle der Zwangsvollstreckung gem. § 23 Abs. 3 S. 5 BetrVG mit einem Ordnungsgeld in Höhe von höchstens 10.000 Euro zu rechnen hätte, während er bei einer Zuwiderhandlung gegen eine gerichtliche Unterlassungsverpflichtung, die auf einen einfachen Unterlassungsanspruch gestützt wird, gem. § 85 ArbGG i. V. m. § 890 ZPO zu einem Ordnungsgeld von bis zu 250.000 Euro oder sogar zur Ordnungshaft verurteilt werden könnte. Jedenfalls im Bereich des § 87 BetrVG könne der Betriebsrat mitbestimmungswidrigem Verhalten des Arbeitgebers auch dadurch begegnen, dass er die Einigungsstelle anruft. Ein Unterlassungsanspruch sei daher nicht erforder-

---

697 *BAG*, Beschl. v. 3.5.1994 – 1 ABR 24/93 –, juris Rn. 23, in: BAGE 76, 364 = NJW 1995, 1044 (1045); *BAG*, Beschl. v. 18.4.1985 – 6 ABR 19/84 –, juris Rn. 25, in: BAGE 48, 246 = AP BetrVG 1972 zu § 23 Nr. 5; anders noch *BAG*, Beschl. v. 22.2.1983 – 1 ABR 27/81 –, in: BAGE 42, 11 = NJW 1984, 196 = AP BetrVG 1972 zu § 23 Nr. 2.

698 *Bosch*, ZfPR 2000, 121 (123).

699 *BAG*, Beschl. v. 22.2.1983 – 1 ABR 27/81 –, in: BAGE 42, 11 = NJW 1984, 196 = AP BetrVG 1972 zu § 23 Nr. 2; so auch *Konzen/Rupp*, DB 1984, 2695; *Edenfeld*, PersV 2001, 298.

lich. Auch der einzelne Arbeitnehmer sei ausreichend geschützt, weil nach der vom Bundesarbeitsgericht vertretenen Theorie der Wirksamkeitsvoraussetzung die kollektivrechtswidrige Maßnahme sowieso individualrechtlich unverbindlich sei, wenn sie den Beschäftigten belastet. Verstößt der Arbeitgeber gegen Beteiligungsrechte des Betriebsrats, ist die Maßnahme individualrechtlich so zu behandeln, als sei sie nie passiert. Für einen Unterlassungsanspruch des Betriebsrats bestehe auch unter diesem Gesichtspunkt kein Bedürfnis.

Diese Rechtsprechung hat das Bundesarbeitsgericht inzwischen aufgegeben.[700] Dabei hat sich das Gericht wohl maßgeblich von der Überlegung leiten lassen, dass die Verteidigung von Rechtspositionen auch ohne ausdrückliche Regelung möglich sein muss.[701] Es wäre unverständlich, würde der Gesetzgeber dem Betriebsrat Rechte einräumen, die dieser dann aber nicht durchsetzen könnte. Obwohl eine dem § 1004 BGB vergleichbare Vorschrift im Betriebsverfassungsgesetz nicht existiert und eine entsprechende Anwendung mangels vergleichbarer Interessenlage ausscheidet, können Unterlassungssprüche als selbstständige, einklagbare Nebenleistungsansprüche bestehen. Ein genereller Vorrang des § 23 Abs. 3 BetrVG vor anderen Ansprüchen könne nicht angenommen werden. Es sei insbesondere widersprüchlich, wenn der Betriebsrat, der sein Mitbestimmungsrecht durch Betriebsvereinbarung ausgeübt hat, vom Arbeitgeber verlangen kann, Verstöße gegen diese Betriebsvereinbarung zu unterlassen,[702] während ein solches Recht nicht bestehen soll, wenn der Arbeitgeber den Betriebsrat überhaupt nicht beteiligt hat. Für § 23 Abs. 3 BetrVG verbleibt in mehrfacher Hinsicht ein Anwendungsbereich, auch wenn man annimmt, dass ein allgemeiner Unterlassungsanspruch in sozialen Beteiligungsangelegenheiten besteht. § 23 Abs. 3 BetrVG beinhaltet nicht nur das Antragsrecht, dem Arbeitgeber aufzugeben, eine Handlung zu unterlassen. Dem Arbeitgeber kann auch aufgegeben werden, eine Handlung zu dulden oder vorzunehmen. Das Antragsrecht des § 23 Abs. 3 BetrVG geht damit über das hinaus, was mit einem Unterlassungsanspruch erreicht werden kann. Im Gegensatz zum all-

700 *BAG*, Beschl. v. 3.5.1994 – 1 ABR 24/93 –, juris Rn. 23, in: BAGE 76, 364 = NJW 1995, 1044 (1045).

701 Dazu: *Salje*, DB 1988, 909 (913); *Richardi*, in: FS Wlotzke 1996, S. 407 (413), und *Lobinger*, ZfA 2004, 101 (122).

702 *BAG*, Beschl. v. 10.11.1987 – 1 ABR 55/86 –, in: BAGE 56, 313 = NZA 1988, 255.

gemeinen Unterlassungsanspruch gilt § 23 Abs. 3 BetrVG zudem bei sämtlichen groben Verstößen des Arbeitgebers gegen das Betriebsverfassungsgesetz und ist nicht auf Rechtspositionen des Betriebsrats beschränkt.[703] Außerdem ist bei einem Antrag nach § 23 Abs. 3 BetrVG nicht vorausgesetzt, dass eine Wiederholungsgefahr gegeben ist. Das ist beim allgemeinen Unterlassungsanspruch nicht so. Den Widerspruch hinsichtlich der unterschiedlichen Höchstmaße des Ordnungsgeldes löst das Bundesarbeitsgericht, indem es bei der Verurteilung zu einem Ordnungsmittel an den von § 23 Abs. 3 S. 5 BetrVG gesetzten Rahmen hält.[704] In der Möglichkeit, die Einigungsstelle anzurufen, sieht das Bundesarbeitsgericht keinen ausreichenden Schutz für die Rechte des Betriebsrats, da eine Entscheidung der Einigungsstelle insbesondere bei kurzfristigen Maßnahmen regelmäßig zu spät ergehe. Auch dem Einwand gegen einen allgemeinen Unterlassungsanspruch, dass Verstöße des Arbeitgebers gegen Beteiligungsrechte des Betriebsrats zur Unwirksamkeit davon berührter individualrechtlicher Maßnahmen führen, lässt das Bundesarbeitsgericht nicht mehr gelten. Bei Zweifeln über das Bestehen eines Beteiligungsrechts könne es dem einzelnen Arbeitnehmer nicht zugemutet werden, die Maßnahme so zu behandeln, als sei sie nie passiert. Hier müsse der Betriebsrat eine wirksame Möglichkeit haben, zu klären, ob ein Beteiligungsrecht besteht oder nicht.

Die Resonanz auf diese Änderung der Rechtsprechung des Bundesarbeitsgerichts reicht von Zustimmung[705] über alternative Lösungsvorschläge[706] bis zur vollständigen Ablehnung[707]. Für die Praxis gilt aber, dass die Frage, ob ein allgemeiner Unterlassungsanspruch besteht, nicht generell beantwortet

---

703 *Coen*, DB 1984, 2459 (2460).

704 *BAG*, Beschl. v. 24.4.2007 – 1 ABR 47/06 –, in: AP BetrVG 1972 zu § 87 Arbeitszeit Nr. 124; *BAG*, Beschl. v. 5.10.2010 – 1 ABR 71/09 –, in: NZA 2011, 174.

705 *Raab*, ZfA 1997, 183 (206).

706 *Richardi*, in: FS Wlotzke 1996, S. 407 (413,418); *ders.*, NZA 1995, 8, nach dem ein negatorischer Beseitigungsanspruch keiner Absicherung im Gesetzesrecht bedürfe, weil die Zuweisung eines subjektiven Rechts nur dann einen Sinn hat, wenn die Rechtsordnung dessen Bestand gewährleiste. Ein Beseitigungsanspruch des Betriebsrats hänge davon ab, ob – über die bloße Beteiligung an der Entscheidungsfindung des Arbeitgebers hinaus – die Maßnahme des Arbeitgebers an die Zustimmung des Betriebsrats gebunden ist; *Lobinger*, ZfA 2004, 101, der vorschlägt, zwischen drei Beteiligungstypen zu unterscheiden und danach zu bestimmen, ob ein allgemeiner Unterlassungsanspruch besteht.

707 *Adomeit*, NJW 1995, 1004; *Dobberahn*, NJW 1995, 1333; *Konzen*, NZA 1995, 865.

werden kann. Es kommt – so das Bundesarbeitsgericht – auf den einzelnen Mitbestimmungstatbestand, dessen konkrete gesetzliche Ausgestaltung und die Art der Rechtsverletzung an.[708]

Bei der Gestaltung von Arbeitsplatz, Arbeitsablauf und Arbeitsumgebung gem. §§ 90, 91 BetrVG kann der Betriebsrat die Unterlassung einer betriebsverfassungswidrigen Änderung erst dann verlangen, wenn die Voraussetzungen des § 23 Abs. 3 BetrVG erfüllt sind. Könnte der Betriebsrat die Unterlassung einer betriebsverfassungswidrigen Änderung des Arbeitsplatzes, des Arbeitsablaufs oder der Arbeitsumgebung verlangen, würde man ihm mehr Rechte zugestehen, als ihm vom Gesetz eingeräumt werden. Gemäß § 91 BetrVG kann der Betriebsrat bei Änderungen, die den gesicherten arbeitswissenschaftlichen Erkenntnissen über die menschengerechte Gestaltung der Arbeit offensichtlich widersprechen, ggf. über die Einigungsstelle, angemessene Maßnahmen zur Abwendung, Milderung oder zum Ausgleich der Belastung verlangen. Die Änderung als Gesamtes kann der Betriebsrat regelmäßig nicht verhindern. Daher ist ein allgemeiner Unterlassungsanspruch in diesen Fällen abzulehnen.[709]

Verstößt der Arbeitgeber gegen die Verpflichtung gem. § 92 BetrVG, den Betriebsrat über die Personalplanung zu unterrichten, kann der Betriebsrat vom Arbeitgeber nicht verlangen, dass dieser eine konkrete personelle Maßnahme unterlässt. Nach § 92 BetrVG soll der Betriebsrat nur bei der Entscheidung über die Art und Weise der personellen Maßnahme eingebunden werden, nicht jedoch bei der Frage, ob die personelle Maßnahme durchgeführt werden soll. Ein allgemeiner Unterlassungsanspruch, der die personelle Maßnahme verhindern könnte, scheidet daher bei betriebsverfassungswidriger Personalplanung aus.[710]

Auch wenn der Arbeitgeber beabsichtigt, einen Arbeitsplatz zu besetzen, ohne vorher den Anspruch des Betriebsrats auf interne Stellenausschreibung gem. § 93 BetrVG erfüllt zu haben, kann der Betriebsrat von ihm nicht ver-

708 *BAG*, Beschl. v. 26.7.2005 – 1 ABR 29/04 –, juris Rn. 30, in: BAGE 115, 239 = AP BetrVG 1972 zu § 95 Nr. 43.

709 *Raab*, ZfA 1997, 183 (222).

710 *Raab*, ZfA 1997, 183 (223).

langen, die Maßnahme zu unterlassen. Hierfür hat der Gesetzgeber in § 99 Abs. 2 Nr. 5 BetrVG eine speziellere Regelung vorgesehen.[711]

Bei Personalfragebogen, persönlichen Angaben in schriftlichen Arbeitsverträgen und allgemeinen Beurteilungsgrundsätzen, die entgegen § 94 BetrVG verwendet werden, lässt sich ein wirksamer Schutz des Arbeitnehmers vor unzulässigen Fragen nur erreichen, wenn der Betriebsrat einen Unterlassungsanspruch gegen den Arbeitgeber hat. Der Arbeitnehmer kann auf eine unzulässige Frage des Arbeitgebers schweigen oder von seinem «Recht zur Lüge» Gebrauch machen. Beides ist – sollte der Arbeitgeber die wahrheitsgemäße Antwort erfahren – für das Arbeitsverhältnis nicht förderlich. Der Arbeitnehmer ist daher davor zu schützen, überhaupt in eine solche Situation zu geraten. Hierfür ist ein Unterlassungsanspruch des Betriebsrats ein geeignetes Mittel, um die Verwendung von betriebsverfassungswidrigen Personalfragebogen, persönlichen Angaben in schriftlichen Arbeitsverträgen und allgemeinen Beurteilungsgrundsätzen zu verhindern.[712]

Verletzt der Arbeitgeber das Mitbestimmungsrecht des Betriebsrats bei Auswahlrichtlinien gem. § 95 BetrVG, kann der Betriebsrat die Wiederholung des mitbestimmungswidrigen Verhaltens aufgrund des allgemeinen Unterlassungsanspruchs verlangen. Anderenfalls hätte der Betriebsrat kein wirksames Mittel in der Hand, um gegen Verstöße des Arbeitgebers gegen § 95 BetrVG vorzugehen.[713]

Bei der Förderung der Berufsbildung hat der Betriebsrat gegenüber dem Arbeitgeber gem. § 96 BetrVG einen Anspruch, mit ihm Fragen der Berufsbildung zu beraten. Ein Unterlassungsanspruch würde dem Betriebsrat mehr Rechte einräumen, als das Gesetz vorsieht, und ist daher abzulehnen. Das Gleiche gilt für den Beratungsanspruch des Betriebsrats bei Errichtung und Ausstattung von Einrichtungen und Maßnahmen der Berufsbildung gem. § 97 Abs. 1 BetrVG.

Etwas anderes gilt gem. § 97 Abs. 2 BetrVG, wenn der Arbeitgeber Maßnahmen ergreift, die dazu führen, dass sich die Tätigkeit der betroffenen

---

711 *Raab*, ZfA 1997, 183 (224).

712 *Raab*, ZfA 1997, 183 (227).

713 *BAG*, Beschl. v. 26.7.2005 – 1 ABR 29/04 –, juris Rn. 30, in: BAGE 115, 239 = AP BetrVG 1972 zu § 95 Nr. 43; a. A. *Raab*, ZfA 1997, 183 (230).

Arbeitnehmer ändert und ihre beruflichen Kenntnisse und Fähigkeiten nicht mehr zur Erfüllung ihrer Aufgaben ausreichen. Der Betriebsrat soll in diesen Fällen nicht nur einer infolge der Änderungen ausgesprochenen Kündigung gem. § 102 Abs. 3 Nr. 4 BetrVG widersprechen können, sondern auch schon frühzeitig dafür sorgen können, dass durch Berufsbildungsmaßnahmen der Verlust des Arbeitsplatzes vermieden wird. Hierzu räumt ihm das Gesetz bei der Einführung von Maßnahmen der betrieblichen Berufsbildung ein Mitbestimmungsrecht ein. Wird der Betriebsrat vom Arbeitgeber übergangen, kann der Betriebsrat verlangen, die Einführung einer nicht mitbestimmten Bildungsmaßnahme zu unterlassen, weil er ansonsten schutzlos gestellt wäre.[714]

Gemäß § 98 Abs. 1 BetrVG hat der Betriebsrat bei der Durchführung von Maßnahmen der betrieblichen Berufsbildung mitzubestimmen. Der Arbeitgeber benötigt also die Zustimmung des Betriebsrats zu den Modalitäten (Zeit, Ort der Veranstaltung etc.) der Berufsbildungsmaßnahme. Der Betriebsrat kann den Arbeitgeber aufgrund dieser Vorschrift nicht dazu zwingen, eine bestimmte Berufsbildungsmaßnahme durchzuführen. Setzt der Arbeitgeber die Modalitäten einer Berufsbildungsmaßnahme einseitig fest, kann der Betriebsrat aber verlangen, dass er diese Maßnahme unterlässt.[715]

Der Betriebsrat kann gem. § 98 Abs. 3 BetrVG Arbeitnehmer für die Teilnahme an betrieblichen Maßnahmen der Berufsbildung vorschlagen, die der Arbeitgeber selbst durchführt, oder an außerbetrieblichen Maßnahmen der Berufsbildung, für die der Arbeitgeber Arbeitnehmer freistellt oder die Kosten ganz oder teilweise übernimmt. Es handelt sich zwar nur um ein Vorschlagsrecht. Dem steht jedoch nicht entgegen, dass der Betriebsrat die Unterlassung der Berufsbildungsmaßnahme verlangen kann, wenn der Arbeitgeber das Vorschlagsrecht verletzt. Eine Entscheidung der Einigungsstelle nach § 98 Abs. 4 BetrVG käme regelmäßig zu spät und ist daher dem Betriebsrat nicht zuzumuten.[716]

Für das Recht des Betriebsrats gem. § 98 Abs. 2 BetrVG, einer Bestellung eines Ausbilders zu widersprechen oder dessen Abberufung zu verlangen,

714 *Fitting*, Betriebsverfassungsgesetz, 26. Aufl., § 97 Rn. 35.
715 *Raab*, ZfA 1997, 183 (232).
716 *Raab*, ZfA 1997, 183 (233).

sieht das Gesetz in § 98 Abs. 5 BetrVG eine besonderes Verfahren vor dem Arbeitsgericht vor, sodass für einen Unterlassungsanspruch kein Raum bleibt.[717]

Lange Zeit war umstritten, ob der Betriebsrat vom Arbeitgeber verlangen kann, eine personelle Einzelmaßnahme zu unterlassen, die zwar betriebsverfassungswidrig ist, aber noch keinen groben Verstoß i. S. v. § 23 Abs. 3 BetrVG darstellt.[718] Das Bundesarbeitsgericht hat inzwischen entschieden, dass ein allgemeiner Unterlassungsanspruch bei Einstellungen und Versetzungen, die gegen § 99 Abs. 1 BetrVG oder § 100 Abs. 2 BetrVG verstoßen, nicht besteht.[719] Der Gesetzgeber habe in § 101 BetrVG die Rechtsfolgen eines Verstoßes gegen § 99 Abs. 1 BetrVG und § 100 Abs. 2 BetrVG abschließend geregelt, sodass für einen zusätzlichen Unterlassungsanspruch kein Raum und kein Bedürfnis bestehe. Damit hat sich das Bundesarbeitsgericht über die Bedenken hinweggesetzt, die vor allem im Hinblick auf kurzzeitige Maßnahmen geäußert wurden. Bei kurzfristigen Einstellungen und Versetzungen komme der Rechtsschutz über § 101 BetrVG regelmäßig zu spät, weil § 101 S. 2 BetrVG eine rechtskräftige gerichtliche Entscheidung voraussetzt. Bis eine Entscheidung des Gerichts ergangen ist, habe sich die Maßnahme regelmäßig ohnehin erledigt.[720] Diesem Einwand begegnet das Bundesarbeitsgericht damit, dass der Gesetzgeber die Schutzlücke bewusst in Kauf genommen hat. Er habe sich dafür entschieden, dass der Arbeitgeber personelle Maßnahmen auch ohne Zustimmung des Betriebsrats bis zu zwei Wochen vorläufig durchführen kann, und das, obwohl objektiv kein Eilfall vorliegt. Hierfür müsse der Arbeitgeber lediglich das in § 100 Abs. 2 BetrVG vorgeschriebene Verfahren einhalten. Der Betriebsrat sei auch nicht vollkommen schutzlos. Er könne das Be-

717 *Raab*, ZfA 1997, 183 (234).

718 Offengelassen in *BAG*, Beschl. v. 6.12.1994 – 1 ABR 30/94 –, juris Rn. 16, in: BAGE 78, 379 = NZA 1995, 488.

719 *BAG*, Beschl. v. 23.6.2009 – 1 ABR 23/08 –, in: BAGE 131, 145 = AP BetrVG 1972 zu § 99 Versetzung Nr. 48.

720 *Raab*, ZfA 1997, 183 (236): Bei betriebsverfassungswidrigen Ein- oder Umgruppierungen besteht von vornherein kein Bedarf für vorbeugenden Rechtsschutz, weil die Ein- oder Umgruppierung ein objektiver Vorgang ist, bei dem weder Arbeitgeber noch Betriebsrat einen Entscheidungsspielraum haben. Es besteht nicht die Gefahr, dass unumkehrbare Fakten geschaffen werden. Eine fehlerhafte Ein-/Umgruppierung kann durch eine Nach- bzw. Rückzahlung ausgeglichen werden.

stehen eines Mitbestimmungsrechts zunächst feststellen lassen und anschließend nach § 23 Abs. 3 BetrVG vorgehen, da die Missachtung eines gerichtlich festgestellten Rechts des Betriebsrats regelmäßig eine grobe Pflichtverletzung des Arbeitgebers beinhalte.[721] Dieses Ergebnis stünde nicht im Widerspruch zu der Rechtsprechung, wonach ein allgemeiner Unterlassungsanspruch in den Angelegenheiten des § 87 Abs. 1 BetrVG und des § 95 BetrVG besteht. Diese Mitbestimmungsrechte unterscheiden sich von denjenigen aus § 99 Abs. 1 BetrVG darin, dass die Möglichkeit, die «Maßnahme bei Einhaltung eines bestimmten Verfahrens unbeschadet ihrer materiell-rechtlichen Rechtmäßigkeit vorläufig durchzuführen», nicht vom Gesetz vorgesehen ist.[722]

Diese Möglichkeit besteht nur im sog. Mitbestimmungssicherungsverfahren. Nach § 101 S. 1 BetrVG kann der Betriebsrat beim Arbeitsgericht beantragen, dem Arbeitgeber aufzugeben, eine ohne seine Zustimmung durchgeführte personelle Maßnahme i. S. d. § 99 Abs. 1 S. 1 BetrVG aufzuheben. Für die Begründetheit des Aufhebungsantrags kommt es weder darauf an, ob die der betriebsverfassungsrechtlichen Maßnahme zugrunde liegende individualvertragliche Vereinbarung zwischen dem Arbeitgeber und dem Arbeitnehmer wirksam ist, noch darauf, ob der Betriebsrat seine Zustimmung zu Recht verweigert hat. Der Betriebsrat kann allein aufgrund des Umstands, dass er nicht zugestimmt hat, obwohl seine Beteiligung erforderlich gewesen wäre, die Aufhebung der Maßnahme verlangen, auch wenn der vorgebrachte Zustimmungsverweigerungsgrund nicht gegeben ist.[723]

Das gilt uneingeschränkt für die Einstellung und die Versetzung. Hat der Arbeitgeber ohne Zustimmung des Betriebsrats eine Ein- oder Umgruppie-

---

721 *BAG*, Beschl. v. 23.6.2009 – 1 ABR 23/08 –, juris Rn. 25, in: BAGE 131, 145 = AP BetrVG 1972 zu § 99 Versetzung Nr. 48. Damit lässt sich nach *Raab*, ZfA 1997, 183 (241), die Mitbestimmung sehr viel effektiver erreichen. Das Ordnungsgeld könne der Betriebsrat auch noch vollstrecken lassen, nachdem sich die Maßnahme erledigt hat. Ein Zwangsgeld kann nicht mehr vollstreckt werden, sobald der Arbeitgeber die Maßnahme aufgehoben hat, da es kein repressives Mittel zur Ahndung vorausgegangener Rechtsverstöße ist, sondern eine bloße Beugemaßnahme.

722 *BAG*, Beschl. v. 23.6.2009 – 1 ABR 23/08 –, juris Rn. 17, in: BAGE 131, 145 = AP BetrVG 1972 zu § 99 Versetzung Nr. 48.

723 *BAG*, Beschl. v. 18.7.1978 – 1 ABR 43/75 –, in: AP BetrVG 1972 zu § 101 Nr. 1; *BAG*, Beschl. v. 21.11.1978 – 1 ABR 91/76 –, in: AP BetrVG 1972 zu § 101 Nr. 3; v. *Hoyningen-Huene*, NZA 1993, 145 (149).

rung vorgenommen, kann nach der ständigen Rechtsprechung des Bundesarbeitsgerichts im Mitbestimmungssicherungsverfahren nach § 101 S. 1 BetrVG nur die nachträgliche Einholung der Zustimmung des Betriebsrats und bei deren Verweigerung die Durchführung des arbeitsgerichtlichen Ersetzungsverfahrens verlangt werden.[724]

Das Besondere an einer Eingruppierung oder Umgruppierung ist, dass sie – im Gegensatz zur Einstellung und Versetzung – nicht aufgehoben werden kann, wenn sie kollektivrechtswidrig und/oder unzutreffend ist. Der Grund dafür ist, dass es sich dabei um einen reinen Normenvollzug handelt. Die Eingruppierung des Arbeitgebers ist nichts anderes als die Äußerung einer Rechtsansicht darüber, in welche tarifliche Vergütungsgruppe ein Arbeitnehmer einzuordnen ist. Diese Rechtsansicht kann man nicht aufheben.[725] Das Beteiligungsrecht des Betriebsrats besteht darin, neben dem Arbeitgeber eine Einschätzung darüber abgeben zu können, welche Eingruppierung zutreffend ist. Ein anderes Verständnis würde der Tarifautomatik widersprechen. Die Tarifautomatik ist letztlich auch der Grund dafür, dass die Theorie der Wirksamkeitsvoraussetzung bei der Eingruppierung keine Geltung hat. Wäre die Zustimmung des Betriebsrats Wirksamkeitsvoraussetzung für eine Eingruppierung, hätte die Beschäftigtenvertretung es nicht nur in der Hand, Mindestlöhne durchzusetzen, sondern auch Höchstlöhne. So weit gehen die Mitbestimmungsrechte der Beschäftigtenvertretung nicht.[726]

Nach der Rechtsprechung des Bundesarbeitsgerichts führt die Tarifautomatik aber nicht dazu, dass der Betriebsrat sich gegen eine ohne seine Zustimmung erfolgte Eingruppierung nicht zur Wehr setzen kann. Wenn der Arbeitgeber eine Eingruppierung ohne die erforderliche Zustimmung des Betriebsrats vorgenommen hat, könne der Betriebsrat nach § 101 BetrVG zwar nicht die «Aufhebung der Eingruppierung», wohl aber die nachträgliche Einholung seiner Zustimmung und bei Verweigerung der Zustimmung die Durchführung des arbeitsgerichtlichen Zustimmungsersetzungsverfahrens verlangen. Durch eine Eingruppierung ohne Zustimmung des Betriebsrats

---

724 *BAG*, Beschl. v. 22.3.1983 – 1 ABR 49/81 –, in: BAGE 42, 121 = AP BetrVG 1972 zu § 101 Nr. 6; *BAG*, Beschl. v. 31.5.1983 – 1 ABR 57/81 –, in: BAGE 43, 35 = AP BetrVG 1972 zu § 118 Nr. 27; *BAG*, Beschl. v. 20.12.1988 – 1 ABR 68/87 –, in: BAGE 60, 330 = AP BetrVG 1972 zu § 99 Nr. 62.

725 *BAG*, Beschl. v. 22.3.1988 – 1 ABR 49/81 –, in: AP BetrVG 1972 zu § 101 Nr. 6.

726 *Matthes*, DB 1975, 1651 (1654).

werde ein betriebsverfassungswidriger Zustand geschaffen. Im Gegensatz zur Einstellung oder Versetzung, deren tatsächliche Rückgängigmachung möglich sei, könne dieser Zustand nur dadurch beseitigt werden, dass der Arbeitgeber – wenn auch nachträglich – die Zustimmung des Betriebsrats zur Eingruppierung einholt und bei Verweigerung der Zustimmung das arbeitsgerichtliche Zustimmungsersetzungsverfahren betreibt.[727]

Unterlässt der Arbeitgeber eine Eingruppierung des Arbeitnehmers, obwohl die vom Arbeitnehmer zu verrichtende Tätigkeit von einer im Betrieb anzuwendenden tariflichen oder betrieblichen Lohn- oder Gehaltsgruppenordnung erfasst wird, kann der Betriebsrat vom Arbeitgeber die Vornahme der Eingruppierung verlangen.[728] Bei dieser ist der Betriebsrat dann zu beteiligen. Die Eingruppierung in eine bestimmte Gehaltsgruppe kann der Betriebsrat aber nicht verlangen.

Der Betriebsrat kann vom Arbeitgeber nach der Rechtsprechung des Bundesarbeitsgerichts die Umgruppierung eines Arbeitnehmers selbst dann verlangen, wenn der Betriebsrat schon einmal seine Zustimmung zu einer Eingruppierung erteilt hat. Der Betriebsrat hat hieran regelmäßig ein Interesse, wenn er der Auffassung ist, dass die Eingruppierungsentscheidung des Arbeitgebers, der er selbst einmal zugestimmt hat, inzwischen nicht mehr zutreffend ist. Das Bundesarbeitsgericht gesteht dem Betriebsrat aber nicht bei jeder beliebigen Veränderung der die Eingruppierung beeinflussenden Umstände das Recht zu, vom Arbeitgeber eine Umgruppierung zu verlangen. Erst in solchen Fällen, in denen der Arbeitgeber betriebsverfassungsrechtlich verpflichtet ist, eine Ein- oder Umgruppierung vorzunehmen, könne der Betriebsrat aufgrund von § 101 BetrVG verlangen, dass der betriebsverfassungswidrige Zustand beseitigt werde. Dies könne nur dadurch geschehen, dass der Arbeitgeber die Umgruppierung vornimmt, an der der Betriebsrat dann zu beteiligen ist. Betriebsverfassungsrechtlich komme eine Verpflichtung des Arbeitgebers zur Ein- oder Umgruppierung aber nur in drei Fällen

727 *BAG*, Beschl. v. 22.3.1983 – 1 ABR 49/81 –, in: BAGE 42, 121 = AP BetrVG 1972 zu § 101 Nr. 6; *BAG*, Beschl. v. 31.5.1983 – 1 ABR 57/80 –, juris Rn. 60, in: BAGE 43, 35 = AP BetrVG 1972 zu § 118 Nr. 27; *BAG*, Beschl. v. 20.12.1988 – 1 ABR 68/87 –, juris Rn. 42, in: BAGE 60, 330 = AP BetrVG 1972 zu § 99 Nr. 62.

728 *BAG*, Beschl. v. 20.12.1988 – 1 ABR 68/88 –, in: BAGE 60, 330 = AP BetrVG 1972 zu § 99 Nr. 62; *BAG*, Beschl. v. 3.10.1989 – 1 ABR 66/88 –, juris Rn. 24, in: AP BetrVG 1972 zu § 99 Nr. 75.

in Betracht: die Änderung der Gehaltsgruppenordnung, die Einstellung und die Versetzung. In den beiden letztgenannten Fällen folge die Verpflichtung zur Ein- oder Umgruppierung aus § 99 Abs. 1 S. 2 BetrVG, wonach der Arbeitgeber bei Einstellungen und Versetzungen die vorgesehene Eingruppierung mitzuteilen hat. In den darüber hinausgehenden Fällen bestehe keine Verpflichtung des Arbeitgebers zur Ein- oder Umgruppierung und damit auch kein Recht des Betriebsrats, daran beteiligt zu werden. Das liefe – so stellt es der Senat ausdrücklich klar – auf ein Initiativrecht des Betriebsrats hinaus, welches das Betriebsverfassungsgesetz gerade nicht vorsehe.[729]

Vor jeder Kündigung ist der Betriebsrat zu hören, § 102 Abs. 1 S. 1 BetrVG. Bei betriebsverfassungswidrigen Kündigungen hat der Betriebsrat keinen allgemeinen Unterlassungsanspruch. Zum einen räumt ihm das Gesetz schon kein Mitbestimmungs-, sondern ein Anhörungsrecht ein, sodass ein Unterlassungsanspruch dem Betriebsrat mehr Rechte verleihen würde, als das Gesetz vorsieht. Zum anderen ist gem. § 102 Abs. 1 S. 3 BetrVG eine ohne Anhörung des Betriebsrats ausgesprochene Kündigung unwirksam. Der kollektivrechtliche Verstoß wirkt sich also auf die Wirksamkeit der Individualmaßnahme aus. Angesichts dieser scharfen Sanktion ist ein allgemeiner Unterlassungsanspruch nicht erforderlich.[730] Auch bei der außerordentlichen Kündigung von Amtsträgern, die gem. § 103 BetrVG der Zustimmung des Betriebsrats bedarf, besteht für einen allgemeinen Unterlassungsanspruch kein Bedarf. Spricht der Arbeitgeber gegenüber dem Amtsträger die Kündigung ohne die (ersetzte) Zustimmung des Betriebsrats aus, kann der Amtsträger seine Weiterbeschäftigung verlangen.[731]

Bei Betriebsänderungen gem. § 111 BetrVG hat der Betriebsrat einen Unterrichtungs- und Beratungsanspruch. Der Betriebsrat kann über einen Interessenausgleich die Art und Weise der Betriebsänderung beeinflussen. Über den Ausgleich wirtschaftlicher Nachteile infolge der Betriebsänderung kann sich der Betriebsrat in einem Sozialplan einigen. In beiden Fällen entscheidet die Einigungsstelle, wenn sich Arbeitgeber und Betriebsrat nicht eini-

---

729 *BAG*, Beschl. v. 18.6.1991 – 1 ABR 53/90 –, juris Rn. 22, in: BAGE 68, 104 = AP BetrVG 1972 zu § 99 Nr. 105.

730 *Raab*, ZfA 1997, 183 (241).

731 *Raab*, ZfA 1997, 183 (242).

gen. Deren Spruch ist aber nur im Fall des Sozialplans verbindlich. Der Betriebsrat kann also die Umsetzung des Sozialplans verlangen. Ein allgemeiner Unterlassungsanspruch, mit dem der Betriebsrat die Betriebsänderung verhindern könnte, ist abzulehnen, weil anderenfalls dem Betriebsrat über diesen Anspruch mehr Rechte eingeräumt würden, als das Gesetz vorsieht.

Ein Unterlassungsanspruch des Betriebsrats kann sich auch ergeben, wenn der Arbeitgeber gegen eine bestehende Betriebsvereinbarung verstößt.[732] Der Unterschied zum allgemeinen Unterlassungsanspruch liegt darin, dass eine Beteiligung des Betriebsrats schon stattgefunden hat.

Die Rechtsprechung des Bundesarbeitsgerichts zum allgemeinen Unterlassungsanspruch kann dazu führen, dass der Betriebsrat die Unterlassung einer Maßnahme durchsetzen kann, die trotz ihrer Mitbestimmungswidrigkeit wirksam ist. Dazu kommt es, wenn die Maßnahme die Arbeitnehmer begünstigt, sodass bei konsequenter Anwendung der Theorie der Wirksamkeitsvoraussetzung die Individualmaßnahme wirksam ist. Damit fallen die kollektivrechtliche Ebene und die individualrechtliche Ebene auseinander. Anschließend hat es der Arbeitgeber in der Hand, ob er die kollektivrechtliche Ebene an die individualrechtliche Ebene anpasst, indem er den Betriebsrat nach den gesetzlichen Bestimmungen beteiligt, oder ob er die individualrechtliche Ebene an die kollektivrechtliche Ebene anpasst, indem er etwa eine Vertragsänderung vornimmt oder eine Änderungskündigung ausspricht.

b. Durchführungsansprüche

Der Arbeitgeber hat das ausschließliche Direktionsrecht inne. Sämtliche Maßnahmen führt also nicht die Beschäftigtenvertretung durch, sondern der Arbeitgeber. Der Beschäftigtenvertretung ist es vielmehr untersagt, durch eigenmächtiges Handeln in den Dienstbetrieb einzugreifen. Wenn eine bestimmte Maßnahme vom Arbeitgeber durchzuführen ist, hat die Beschäftigtenvertretung einen entsprechenden Durchführungsanspruch.

Durchführungsansprüche bilden die Kehrseite der Unterlassungsansprüche. Unterlassungsansprüche kommen nur dann in Betracht, wenn der Arbeitge-

---

732 *BAG*, Beschl. v. 10.11.1987 – 1 ABR 55/86 –, in: BAGE 56,313 = AP BetrVG 1972 zu § 77 Nr. 24; *Richardi*, NZA 1995, 8 (9).

ber mitbestimmungswidrig handelt. Weigert sich der Arbeitgeber, eine von der Beschäftigtenvertretung initiierte Maßnahme durchzuführen, stellt sich die Frage nach einer Verpflichtung des Arbeitgebers- bzw. der Dienststelle, die Maßnahme durchzuführen.

Aus § 23 Abs. 3 BetrVG ergibt sich die Möglichkeit, den Arbeitgeber bei einem groben Verstoß gegen seine betriebsverfassungsrechtlichen Pflichten zur Durchführung zu zwingen. Handelt es sich nicht um einen groben Verstoß, kann sich ein Durchführungsanspruch aus § 77 Abs. 1 S. 1 BetrVG ergeben, wonach Vereinbarungen zwischen Betriebsrat und Arbeitgeber der Arbeitgeber durchführt. Diese Verpflichtung des Arbeitgebers wird nur von § 77 Abs. 1 S. 2 BetrVG begrenzt. Darüber hinaus kommt ein Durchführungsanspruch nur in Betracht, wenn dafür eine Sonderregelung besteht, wie etwa § 104 BetrVG für den Fall der Entfernung betriebsstörender Arbeitnehmer.

Da eine dem § 23 Abs. 3 BetrVG vergleichbare Vorschrift im Landespersonalvertretungsgesetz Nordrhein-Westfalen bislang nicht existierte, wurde daraus der Schluss gezogen, dass kein Durchführungsanspruch bei groben Verstößen der Dienststelle gegen das Landespersonalvertretungsgesetz Nordrhein-Westfalen besteht. Da inzwischen mit § 79 Abs. 3 S. 2 LPVG eine Regelung geschaffen worden ist, die § 23 Abs. 3 BetrVG für entsprechend anwendbar erklärt, besteht bei groben Verstößen der Dienststelle gegen seine Verpflichtungen aus dem Landespersonalvertretungsgesetz Nordrhein-Westfalen ein Durchführungsanspruch der Personalvertretung.

Im Gegensatz zu der im Betriebsverfassungsrecht vertretenen Auffassung zu § 77 Abs. 1 S. 1 BetrVG wird zu der personalvertretungsrechtlichen Parallelnorm des § 71 Abs. 1 LPVG NRW eine Durchführungspflicht überwiegend verneint, da es sich nur um eine Kompetenznorm handele. Der Dienststellenleiter sei nur ausnahmsweise zur Durchführung einer Maßnahme verpflichtet, nämlich bei Entscheidungen, die auf einem uneingeschränkten Initiativrecht der Personalvertretung (§ 66 Abs. 4 LPVG NRW) oder auf einer Dienstvereinbarung (§ 70 LPVG NRW) beruhen.[733]

---

733 *Cecior/Vallendar/Lechtermann/Klein*, Das Personalvertretungsrecht in Nordrhein-Westfalen, 53. Aktualisierung, § 71 Rn. 12 ff.; *Kunze*, PersV 1999, 146 (147).

Den privaten Arbeitgeber trifft somit eine Durchführungspflicht in größerem Umfang als den Dienststellenleiter. Solange sie nicht in grober Weise gegen ihre personalvertretungsrechtlichen Verpflichtungen verstoßen, können die Sparkassen also nicht zur Durchführung einer Maßnahme gezwungen werden, es sei denn, der Personalrat hat sein Initiativrecht ausgeübt oder es wurde eine Dienstvereinbarung geschlossen.

XI. Rechtsschutz

Sowohl das Landespersonalvertretungsgesetz Nordrhein-Westfalen als auch das Betriebsverfassungsgesetz sehen Rechtsschutz durch die Gerichte vor, wenn sich die Beschäftigtenvertretung und der Arbeitgeber nicht einig sind.

1. Besetzung der Gerichte

Bei den Verwaltungsgerichten werden gem. § 80 Abs. 1 S. 1 LPVG NRW Fachkammern bzw. Fachsenate gebildet. Die Fachkammer bzw. der Fachsenat besteht aus einem vorsitzendem und vier ehrenamtlichen Richtern. In Personalvertretungssachen wird also ein Vorsitzender Richter als Berufsrichter tätig, der sich auf das Personalvertretungsrecht spezialisieren kann.

Bei den Arbeitsgerichten werden keine Fachkammern oder Fachsenate gebildet. Hier entscheidet ein Richter am Arbeitsgericht als Berufsrichter und zwei ehrenamtliche Richter.[734]

2. Das Beschlussverfahren

Für Angelegenheiten aus dem Betriebsverfassungsgesetz sind gem. § 2a Abs. 1 Nr. 1 ArbGG die Arbeitsgerichte zuständig. Nach § 2a Abs. 2 ArbGG findet insoweit das Beschlussverfahren statt. Das Beschlussverfahren ist ein weiteres Verfahren neben dem Urteilsverfahren, das das Arbeitsgerichtsgesetz vorsieht. Beide Verfahrensarten sind im dritten Teil des Arbeitsgerichtsgesetzes geregelt, wobei sich dort die Vorschriften des ersten Abschnitts (§ 46 bis § 79 ArbGG) mit dem Urteilsverfahren und die Vorschriften des zweiten Teils (§ 80 bis § 100 ArbGG) mit dem Beschluss-

734 *Simianer*, PersV 1994, 481 (486, Fn. 18).

verfahren befassen. Die Vorschriften über das Beschlussverfahren gelten nach § 79 Abs. 2 LPVG NRW entsprechend.

Seinen Namen verdankt das Beschlussverfahren der Entscheidungsform, durch welche es beendet wird. Das Gericht trifft zur Beendigung des Verfahrens eine Entscheidung durch Beschluss, vgl. § 84 ArbGG. Das Beschlussverfahren ist grundsätzlich ein objektives Verfahren, was schon dadurch deutlich wird, dass das Gesetz von Beteiligten und nicht etwa – wie im Urteilsverfahren – von Parteien spricht. Das Verfahren ist objektiv, weil es nicht darum geht, Ansprüche durchzusetzen oder das Bestehen oder Nichtbestehen von Rechtsverhältnissen festzustellen. Gegenstand des Beschlussverfahrens ist regelmäßig vielmehr die Klärung und Feststellung von Zuständigkeiten bzw. von Befugnissen oder Pflichten.[735] Außerdem ist das Beschlussverfahren kostenfrei.[736] Im Beschlussverfahren werden gem. § 2 Abs. 2 GKG Kosten nicht erhoben. Die Vorschrift gilt auch für das verwaltungsgerichtliche Beschlussverfahren.[737] Der maßgebliche Unterschied zum Urteilsverfahren kommt jedoch in § 83 Abs. 1 S. 1 ArbGG zum Ausdruck, wonach im Beschlussverfahren der Amtsermittlungsgrundsatz gilt. Da im Urteilsverfahren eine entsprechende Regelung fehlt, gilt dort weiterhin die Dispositionsmaxime.

Trotz dieser grundlegenden Gemeinsamkeiten unterscheidet sich das personalvertretungsrechtliche Beschlussverfahren von dem betriebsverfassungsrechtlichen Beschlussverfahren.

a. Das personalvertretungsrechtliche Beschlussverfahren

Für Streitigkeiten auf dem Gebiet des Personalvertretungsgesetzes ist gem. § 40 Abs. 1 S. 1 VwGO der Verwaltungsrechtsweg eröffnet, da die streitentscheidenden Normen aus dem Personalvertretungsrecht stammen, welches seinerseits Teil des öffentlichen Rechts ist.[738] Für das Beschlussverfahren sind aber nicht die Vorschriften der Verwaltungsgerichtsordnung maß-

735 *BVerwG*, Beschl. v. 24.10.1975 – 7 P 11/73 –, juris Rn. 16, in: BVerwGE 49, 259 (264) = PersV 1976, 422; *Widmaier*, ZfPR 1989, 79 (80); *Faber/Härtl*, PersV 1996, 337.

736 *Faber/Härtl*, PersV 1996, 337 (338).

737 *Schulz/Faber*, PersV 2007, 245 (246).

738 *Lecheler*, NJW 1986, 1079 (1080).

geblich, sondern gem. § 79 Abs. 2 HS. 1 LPVG NRW gelten die Vorschriften des Arbeitsgerichtsgesetzes über das Beschlussverfahren, also § 80 bis § 100 ArbGG, entsprechend. Zu dieser Verweisung sind die Landesgesetzgeber gem. § 187 Abs. 2 VwGO, wonach die Länder für das Gebiet des Personalvertretungsrechts von der Verwaltungsgerichtsordnung abweichende Vorschriften über die Besetzung und das Verfahren der Verwaltungsgerichte und des Oberverwaltungsgerichts erlassen können, ausdrücklich ermächtigt.[739] Der Verweis auf die Vorschriften des Arbeitsgerichtsgesetzes über das Beschlussverfahren ist das Ergebnis eines Kompromisses im Gesetzgebungsverfahren. Ein Vorschlag sah vor, personalvertretungsrechtliche Streitigkeiten vor den Verwaltungsgerichten nach den Vorschriften der Verwaltungsgerichtsordnung klären zu lassen. Der Gegenvorschlag bestand darin, solche Prozesse vor den Arbeitsgerichten nach den Vorschriften des Arbeitsgerichtsgesetzes zu führen. Letztlich hat man sich darauf verständigt, dass die Gerichte des ersten Vorschlags nach den prozessualen Regeln des zweiten Vorschlags entscheidungsbefugt sein sollten.[740]

Wurde der Personalrat nicht ordnungsgemäß beteiligt, kann er die Verletzung des Mitbestimmungsrechts im verwaltungsgerichtlichen Beschlussverfahren feststellen lassen.[741] Auch wenn der Personalrat überhaupt nicht beteiligt wurde oder die Dienststelle das Beteiligungsverfahren abgebrochen hat, weil sie der Auffassung ist, dass es sich nicht um eine der Mitbestimmung unterfallende Maßnahme handelt, kann der Personalrat die Frage im Beschlussverfahren vor dem Verwaltungsgericht klären lassen.[742]

Im Falle der Eilbedürftigkeit stellt sich die Frage, ob der Personalrat gegen das Handeln des Dienststellenleiters auch im Wege des einstweiligen Rechtsschutzes vorgehen kann. Dass das Verwaltungsgericht im personalvertretungsrechtlichen Beschlussverfahren einstweilige Verfügungen erlas-

---

739 *Kopp/Schenke*, Verwaltungsgerichtsordnung, § 187 Rn. 7; *Heckmann*, in: Sodan/Ziekow (Hrsg.), Verwaltungsgerichtsordnung, § 187 Rn. 32; *Goos*, in: Gärditz (Hrsg.), Verwaltungsgerichtsordnung, § 187 Rn. 16.

740 *Hecker*, PersV 1980, 217 (221, Fn. 19); für mehr Zuständigkeit für die Arbeitsgerichtsbarkeit *Düwell*, NZA, 1991, 929 (931).

741 *Weber*, in: Richardi/Dörner/Weber (Hrsg.), Personalvertretungsrecht, § 69 Rn. 130.

742 *BVerwG*, Beschl. v. 25.8.1986 – 6 P 16/84 –, juris Rn. 14, in: NJW 1987, 1658; *Cecior/Vallendar/Lechtermann/Klein*, Das Personalvertretungsrecht in Nordrhein-Westfalen, 27. Aktualisierung, § 67 Rn. 79; *Dannhäuser*, PersV 1990, 145 (148).

sen kann, ergibt sich aus § 85 Abs. 2 S. 1 ArbGG, auf den § 79 abs. 3 S. 3 LPVG NRW verweist. Einstweiliger Rechtsschutz dient nicht dazu, ein Recht durchzusetzen oder einen Rechtsstreit endgültig zu befriedigen, sondern er soll in erster Linie der Sicherung des Hauptverfahrens dienen. Einstweiliger Rechtsschutz darf daher das Ergebnis des Hauptverfahrens nicht vorwegnehmen und nicht mehr Rechte zusprechen, als in der Hauptsache zu erreichen sind. Ein Antrag im einstweiligen Rechtsschutz ist nur dann begründet, wenn der Personalrat neben einem Verfügungsgrund auch einen Verfügungsanspruch geltend machen kann. Als Verfügungsanspruch kommt nach der Rechtsprechung des Bundesverwaltungsgerichts ein verfahrensrechtlicher Anspruch in Betracht. Ist eine Maßnahme tatsächlich und rechtlich rücknehmbar oder abänderbar, kann der Personalrat vom Dienststellenleiter im Wege der einstweiligen Verfügung die nachträgliche Einleitung des Mitbestimmungsverfahrens verlangen.[743] In der Hauptsache kann der Personalrat im Beschlussverfahren einen Feststellungsantrag zur entsprechenden Verpflichtung des Dienststellenleiters geltend machen.

Die Beschränkung der Rechtsschutzmöglichkeiten des Personalrats im Beschlussverfahren auf die Feststellung der Verletzung seines Beteiligungsrechts hat zur Folge, dass er darauf vertrauen muss, dass sich der Arbeitgeber wegen der Bindung an Recht und Gesetz gem. Art. 20 Abs. 3 GG an die Feststellung des Gerichtes hält. In der Rechtsprechung wird vorherrschend die Auffassung vertreten, dass bei Behörden, öffentlich-rechtlichen Körperschaften oder Anstalten erwartet werden kann, dass sie sich schon einem Feststellungsurteil beugen werden.[744] Dies müsse erst recht gelten, wenn im Beschlussverfahren über Personalvertretungsrechte innerhalb einer Dienststelle gestritten wird.[745]

Welche Angelegenheiten Gegenstand des personalvertretungsrechtlichen Beschlussverfahrens sein können, ergibt sich aus § 79 LPVG NRW. Die Verwaltungsgerichte entscheiden gem. § 79 Abs. 1 LPVG NRW in den Fäl-

---

743 *BVerwG*, Beschl. v. 27.7.1990 – 6 PB 12/89 –, juris Rn. 3, in: AP ArbGG 1979 zu § 72a Divergenz Nr. 25; *BVerwG*, Beschl. v. 15.3.1995 – 6 P 28/93 –, juris; *Baden*, PersR 2008, 266 (269).

744 *BGH*, Urt. v. 14.7.1958 – VII ZR 99/57 –, juris Rn. 41, in: BGHZ 28, 123 = NJW 1958, 1681; *BGH*, Urt. v. 9.6.1983 – VII ZR 74/82 –, juris Rn. 15, in: NJW 1984, 1118.

745 *BVerwG*, Beschl. v. 15.3.1995 – 6 P 28/93 –, juris Rn. 24.

len der §§ 7, 22, 25 und 43 Abs. 2 LPVG NRW. Außerdem entscheiden sie über Wahlberechtigung und Wählbarkeit (Nr. 1), Wahl, Zusammensetzung und Amtszeit der Personalvertretungen und der in den §§ 54 und 60 LPVG NRW genannten Vertretungen (Nr. 2), Zuständigkeit und Geschäftsführung der Personalvertretungen und der in den §§ 54 und 60 LPVG NRW genannten Vertretungen (Nr. 3), Rechtsstellung der Mitglieder von Personalvertretungen und der in den §§ 54 und 60 LPVG NRW genannten Vertretungen (Nr. 4), Bestehen oder Nichtbestehen von Dienstvereinbarungen (Nr. 5) und Streitigkeiten aus § 67 LPVG NRW (Nr. 6).

Dabei hat § 79 Abs. 1 Nr. 3 LPVG NRW eine besondere Bedeutung, weil es sich dabei um eine Art Generalklausel handelt, die alle Rechtsstreitigkeiten über die Aufgaben und Befugnisse der Personalvertretungen erfasst. Hauptanwendungsfall des § 79 Abs. 1 Nr. 3 LPVG NRW sind Streitigkeiten über Beteiligungsrechte. Außerdem ergibt sich aus § 79 Abs. 1 Nr. 3 LPVG NRW, dass der Beschluss der Einigungsstelle unter gewissen Einschränkungen auch inhaltlich gerichtlich überprüft werden kann. Das gilt selbst dann, wenn – wie in § 79 Abs. 1 Nr. 3 LPVG NRW – die Möglichkeit, den Beschluss der Einigungsstelle nachzuprüfen, nicht ausdrücklich im Gesetz erwähnt ist.[746] Das Gericht prüft, ob[747] und ggf. in welchem Umfang eine Entscheidung der Einigungsstelle die Beteiligten bindet.[748] Daher scheidet eine Überprüfung von Beschlüssen der Einigungsstelle mit empfehlendem Charakter aus, denn solche Beschlüsse entfalten von vornherein keine Bindungswirkung.[749] Inhaltlich darf das Gericht die Rechtmäßigkeit des Beschlusses der Einigungsstelle nur eingeschränkt überprüfen. Soweit der Einigungsstelle ein Ermessens- oder Beurteilungsspielraum eingeräumt ist, ist das Gericht darauf beschränkt, die Grenzen dieses Spielraums zu überprüfen. Das Gericht beurteilt in diesen Fällen nicht die Zweckmäßigkeit

---

746 *BVerwG*, Beschl. v. 21.10.1983 – 6 P 24/81 –, in: BVerwGE 68, 116 = NJW 1984, 1980.

747 Die Zuständigkeit des Gerichts für die Überprüfung der Bindungswirkung des Einigungsstellenbeschlusses ergibt sich ausdrücklich aus der zur Klarstellung eingefügten Nr. 6 des § 79 Abs. 1 LPVG NRW, vgl. LT-Drs. 7/3543, S. 61.

748 *BVerwG*, Beschl. v. 27.2.1986 – 6 P 32/82 –, in: PersV 1986, 329 (330).

749 *BVerwG*, Beschl. v. 24.1.2001 – 6 PB 15/00 –, juris Rn. 14, in: AP MitbestG Schleswig-Holstein zu § 54 Nr. 1.

der Entscheidung der Einigungsstelle.[750] Eine Frist sieht das Gesetz für die Überprüfung des Spruches der Einigungsstelle nicht vor. Ein rechtswidriger Beschluss der Einigungsstelle kann entweder vom Gericht aufgehoben werden oder das Gericht stellt fest, dass der Beschluss rechtswidrig war. Das Gericht kann aber weder die Zustimmung des Personalrats zu einer bestimmten Maßnahme ersetzen noch kann es den Personalrat dazu verpflichten, seine Zustimmung zu einer Maßnahme zu erteilen.[751]

Ergänzend zu den Zuständigkeiten nach § 79 Abs. 1 LPVG NRW kann das Beschlussverfahren gem. § 79 Abs. 3 S. 1 LPVG NRW auch auf die Unterlassung oder Durchführung einer Handlung oder Maßnahme gerichtet sein.

Die Rechtsfolgen eines Verstoßes gegen Beteiligungsrechte der Personalvertretungen für den einzelnen Beschäftigten können nach der Rechtsprechung des Bundesverwaltungsgerichts nicht im personalvertretungsrechtlichen Beschlussverfahren geklärt werden. Der von der Maßnahme betroffene Beschäftigte könne die Fehlerhaftigkeit der Maßnahme im Individualrechtsstreit geltend machen. Anderenfalls käme es zu einer unzulässigen Überschneidung der Rechtswege.[752]

Nach § 80 Abs. 2 ArbGG sind in den dort genannten prozessrechtlichen Gegenständen Vorschriften des Urteilsverfahrens anwendbar. Damit ist auch § 46 Abs. 2 S. 1 ArbGG gemeint, der seinerseits unter bestimmten Einschränkungen die Vorschriften der Zivilprozessordnung für anwendbar erklärt. Die Fachkammern und Fachsenate der Verwaltungsgerichte müssen daher auch die Zivilprozessordnung beachten, soweit es das Arbeitsgerichtsgesetz vorschreibt.

Die Zuständigkeit der Verwaltungsgerichte für Streitigkeiten auf dem Gebiet des Personalvertretungsrechts bedeutet jedoch nicht, dass sämtliche Fragen, die personalvertretungsrechtlichen Bezug haben, ausschließlich von den Verwaltungsgerichten zu klären sind. Die Rechtsmäßigkeit eines Beschlusses der Einigungsstelle kann als Vorfrage Gegenstand einer Zahlungsklage des Arbeitnehmers sein. Im Rahmen eines Kündigungsschutz-

750 *BVerwG*, Beschl. v. 24.5.2006 – 6 PB 16/05 –, juris Rn. 4.

751 *Faber/Härtl*, PersV 1994, 353 (360).

752 *BVerwG*, Beschl. v. 6.12.1963 – 7 P 17/62 –, in: BVerwGE 17, 250 = AP PersVG Berlin zu § 73 Nr. 1.

prozesses kann es darauf ankommen, ob der Personalrat ordnungsgemäß beteiligt wurde. Die Rechtmäßigkeit der personalvertretungsrechtlichen Maßnahme kann dann vom Arbeitsgericht zu beurteilen sein.[753] Auch Streitigkeiten im Zusammenhang mit einer Dienstvereinbarung sind nicht immer im verwaltungsgerichtlichen Beschlussverfahren zu klären. Zwar entscheiden die Verwaltungsgerichte gem. § 79 Abs. 1 Nr. 5 LPVG NRW über das Bestehen oder Nichtbestehen von Dienstvereinbarungen. Das gilt auch, wenn Streit über die generelle Auslegung einzelner Bestimmungen besteht.[754] Möchten Angestellte im öffentlichen Dienst aber konkrete Ansprüche aus einer Dienstvereinbarung geltend machen, ist das Arbeitsgericht gem. § 2 Abs. 1 Nr. 3a ArbGG zuständig, weil ihr Dienstverhältnis privatrechtlicher Art ist, auch wenn sie hoheitliche Aufgaben wahrnehmen.[755]

Bei beamtenrechtlichen Streitigkeiten mit personalvertretungsrechtlichem Bezug ist zu beachten, dass selbst wenn der Verwaltungsrechtsweg eröffnet ist, nicht die Vorschriften des Arbeitsgerichtsgesetzes über das Beschlussverfahren entsprechend gelten, sondern die Vorschriften der Verwaltungsgerichtsordnung, da kein Fall des § 79 Abs. 1 LPVG NRW zu entscheiden ist. Grundsätzlich kann daher gem. § 137 Abs. 1 Nr. 1 VwGO die Revision nur darauf gestützt werden, dass das angefochtene Urteil auf der Verletzung von Bundesrecht beruht. Hier ist jedoch die gesetzliche Ausnahmeregelung in § 127 Nr. 2 BRRG[756] zu beachten, wonach das Landespersonalvertretungsgesetz Nordrhein-Westfalen revisibel ist.

Das personalvertretungsrechtliche Beschlussverfahren umfasst drei Rechtszüge. Erstinstanzlich entscheiden die Verwaltungsgerichte. Gegen dessen Beschluss findet die Beschwerde zum Oberverwaltungsgericht statt. Im dritten Rechtszug entscheidet über die Rechtsbeschwerde oder – sofern diese nicht durch das Oberverwaltungsgericht zugelassen wurde – die Nichtzulas-

753 *Richter*, PersR 1993, 54 (55); *Kossens*, RiA 1996, 66 (77), mit Verweis auf *Düwell*, NZA 1991, 931.

754 *OVG Greifswald*, Beschl. v. 7.10.2009 – 8 L 193/08 –, juris Rn. 24, in: NVwZ-RR 2010, 245.

755 *Matthes/Schlewing*, in: Germelmann (Hrsg.), Arbeitsgerichtsgesetz, § 2 Rn. 58.

756 § 127 Nr. 2 BRRG gilt gem. § 63 Abs. 3 S. 2 Beamtenstatusgesetz trotz des Außerkrafttretens des Beamtenrechtsrahmengesetzes fort.

sungsbeschwerde das Bundesverwaltungsgericht.[757] In Abweichung von § 137 Abs. 1 VwGO prüft das Bundesverwaltungsgericht nicht nur, ob das angefochtene Urteil auf der Verletzung von Bundesrecht oder einer Vorschrift des Verwaltungsverfahrensgesetzes eines Landes, die ihrem Wortlaut nach mit dem Verwaltungsverfahrensgesetz des Bundes übereinstimmt, beruht. Die Zuständigkeit des Bundesverwaltungsgerichts für die Entscheidung im dritten Rechtszug gemäß § 79 Abs. 1 LPVG NRW bewirkt vielmehr, dass das Landespersonalvertretungsrecht voll revisibel ist.[758]

b. Das betriebsverfassungsrechtliche Beschlussverfahren

Nach § 2a Abs. 1 Nr. 1, Abs. 2 i. V. m. §§ 80 ff. ArbGG findet in Angelegenheiten aus dem Betriebsverfassungsgesetz das Beschlussverfahren vor den Arbeitsgerichten statt.

Das Betriebsverfassungsgesetz sieht eine Vielzahl von Möglichkeiten vor, betriebsverfassungsrechtliche Konflikte durch das Arbeitsgericht entscheiden zu lassen. Das Betriebsverfassungsgesetz enthält keine dem § 79 LPVG NRW entsprechende Vorschrift, sondern regelt im jeweiligen Sachzusammenhang das Recht, eine Entscheidung des Arbeitsgerichts zu beantragen. Dazu zählt der Ausschluss eines Betriebsratsmitglieds oder die Auflösung des Betriebsrats nach § 23 Abs. 1 BetrVG ebenso wie das Recht nach § 23 Abs. 3 BetrVG zu beantragen, dem Arbeitgeber bei groben Verstößen gegen seine Verpflichtungen aufzugeben, eine Handlung zu unterlassen, die Vornahme einer Handlung zu dulden oder eine Handlung vorzunehmen. Bei personellen Einzelmaßnahmen kann das Arbeitsgericht die Zustimmung des Betriebsrats nach § 99 Abs. 4 BetrVG ersetzen. Der Betriebsrat kann im Mitbestimmungssicherungsverfahren[759] nach § 101 S. 1 BetrVG beim Arbeitsgericht beantragen, dem Arbeitgeber aufzugeben, die personelle Maßnahme aufzuheben. Hebt der Arbeitgeber die personelle Maßnahme nicht auf, so ist auf Antrag des Betriebsrats vom Arbeitsgericht in einem

757 *BVerwG*, Beschl. v. 18.10.1963 – 7 P 2/63 –, in: AP PersVG NRW zu § 74 Nr. 1; *BVerwG*, Beschl. v. 1.10.1965 – 7 P 11/64 –, in: AP PersVG NRW zu § 74 Nr. 2.

758 *BVerwG*, Beschl. v. 13.1.1961 – 7 P 3/60 –, BVerwGE 11, 336 = AP PersVG Hamburg zu § 76 Nr. 1; *Treber,* in: Richardi/Dörner/Weber (Hrsg.), Personalvertretungsrecht, § 83 Rn. 144.

759 *v. Hoyningen-Huene*, Betriebsverfassungsrecht, § 14 Rn. 67.

weiteren Beschlussverfahren zu erkennen, dass der Arbeitgeber zur Aufhebung der Maßnahme durch Zwangsgeld anzuhalten sei, § 101 S. 2 BetrVG.

Auch der Spruch der betriebsverfassungsrechtlichen Einigungsstelle unterliegt der vollen gerichtlichen Überprüfung, wenn der Spruch eine Entscheidung über Rechtsfragen enthält.[760] Dazu zählen etwa Fragen zur Zuständigkeit der Einigungsstelle, zum Verfahren und zur Auslegung unbestimmter Rechtsbegriffe. Bei einer Entscheidung der Einigungsstelle in Rechtsfragen überprüft das Arbeitsgericht, ob die Entscheidung gegen höherrangiges Recht verstößt.[761]

Etwas anderes gilt, wenn es sich nicht um eine Entscheidung über Rechtsfragen, sondern um eine Regelungsstreitigkeit handelt. Bei einer Regelungsstreitigkeit geht es nicht um die Beurteilung, ob ein bestimmtes Vorgehen rechtmäßig oder rechtswidrig ist. Die Einigungsstelle befindet sich vielmehr in einer Situation, in der mehrere zielführende Lösungsvorschläge zur Verfügung stehen, von denen der eine mehr, der andere weniger zweckmäßig ist. Die Einigungsstelle hat die Aufgabe, sich aufgrund des ihr eingeräumten Ermessens für die ihrer Ansicht nach vorzugswürdigere Lösung zu entscheiden. Da dabei Aspekte eine Rolle spielen, die einer rechtlichen Prüfung nicht zugänglich sind, ist diese Ermessensentscheidung gerichtlich nur eingeschränkt überprüfbar. In Regelungsstreitigkeiten prüft das Arbeitsgericht daher lediglich, ob die Einigungsstelle die Grenzen des ihr zustehenden Ermessens überschritten hat.[762] Neben dieser inhaltlichen Beschränkung der Überprüfungsmöglichkeit sieht § 76 Abs. 5 S. 4 BetrVG für die Überprüfung des Spruchs der Einigungsstelle, dem eine Ermessensentscheidung zugrunde liegt, eine Frist von zwei Wochen nach Zuleitung des Einigungsstellenbeschlusses vor. Nach Ablauf dieser Frist können Ermessensfehler nicht mehr geltend gemacht werden.

---

760 *BAG*, Beschl. v. 8.8.1989 – 1 ABR 61/88 –, in: BAGE 62, 294 = AP BetrVG 1972 zu § 106 Nr. 6; *BAG*, Beschl. v. 22.1.1991 – 1 ABR 38/89 –, in: AP BetrVG 1972 zu § 106 Nr. 9; *BAG*, Beschl. v. 17.9.1991 – 1 ABR 74/90 –, in: AP BetrVG 1972 zu § 106 Nr. 13; *BAG*, Beschl. v. 11.7.2000 – 1 ABR 43/99 –, in: AP BetrVG 1972 zu § 109 Nr. 2.

761 *Fitting*, Betriebsverfassungsgesetz, 26. Aufl., § 76 Rn. 117, 151.

762 *BAG*, Beschl. v. 8.8.1989 – 1 ABR 61/88 –, in: BAGE 62, 294 = AP BetrVG 1972 zu § 106 Nr. 6.

Kommt das Arbeitsgericht zu der Überzeugung, dass der Spruch der Einigungsstelle rechtswidrig ist, trifft es keine Entscheidung in der Sache, sondern stellt die Unwirksamkeit des Spruchs fest. Anschließend ist – sofern das Gericht nicht ihre Unzuständigkeit festgestellt hat – die Einigungsstelle zur Fortsetzung des Verfahrens verpflichtet, da das Verfahren durch den rechtswidrigen Beschluss nicht beendet wurde.[763]

Grundsätzlich hat der Ausgang des Beschlussverfahrens keinen Einfluss auf den Individualrechtsstreit und umgekehrt.

Welche Vergütungsgruppe zutreffend ist, kann sowohl Gegenstand des Beschlussverfahrens als auch des Individualrechtsstreits sein. Unzutreffend ist eine Eingruppierung, wenn die Gruppe, in die der Arbeitnehmer eingruppiert ist, zu hoch oder zu niedrig ist. Der Ausgang des Beschlussverfahrens hat jedoch keine unmittelbare Auswirkung darauf, dass der Arbeitgeber dem Arbeitnehmer den zutreffenden Lohn zahlt. Das Beschlussverfahren dient insofern nur dazu, die Beteiligungsrechte des Betriebsrats geltend zu machen.

Im Beschlussverfahren kann der Betriebsrat nicht durchsetzen, dass der Arbeitgeber dem Arbeitnehmer den zutreffenden Lohn zahlt. Ist die Eingruppierung zu niedrig, kann der Arbeitnehmer selbst seinen Anspruch auf höheren Lohn gerichtlich geltend machen. Ist die Eingruppierung zu hoch, kann der Arbeitgeber den Anspruch des Arbeitnehmers auf Zahlung des zu hohen Lohns nur korrigieren, indem er eine Änderungskündigung ausspricht. Jedenfalls bei der irrtümlichen Eingruppierung in eine zu hohe Vergütungsgruppe ist die Änderungskündigung nach Ansicht des Bundesarbeitsgerichts regelmäßig gerechtfertigt.[764] Anders liege der Fall aber bei einer bewusst vereinbarten übertariflichen Eingruppierung, weil der Arbeitgeber hier den Arbeitnehmer bewusst aus dem allgemeinen Lohngefüge herausgehoben hat.[765]

---

763 *BAG*, Beschl. v. 30.1.1990 – 1 ABR 2/89 –, in: BAGE 64, 117 = AP BetrVG 1972 zu § 87 Lohngestaltung Nr. 41.

764 *BAG*, Urt. v. 15.3.1991 – 2 AZR 582/90 –, juris Rn. 46, in: AP KSchG zu § 2 Nr. 28; a. A. *Maurer*, NZA 1993, 721 (723).

765 *BAG*, Urt. v. 27.5.1981 – 2 AZR 69/79 –, juris Rn. 60; *BAG*, Urt. v. 15.3.1991 – 2 AZR 582/90 –, juris Rn. 49, in: AP KSchG zu § 2 Nr. 28.

Die Entscheidung im Beschlussverfahren kann aber nach der Rechtsprechung des Bundesarbeitsgerichts in einem bestimmten Fall ausnahmsweise eine begrenzte Bindungswirkung auf die Entscheidung im Individualrechtsstreit entwickeln. Wenn nämlich das Arbeitsgericht im Zustimmungsersetzungsverfahren eine Eingruppierung für zutreffend hält, kann der Arbeitgeber in einem anschließenden Änderungsschutzklageverfahren nicht einwenden, die Eingruppierung sei zu hoch. Die begrenzte Bindungswirkung ergibt sich daraus, dass das Bundesarbeitsgericht eine solche Änderungskündigung für sozial ungerechtfertigt hält. Die Änderungskündigung wäre allein aus diesem Grund unwirksam.[766]

XII. Der Einfluss der Gewerkschaften

Den Gewerkschaften werden durch das Landespersonalvertretungsgesetz Nordrhein-Westfalen und das Betriebsverfassungsgesetz eine Reihe von Informations-, Antrags-, Teilnahme- und Beratungsrechten eingeräumt.[767] Im Hinblick auf die Intensität der Beteiligung bleiben diese Rechte hinter den Beteiligungsrechten der Beschäftigtenvertretung zurück. Im Personalvertretungsrecht hängt das damit zusammen, dass die Gewerkschaften wie die Personalvertretungen nicht einmal teilweise demokratisch legitimiert sind. Zwar setzen sich die Gewerkschaft ebenso wie die Beschäftigtenvertretungen für fremde Interessen ein. Ein wesentlicher Unterschied zwischen den beiden besteht jedoch darin, dass die Gewerkschaften die Interessen ihrer Mitglieder vertreten. Die Beschäftigtenvertretung repräsentiert alle Beschäftigten, ohne dass es auf eine wie auch immer geartete Mitgliedschaft ankäme.[768] Auch wenn es verfassungsrechtlich nicht geboten ist, die Gewerkschaften in personalvertretungsrechtlichen Angelegenheiten zu beteiligen, ist mit der Einbindung der Gewerkschaften regelmäßig die Erwartung einer höheren Akzeptanz verbunden.[769]

---

766 *Berkowsky*, NZA 2010, 250 (252).

767 Eine Übersicht aller Aufgaben und Befugnisse ist bei *Wolf*, Das neue Personalvertretungsrecht Nordrhein-Westfalen, S. 24 f., zu finden.

768 *Lecheler*, NJW 1986, 1079 (1081).

769 *RLP VerfGH*, Urt. v. 18.4.1994 – VGH N 1 und 2/93 –, in: NVwZ-RR 1994, 665 (676) = DVBl. 1994, 1059.

Nach der Rechtsprechung des Bundesverfassungsgerichts gewährleistet Art. 9 Abs. 3 GG den Gewerkschaften das Recht, sich im Bereich des Personalvertretungsrechts zu betätigen.[770] Die Ausgestaltung und nähere Regelung des Rechts der Gewerkschaften, bei der Personalvertretung tätig zu werden, sei jedoch Sache des Gesetzgebers.[771]

XIII. Ergebnis des Vergleichs

Der Vergleich hat gezeigt, dass mit dem Landespersonalvertretungsgesetz Nordrhein-Westfalen und dem Betriebsverfassungsgesetz das gleiche Ziel verfolgt wird. Die abhängig Beschäftigten sollen an den Entscheidungen in personellen, sozialen und wirtschaftlichen Angelegenheiten teilnehmen. Trotz der gleichen Zielrichtung werden die beiden Gesetze von unterschiedlichen Prinzipien geprägt. Dies führt dazu, dass die Rechtslage in vergleichbaren Regelungsbereichen mal mehr, mal weniger stark auseinanderdriftet. Das oft beschriebene Machtgleichgewicht zwischen den Beschäftigten auf der einen Seite und dem Arbeitgeber auf der anderen Seite wird durch die beiden Gesetze in unterschiedlicher Weise beeinflusst. Seit Beginn der betrieblichen Mitbestimmung ist tendenziell eine Machtzunahme auf Seiten der Arbeitnehmer zu beobachten. Dabei ist jedoch auffällig, dass der Einfluss, den Arbeitnehmer nehmen können, die nach den Regeln des Betriebsverfassungsgesetzes mitbestimmen, größer ist als der, den Arbeitnehmer nehmen können, die unter das Landespersonalvertretungsgesetz Nordrhein-Westfalen fallen.

Obwohl sich der Gesetzgeber bei den zurückliegenden Reformen des Landespersonalvertretungsgesetzes Nordrhein-Westfalen zum Ziel gesetzt hat, Vorschriften des Betriebsverfassungsgesetzes zu übernehmen, ist das Landespersonalvertretungsgesetz Nordrhein-Westfalen nach wie vor von dem Gedanken an den Dienstherrn, dem gegenüber der Beschäftigte zum Dienst verpflichtet ist, geprägt.

Das Betriebsverfassungsgesetz gilt demgegenüber als moderner, weil es von dieser Vorstellung weitestgehend abgerückt ist. Den Arbeitnehmern werden

770 *BVerfG*, Beschl. v. 30.11.1965 – 2 BvR 54/62 –, in: BVerfGE 19, 303 (312, 319); *BVerfG*, Beschl. v. 23.3.1982 – 2 BvL 1/81 –, in: BVerfGE 60, 162 (170).

771 *BVerfG*, Beschl. v. 30.11.1965 – 2 BvR 54/62 –, in: BVerfGE 19, 303 (321).

Rechte bei der Gestaltung ihres Arbeitslebens eingeräumt, die einhergehen mit einer Beschränkung der unternehmerischen Freiheit ihres Arbeitgebers. Zur Lösung der damit verbundenen Konflikte stellt das Betriebsverfassungsgesetz den Betriebspartnern Verfahren zur Verfügung, die als flexibler gelten, als die entsprechenden Verfahren im Personalvertretungsrecht.

In den untersuchten Bereichen hat die Gegenüberstellung der beiden Gesetze Folgendes ergeben.

Trotz ihrer vergleichbaren Aufgabe unterscheiden sich Personalvertretungen in diversen Punkten von Betriebsräten. Die Zahl der Mitglieder der Personalvertretung kann von der Zahl der Betriebsratsmitglieder bei gleicher Anzahl von Beschäftigten abweichen. Das Personalratsmitglied unterliegt strengeren Verschwiegenheitspflichten als das Betriebsratsmitglied. Die Personalvertretung hat nicht das Recht, Ausschüsse zu bilden. Gesamtpersonalräte werden nur in Dienststellen gebildet. Sprechstunden der Beschäftigtenvertretungen sind in unterschiedlichem Ausmaß zulässig. Zu den durch die Tätigkeit der Beschäftigtenvertretung entstandenen Kosten weicht die Rechtslage im Personalvertretungsrecht von der im Betriebsverfassungsrecht teilweise ab. Gleiches gilt für die Freistellungsregeln.

Die personalvertretungsrechtliche Einigungsstelle unterscheidet sich grundlegend in ihrer Zusammensetzung und im Hinblick auf ihre Kompetenzen von der betriebsverfassungsrechtlichen Einigungsstelle.

Dienstvereinbarungen sind in geringerem Umfang zulässig als Betriebsvereinbarungen. Daher spielen Betriebsvereinbarungen in der Praxis eine größere Rolle als Dienstvereinbarungen. Das ist im Wesentlichen auf die unterschiedlichen Auffassungen des Bundesverwaltungsgerichts und des Bundesarbeitsgerichts über die Bedeutung des Tarifvorbehalts bei Kollektivvereinbarungen in sozialen Angelegenheiten zurückzuführen.

Die Regelung personalvertretungsrechtlicher Angelegenheiten durch Tarifverträge ist aufgrund der Regelung des § 4 LPVG NRW im Vergleich zum Betriebsverfassungsrecht eingeschränkt.

Die Beteiligungsrechte im Landespersonalvertretungsgesetz Nordrhein-Westfalen entsprechen im Wesentlichen denen des Betriebsverfassungsgesetzes. Teilweise sind die Beteiligungstatbestände des Betriebsverfassungsgesetzes umfangreicher. Teilweise gehen die Beteiligungstatbestände des

Landespersonalvertretungsgesetzes Nordrhein-Westfalen über die des Betriebsverfassungsgesetzes hinaus. Auch die Rechtsprechung ist uneinheitlich. Daher ist es selbst bei wortgleichen Vorschriften kaum vorherzusagen, ob das Bundesverwaltungsgericht einen bestimmten Sachverhalt genauso wie das Bundesarbeitsgericht beurteilt.

Bei einem Vergleich der Rechtsprechung des Bundesverwaltungsgerichts mit der des Bundesarbeitsgerichts fällt auf, dass das Bundesarbeitsgericht im Wege der Gesetzesauslegung durchaus häufig Mitbestimmungsrechte des Betriebsrats anerkennt, obwohl der Wortlaut der streitgegenständlichen Vorschrift auch eine restriktive Interpretation zulassen würde. Hat das Bundesverwaltungsgericht über einen ähnlichen Sachverhalt zu entscheiden, nimmt es im Rahmen der Begründung regelmäßig Bezug auf die Rechtsprechung des Bundesarbeitsgerichts. Wenn das Bundesverwaltungsgericht nicht zu dem Schluss kommt, dass der zu beurteilende Fall aufgrund der Besonderheiten des öffentlichen Dienstes anders zu entscheiden ist, schließt sich das Bundesverwaltungsgericht nicht selten der Auffassung des Bundesarbeitsgerichts an.[772]

Deutlicher als bei den Beteiligungstatbeständen treten die Unterschiede im Hinblick auf die Beteiligungsverfahren zu Tage. Der Vergleich der Beteiligungsverfahren hat ergeben, dass die Einflussnahmemöglichkeiten des Betriebsrats größer sind als die des Personalrats.

Die Untersuchung hat gezeigt, dass keine generelle Aussage darüber getroffen werden kann, welche Rechtsfolgen ein Verstoß des Arbeitgebers gegen Beteiligungsrechte hat. Bei der Frage, ob der kollektivrechtliche Fehler auf die individualrechtliche Ebene durchschlägt, hilft die hierzu entwickelte Theorie der Wirksamkeitsvoraussetzung nicht immer weiter. Daher muss für jede einzelne Maßnahme differenziert betrachtet werden, welche Rechtsfolgen Verstöße gegen Beteiligungsrechte haben.

Abgesehen von § 74 Abs. 3 LPVG NRW und § 102 Abs. 1 S. 3 BetrVG hat der Gesetzgeber die Rechtsfolgen einer kollektivrechtswidrigen Maßnahme nicht geregelt. Aus den Vorschriften über das Beteiligungsverfahren können nur in begrenztem Umfang Rückschlüsse auf die Rechtsfolgen gezogen

---

772 *v. Roetteken*, PersR 1998, 395.

werden. Der Gesetzgeber hat das Verfahren für sämtliche der Mitbestimmung des Personalrats unterliegende Maßnahmen in § 66 LPVG NRW einheitlich geregelt. Gleiches gilt für das Beteiligungsverfahren bei personellen Einzelmaßnahmen in § 99 BetrVG. Obwohl beispielsweise die Einstellung, Eingruppierung, Umgruppierung und Versetzung grundlegend verschiedene Maßnahmen sind, hat der Gesetzgeber insofern kaum differenziert.[773] Trotz dieser einheitlichen Verfahrensregelung unterscheiden sich die Rechtsfolgen von Verstößen gegen Beteiligungsrechte zum Teil erheblich. Auch das Bundesverwaltungsgericht und das Bundesarbeitsgericht kommen bei der Beurteilung von Verletzungen des gleichen Beteiligungsrechts regelmäßig zu unterschiedlichen Ergebnissen.

Ein weiterer gravierender Unterschied zwischen Personalvertretungsrecht und Betriebsverfassungsrecht besteht darin, dass ein Unterlassungsanspruch der Personalvertretung gegenüber der Dienststelle bei der Verletzung von Beteiligungsrechten in der Rechtsprechung nicht anerkannt ist. Der nordrhein-westfälische Gesetzgeber hat einen ersten Schritt in Richtung Anpassung der Rechtslage unternommen, indem er ausdrücklich geregelt hat, dass das Beschlussverfahren auf die Unterlassung einer Handlung oder Maßnahme gerichtet sein kann. Ob das Bundesverwaltungsgericht einen Unterlassungsanspruch der Personalvertretung anerkennt, bleibt abzuwarten.

Rechtsschutz wird im Personalvertretungsrecht durch die Verwaltungsgerichte gewährt. Für Streitigkeiten im Betriebsverfassungsrecht sind die Arbeitsgerichte zuständig. Auch wenn jeweils die Vorschriften des Arbeitsgerichtsgesetzes über das Beschlussverfahren gelten, ist es möglich, dass wortgleiche Vorschriften des Landespersonalvertretungsgesetzes Nordrhein-Westfalen und des Betriebsverfassungsgesetzes unterschiedlich ausgelegt werden.[774] Ob Rechtsschutz gewährt wird, kann im Betriebsverfassungsgesetz von der Einhaltung bestimmter Fristen abhängen. Nach § 76 Abs. 5 S. 4 BetrVG ist für die Anrufung des Gerichts zur Überprüfung von Entscheidungen der Einigungsstelle eine Frist von zwei Wochen vorgesehen, während das Landespersonalvertretungsgesetz Nordrhein-Westfalen hierfür keine Frist vorschreibt.

773 *Matthes*, DB 1975, 1651 (1654).
774 *Richter*, PersR 1993, 54.

D. Gesamtergebnis

Die vorliegende Untersuchung hat gezeigt, dass die Behauptung, wonach den Sparkassen Wettbewerbsnachteile dadurch entstünden, dass sie dem Landespersonalvertretungsgesetz Nordrhein-Westfalen und nicht dem Betriebsverfassungsgesetz unterfallen, nicht zutrifft. Die Vorschriften des Landespersonalvertretungsgesetzes Nordrhein-Westfalen sind in vielerlei Hinsicht von dem Gedanken an den Dienstherrn, der sehr auf das Wohl seiner Beschäftigten bedacht ist, geprägt. Diesem Dienstherrn traut der Gesetzgeber offensichtlich eher zu, Entscheidungen unter Berücksichtigung der Interessen seiner Beschäftigten zu treffen. Das Vertrauen des Gesetzgebers des Betriebsverfassungsgesetzes in die Rechtschaffenheit des privaten Arbeitgebers ist ungleich kleiner. Das hat zur Folge, dass das Betriebsverfassungsgesetz darauf ausgelegt ist, mit harten Bandagen zu kämpfen. Das wird nicht zuletzt deutlich in Regelungen wie § 99 Abs. 4 und § 101 BetrVG, wonach der Arbeitgeber und der Betriebsrat für den Fall, dass bei einer personellen Einzelmaßnahme keine Einigung erzielt werden kann, das Arbeitsgericht, also eine außerhalb des Betriebs befindliche Stelle anrufen können. Das Landespersonalvertretungsgesetz Nordrhein-Westfalen sieht für die gleiche Maßnahme ein Einigungsstellenverfahren vor, das der gerichtlichen Entscheidung vorausgeht.

Die Untersuchung hat nicht nur zu Tage gebracht, dass den Sparkassen jedenfalls keine Wettbewerbsnachteile dadurch entstehen, dass für die Vertretung der Interessen ihrer Beschäftigten das Personalvertretungsrecht Anwendung findet, sondern sie hat auch ergeben, dass die Sparkassen in manchen Bereichen in dem eingangs beschriebenen Sinne besser gestellt sind, als ihre privaten Konkurrenten.

Das Bundesverfassungsgericht hat sich in der Vergangenheit mehrfach mit der Verfassungsmäßigkeit von Privilegierungen öffentlich-rechtlicher Sparkassen gegenüber privaten Banken beschäftigt. Nach der Rechtsprechung des Bundesverfassungsgerichts stellen wirtschaftslenkende Gesetze nicht bereits deshalb eine Verletzung von Art. 3 GG dar, weil sie die Wettbewerbssituation verändern. Das Grundgesetz schreibe insofern eine bestimmte Wirtschaftsordnung nicht vor, sondern sei wirtschaftspolitisch neutral.[775] Nicht unerhebliche Ungleichbehandlungen bedürfen aber der Rechtfertigung durch tragfähige sachliche Gründe.

Ein durch öffentliche Belange eingeschränktes Gewinnerzielungsinteresse oder ein öffentlicher Auftrag, alle Bevölkerungskreise mit kreditwirtschaftlichen Leistungen zu versorgen, sei nicht schon im Ansatz als Sachgrund für eine Differenzierung ausgeschlossen.[776] Außerdem können Aufgaben im öffentlichen Interesse die Begründung von Vorrechten, die sich als Wettbewerbsvorteile auswirken, grundsätzlich rechtfertigen. Es muss aber ein hinreichender Zusammenhang zwischen der Begünstigung und dem sachlichen Grund bestehen.[777]

Die neben der Bankenaufsicht zusätzlich bestehende Staatsaufsicht über Sparkassen kann zur Rechtfertigung bestehender Wettbewerbsvorteile in der Regel nicht herangezogen werden. Erst wenn sich die Begünstigung als ein Teil der Möglichkeiten der Staatsaufsicht darstellt, habe der Aspekt der doppelten Aufsicht eine Bedeutung für die Rechtfertigung bestehender Wettbewerbsvorteile.[778] Die Einschränkungen, denen Sparkassen im Gegensatz zu privaten Banken unterliegen, rechtfertigen eine Ungleichbehandlung nur dann, wenn sie in einem Zusammenhang mit der Begünstigung stehen.[779]

Für den Gegenstand der vorliegenden Arbeit bedeutet das, dass Ungleichbehandlungen im Beschäftigtenvertretungsrecht von öffentlich-rechtlichen Sparkassen einerseits und privaten Banken andererseits nicht zwangsläufig gegen Art. 3 GG verstoßen. Bei ungleichen Behandlungen muss die Ungleichbehandlung zumindest durch einen sachlichen Grund gerechtfertigt

---

775 *BVerfG*, Beschl. v. 20.7.1954 – 1 BvR 459, 484, 548, 555, 623, 651, 748, 783, 801/52, 5, 9/53, 96, 114/54 –, juris Rn. 37, in: BVerfGE 4, 7 (18).

776 *BVerfG*, Beschl. v. 18.12.2012 – 1 BvL 8/11 und 22/11 –, juris Rn. 50, in: NJW 2013, 1797 (1798), zum Selbsttitulierungsrecht öffentlich-rechtlicher Kreditinstitute; *Sachs*, JuS 2013, 571.

777 *BVerfG*, Beschl. v. 18.12.2012 – 1 BvL 8/11 und 22/11 –, juris Rn. 53, in: NJW 2013, 1797 (1798).

778 *BVerfG*, Urt. v. 15.6.1983 – 1 BvR 1025/79 –, juris Rn. 39, in: NJW 1983, 2811, zum Grundbucheinsichtsrecht öffentlich-rechtlicher Sparkassen.

779 *BVerfG*, Urt. v. 15.6.1983 – 1 BvR 1025/79 –, juris Rn. 41, in: NJW 1983, 2811 (2812).

sein. Obwohl mit dem Betriebsverfassungsgesetz und den Landespersonalvertretungsgesetzen zwei eigenständige Regelwerke existieren, sind unterschiedliche Behandlungen, die nicht auf den Besonderheiten des öffentlichen Dienstes gegenüber der Privatwirtschaft beruhen, sachlich zu rechtfertigen.[780]

Die festgestellten Ungleichbehandlungen sind auf die Rechtsprechung des Bundesverfassungsgerichts zu den Grenzen der Mitbestimmung im öffentlichen Dienst[781] zurückzuführen. Das den öffentlichen Dienst prägende Prinzip demokratischer Verantwortlichkeit führt dazu, dass der Beteiligung der Personalvertretung an vielen Stellen Grenzen gesetzt sind. Diese Grenzen der Beteiligung gelten nicht für den privaten Bereich. Hier ergeben sich die Grenzen der Mitbestimmung aus dem Recht des Unternehmers, über sein Eigentum zu verfügen.[782] Die Beteiligung des Betriebsrats nach dem Betriebsverfassungsgesetz unterliegt deshalb nicht den gleichen Beschränkungen und ist in der Regel umfangreicher als die Beteiligung der Personalvertretungen.

Die Forderung, die Sparkassen aus dem Anwendungsbereich des Landespersonalvertretungsrechts herauszunehmen,[783] ist nicht begründet, weil nach wie vor Bindungen der Sparkasse an den Träger bestehen, die es rechtfertigen, den Umfang der Mitbestimmung in gleicher Weise zu begrenzen wie in jeder anderen Dienststelle, deren Angehörige Maßnahmen mit Staatsgewalt ausüben. Zu diesen Bindungen zählt, dass die Sparkassenerrichtung nach § 1 Abs. 1 S. 1 i. V. m. § 39 Abs. 2 SpkG NRW vom Finanzministerium genehmigt werden muss, dass die Änderung der Satzung gem. § 6 Abs. 2 S. 2 SpkG NRW der Genehmigung bedarf, dass über die Verwendung des Jahresüberschusses nach § 24 Abs. 4 SpkG NRW durch die Vertretung des Trägers beschlossen wird und dass die Mitglieder des Verwaltungsrats von der Vertretung des Trägers gewählt werden, § 12 SpkG NRW. Außerdem können Sparkassen nicht beliebig expandieren, sondern müssen das Regionalprinzip beachten. Das Regionalprinzip besagt, dass der räumliche Herr-

---

780 *Richardi*, PersR 1993, 49 (51); *Richter*, PersR 1993, 54 (56); *Edenfeld*, PersV 2005, 290 (294).

781 *BVerfG*, Beschl. v. 24.5.1995 – 2 BvF 1/92 –, juris Rn. 142, in: BVerfGE 93, 37 = NVwZ 1996, 574.

782 *Edenfeld*, Arbeitnehmerbeteiligung, S. 34.

783 LT-APr 14/448, S. 63.

schaftsbereich einer Gebietskörperschaft durch ihr jeweiliges Territorium begrenzt wird.[784] Eine Sparkasse darf demnach grundsätzlich nur auf dem Gebiet ihres Gewährträgers tätig werden. Sparkassen- und Gewährträgergebiet müssen deckungsgleich sein.[785] Das Regionalprinzip gilt gem. § 2 Abs. 1 S. 1 SpkG NRW, wonach die Sparkassen im Gebiet ihres Trägers Haupt- und Zweigstellen errichten können, auch für nordrhein-westfälische Sparkassen. Diese Regelung soll sicherstellen, dass Sparkassen nicht untereinander konkurrieren.

Es besteht daher ein sachlicher Grund dafür, dass die nordrhein-westfälischen Sparkassen dem Landespersonalvertretungsgesetz Nordrhein-Westfalen unterfallen und nicht dem Betriebsverfassungsgesetz. Diese Ungleichbehandlung von Sparkassen und anderen privaten Kreditinstituten ist deshalb sachlich gerechtfertigt.

784 *Merten*, DVBl. 1983, 1140 (1141).

785 *OVG Münster*, Urt. v. 18.12.1981 – 15 A 190/80 –, in: DVBl. 1982, 504 (505).

Literaturverzeichnis

Adomeit, Klaus, Der Betriebsrat – ein Volkstribun?, NJW 1995, 1004.

Albers, Hartmut, Anmerkung zu BVerwG, Beschl. v. 27.7.1990 – 6 PB 12/89 –, ZBR 1990, 354.

Ders., Vorläufiger Rechtsschutz und objektives Beschlußverfahren, PersV 1993, 487.

Ders., Auswirkungen der Entscheidung des Bundesverfassungsgerichts zum Mitbestimmungsgesetz Schleswig-Holstein auf das BPersVG, PersR 1995, 501.

Alberty, Karl, Fehlende Zustimmung des Betriebs- bzw. Personalrats bei personellen Einzelmaßnahmen gegenüber Arbeitnehmern und der Einfluss des Fehlens auf die Wirksamkeit dieser Maßnahmen, Düsseldorf 1977, zugl. Diss. Univ. Münster 1977.

Annuß, Georg/*Picker*, Eduard/*Wißmann*, Hellmut (Hrsg.), Festschrift für Reinhard Richardi zum 70. Geburtstag, München 2007.

Anzinger, Rudolf/*Wank*, Rolf (Hrsg.), Entwicklungen im Arbeitsrecht und Arbeitsschutzrecht, Festschrift für Otfried Wlotzke zum 70. Geburtstag, München 1996.

Ashauer, Günter, Von der Ersparungscasse zur Sparkassen-Finanzgruppe: die deutsche Sparkassenorganisation in Geschichte und Gegenwart, Stuttgart 1991.

Ders., Sparkassen und Banken im Wettbewerb, Strukturwandel im deutschen Kreditgewerbe, Stuttgart 2005.

Baden, Eberhard, Durchsetzung von Personalratsrechten, Der Gang zum Verwaltungsgericht, PersR 2008, 266.

Battis, Ulrich/*Kersten*, Jens, Rechtsfolgen mangelhafter Mitbestimmung, PersR 2005, 138.

Battis, Ulrich, Gestaltungsspielräume des Gesetzgebers im Personalvertretungsrecht, PersV 2007, 207.

Baum, Gerhart, 25 Jahre Personalvertretungsrecht des Bundes, PersV 1980, 353.

Belling, Detlev, Das Mitbestimmungsrecht des Betriebsrats bei Versetzungen, DB 1985, 335.

Benecke, Martina, Beteiligungsrechte und Mitbestimmung im Personalvertretungsrecht, Eine vergleichende Untersuchung der Regelungen und Reformbemühungen in Bund und Ländern unter Einbeziehung des Betriebsverfassungsgesetzes, Baden-Baden 1996, zugl. Diss. Univ. Göttingen 1996.

Becker, Andrea, Die Entwicklung des Personalvertretungsrechts in Nordrhein-Westfalen, Eine Untersuchung der wesentlichen Einflussfaktoren auf die Gesetzgebung am Beispiel des LPVG NRW, Stuttgart 2006, Bd. 55 der Schriftenreihe des Freiherr-vom-Stein-Instituts, zugl. Diss. Univ. Münster 2006.

Berkowsky, Wilfried, Was ist bei einer Änderungskündigung, die mit einer Versetzung verbunden ist, zu beachten?, Arbeitsrecht aktiv 2010, 38.

Ders., Aktuelle Probleme der Versetzungs-Änderungskündigung: Der Arbeitgeber im Zangengriff von individuellem und kollektivem Arbeitsrecht, NZA 2010, 250.

Bertrams, Michael, Das vor dem Bundesverwaltungsgericht revisible Recht, DÖV 1992, 97.

Biermann, Egbert/*Kammradt*, Nils, Föderalismusreform in Kraft, Öffentliches Dienstrecht vor der Neuordnung, PersR 2006, 444.

Boemke, Burkard, Personalvertretungsrecht und Arbeitnehmerüberlassung, PersV 2004, 404.

Boewer, Dietrich, Die Auswirkungen der §§ 99, 100 BetrVG auf die individualrechtliche Stellung des Arbeitnehmers, RdA 1974, 72.

Bosch, Dieter, Sollte nicht endlich ein wirksamer Rechtsschutz in Beteiligungsangelegenheiten geschaffen werden?, PersR 1994, 455.

Ders., Effektiver Rechtsschutz für Personalräte – ist es endlich soweit?, PersR 1995, 273.

Ders., Zum Rechtsschutz der Personalvertretungen in Mitbestimmungsangelegenheiten, PersR 1997, 94.

Ders., Abbruch des Mitbestimmungsverfahrens: Bewegt sich die Rechtsprechung doch?, ZfPR, 2000, 121.

Cecior, Alfred P./*Vallendar*, Willi/*Lechtermann*, Dirk/*Klein*, Michael, Das Personalvertretungsgesetz Nordrhein-Westfalen, Kommentar, Stand: 58. Aktualisierung, Heidelberg Januar 2013.

Cecior, Alfred P., Auswirkungen der Entscheidung des Bundesverfassungsgerichts zum Mitbestimmungsgesetz Schleswig-Holstein auf das nordrhein-westfälische Personalvertretungsrecht, PersV 1998, 49.

Coen, Martin, Grundrechtsverwirklichung durch Verfahren vor den Arbeitsgerichten, DB 1984, 2459.

Dannhäuser, Wolfgang, Noch immer umstritten: Streit um den Umfang der Mitbestimmung und Einigungsverfahren – Zugleich eine Anmerkung zum Beschluss des Hessischen VGH vom 29.3.1989, BPV TK 3821/87 –, PersV 1990, 145.

Ders., Das Spannungsverhältnis zwischen Funktionstüchtigkeit der Verwaltung und rechtzeitigem Rechtsschutz für die Personalvertretung, PersV 1991, 193.

Dembowski, Eckart, Vorläufige Regelungen nach § 69 Abs. 5 BPersVG: Ausnahme- oder Regelinstrumentarium?, ZfPR 2000, 216.

Dobberahn, Peter, Unterlassungsanspruch des Betriebsrats, NJW 1995, 1333.

Dobler, Friedrich, Die Personalratssitzung, Was es zu beachten gilt, PersR 2012, 239.

Dreier, Horst (Hrsg.), Grundgesetz Kommentar, Band III, Art. 83-146, 2. Auflage, Tubingen 2008.

Dütz, Wilhelm, Der Grundrechtsschutz von Betriebsräten und Personalvertretungen, Ein Rechtsgutachten von Prof. Dr. Wilhelm Dütz erstattet für die Gewerkschaft ÖTV, Stuttgart 1986.

Düwell, Franz Josef, Mehr Zuständigkeit für die Arbeitsgerichtsbarkeit, NZA 1991, 931.

Dzida, Boris, Die persönliche Haftung von Betriebsratsmitgliedern nach § 179 BGB, NJW 2013, 433.

Edenfeld, Stefan, Arbeitnehmerbeteiligung im Betriebsverfassungs- und Personalvertretungsrecht, Köln 2000, zugl. Habil. Univ. Münster 1999.

Ders., *Die* Abwehr mitbestimmungswidrigen Arbeitgeberverhaltens, PersV 2001, 298.

Ders., Die Auslegung identischer Mitbestimmungstatbestände, – Divergenzen zwischen BAG und BVerwG und ihre Rechtfertigung –, PersV 2005, 290.

Ders., Betriebsverfassungsrecht, Mitbestimmung in Betrieb, Unternehmen und Behörde, 3. Auflage, Heidelberg 2010.

Ders., Facetten der vertrauensvollen Zusammenarbeit, PersV 2012, 205.

Ehlers, Dirk, Kommentierung zu § 40 VwGO, in: Schoch/Schneider/Bier (Hrsg.), Verwaltungsgerichtsordnung Kommentar, Band I, Stand: 9. Ergänzungslieferung, München September 2003.

Erichsen, Hans-Uwe/*Hoppe*, Werner/*von Mutius*, Albert (Hrsg.), System des verwaltungsgerichtlichen Rechtsschutzes, Festschrift für Christian-Friedrich Menger zum 70. Geburtstag, Köln 1985.

Faber, Bernhard/*Härtl*, Peter, Die Aufgaben und Befugnisse der Dienststellenleitung im Personalvertretungsrecht – Eine rechtsvergleichende Gesamtschau –, PersV 1994, 49, 105, 353.

Dies., Das Beschlußverfahren im Personalvertretungsrecht, – Ein Leitfaden für das Verfahren erster Instanz unter besonderer Berücksichtigung wichtiger Probleme –, PersV 1996, 337.

Dies., Grenzen der personalvertretungsrechtlichen Mitbestimmung nach dem Beschluß des Bundesverfassungsgerichts vom 24.5.1995, – Mögliche gesetzgeberische Konsequenzen für die Personalvertretungsgesetze des Bundes und Bayerns –, PersV 1999, 50.

Feldmann, Ralf, Das Personalvertretungsrecht des Bundes und der Länder – Ein Rechtsvergleich unter besonderer Berücksichtigung der Beteiligungsrechte –, Diss. Fernuniv. Hagen 1982.

Fitting, Karl/*Engels*, Gerd/*Schmidt*, Ingrid/*Trebinger*, Yvonne/*Linsenmaier*, Wolfgang, Betriebsverfassungsgesetz Handkommentar, 26. Auflage, München 2012.

Franzen, Martin, Kommentierung zu § 1 TVG, in: Müller-Glöge/Preis/Schmidt (Hrsg.), Erfurter Kommentar zum Arbeitsrecht.

Gärditz, Klaus F. (Hrsg.), Verwaltungsgerichtsordnung (VwGO) mit Nebengesetzen, Kommentar, Köln 2013.

Germelmann, Claas-Hinrich/*Matthes*, Hans-Christoph/*Müller-Glöge*, Rudi/*Prütting*, Hans/*Schlewing*, Anja (Hrsg.), Arbeitsgerichtsgesetz Kommentar, 7. Auflage, München 2009.

Gillengerten, Engelbert, Fristverlängerung und Fristversäumnis im Mitbestimmungsverfahren, PersR 1993, 209.

Goos, Christoph, Kommentierung zu § 187 VwGO, in Gärditz (Hrsg.), Verwaltungsgerichtsordnung.

Gotthardt, Michael, Dienstvereinbarung und Einigungsstelle, PersV 2002, 50.

Griese, Thomas, Die Mitbestimmung bei Versetzungen, BB 1995, 458.

Grunewald, Barbara/*Römermann*, Volker (Hrsg.), Rechtsdienstleistungsgesetz Kommentar, Köln 2008.

Haas, Manfred, Nochmals: Einstweilige Verfügung im personalvertretungsrechtlichen Beschlussverfahren, PersV 1992, 145.

Hamer, Wolfgang, Fünf Jahre Personalvertretungsgesetz Brandenburg, PersR 1999, 19.

Hantl-Unthan, Ursula, Einzelvertragliche Rechtsfolgen der kollektivrechtswidrig durchgeführten Arbeitnehmer-Einstellung im Öffentlichen Dienst, Berlin 1993, zugl. Diss. Univ. Berlin 1992.

Hecker, Werner, Die Rechtsnatur des Personalrats, PersV 1980, 217.

Ders., Zur Geschichte des Personalvertretungsrechts, PersV 1980, 358.

Ders., Zur rechtlichen Qualifizierung des Verhältnisses der Personalvertretungen zu den Beschäftigten und der Dienststelle, PersV 1981, 190.

Heckmann, Dirk, Kommentierung zu § 187 VwGO, in: Sodan/Ziekow (Hrsg.), Verwaltungsgerichtsordnung Großkommentar.

Hinrichs, Lars/*Plitt*, David, Der Anspruch des Betriebsrats auf die Freistellung von Beratungskosten, Folgen der «Jones Day»-Entscheidungen des BGH und des OLG Frankfurt a. M., NZA 2011, 1006.

Hoffmann, Walter G., Die Entwicklung der Sparkassen im Rahmen des Wachstums der deutschen Wirtschaft (1850-1967), ZgesStw 1969 (125/4), 561.

Honnen, Ernst-Jürgen, Zur Mitbestimmung des Personalrats bei Ein-, Höher- und Rückgruppierungen, ZfPR 1994, 60.

Hörter, Georg, Anmerkung zu BVerwG, Beschl. v. 27.7.1990 – PB 12/89 –, PersR 1990, 297.

v. Hoyningen-Huene, Gerrick, Grundlagen und Auswirkungen einer Versetzung, NZA 1993, 145.

Ders., Vergütungsregelungen und Mitbestimmung des Betriebsrats (§ 87 I Nr. 10 BetrVG), NZA 1998, 1081.

Ders., Betriebsverfassungsrecht, 6. Auflage, München 2007.

Ilbertz, Wilhelm, Zum Mitbestimmungsrecht des Personalrats in personellen Angelegenheiten, zugleich eine Anmerkung zum Beschluss des Bundesverwaltungsgerichts vom 20. Juni 1986 – 6 P 4/83 – (ZBR 1987, S. 28), ZBR 1987, 9.

Ders., Rechtsanspruch des Personalrats auf Rücknahme einer unter Missachtung seines Mitbestimmungsrechts vollzogenen Maßnahme, ZfPR online 2011, 4 (Nr.7).

Jacobs, Matthias, Kommentierung zu § 43 BPersVG, in: Richardi/Dörner/Weber (Hrsg.), Personalvertretungsrecht.

Jarass, Hans D./*Pieroth*, Bodo, Grundgesetz für die Bundesrepublik Deutschland, Kommentar, 12. Auflage, München 2012.

Jordan, Heinrich, Rechtliche Stellung der Personalratsmitglieder, Zwischen Engagement und Rausschmiss, PersR 2012, 257.

Kaiser, Dagmar, Kommentierung zu §§ 75, 77 BPersVG, in: Richardi/Dörner/Weber (Hrsg.), Personalvertretungsrecht.

Kania, Thomas, Kommentierung zu § 99 BetrVG, in: Müller-Glöge/Preis/Schmidt (Hrsg.), Erfurter Kommentar zum Arbeitsrecht.

Kathke, Leonhard, Versetzung, Umsetzung, Abordnung und Zuweisung, – Mobilität und Flexibilität im Beamtenverhältnis –, ZBR 1999, 325.

Kersten, Jens, Kommentierung zu § 95 BPersVG, in: Richardi/Dörner/Weber (Hrsg.), Personalvertretungsrecht.

Kirchhof, Paul, Hoheitsgebiet und Sparkassengebiet – Funktion und begriffliche Voraussetzungen der Sparkassenneuordnung bei Gebietsänderungen der Gewährträger –, DVBl. 1983, 922.

Ders., Revisibles Verwaltungsrecht, in: Erichsen/Hoppe/von Mutius (Hrsg.), System des verwaltungsgerichtlichen Rechtsschutzes, Festschrift für Christian-Friedrich Menger zum 70. Geburtstag, Köln 1985, S. 813.

Klaesberg, Sabrina, Die Dienstvereinbarung, Möglichkeiten und Grenzen, PersR 2008, 255.

Klein, Karl, Vorläufige Regelungen nach dem Bundespersonalvertretungsgesetz, ZBR 1980, 58.

Klein, Michael/*Lechtermann*, Dirk, Das Personalvertretungsrecht NRW – Novelle 2011, Textausgabe mit ausführlichen Erläuterungen und Synopse, 1. Auflage, Heidelberg, 2011.

Koch, Ulrich, Kommentierung zu § 39 BetrVG, in: Müller-Glöge/Preis/Schmidt (Hrsg.), Erfurter Kommentar zum Arbeitsrecht.

Konzen, Horst/*Rupp*, Hans Heinrich, Effektiver Gerichtsschutz und negatorischer Rechtsschutz im BetrVG, DB 1984, 2695.

Konzen, Horst, Rechtsfragen bei der Sicherung der betrieblichen Mitbestimmung, NZA 1995, 865.

Kopp, Ferdinand/*Schenke*, Wolf-Rüdiger, Verwaltungsgerichtsordnung Kommentar, 19. Auflage, München 2013.

Kossens, Michael, Die strukturellen Unterschiede der betrieblichen Interessenvertretung nach dem Bundespersonalvertretungsgesetz und dem Betriebsverfassungsgesetz, RiA 1996, 66.

Ders., Die neue Rechtsprechung des BAG zum betriebsverfassungsrechtlichen Unterlassungsanspruch, Beschluß vom 3.5.1994 – Konsequenzen für das Personalvertretungsrecht, PersV 1996, 390.

Kothe, Wolfhard, Der Unterlassungsanspruch der betrieblichen Arbeitnehmervertretung, in: Annuß/Picker/Wißmann (Hrsg.), Festschrift für Reinhard Richardi zum 70. Geburtstag, München 2007, S. 601.

Kreitner, Jochen, Kommentierung zum Stichwort «Betriebsratskosten», in: *Küttner/Röller* (Hrsg.), Personalbuch 2013.

Krenzler, Michael (Hrsg.), Rechtsdienstleistungsgesetz Handkommentar, Baden-Baden 2010.

Kröll, Michael, Die Beteiligung des Personalrates im Vorfeld einer Einstellung, PersR 2001, 463.

Ders., Die Verweigerung der Zustimmung, Nein, aber richtig!, PersR 2008, 259.

Kümpel, Winfried, Instanzgerichte kontra BAG zum Unterlassungsanspruch des Betriebsrats, ArbuR 1985, 78.

Kunze, Helmuth, Die Durchführung von Maßnahmen, an denen der Personalrat beteiligt war, PersV 1999, 146.

Ders., Inhalt und Grenzen der Geschäftsordnung des Personalrats, PersV 2000, 59.

Ders., Der Informationsanspruch des einzelnen Personalratsmitglieds, ZfPR 2003, 248.

Küssner, Udo, Der Anspruch des Personalrats auf Rückgängigmachung von Maßnahmen der Dienststelle, PersR 1995, 361.

Küttner, Wolfdieter/*Röller*, Jürgen (Hrsg.), Personalbuch 2013, Arbeitsrecht Lohnsteuerrecht Sozialversicherungsrecht, 20. Auflage, München 2013.

Langkabel, Joachim, Der Sozialplan aus Anlass der Fusion von Sparkassen, PersR 2004, 344.

Lautenbach, Volker, Gesamtpersonalrat und Personalräte, PersV 2004, 164.

Ders., Die Unbeachtlichkeit der Zustimmungsverweigerung des Personalrats nach der Rechtsprechung des Bundesverwaltungsgerichts und der Obergerichte (ohne Berücksichtigung der gesetzlich festgelegten Versagungsgründe), PersV 2007, 259.

Lecheler, Helmut, Personalvertretung und Verfassung, NJW 1986, 1079.

Lechtermann, Dirk, Die Gewährung vorläufigen Rechtsschutzes in Beteiligungsangelegenheiten (unter besonderer Berücksichtigung der Rechtsprechung des OVG NRW), PersV 2006, 4.

Leisten, Leonhard, Einstweilige Verfügung zur Sicherung von Mitbestimmungsrechten des Betriebsrats beim Einsatz von Fremdfirmen, BB 1992, 266.

Lerch, Sascha/*Weinbrenner*, Lars, Vertragliche Ausweitung von Mitbestimmungsrechten des Betriebsrats, NZA 2011, 664.

Leuze, Dieter, Zur Mitbestimmung des Personalrats bei Versetzungen und Umsetzungen, PersV 1986, 187.

Lobinger, Thomas, Zur Dogmatik des allgemeinen betriebsverfassungsrechtlichen Unterlassungsanspruchs, – Ein Beitrag zum Zusammenhang von Rechtsschutz und Rechtszuweisung im deutschen und europäischen Arbeitsrecht –, ZfA 2004, 101.

Lörcher, Klaus, Zeitarbeitsverträge als Problem der Mitbestimmung von Betriebs- und Personalräten bei der Einstellung (§ 99 Abs. 1 BetrVG, § 75 Abs. 1 Nr. 1 BPersVG), BlSt Soz ArbR 1981, 177.

Lorenzen, Uwe, Zuweisung – ein neuer Mitbestimmungstatbestand, – Die Änderung des BPersVG durch das fünfte Gesetz zur Änderung besoldungsrechtlicher Vorschriften vom 28. Mai 1990 –, PersV 1990, 369.

Ders., Verstreutes Recht – Personalvertretungsvorschriften des Bundes außerhalb des BPersVG –, PersV 1997, 241.

Löwer, Wolfgang, Anmerkung zu VerfGH NRW, Urt. v. 11.7.1980 – 8/79 –, JA 1981, 123.

Löwisch, Manfred/*Rieble*, Volker, Tarifvertragsgesetz Kommentar, 3. Auflage, München 2012.

Lüerßen, Werner, Mitbestimmung für die Personalvertretung in Schleswig-Holstein, PersV 1991, 293.

Lüttmann, Peter, Aufgaben und Zusammensetzung der Verwaltungsräte der kommunalen Sparkassen, Stuttgart 2002, Bd. 40 der Schriftenreihe des Freiherr-vom-Stein-Instituts, zugl. Diss. Univ. Münster 2002.

Matthes, Hans-Christoph, Die Rechtsstellung des ohne Zustimmung des Betriebsrats eingestellten Arbeitnehmers, DB 1974, 2007.

Ders., Die Rechtsstellung des ohne Zustimmung des Betriebsrates versetzten, eingruppierten und umgruppierten Arbeitnehmers, DB 1975, 1651.

Ders., Kommentierung zu § 2 ArbGG, in: Germelmann/Matthes/Müller-Glöge/Prütting/Schlewing (Hrsg.), Arbeitsgerichtsgesetz.

Matthiessen, Michael, Formerfordernisse bei der Verweigerung der Zustimmung durch den Personalrat, ZfPR 2010, 73.

Maunz, Theodor/*Dürig*, Günter, Grundgesetz Kommentar, Band II (Art. 6-15), Band V (Art. 54-85), Band VI (Art. 86-106a), München, Stand: 67. Lieferung November 2012.

Maunz, Theodor, Kommentierung zu Art. 74 und 99 GG, in: Maunz/Dürig, Grundgesetz Kommentar, Band V, Art. 54-85 und Band VI, Art. 86-106a.

Maurer, Helmut, Eingruppierungskorrekturen nur durch Änderungskündigung?, NZA 1993, 721.

Mayer-Maly, Dorothea (Hrsg.), Arbeitsleben und Rechtspflege, Festschrift für Gerhard Müller, Berlin 1981.

Merten, Detlef, Sparkassenrechtliches Regionalprinzip und kommunale Neugliederung, DVBl. 1983, 1140.

Meyer, Kurt, Sind Einstellungen, Ein- bzw. Umgruppierungen oder Versetzungen ohne Beteiligung des Betriebsrats gegenüber dem betroffenen Arbeitnehmer wirksam?, BB 1982, 1614.

Meyer, Wolfgang, Kommentierung zu Art. 99 GG, in: v. Münch/Kunig (Hrsg.), Grundgesetz-Kommentar, Band 3, Art. 70 bis Art. 146.

Müller, Hans-Friedrich, Kommentierung zu § 7 RDG, in: Grunewald/Römermann (Hrsg.), Rechtsdienstleistungsgesetz Kommentar.

Müller, Horst Joachim, Einige Bemerkungen zum Abbruch des Mitbestimmungsverfahrens, PersR 1991, 455.

Müller-Glöge, Rudi/*Preis*, Ulrich/*Schmidt*, Ingrid (Hrsg.), Erfurter Kommentar zum Arbeitsrecht, 13. Auflage, München 2013.

v. Münch, Ingo/*Kunig*, Philip (Hrsg.), Grundgesetz-Kommentar, Band 3 (Art. 70 bis Art. 146 und Gesamtregister), 5. Auflage, München 2003.

Mura, Jürgen, Entwicklungslinien der deutschen Sparkassengeschichte, Band I, 2. Auflage, Stuttgart 1994.

Neubert, Roland, Einstweilige Verfügung im Beschlussverfahren, Änderung der Rechtsprechung des Oberverwaltungsgerichts Nordrhein-Westfalen, PersR 2003, 212.

Nierhaus, Michael, Zur kommunalen Bindung und Aufgabenstellung der Sparkassen, DÖV 1984, 622.

Oebbecke, Janbernd, Brauchen wir noch Sparkassen?, der gemeineindehaushalt 2001, 169.

Ders., Aktuelle Fragen der Sparkassenrechtspolitik, Niedersächsischer Städtetag – Nachrichten 2002, 127.

Ders., Kommunen und Sparkassen: Zur Zukunft der kreditwirtschaftlichen Versorgung, Zeitschrift für das gesamte Kreditwesen 2002, 734,

Ders., Sparkassentätigkeit als kommunale Selbstverwaltungsaufgabe, LKV 2006, 145.

Ders., Aufgaben und Organisation der kommunalen Sparkassen, Der Landkreis 2010, 187.

Offermann-Burckart, Susanne, Kommentierung zu § 3 RDG, in: Krenzler (Hrsg.), Rechtsdienstleistungsgesetz Handkommentar.

Pfohl, Gerhard, Mitbestimmung im öffentlichen Dienst – der neue Beschluss des BVerfG, ZBR 1996, 82.

Plum, Martin, Unterrichtung des Betriebsrats bei der Einstellung von Leiharbeitnehmern, DB 2011, 2916.

Potthoff, Werner, Die «Mitbestimmung» der Beamten im öffentlichen Dienst, ihre geschichtliche Entwicklung, gegenwärtige Regelung und Bedeutung (unter besonderer Berücksichtigung der Verhältnisse in der Postverwaltung), Diss. Univ. Münster 1965.

Raab, Thomas, Individualrechtliche Auswirkungen der Mitbestimmung des Betriebsrats gem. §§ 99, 102 BetrVG, ZfA 1995, 479.

Ders., Der Unterlassungsanspruch des Betriebsrats, Die neue Rechtsprechung des Bundesarbeitsgerichts und ihre Folgen für die einzelnen Mitbestimmungstatbestände, ZfA 1997, 183.

Reichold, Hermann, Arbeitsrecht, Lernbuch nach Anspruchsgrundlagen, 4. Auflage, München 2012.

Reinhard, Rolf/*Gramlich*, Ludwig, Die aktuelle Rechtsprechung des Bundesverwaltungsgerichts zur vorläufigen Regelung nach § 69 Abs. 5 BPersVG, PersV 1991, 382.

Reininghaus, Wilfried/*Schaldt*, Hartmut/*Stremmel*, Ralf, Handbuch zur Geschichte der westfälisch-lippischen Sparkassen, Band 1, Die Sparkassen und ihre Archive, Stuttgart 1998.

Richardi, Reinhard/*Dörner*, Hans-Jürgen/*Weber*, Christoph (Hrsg.), Personalvertretungsrecht, Bundespersonalvertretungsgesetz mit Erläuterungen zu den Personalvertretungsgesetzen der Länder, 3. Auflage, München 2008.

Richardi, Reinhard/*Thüsing*, Gregor/*Annuß*, Georg (Hrsg.), Betriebsverfassungsgesetz mit Wahlordnung, 13, Auflage, München 2012.

Richardi, Reinhard, Einleitung , in: Richardi/Dörner/Weber (Hrsg.), Personalvertretungsrecht.

Ders., Kommentierung zu § 77 BetrVG, in: *Richardi/Thüsing/Annuß* (Hrsg.), Betriebsverfassungsgesetz mit Wahlordnung.

Ders., Zum Verhältnis zwischen Betriebsverfassungs- und Personalvertretungsrecht, PersR 1993, 49.

Ders., Kehrtwende des BAG zum betriebsverfassungsrechtlichen Unterlassungsanspruch des Betriebsrats, NZA 1995, 8.

Ders., Der Beseitigungs- und Unterlassungsanspruch in der Dogmatik des Betriebsverfassungsrechts, in: Anzinger/Wank (Hrsg.), Entwicklungen im Arbeitsrecht und Arbeitsschutzrecht, Festschrift für Otfried Wlotzke zum 70. Geburtstag, München 1996, S. 407.

Richter, Helmut, Die Beteiligungstatbestände bei der Einstellung, PersR 1992, 183.

Ders., Auslegung gleichlautender und vergleichbarer Vorschriften des Betriebsverfassungs- und Personalvertretungsrechts, PersR 1993, 54.

Ders., Auswirkungen des Beschlusses des Bundesverfassungsgerichts vom 24.5.1995 – 2 BvF 1/92 – auf das LPVG NRW, PersR 1996, 216.

v. Roetteken, Torsten, Die einstweilige Verfügung – kein Thema für Personalräte?, PersR 1993, 296.

Ders., Lohngestaltung in der Dienststelle, PersR 1994, 309.

Ders., Dienst- und Betriebsvereinbarung, PersR 1995, 151.

Ders., Zustimmung des Personalrats und Individualarbeitsverhältnis, PersR 1996, 1.

Ders., Neue Entwicklungen in der Rechtsprechung zum Personalvertretungsrecht, PersR 1998, 395.

Römermann, Volker, Kommentierung zu §§ 2 und 3 RDG, in: Grunewald/Römermann (Hrsg.), Rechtsdienstleistungsgesetz Kommentar.

Rothländer, Christian, Mitbestimmung bei Einstellung, Zum Begriff der Einstellung und den Prüfungskriterien für Personalvertretungen, PersR 2003, 16.

Sabottig, Giovanni, Beschlußverfahren, Verfahren ohne Ende?, PersR 1989, 289.

Ders., Anmerkung zu OVG des Saarlandes, Beschluß vom 12. Juli 1989 – 4 W 1/89 –, PersR 1990, 16.

Sachs, Michael, Grundrechte, Allgemeines Vollstreckungsrecht: Gleichbehandlung von Kreditinstituten im Vollstreckungsrecht, Zur Verfassungswidrigkeit von Selbsttitulierungsrechten öffentlich-rechtlicher Kreditinstitute im niedersächsischen Landesrecht, JuS 2013, 571.

Salje, Peter, Quasinegatorischer Rechtsschutz im Betriebsverfassungsrecht, – Zugleich ein Beitrag zur Lehre von der Durchsetzung subjektiver Rechte –, DB 1988, 909.

Schär, Walter/*Bieler*, Frank, Die neugeordnete Betriebsverfassung – auch ein personalvertretungsrechtliches Modell?, PersV 2002, 338.

Schlewing, Anja, Kommentierung zu § 2 ArbGG, in: Germelmann/Matthes/Müller-Glöge/Prütting/Schlewing (Hrsg.), Arbeitsgerichtsgesetz.

Schlierbach, Helmut, Das Sparkassenrecht in der Bundesrepublik Deutschland, 5. Auflage, Stuttgart 2003.

Schlochauer, Ursula, Zugangsrecht von Betriebsratsmitgliedern zu den Arbeitsplätzen einzelner Arbeitnehmer, in: Mayer-Maly (Hrsg.), Arbeitsleben und Rechtspflege, Festschrift für Gerhard Müller, Berlin 1981, S. 459.

Schmidt, Christian, Die einstweilige Verfügung im Personalvertretungsrecht, PersV 1993, 392.

Schoch, Friedrich/*Schneider*, Jens-Peter/*Bier*, Wolfgang (Hrsg.), Verwaltungsgerichtsordnung Kommentar, Band I, Stand: 24. Ergänzungslieferung, München August 2012.

Scholz, Rupert, Kommentierung zu Art. 9 GG, in: Maunz/Dürig, Grundgesetz Kommentar, Band II, Art. 6-15.

Schulz, Constanze/*Faber*, Bernhard, Personalvertretung und Rechtsanwalt – wer trägt die Kosten?, PersV 2007, 245.

Schulze-Fielitz, Helmuth, Kommentierung zu Art. 99 GG, in: Dreier (Hrsg.), Grundgesetz Kommentar, Band III, Art. 83-146.

Schwarze, Roland, Kommentierung zu §§ 28 und 55 BPersVG, in: Richardi/Dörner/Weber (Hrsg.), Personalvertretungsrecht.

Schweibert, Ulrike/*Buse*, Sandra, Rechtliche Grenzen der Begünstigung von Betriebsratsmitgliedern – Schattenbosse zwischen «Macht und Ohnmacht», NZA 2007, 1080.

Sehring, Max, Arbeiter-Ausschüsse in der deutschen Industrie, Gutachten, Berichte, Statuten, in: Schriften des Vereins für Socialpolitik, Band XLVI., Leipzig 1890.

Simianer, Robert, Vorläufiger Rechtsschutz in Beteiligungssachen?, PersV 1994, 481.

Sodan, Helge/*Ziekow*, Jan (Hrsg.), Verwaltungsgerichtsordnung Großkommentar, 3. Auflage, Baden-Baden 2010.

Söllner, Alfred/*Reinert*, Hans Jochen, Personalvertretungsrecht, 1. Auflage, Baden-Baden 1985.

Söllner, Alfred, «Schlichten ist kein Richten» – Gedanken zur Schlichtung und zur Tätigkeit betriebsverfassungsrechtlicher und personalvertretungsrechtlicher Einigungsstellen, ZfA 1982, 1.

Steiner, Harald, Der besondere Stellenwert der Mitbestimmung im öffentlichen Dienst in der Mitbestimmungsdiskussion vor dem Hintergrund der Entwicklungsgeschichte gesetzlich normierter Mitbestimmungsregelungen, PersV 1986, 143.

Stern, Klaus/*Burmeister*, Joachim, Die kommunalen Sparkassen, Verfassungsrechtliche und verwaltungsrechtliche Probleme, Stuttgart 1972.

Süllwold, Susanne, Zustimmungsverweigerung: Mindestanforderungen an die Begründung, ZfPR 2003, 252.

Dies., Zustimmungsverweigerung: Form und Verfahren, ZfPR 2003, 285.

Thiele, Willi, Zur Frage, ob Personalvertretungen Grundrechtsträger sein können, PersV 1980, 41.

Ders., Die Zersplitterung des Personalvertretungsrechts (zugleich ein Beitrag zur Problematik der Rahmengesetzgebung), ZTR 1995, 542.

Thüsing, Gregor, Kommentierung zu §§ 12, 39 und 40 BetrVG, in: Richardi/Thüsing/Annuß (Hrsg.), Betriebsverfassungsgesetz mit Wahlordnung.

Tietz, Jörg-Bernhard, Arbeitsrecht in Sparkassen, 5. Auflage, Stuttgart 2009.

Treber, Jürgen, Kommentierung zu § 83 BPersVG, in: Richardi/Dörner/Weber (Hrsg.), Personalvertretungsrecht.

Trende, Adolf, Geschichte der deutschen Sparkassen, Stuttgart 1957.

Tschöpe, Ulrich, Die Bestellung der Einigungsstelle – Rechtliche und taktische Fragen, NZA 2004, 945.

Vogelgesang, Klaus, Zuständigkeitsprobleme bei der Bildung von personalvertretungsrechtlich verselbstständigten Nebenstellen – Ein unerschöpflicher Diskussionsstoff –, ZfPR 2005, 107.

Ders., Mitbestimmung des Personalrats bei der erstmaligen Stufenzuordnung innerhalb der Entgeltgruppe nach dem TVöD und dem TV-L, ZfPR 2008, 47.

Wagner, Joachim, Die werkvertragsbedingte Beschäftigung betriebsfremder Arbeitnehmer als Einstellung i. S. des § 99 BetrVG, AuR 1992, 40.

Wahlers, Wilhelm, Buchbesprechung Das Personalvertretungsrecht in Nordrhein-Westfalen, PersV 1989, 453.

Ders., Die Eingruppierung – personalvertretungsrechtlicher Ersatztatbestand für nicht mitbestimmungspflichtige Umsetzungen?, PersV 1998, 219.

Ders., Das Änderungsgesetz zum LPVG NW, PersV 2008, 84.

Ders., Die Mitbestimmung des Personalrats bei der Stufenzuordnung, PersV 2012, 14.

Wank, Rolf/*Maties*, Martin, Die Erforderlichkeit von Schulungen der Personalvertretungen nach BetrVG und BPersVG, NZA 2005, 1033.

Weber, Christoph, Kommentierung zu §§ 69-71 BPersVG, in: Richardi/Dörner/Weber (Hrsg.), Personalvertretungsrecht.

Weides, Peter, Zur Eigenständigkeit des Sparkassenrechts gegenüber dem Kommunalrecht, DÖV 1984, 41.

Welkoborsky, Horst, Einfluss der BetrVG-Novelle auf das Personalvertretungsrecht?, PersR 2002, 51.

Widmaier, Ulrich, Anmerkung zu BAG, Urteil vom 2.7.1980 – 5 AZR 1241/79 –, PersV 1982, 375.

Ders., Zur Zustimmungsverweigerung des Personalrats – eine Anmerkung zu BVerwG, Beschluß vom 20.6.1986 – 6 P 4/83, RiA 1987, 10.

Ders., Die verwaltungsgerichtliche Rechtsprechung zur Zulässigkeit einstweiliger Verfügungen im personalvertretungsrechtlichen Beschlußverfahren, ZfPR 1989, 79.

Ders., Zum Begriff der «beabsichtigten Maßnahme» (§ 69 Abs. 1 BPersVG) im Spiegel der personalvertretungsrechtlichen Rechtsprechung, PersV 2010, 324.

Wiebauer, Bernd, Unterlassungsanspruch gegen politische Betätigung des Betriebsrats, Zugleich Besprechung des Beschlusses des BAG vom 17.3.2010 – 7 AR 95/08 –, BB 2010, 3091.

Winters, Karl-Peter, Kommunale Gebietsreform und Sparkassenrecht, NJW 1980, 2685.

Wißmann, Hellmut, Die Suche nach dem Arbeitgeber in der Betriebsverfassung, NZA 2001, 409.

Wittmann, Antje, Der Sparkassenverbund, Stuttgart 2004, Bd. 48 der Schriftenreihe des Freiherr-vom-Stein-Instituts, zugl. Diss. Univ. Münster 2004.

Wolber, Kurt, Die Personalvertretung als Trägerin von Grundrechten, RiA 1981, 210.

Wolf, Helmut, Das neue Personalvertretungsrecht Nordrhein-Westfalen, Rechtssicherheit für Personalräte und Personalverantwortliche, Regensburg 2008.

Wurm, Thomas, Müssen die Karten zwischen Gesamtpersonalrat und Personalrat der Hauptdienststelle und Personalrat der Nebenstelle neu verteilt werden?, ZfPR 2003, 342.

Sachverzeichnis

Schriftenreihe des Freiherr-vom-Stein-Instituts im Deutschen Gemeindeverlag/Verlag W. Kohlhammer

Band 1 — Janbernd *Oebbecke*, Zweckverbandsbildung und Selbstverwaltungsgarantie, 1982, 104 Seiten, kartoniert, € 10,50.
ISBN 3-555-00530-8

Band 2 — Edzard *Schmidt-Jortzig* / Alexander *Schink*, Subsidiaritätsprinzip und Kommunalordnung, 1982, 168 Seiten, kartoniert, € 14,50.
ISBN 3-555-00535-9

Band 3 — Ingolf *Deubel*, Der kommunale Finanzausgleich in Nordrhein-Westfalen, 1984, 264 Seiten, kartoniert, € 17,90.
ISBN 3-555-00592-8

Band 4 — Alexander *Schink*, Rechtsnachfolge bei Zuständigkeitsveränderungen in der öffentlichen Verwaltung, 1984, 340 Seiten, kartoniert, € 18,40.
ISBN 3-555-00593-6

Band 5 — Janbernd *Oebbecke*, Gemeindeverbandsrecht Nordrhein-Westfalen, Eine systematische Darstellung, 1984, 168 Seiten, kartoniert, € 15,50.
ISBN 3-555-00623-1

Band 6 — Hans-Jürgen *Fischedick*, Die Wahl der Benutzungsform kommunaler Einrichtungen, 1986, 121 Seiten, kartoniert, € 15,50.
ISBN 3-555-00689-4

Band 7 — Janbernd *Oebbecke*, Weisungs- und unterrichtungsfreie Räume in der Verwaltung, 1986, 324 Seiten, kartoniert, € 19,50.
ISBN 3-555-00693-2

Band 8 — Werner *Hauser*, Die Wahl der Organisationsform kommunaler Einrichtungen, Kriterien für die Entscheidung zwischen möglichen Organisationsformen, 1987, 300 Seiten, kartoniert (vergriffen).

Band 9 — Elke *Bartels*, Abfallrecht – Eine systematische Darstellung, 1987, 224 Seiten, kartoniert (vergriffen).

Band 10 — Ansgar *Müller*, Schulorganisationsrecht Nordrhein-Westfalen – Eine systematische Darstellung, 1988, 174 Seiten, kartoniert, € 23,00.
ISBN 3-555-00766-1

Band 11 Hans-Uwe *Erichsen* / Werner *Hoppe* / Adalbert *Leidinger* (Hrsg.), Kommunalverfassungen in Europa, 1988, 182 Seiten, kartoniert, € 25,50.
ISBN 3-555-00780-7

Band 12 Alexander *Schink*, Naturschutz- und Landschaftspflegerecht Nordrhein-Westfalen, 1989, 563 Seiten, kartoniert (vergriffen).

Band 13 H. Jürgen *Wolff*, Bedarfsgerechte Struktur der Kreiseinnahmen, 1990, 388 Seiten, kartoniert, € 20,35.
ISBN 3-555-00799-8

Band 14 Hans-Uwe *Erichsen*, Die Vertretung der Kommunen in den Mitgliederorganen von juristischen Personen des Privatrechts, 1990, 184 Seiten, kartoniert, € 20,35.
ISBN 3-555-00832-3

Band 15 Paul-Peter *Humpert*, Genehmigungsvorbehalte im Kommunalverfassungsrecht, 1990, 276 Seiten, kartoniert, € 22,90.
ISBN 3-555-00833-1

Band 16 Werner *Hoppe* / Alexander *Schink* (Hrsg.), Kommunale Selbstverwaltung und europäische Integration, 1990, 145 Seiten, kartoniert, € 20,35.
ISBN 3-555-00857-9

Band 17 Werner *Hoppe* / Hans-Uwe *Erichsen* / Adalbert *Leidinger* (Hrsg.), Aktuelle Probleme der kommunalen Selbstverwaltung – 10 Jahre Freiherr-vom-Stein-Institut, 1991, 210 Seiten, kartoniert, € 20,35.
ISBN 3-555-00910-9

Band 18 Hans *Vietmeier*, Die staatlichen Aufgaben der Kommunen und ihrer Organe – Auftragsverwaltung und Organleihe in Nordrhein-Westfalen, 1992, 378 Seiten, kartoniert, € 25,50.
ISBN 3-555-00913-3

Band 19 Angela *Faber*, Europarechtliche Grenzen kommunaler Wirtschaftsförderung – Die Bedeutung der Art. 92-94 EWGV für die kommunale Selbstverwaltung, 1992, 260 Seiten, kartoniert (vergriffen)

Band 20 Werner *Hoppe* / Martin *Schulte*, Rechtsschutz der Länder in Planfeststellungsverfahren des Bundes – Dargestellt am Beispiel des Denkmalschutzes in Nordrhein-Westfalen, 1993, 101 Seiten, kartoniert, € 12,70.
ISBN 3-555-00994-X

Band 21 Jan *Bodanowitz*, Organisationsformen für die kommunale Abwasserbeseitigung, 1993, 196 Seiten, kartoniert, € 20,35.
ISBN 3-555-00995-8

Band 22 Jürgen *Brügge*, Bodendenkmalrecht unter besonderer Berücksichtigung der Paläontologie, 1993, 222 Seiten, kartoniert, € 22,50.
ISBN 3-555-01015-8

Band 23 Ute *Adam*, Veterinärrecht – Eine systematische Darstellung unter besonderer Berücksichtigung der Rechtslage in Nordrhein-Westfalen, 1993, 284 Seiten, kartoniert, € 23,00.
ISBN 3-555-01024-7

Band 24 Werner *Hoppe* / Joachim *Bauer* / Angela *Faber* / Alexander *Schink* (Hrsg.), Rechts- und Anwendungsprobleme der neuen Bauordnung NW, 1996, 170 Seiten, kartoniert, € 15,30.
ISBN 3-555-01095-6

Band 25 Andrea *Krebs*, Rechtliche Grundlagen und Grenzen kommunaler Elektrizitätsversorgung, 1996, 370 Seiten, kartoniert, € 25,50.
ISBN 3-555-01102-2

Band 26 Margit *Twehues*, Rechtsfragen kommunaler Stiftungen, 1996, 366 Seiten, kartoniert, € 23,60.
ISBN 3-555-01107-3

Band 27 Werner *Hoppe* / Joachim *Bauer* / Angela *Faber* / Alexander *Schink* (Hrsg.), Auswirkungen des Kreislaufwirtschafts- und Abfallgesetzes auf die öffentlich-rechtlichen Entsorgungsträger, 1996, 220 Seiten, kartoniert, € 18,00.
ISBN 3-555-01120-0

Band 28 Olaf *Otting*, Neues Steuerungsmodell und rechtliche Betätigungsspielräume der Kommunen, 1997, 333 Seiten, kartoniert, € 22,50.
ISBN 3-555-01134-0

Band 29 Heidrun *Schnell*, Freie Meinungsäußerung und Rederecht der kommunalen Mandatsträger unter verfassungsrechtlichen, kommunalrechtlichen und haftungsrechtlichen Aspekten, 1997, 250 Seiten, kartoniert, € 20,35.
ISBN 3-555-01159-6

Band 30 Janbernd *Oebbecke* / Joachim *Bauer* / Angela *Faber* (Hrsg.), Umweltrecht und Kommunalrecht – Kolloquium aus Anlaß des Ausscheidens von Werner Hoppe als Geschäftsführender Direktor des Freiherr-vom-Stein-Instituts, 1998, 161 Seiten, kartoniert, € 10,20.
ISBN 3-555-01166-9

Band 31 Anke *Freisburger*, Public Private Partnership in der kommunalen Museumsarbeit, 2000, 296 Seiten, kartoniert, € 20,35.
ISBN 3-555-01210-X

Band 32 Janbernd *Oebbecke* / Joachim *Bauer* / Hermann *Pünder* (Hrsg.), Perspektiven der kommunalen Sparkassen – Symposium des Freiherr-vom-Stein-Instituts und des Westfälisch-Lippischen Sparkassen- und Giroverbandes am 24. Februar 2000, 2000, 121 Seiten, kartoniert, € 10,20.
ISBN 3-555-01228-2

Band 33 Holger *Obermann*, Die kommunale Bindung der Sparkassen – Verfassungsrechtliche Möglichkeiten und Grenzen ihrer Ausgestaltung, 2000, 224 Seiten, kartoniert, € 19,40.
ISBN 3-555-01229-0

Band 34 Raphael *Lohmiller*, Kapitalbeteiligungsgesellschaften der Sparkassen – Eine Untersuchung über die Rechtsgrundlagen der Beteiligungsfinanzierung durch kommunale Sparkassen, 2000, 318 Seiten, kartoniert, € 20,20.
ISBN 3-555-01231-2

Band 35 Olaf *Schefzyk*, Der kommunale Beteiligungsbericht – Ein Instrument zur verbesserten Berichterstattung über die Unternehmenstätigkeit der Kommunen, 2000, 391 Seiten, kartoniert, € 21,45.
ISBN 3-555-01234-7

Band 36 Angela *Faber*, Gesellschaftliche Selbstregulierungssysteme im Umweltrecht – unter besonderer Berücksichtigung der Selbstverpflichtungen, 2001, 501 Seiten, kartoniert, € 29,65.
ISBN 3-555-01240-1

Band 37 Klaus *Schulenburg*, Die Kommunalpolitik in den Kreisen Nordrhein-Westfalens: Eine empirische Bestandsaufnahme, 2001, 484 Seiten, kartoniert, € 25,10.
ISBN 3-555-01250-9

Band 38 Janbernd *Oebbecke* / Dirk *Ehlers* / Alexander *Schink* / Hermann *Pünder* (Hrsg.), Kommunalfinanzen – Symposium aus Anlaß des 75. Geburtstages von Adalbert Leidinger am 8. März 2001 in Münster, 2001, 155 Seiten, kartoniert, € 13,75.
ISBN 3-555-01251-7

Band 39 Janbernd *Oebbecke* / Dirk *Ehlers* / Alexander *Schink* / Hermann *Pünder* (Hrsg.), Die nordrhein-westfälische Gemeindeprüfung in der Diskussion – Kolloquium des Freiherr-vom-Stein-Instituts und des Innenministeriums Nordrhein-Westfalen am 2. Februar 2001, 2001, 79 Seiten, kartoniert, € 11,20.
ISBN 3-555-01252-5

Band 40 Peter *Lüttmann*, Aufgaben und Zusammensetzung der Verwaltungsräte der kommunalen Sparkassen, 2002, 407 Seiten, kartoniert, € 24,85.
ISBN 3-555-01274-6

Band 41 Janbernd *Oebbecke* / Dirk *Ehlers* / Alexander *Schink* / Hermann *Pünder* (Hrsg.), Aktuelle Fragen der Sparkassenpolitik – Wissenschaftliches Kolloquium des Freiherr-vom-Stein-Instituts am 8. März 2002 zu Ehren von Herrn Dr. Kuhr anlässlich seines Ausscheidens als Vorsitzender des Kuratoriums des Freiherr-vom-Stein-Instituts, 2002, 70 Seiten, kartoniert, € 7,85.
ISBN 3-555-01278-9

Band 42 Ansgar *Hörster*, Die Wahrnehmung der Sozialhilfeaufgaben im kreisangehörigen Raum in Nordrhein-Westfalen, 2002, 342 Seiten, kartoniert, € 23,85.
ISBN 3-555-01279-7

Band 43 Hermann *Pünder*, Haushaltsrecht im Umbruch – eine Untersuchung der Erfordernisse einer sowohl demokratisch legitimierten als auch effektiven und effizienten Haushaltswirtschaft am Beispiel der Kommunalverwaltung, 2003, 665 Seiten, kartoniert, € 29,85.
ISBN 3-555-01289-4

Band 44 Thomas *Harks*, Kommunale Arbeitsmarktpolitik – Rechtliche Vorgaben und Grenzen, 2003, 295 Seiten, kartoniert, € 19,80.
ISBN 3-555-01302-5

Band 45 Volker *Schepers*, Internet-Banking und sparkassenrechtliches Regionalprinzip, 2003, 275 Seiten, kartoniert, € 19,80.
ISBN 3-555-01308-4

Band 46 Marco *Kulosa*, Die Steuerung wirtschaftlicher Aktivitäten von Kommunen – eine betriebswirtschaftliche Analyse, 2003, 290 Seiten, kartoniert. € 20,20.
ISBN 3-555-01316-5

Band 47 Frank *Placke*, Interkommunale Produktvergleiche als Basis für den kommunalen Finanzausgleich, 2003, 433 Seiten, kartoniert, € 24,60.
ISBN 3-555-01321-1

Band 48 Antje *Wittmann*, Der Sparkassenverbund, 2004, 294 Seiten, kartoniert, € 22,00.
ISBN 3-555-01328-9

Band 49 Barbara *Lübbecke*, Das Kommunalunternehmen – neue Organisationsform im kommunalen Wirtschaftsrecht von Nordrhein-Westfalen, 2004, 343 Seiten, kartoniert, € 24,80.
ISBN 3-555-01329-7

Band 50 Sven Oliver *Hoffmann*, Gewässerschutzrecht Nordrhein-Westfalen – eine systematische Darstellung unter besonderer Berücksichtigung der europarechtlichen und bundesrechtlichen Vorgaben, 2004, 500 Seiten, kartoniert, € 26,80.
ISBN 3-555-01330-0

Band 51 Janbernd *Oebbecke* / Dirk *Ehlers* / Alexander *Schink* / Dörte *Diemert* (Hrsg.), Kommunalverwaltung in der Reform – Wissenschaftliche Fachtagung des Freiherr-vom-Stein-Instituts am 2. Juli 2004 in Münster, 2004, 165 Seiten, kartoniert, € 14,20.
ISBN 3-555-01339-4

Band 52 Hans *Lühmann*, Die Zusammenführung von Arbeitslosen- und Sozialhilfe im Sozialgesetzbuch II (SGB II) – Sozial- und organisationsrechtliche Aspekte des Hartz IV-Gesetzes für die kommunale Sozialpolitik, 2005, 223 Seiten, kartoniert, € 17,80.
ISBN 3-555-01349-1

Band 53 Jörg *Niggemeyer*, Zulässigkeit und Grenzen von Sparkassenfusionen – eine Untersuchung am Beispiel von Zusammenschlüssen nordrhein-westfälischer Sparkassen, 2005, 476 Seiten, kartoniert, € 26,80.
ISBN 3-555-01350-5

Band 54 Dörte *Diemert*, Das Haushaltssicherungskonzept – Verfassungs- und haushaltsrechtliche Grundlagen in NRW unter Berücksichtigung des Neuen Kommunalen Finanzmanagements, 2005, 555 Seiten, kartoniert, € 28,80.
ISBN 3-555-01370-X

Band 55 Andrea *Becker*, Die Entwicklung des Personalvertretungsrechts in Nordrhein-Westfalen – eine Untersuchung der wesentlichen Einflussfaktoren auf die Gesetzgebung am Beispiel des LPVG NRW, 2006, 495 Seiten, kartoniert, € 29,00.
ISBN 3-555-01371-8

Band 56 Janbernd *Oebbecke* / Dirk *Ehlers* / Martin *Klein* / Theresia *Theurl* / Dörte *Diemert* (Hrsg.), Perspektiven für Sparkassen und Genossenschaftsbanken – Wissenschaftliche Fachtagung des Freiherr-vom-Stein-Instituts und des Instituts für Genossenschaftswesen der Universität Münster am 17. Oktober 2005 in Münster, 2006, 128 Seiten, kartoniert, € 10,20.
ISBN 3-555-01385-5

Band 57 Inken *Pehla*, Der Haftungsverbund der Sparkassen-Finanzgruppe – eine Untersuchung der Institutssicherung der Sparkassen und Landesbanken unter besonderer Berücksichtigung des Einlagensicherungs- und Anlegerentschädigungsgesetzes, 2006, 240 Seiten, kartoniert, € 20,80.
ISBN 3-555-01372-6

Band 58 Janbernd *Oebbecke* / Dirk *Ehlers* / Martin *Klein* / Dörte *Diemert* (Hrsg.), Zwischen kommunaler Kooperation und Verwaltungsreform – Fachtagung aus Anlass des 25-jährigen Bestehens des Freiherr- vom-Stein-Instituts am 12. Mai 2006 in Münster, 2006, 127 Seiten, kartoniert, € 12.80.
ISBN 3-555-01391-2

Band 59 Simone *Schütte-Leifels*, Die Grundsätze der Sozialhilfe nach der Reform, 2007, 345 Seiten, kartoniert, € 24,80.
ISBN 978-3-555-01399-2

Band 60 Christian *Thiemann*, Rechtsprobleme der Marke Sparkasse, 2008, 314 Seiten, kartoniert, € 24,00.
ISBN 978-3-555-01451-7

Band 61 Linus *Tepe*, Verfassungsrechtliche Vorgaben für Zuständigkeitsverlagerungen zwischen Gemeindeverbandsebenen, 2009, 235 Seiten, kartoniert, € 20,00.
ISBN 978-3-555-01459-3

Band 62 Anna *Roth*, Die allgemeine Lebensmittelüberwachung als Instrument des Verbraucherschutzes – eine systematische Darstellung unter besonderer Berücksichtigung der Rechtslage und der Organisationsstrukturen in Nordrhein-Westfalen, 2009, 336 Seiten, kartoniert, € 26,00.
ISBN 978-3-555-01474-6

Band 63 Jan Stefan *Lüdde*, Sparkassenrecht der Länder – Bestand und Entwicklung seit 1949, 2010, 232 Seiten, kartoniert, € 20,80.
ISBN 978-3-555-01504-0

Band 64 Carsten *Lund*, Private in der Sparkassen-Finanzgruppe? – Zum Verbleib materiell voll- und teilprivatisierter Landesbanken im Haftungsverbund, 2010, 181 Seiten, kartoniert, € 18,80.
ISBN 978-3-555-01511-8

Band 65 Katharina *Kallerhoff*, Öffentlich-rechtliche Entsorgungsträger contra private Abfallwirtschaft – Aktuelle rechtliche Entwicklungen unter besonderer Berücksichtigung der gewerblichen Sammlungen von verwertbaren Sekundärrohstoffen, 2011, 310 Seiten, kartoniert, € 24,60.
ISBN 978-3-555-01547-7

Band 66 Thomas *Jungkamp*, Das Recht der regionalen Sparkassen- und Giroverbände – Eine systematische Darstellung, 2011, 309 Seiten, kartoniert, € 24,60.
ISBN 978-3-555-01558-3

Band 67 Matthias *Stork*, Interkommunale Zusammenarbeit und mehrstufige Aufgabenwahrnehmung – Eine Analyse von Organisationsmodellen für Pflichtaufgaben im kreisangehörigen Raum, 2012, 278 Seiten, kartoniert, € 24,00.
ISBN 978-3-555-01568-2

Band 68 Jessica *Isenburg*, Die Verbundzusammenarbeit der Sparkassen-Finanzgruppe – Eine kartellrechtliche Analyse, 2012, 311 Seiten, kartoniert, € 24,80.
ISBN 978-3-555-01597-2

Band 69 Simon *Frye*, Die Finanzierung ambulanter und stationärer Pflegeeinrichtungen – Eine Darstellung am Beispiel von Nordrhein-Westfalen, 2013, 278 Seiten, kartoniert, € 24,00.
ISBN 978-3-555-01639-9

Band 70 Martin *Schröder*, Personalvertretung in den Sparkassen, 2014, 315 Seiten, kartoniert, € 24,60.
ISBN 978-3-555-01711-2